Umsatz steigern – jetzt!

Johanna Joppe sowie *Christian* und *Franz-Josef Ganowski* sind Inhaber von *Memconsult*, einer international tätigen Gesellschaft für Risikomanagement und intelligente Managementsysteme. Zielgruppe der Memconsult Beratungsleistungen und Softwareprodukte sind Unternehmen unterschiedlicher Branchen und Größen. Das letzt Buch der Autoren *Kosten senken – jetzt!* (Campus Verlag 2003) wurde ein Bestseller. *Johanna Joppe* schreibt regelmäßig in der Presse zu Themen der Unternehmenssteuerung. Mehr Informationen: *www.memconsult.de*.

Johanna Joppe
Christian Ganowski
Franz-Josef Ganowski

Umsatz steigern – jetzt!

Das A-Z Programm zur Umsetzung im Unternehmen

Campus Verlag
Frankfurt/New York

Bibliografische Information der Deutschen Bibliothek
Die Deutsche Bibliothek verzeichnet diese Publikation in der Deutschen Nationalbibliografie. Detaillierte bibliografische Daten sind im Internet über http://dnb.ddb.de abrufbar.
ISBN 3-593-37560-5

Umschlaggestaltung: Init GmbH, Bielefeld
Satz: Publikations Atelier, Dreieich
Druck und Bindung: Druckhaus Beltz, Hemsbach
Gedruckt auf säurefreiem und chlorfrei gebleichtem Papier.
Printed in Germany

Inhalt

Vorwort: Verschenkter Umsatz

Alles klagt darüber, dass die Konjunktur lahmt und die Umsätze zu wünschen übrig lassen. Doch das ist nur eine Seite der Medaille. Wer nicht auf larmoyante Leitartikel hereinfällt, erkennt: In jeder Branche, die angeblich unter der miesen Konjunktur leidet, finden Sie etliche Unternehmen, die selbst in schlechten Zeiten satte Umsatzzuwächse vermelden, manche sogar im zweistelligen Prozentbereich. Das haben Sie schon geahnt? Natürlich, deshalb haben Sie zu diesem Buch gegriffen.

Es bestätigt sich der alte Managerspruch: »In guten Zeiten geht es allen gut, in schlechten nur den Guten.« Warum? Was macht die Guten so gut? Gründe werden dafür viele ins Feld geführt: bessere Produkte, niedrigere Preise, bessere Mitarbeiter oder Manager, mehr Kapital. Das alles sind gute Gründe, aber nach unserer Erfahrung nicht ausschlaggebend. Entscheidend ist vielmehr ein simpler Zusammenhang, bei dessen Betrachtung die meisten Menschen sagen: »Ja, klar, warum bin ich da nicht gleich drauf gekommen?«

▶ Umsatzstarke Unternehmen nutzen mehr Umsatzpotenziale.

Selbst in (diesen) konjunkturschwachen Zeiten, in denen alles darüber klagt, dass »die Märkte zu sind«, dass »nichts mehr geht«, geht noch eine Menge. Gerade jene, die am lautesten über die Marktlage klagen, verfügen oft über die meisten Umsatzpotenziale – doch häufig liegen ihre Potenziale brach! Eine alte Weisheit bestätigt sich in neuer Form: Wer klagt, macht keinen Umsatz. Jene Firmen, denen es selbst in diesen Zeiten glänzend geht, hören Sie nicht klagen. Die haben schlicht keinen Anlass dafür, denn sie machen Umsatz, und wie! Das ist die schmerzhafte, paradoxe und peinliche Wahrheit: Unternehmen geht es nicht schlecht, weil der Markt so schlecht wäre (er ist es). Es geht ihnen schlecht, weil sie selbst in diesen harten Zeiten zu viele Umsatzpotenziale einfach nicht nutzen! Wer Umsatzpotenziale ignoriert, den bestraft das Leben. Wer alle ihm zu Gebote stehenden Potenziale nutzt, den belohnt der Markt mit rollendem Rubel.

▶ Auch in diesen schlechten Zeiten gibt es zahlreiche ungenutzte Umsatzpotenziale!

Das ist die Botschaft dieses Buches. Das Geld liegt auf der Straße. Wir sagen Ihnen, wo. Sie brauchen sich nur zu bücken und es aufzuheben oder von Ihren Führungskräften, Verkäufern und Mitarbeitern aufheben zu lassen.

Über 200 Fundstellen für Umsatz finden Sie auf den folgenden Seiten. Es sind alles praxisgetestete, pragmatische Potenziale von Praktikern für Praktiker, die wir aus umsatzstarken Unternehmen mitnehmen durften (die Guten teilen gerne, nur die Schlechten knausern). Dafür bedanken wir uns bei diesen vorbildlichen Unternehmern, Managern, Mitarbeitern und Verkäufern.

Dass Sie diese Seiten überhaupt in Händen halten, verdanken wir einer Rückmeldung aus der Praxis, nämlich dem Feedback zu unserem vorausgegangenen Ratgeber *Kosten senken – jetzt!* Etliche Leser fragten uns: »Die Kosten haben wir jetzt dank der Kostenpotenziale im Griff. Gibt es etwas Vergleichbares auch für den Umsatz?« Nicht nur das: Es ist geradezu gefährlich, nur die Kosten zusammenzustreichen, ohne den Umsatz anzukurbeln. Damit löst man unweigerlich eine Abwärtsspirale aus, die immer neue Kostensenkungsorgien provoziert (deshalb müssen viele Unternehmen immer weiter ihre Kosten zusammenstreichen und kommen doch auf keinen grünen Zweig). Die Kosten müssen natürlich runter, aber gleichzeitig muss der Umsatz hoch – erst beides zusammen sichert Existenz und Erfolg eines Unternehmens und seiner Manager und Mitarbeiter.

Die folgenden Tipps und Techniken, Tricks, Praxisbeispiele und Best Practices für mehr Umsatz stammen allesamt von kleinen und mittleren Unternehmen. Die ersten Probeseiten wurden auch von Managern und Verkäufern großer Unternehmen verschlungen. Suchen Sie aus den Tipps jene aus, die Ihnen zusagen, setzen Sie sie in die Tat um – und erleben Sie sofortige Resultate. Lassen Sie die anderen über Konjunktur und Kaufzurückhaltung klagen. Diese Sorge haben Sie nicht länger.

Wir wünschen Ihnen viel Umsatz und Erfolg!

ABC-Verkauf einführen

Wenn Unternehmen über mangelnden Umsatz klagen, liegt es in der Regel nicht daran, dass sie zu wenig akquirieren, sondern dass sie – wer hätte das gedacht? – falsch verkaufen.

Praktikertipp: »Wenn ich sehe, dass meine Verkäufer und Ingenieure ihre Zeit mit C-Kunden verplempern, während A-Kunden darben«, poltert der Geschäftsführer eines Komponentenherstellers, »dann blase ich ihnen gehörig den Marsch!« Sorgen Sie dafür, dass A-Kunden intensiv, B-Kunden ordentlich und C-Kunden mit Nachrang behandelt werden!

Manager, Mitarbeiter und Verkäufer haben leider die unheilige Angewohnheit, sich nicht vorrangig um die umsatzstärksten oder profitabelsten Kunden zu kümmern, sondern nach Lust und Laune, Sympathie oder lautestem Zuruf ihre Zeit zu investieren. Paradoxes Ergebnis: Gerade jene Kunden, die am wenigsten bringen, fressen am meisten Zeit und kosten am meisten Aufwand und Ressourcen. Das ahnen auch viele Vorgesetzte, sie wissen nur nicht, was dagegen zu tun ist. Die Antwort darauf hat nur drei Buchstaben: ABC.

Solange Ihr Kundenportfolio und das jedes Mitarbeiters mit Kundenkontakt nicht ABC-kategorisiert ist, wird Ihr Unternehmen immer zwangsläufig irrelevante Kunden mit vollem Service bedienen, was nichts bringt, während im Hintergrund Superkunden still schmollen und bei nächster Gelegenheit abwandern, weil sie vernachlässigt werden. Sobald Ihre Kunden ABC-kategorisiert sind, können Sie per Supervision, wöchentlicher Verkäuferbesprechung und/oder per Analyse der Besuchs- und Gesprächsberichte Ihren Verkäufern auf die Finger schauen,

- ob sie auch tatsächlich den potentesten Kunden die ihnen gebührende Zeit widmen,
- ob sie C-Kunden wie C-Kunden behandeln,
- ob sie pro Monat ihre vereinbarte Anzahl (welche haben Sie vereinbart?) an C-Kunden zu B-Kunden und an B-Kunden zu A-Kunden weiterentwickelt haben.

Je eher Ihr Unternehmen A-Kunden wie A-Kunden und C-Kunden wie C-Kunden behandelt, desto mehr Umsatz machen Sie (ohne zusätzliche Kosten, ist das nicht schön?). Und je mehr Kunden zu B- und A-Kunden entwickelt werden, desto stärker wächst Ihr Umsatz.

Praktikertipp: »Wenn Sie Ihre Kunden schon nach Umsatz ABC-kategorisieren«, rät der Verkaufsstratege eines international operierenden Mittelständlers, »dann hängen Sie auf jeden Fall auch eine Kategorisierung nach Deckungsbeitrag (DB) an – Sie werden sich wundern!« Kategorisieren Sie Ihre Kunden nie nur nach Umsatz, sondern zusätzlich auch nach DB!

Warum? Weil unter den umsatzstärksten Kunden immer auch welche mit B- oder C-Deckungsbeitrag sind, und umgekehrt: Viele B-Kunden bringen mehr DB als etliche A-Kunden. Legen Sie dann fallweise fest, worauf Sie sich stärker konzentrieren wollen, was Ihnen wichtiger ist, ob der DB oder der Umsatz einen Kunden zum A-Kunden macht. Denn eines ist klar: Ein umsatzträchtiger A-Kunde, der null DB bringt, ist nicht wirklich ein guter Kunde, sondern fast schon eine Belastung und nur unter strategischen Gesichtspunkten tolerierbar.

Abgelehnte Anfragen reaktivieren

Wöchentlich fragen in Unternehmen händeringend Manager: »Wie kommen wir bloß zu mehr Aufträgen?« Die Antwort lautet erschreckend häufig: »Sie sitzen drauf – und merken es nicht!« In jedem Unternehmen werden täglich Anfragen abgelehnt, Aufträge als nicht machbar oder nicht opportun abgetan.

- Kramen Sie sämtliche im letzten Jahr (Quartal, Monat) abgelehnten Anfragen nochmals vor.
- Falls im Übereifer die Unterlagen dafür weggeworfen wurden, versuchen Sie, sich so gut es geht daran zu erinnern.

Warum? Weil sich immer wieder – schockierenderweise – feststellen lässt:

- Aufträge, die man vor drei Monaten noch für unmöglich hielt, sind heute – aus welchen Gründen auch immer – plötzlich machbar.

- Was man in guten Zeiten für nicht machbar hielt, hält man in schlechten meist für machbar – weil man es machen muss!
- Die Gründe der Ablehnung sind meist sehr fadenscheinig, nicht stichhaltig und oft genug noch nicht einmal nachvollziehbar – einer der häufigsten Gründe ist Umsatzsabotage aus Bequemlichkeit: Der bearbeitende Mitarbeiter lehnt den Auftrag ab, weil er neu, ungewohnt, mit Anstrengung für ihn verbunden wäre.
- Viele Anfragen werden aus betriebspolitischen Gründen abgelehnt – können Sie sich Politik in einer Krise noch leisten?
- Die Vorkalkulationen, die den Auftrag als unrentabel darstellen, sind entweder falsch oder geschönt (aus Gründen der Politik oder Bequemlichkeit).
- Die meisten abgelehnten Anfragen werden ohne Prüfung der Frage zurückgewiesen: So geht es nicht – aber wie könnte es sonst gehen?

Auch die Quoten sind erschreckend: Von zehn wieder ausgegrabenen abgelehnten Anfragen werden drei bis acht mit etwas gutem Willen und Kreativität plötzlich machbar! Wie viel Umsatz wird da verschwendet!

Praktikertipp: »Wir haben festgestellt«, sagt der Geschäftsführer eines Gerätebauers, »dass Aufträge vor allem wegen Sonderwünschen abgelehnt werden – doch wer Sonderwünsche hat, ist auch bereit, mehr dafür zu bezahlen! Also lassen wir oft gerade die rentabelsten Anfragen sausen!« Prüfen Sie abgelehnte Anfragen doppelt und dreifach nach!

In vielen umsatzstarken Unternehmen müssen zum Beispiel abgelehnte Anfragen per Liste nach oben gemeldet werden – und zwar binnen 24 Stunden. Damit ein Vorgesetzter prüfen kann, ob sich hier ein Mitarbeiter einen faulen Lenz macht.

Abverkaufsaktionen müssen fair sein!

Immer mal wieder müssen Sie Ihren Kunden Ladenhüter oder schwache Produkte andrehen. Das ist okay. Kunden erwarten das fast schon. Wenn Sie es tun, gibt es zwei Möglichkeiten:

A. Sie verkaufen die Zitrone als perfekte und moderne Superlösung. Der Kunde lässt sich übertölpeln, kauft – und ist Ihnen dann monatelang bitterböse, was bis zum Umsatzboykott gehen kann.
B. Sie bleiben ehrlich, räumen Lagerräumungskonditionen ein und verkaufen den Ladenhüter als »etwas angegrautes, aber qualitativ einwandfreies Produkt«. Der Kunde weiß Ihre Ehrlichkeit und das günstige Angebot zu schätzen, kauft und bleibt Ihnen wohlgesonnen.

Was Amateure nicht beachten: Option A bringt kurzfristig Umsatz, (zer)stört aber den langfristigen Absatz. Für einen Profi kann es nur Option B geben. Wenn Ihr Chef kein Profi ist, verkaufen Sie den Ladenhüter nicht nach Option A, denn damit verkaufen Sie auch Ihren Kunden. Lassen Sie gegenüber dem Kunden durchblicken, was Sie von dem Angebot halten. So machen es wenigstens Umsatzprofis. Der langfristige Umsatz ist immer wichtiger als der kurzfristige und der Kunde im Zweifelsfall wichtiger als der Chef. Wichtiger ist immer der, der der Firma nutzt.

Akquisitorische Wertschöpfungsketten-Analyse betreiben

Stellen Sie sich Ihre Akquise wie eine Eimerkette bei einem Hausbrand vor. Wenn ein Eimer mit fünf Litern Wasser aus dem Trog geschöpft wird, wie viel Liter bleiben dann noch nach zehnmal Eimer-Weiterreichen zum Löschen? Wenn es hektisch ist, gerade mal die Hälfte. Wie steigern Sie dieses Ergebnis? Dafür gibt es zwei Lösungen. Erstens, die absolute: Sie nehmen einfach größere Eimer. Damit bleibt in absoluten Zahlen mehr Wasser am Ende der Kette zum Löschen. Diese Lösung ist die einfache. Sie ist jedoch, wie so oft, leider nur eine Symptomkur. Denn die Ursache des Schwundes wird nicht beseitigt: das Verschütten. Die relative Lösung packt das Übel an der Wurzel: Sorgen Sie dafür, dass weniger verschüttet wird, dann bleibt eine größere Menge Wasser in den Eimern.

Wenn es um den Umsatz geht, tendieren Manager und Mitarbeiter leider zur Symptomkur: immer noch größere Werbekampagnen, E-Mail-Aktionen, Reichweiten und Streuungen. Wenn zum Beispiel lediglich 20 Prozent (= Transferquote) aller telefonisch kalt akquirierten Erstkontakte sich weitere Produktinformationen zuschicken lassen oder einen Termin vereinbaren möchten, tendieren schwache Organisationen dazu, einfach die Schlagzahl zu erhöhen: »Wenn wir doppelt so viele Besuchstermine wollen, müssen wir eben doppelt so viele Interessenten antelefonieren!« Stimmt. Verzichten Sie nie auf diese Strategie der Schlagzahlerhöhung. Fahren Sie jedoch gleichzeitig unbedingt eine Doppelstrategie: Reduzieren Sie den Schwund zwischen den Akquisestufen!

- Malen Sie sich Ihre Wertschöpfungskette im Vertrieb wie eine Eimerkette auf: Was ist die erste Stufe im Kundenkontakt?
- Sie werden feststellen: Es gibt sehr viele verschiedene Wertschöpfungsketten für verschiedene Produkte, Zielgruppen oder Produktgruppen. Malen Sie für jede Kette eine Skizze.
- Notieren Sie für jede Stufe die Transferquote: Wie viel kommt vorne rein und wie viel kommt davon hinten raus?
- Fragen Sie sich: Was sind die Einflussfaktoren der Transferquoten? Einer der wichtigsten ist die Einwandskompetenz. Jedes Mal, wenn ein Verkäufer einen Einwand eines Interessenten nicht ausreichend beantworten kann, springt dieser Kunde ab (»Schwund«).
- Katalogisieren Sie die häufigsten typischen Einwände, an denen Ihre Verkäufer scheitern.
- Steigern Sie deren Kompetenz der Einwandsbehandlung. Damit steigt Ihre Transferquote, sinkt der Schwund und steigt über alle Stufen der Umsatz.

Aktionen aktivieren Umsatz

Waren Sie schon mal bei Amazon einkaufen? Dann ist Ihnen vielleicht die periodisch wiederkehrende Aktion »Bücher jetzt für kurze Zeit ohne Versandkosten bestellen!« aufgefallen. Natürlich bezahlt man über 20 Euro Bestellwert sowieso keinen Versand. Doch bei der Aktion bezahlt man auch darunter keinen. Wissen Sie, was umsatzschwache Menschen zu Aktionen sagen? »Ach, das bringt doch nichts! Damit zieht man doch nur einen Auftag vor, den der Kunde eben später gebracht hätte!« Manche lernen es nie.

Natürlich bewegen Aktionen einige Kunden, ihren Umsatz vorzuziehen. Doch wenig überraschend motivieren sie auch viele andere Kunden, eben schnell mal etwas zu kaufen, was sie sonst nie gekauft hätten, wo doch die Gelegenheit jetzt so günstig ist! In großen Teilen der Gastronomie und Touristik würde ohne Aktionswochen kein nennenswerter Umsatz mehr gemacht werden.

Praktikertipp: Der Chef eines Haushaltsgeräte-Einzelhändlers sagt: »Wir fahren so viele Aktionen, wie irgendwie ins Jahr reinpassen. Und wir lassen jede Konkurrenz um Längen hinter uns.« Machen Sie Aktionen!

Sie haben das Budget dafür nicht? Wer hat denn behauptet, dass nur teure Aktionen etwas bringen? Das Gegenteil ist der Fall: Teure Aktionen floppen in der Regel (man nennt das auch den FC-Bayern-Effekt). Kreative Aktionen dagegen sind immer erfolgreich. »Man muss schlau sein, dann kann man sogar das große Geld besiegen«, sagt Klaus Allofs, Manager des SV Werder Bremen. Sie müssen noch nicht einmal kreativ sein. Allein die Aktion an sich kurbelt bereits den Umsatz an. Warum? Weil sie Aufmerksamkeit schafft.

Ein Reinigungsmittel-Hersteller hat 248 Produkte im Angebot. Weil er keinen Cent Geld übrig hat, beschloss der Innendienstleiter einfach irgendwann die Aktion »Produkt der Woche«, bei der schlicht per E-Mail ein einseitiger Steckbrief eines Produktes versandt wurde. Der Umsatz stieg je nach Produkt zwischen 15 und 230 Prozent. Warum? Weil viele Kunden sagten: »Ich wusste gar nicht, dass ihr speziell für … (Anwendung) auch ein Mittelchen habt. Ohne eure Aktion wäre ich nie drauf gekommen!«

- Machen Sie Aktionen, Aktionen, Aktionen!
- Zapfen Sie Ihre Mitarbeiter an, die haben oft glänzende, da kundennahe Aktionsideen!
- Führen Sie genau Buch, welche Aktionen welchen Mehrumsatz bringen, wiederholen Sie die erfolgreichen und ersetzen Sie die weniger erfolgreichen.
- Versuchen Sie, erfolgreiche Aktionen zu klonen.
- Kupfern Sie schamlos lukrative Aktionsideen von anderen Unternehmen ab und modifizieren Sie sie entsprechend.

Aktive Kaltkunden weiterreichen

Kaltkunden sind Kunden, von denen weder Sie noch Ihre Verkäufer je etwas gehört haben, die jedoch eines Tages von sich aus (aktiv) bei Ihnen anrufen, bestellen oder Informationen wünschen. Was passiert normalerweise, wenn so ein Kunde anruft oder mailt? Er kriegt selbstverständlich die Info oder die Ware, die er wünscht. Was passiert weiter? In umsatzschwachen Organisationen nichts. In umsatzstarken Unternehmen

- wird der Kontakt sofort an den zuständigen Verkäufer weitergegeben;
- steigt der Verkaufsleiter dem zuständigen Verkäufer mit den Fragen auf die Zehen: »Wieso haben nicht Sie diesen Kunden akquiriert? Wie viele dieser Kunden schlummern denn noch in Ihrem Verkaufsgebiet? Beim nächsten Kunden aus Ihrem Gebiet, der Sie umgeht und kalt bei uns anruft, werde ich richtig ungemütlich!« – dann rennt der Verkäufer nämlich los und akquiriert von sich aus Kaltkunden;
- muss der zuständige Verkäufer den weitergereichten Kunden innerhalb einer Frist (so genannte Binnenfrist) persönlich besuchen (Antrittsbesuch);
- wird dieser Besuch kontrolliert;
- wird auf diese Weise auch noch der letzte Kunde aus dem Markt herausgekitzelt und der Umsatz immer weiter gesteigert.

Alle Anfragen ASAP beantworten!

Leider nur allzu oft finden sich in Unternehmen, in denen der Chef oder ein Manager sich über die schwache Nachfrage beklagt, in der Ablage bei etlichen Mitarbeitern Anfragen von Kunden – unbearbeitet, Tage, Wochen und Monate alt! Wenn der Chef daraufhin ausrastet, hat der Mitarbeiter immer gute Gründe parat:

- »Noch keine Zeit dafür gehabt!«
- »Ich habe einfach zu viel zu tun!«
- » … ist keine Standardanfrage, erfordert Vorarbeit.«

Wer solchen Unsinn redet, begeht ein Umsatzverbrechen. Schreiten Sie ein:

- Machen Sie allen Mitarbeitern und Managern immer und immer wieder klar (bis es sitzt): Anfragen sind zukünftiger Umsatz. Wer Anfragen verschlampt, begeht Hochverrat!
- Behandeln Sie verschlampte Anfragen nicht als Kavaliersdelikt, sondern machen Sie dem ertappten Mitarbeiter klar, dass er sich so etwas exakt zweimal leisten darf: einmal und nie wieder.
- Machen Sie regelmäßig Stichproben über die Anfragenbehandlung, was Vollständigkeit und Schnelligkeit anlangt.
- Es gibt eine starke Korrelation zwischen dem Tempo, in dem eine Anfrage behandelt wird, und der Abschlussneigung des Kunden: Wer zuerst anbietet, malt zuerst.
- Vereinbaren Sie als Standard of Performance (SoP): Alle Kundenanfragen müssen ASAP – as soon as possible, so schnell wie möglich beantwortet werden; spätestens binnen 24 Stunden.
- Besteht die Beantwortung aus einem Angebot und kann das Angebot nicht binnen 24 Stunden geschrieben werden, dann machen Sie einerseits der Automatisierung Ihrer Angebotserstellung Beine und vereinbaren Sie andererseits, dass der Kunde zumindest ein grobes Vorabangebot oder einen Zwischenbescheid bekommt.

Alleinstellungsmerkmale stechen den Mitbewerb aus

Sie handeln mit X. Warum sollte ein Kunde ausgerechnet Ihr X kaufen, wenn ein halbes Dutzend Mitbewerber gleich gute X anbietet? Das ergibt keinen Sinn, nicht wahr? Nun, so sinnlos verkaufen die meisten Firmen, Verkäufer und Manager. Sie beklagen sich darüber, dass Produkte und Dienstleistungen austauschbar, vergleichbar geworden sind. Na und? Dann macht man sie eben unvergleichlich! Nein, nicht über den Preis! Das tun nur jene, die außer dem Preis kein anderes Akquisemittel kennen (ein Armutszeugnis).

- Suchen und finden Sie für jedes Ihrer Produkte/Angebote sieben Alleinstellungsmerkmale, die nur Sie und nicht der Mitbewerb bieten.
- Sorgen Sie dafür, dass jeder Mitarbeiter im Kundenkontakt diese sieben Merkmale schriftlich bei sich hat, auswendig präsentieren und dem Kunden in Kopie überreichen kann.

Alleinstellungsmerkmale machen Angebote unvergleichlich und besonders attraktiv. Neulich klagte uns ein Manager: »Aber Hochdruckreiniger sind nun mal alle gleich. Die unterscheiden sich nicht mehr wesentlich!« Wenn ein Manager so etwas behauptet, können Sie sicher sein, dass er sein Produkt nicht kennt, akquisitionsmäßig inkompetent ist und darüber hinaus ein Umsatzpotenzial kaputtredet. Als der Forschungsleiter von diesem dummen Spruch hörte, bekam er einen Anfall und sagte: »Dann soll der dumme Kerl doch mal die fünf meistgekauften Hochdruckreiniger bei uns die Treppe runterwerfen! Unser ist der einzige, dessen Chassis dabei nicht völlig zu Bruch geht. Das ist noch deutsche Wertarbeit!«

Darauf meinte der Gemaßregelte: »Mit einem Hochdruckreiniger spritzt man ja auch, man wirft ihn nicht die Treppe runter.« Der Mann sollte gefeuert werden. Denn nicht er hat zu bestimmen, was die Kunden interessiert, sondern allein die Kunden. Acht von zehn Verkäufern, die von dem Treppenwurf-Alleinstellungsmerkmal erfuhren, machten damit auf Anhieb gute Erfahrungen, weil die Kunden sagten: »Donnerwetter, den Reiniger kann ich auch mal fallen lassen, ohne dass was dabei kaputtgeht!«

Alles-was-geht-Prinzip einsetzen

Was machen viele Unternehmen, wenn der Umsatz zu wünschen übrig lässt? »Lasst uns mal 'ne Kampagne starten!« Gute Idee. Wirklich? Sicher wissen Sie, was dabei herauskommt. Garantiert nicht das Gewünschte. Warum nicht? Weil eine Schwalbe noch keinen Sommer macht.

Praktikertipp: »Unser Mitbewerber macht mal dieses und mal jenes«, sagt der Vertriebsleiter eines Elektrozubehör-Großhändlers. »Wir schlagen ihn seit zwanzig Jahren. Weil wir immer alles machen, was geht!« Wenn Sie Ihren Umsatz ankurbeln wollen, machen Sie immer alles, was irgendwie machbar ist!

Auf den folgenden Seiten finden Sie Hunderte Umsatzpotenziale. Sie brauchen nicht alle anzuzapfen. Sie können sich die Rosinen aus dem Kuchen picken. Doch bedenken Sie: Je mehr Rosinen, desto süßer wird das Leben. Auch der Umsatz unterliegt wie vieles im Leben dem Schwellenwert-Prinzip: Unterhalb der kritischen Schwelle bringt Ihre Anstrengung nichts.

Deshalb verpuffen selbst die tollsten Kampagnen und Produkt-Relaunches oft wirkungslos. Weil Einzelmaßnahmen und Insellösungen nicht ausreichend kritische Masse entwickeln. Viel bringt viel. Erst die Synergie bringt den Umsatz. Kleckern Sie nicht, klotzen Sie ran.

- Zapfen Sie immer so viele Umsatzpotenziale wie möglich an.
- Priorisieren Sie die Potenziale, damit Sie nicht den Überblick verlieren.
- Schnüren Sie komplette Potenzial-Pakete mit zueinander passenden oder sich ergänzenden Potenzialen.

Angebots-Offensive starten

Während der letzten Konjunkturflaute konnte man eines besonders schön beobachten: Es gab (und gibt) in jeder Branche Unternehmen, deren Verantwortliche die Flaute beklagten. Daneben gab und gibt es jedoch auch Unternehmen, die zwar klagten, aber quasi nebenher Tag und Nacht Angebote schrieben. Oft die doppelte Anzahl der Angebote der Mitbewerber. Der Zusammenhang ist klar: je mehr Angebote, desto mehr Aufträge. Warum ist das nicht jedem klar? Das hat mehrere Gründe.

Ein Grund ist modischer Defätismus: »Wozu Angebote schreiben? Es ordert doch gerade sowieso keiner!« Merke: Umsatzstarke Manager sind keine Defätisten. Ein anderer Grund: Umsatzschwache Unternehmen können überhaupt nicht so viele Angebote pro Tag »raushauen« wie umsatzstarke, weil sie pro Angebot doppelt und dreimal so viel Zeit benötigen. Warum? Weil das Angebotswesen nicht weitgehend automatisiert ist. Statt zeitsparend auf modulare Angebotskomponenten zurückzugreifen, muss dabei jedes Angebot quasi von Hand und von null an neu geschrieben werden.

- Hauen Sie so viele Angebote raus, wie Sie schaffen.
- Verkürzen Sie die Zeit pro Angebot durch automatisierte Angebotserstellung.
- Legen Sie eine umfassende Sammlung von Angebotsmodulen an, die bereits fix und fertig getextet und kalkuliert sind und bei Bedarf nur noch gering auf das aktuelle Angebot hin modifiziert werden müssen.

- Ob Sie das per Word und Excel, mit einer echten Datenbank oder Spezialsoftware machen, ist egal. Hauptsache, Sie halbieren Ihre Angebotszeit und verdoppeln Ihre Angebotszahl. Je mehr Angebote, desto mehr Umsatz!

Anzeigen als Umsatzhelfer zurückstellen

Es ist immer wieder überraschend, wie oft Unternehmen als Rettung aus der Umsatznot eine Anzeigenserie planen oder starten: »Damit entfachen wir den nötigen Wirbel, der den Umsatz ankurbelt!« Wie Ihnen Ihre Tageszeitung bestätigen kann, ist in den drei Jahren nach der Jahrtausendwende der Anzeigenmarkt völlig eingebrochen; teilweise ging er um die Hälfte bis zwei Drittel zurück. Hätten Anzeigen die wunderbare Werbewirkung, die ihnen von unkundigen Laien in den Topetagen der Unternehmen vollmundig unterstellt wird, hätte sich in dieser Zeit die Arbeitslosenquote verdoppeln müssen. Hat sie aber nicht. Warum schalten dann umsatzschwache Manager so viele Anzeigen? Weil sie

- auf ihre Berater hören – und die sind in Werbefragen die Agenturen, die natürlich Anzeigen favorisieren, weil sie davon leben;
- verzweifelt sind und denken, dass der größte Knall den meisten Umsatz bringt; bringt er nicht, rein statistisch betrachtet; denn sonst könnte man alle Verkäufer durch Anzeigen ersetzen;
- Publizität mit Umsatz verwechseln;
- auf Publizität versessen sind: »Einmal im *Focus* stehen!« Agenturen berichten, dass dies die hauptsächliche Motivation von kleinen und mittleren Unternehmen ist – nicht der Werbeerfolg!

Beachten Sie: Für große Unternehmen und Konzerne gelten andere Regeln. Wenn Sixt morgen eine seiner knalligen Anzeigen startet, dann kann tatsächlich der Umsatz anziehen. Auch für Red Bull gilt: Wird das Zeug nicht beworben, wird es weniger getrunken, eben weil es ein Mode-Getränk ist und Mode über Publizität definiert wird. Doch solange Sie nicht in dieser millionenschweren Anzeigenbundesliga spielen, gilt für Sie:

- Vergessen Sie Anzeigen als Akquisemittel. Vergessen Sie nur jene wenigen nicht, die einen nachweisbaren Response bringen, der auftragstauglich ist (also letztendlich zum Auftrag führt).
- Die in diesem Sinne erfolgreichen Anzeigen, die Sie jemals geschaltet haben, können Sie an einer Hand abzählen. Behalten Sie sie bei, sofern und solange sie diesen Response tatsächlich noch bringen.
- Zu solchen Anzeigen zählen zum Beispiel Aktionsanzeigen (Anzeigen für Aktionen), nicht jedoch Erhaltens- oder Imagewerbung (die beste Imagewerbung ist sowieso das Produkt).
- Lassen Sie sich nicht von den Werbern in den Agenturen oder Anzeigenannahmen leimen, die »Einmal ist keinmal« propagieren. Wenn eine Anzeige einmal nichts bringt, bringt auch eine Serie nichts. Wenn Sie skeptisch sind, machen Sie doch mal den Versuch …
- Es gibt Werbung, die viel gezielter, effektiver und darüber hinaus kostengünstiger ist als Anzeigen, zum Beispiel Mailings, E-Mail-Aktionen, Händlerwerbung, eine verkaufsorientierte Homepage, PR, gute Verkaufsunterlagen und Produktblätter, Empfehlungen, Referenzen, Referenzbesuche und so weiter.

Attrition Marketing: Steter Tropfen höhlt den Stein

Haben Sie schon mal Post von der Firma Bose bekommen? Nein? Da haben Sie Glück gehabt! Bose stellt ein kleines Radio her, das einen geradezu sagenhaften Raumklang haben soll. Na und? Hervorragende Produkte kann inzwischen jeder bauen. Das Besondere bei Bose ist jedoch: Wenn Sie einmal in die Datei der Firma geraten sind, kriegen Sie alle sechs Wochen Post von Bose.

Wissen Sie, was umsatzschwache Menschen dazu sagen? »Was soll denn das? Wenn der Kunde aufs erste Mailing nicht bestellt, warum soll er dann aufs dritte reagieren?« Weil schon das alte Sprichwort sagt: Steter Tropfen höhlt den Stein. Oder auf Marketing-Speak: Attrition Marketing (Ermüdungs- oder Zermürbungs-Marketing). Wenn wir Ermüdungskampagnen untersuchen, sind wir immer wieder überrascht von folgenden erfreulichen statistischen Phänomenen:

- Viele Kunden reagieren nicht auf den ersten, aber dann auf einen der folgenden Kontakte – sofern er direkt und persönlich ist (eine Anzeige dagegen ist ein indirektes Streumedium).
- Zweite Voraussetzung: Es werden keine identischen Wiederholungsaktionen gestartet, weil die sofort als »bekannt, kenne ich schon« ausgeblendet werden.
- Es gibt einen Point of Return bei vielen Aktionen: Nach der x-ten Wiederholung steigt der Response (Rücklauf) plötzlich signifikant an. X kann dabei zwischen 6 und 20 liegen. Das heißt: Der Punkt, an dem überproportional viele Kunden schwach werden, kann zahlenmäßig genau bestimmt werden.
- Deshalb: Schämen Sie sich nicht, Aktionen in modifizierter Form auch in kurzen Abständen immer und immer wieder zu wiederholen. Kunden kaufen umso eher, je öfter sie kontaktet werden.

Auf die Kunden eingehen (statt sie zu beschwatzen)

Machen Sie eine Rollenspielübung: Spielen Sie einen Kunden und lassen Sie den Verkäufer argumentieren. Hören Sie ihm eine Minute aufmerksam zu, dann lassen Sie den Blick schweifen, schauen gelangweilt zum Fenster raus oder in Ihre Unterlagen: Umsatzschwache Verkäufer

- bemerken es viel zu spät oder gar nicht, dass der Kunde nicht mehr zuhört;
- können nicht damit umgehen, wenn sie es bemerken;
- argumentieren nur umso heftiger, je heftiger der Kunde abschweift.

Mit dieser Rollenspielübung trainieren Sie das aufmerksame Verhalten Ihrer Verkäufer. Sie sensibilisieren diese dafür, was im Kunden vorgeht.

Wenn die Verkäufer nur auf ihrer Argumentation beharren und die Verkaufsperformance weiterführen, bringt ihnen dies die Aufmerksamkeit des Kunden nicht zurück. Falls Argumente ihn langweilen, langweilen ihn mehr Argumente noch mehr. Wegen dieses einfachen Zusammenhanges verlieren die meisten Verkäufer den meisten Umsatz: Sie texten zu, anstatt zu überzeugen. Sie überzeugen mit aller Gewalt – was nicht wirklich überzeugt. Sie reden am Kunden vorbei, anstatt auf ihn einzugehen. Sie monologisieren. Doch Verkauf ist kein Monolog, sondern Dialog. Wie kommen Sie vom Mono- zum Dialog? Durch fragen statt sagen:

- »Sie beschäftigt gerade eine andere Frage, nicht wahr?«
- »Was beschäftigt Sie gerade?«
- »Woran denken Sie?«

Einfache Fragen, die sofort das Gespräch öffnen und den Kunden wieder ins Boot holen, weil er sich jetzt angesprochen fühlt, da er tatsächlich angesprochen wird. Warum stellen umsatzschwache Zeitgenossen diese Fragen nicht? Weil sie panische Angst davor haben, dass der Kunde etwas sagen oder fragen könnte, worauf sie als allwissender Experte keine Antwort haben. Wer unter dieser irrationalen Angst leidet, gehört nicht in den Kundenkontakt. Denn ein guter Verkäufer oder Manager kommt mit jeder Kundenäußerung zurecht. Wie? Indem er so lange nachfragt, bis er verstanden hat, was der Kunde will, und darauf eine Antwort weiß. Wer fragt, blamiert sich nicht. Wer nicht fragt, blamiert sich und verliert Umsatz.

- Hören Sie auf, Kunden zu beschwatzen.
- Gehen Sie bei jeder sich bietenden Gelegenheit auf den Kunden ein. Dieser so genannte Rapport (Bindung) verkauft besser als jedes Argument.
- Falls Sie das noch nicht können – trainieren Sie es!

Übrigens, wenn es tatsächlich zum Worst Case kommt, rettet Sie dasselbe Rezept:

»Woran denken Sie gerade?« »Dass mich Ihre ganzen technischen Ausführungen nicht die Bohne interessieren.«

Ein umsatzschwacher Mensch läuft bei einer solchen Reaktion erdbeerrot an und stammelt sich zum nächsten Präsentationspunkt. Ein starker Manager oder Mitarbeiter macht einfach weiter mit Fragen:

»Was würde Sie mehr interessieren?« »Na, die Anwendungen natürlich!«

»Welche zum Beispiel?« »Die Anwendungen unter Dauerbetriebsbedingungen!«

»Natürlich. Da habe ich ein sehr eindrucksvolles Beispiel für Sie, schauen Sie mal ...«

Aufstockung der Sales Force erwägen

Praktikertipp: »Als vor Monaten der Markt einbrach, haben wir als Erstes unsere Vertriebsmannschaft aufgestockt«, sagt der Geschäftsführer eines Maschinenbauers. Kalkulieren Sie eine personelle Aufstockung des Verkaufs durch!

Ein Maschinenbauer vergrößerte sein Verkaufsteam von 50 auf 80 Verkäufer. Zwar dauert es 8 bis 15 Monate, bis ein neuer Verkäufer auch nur sein Gehalt einspielt. Doch da die Zeit der Anbietermärkte endgültig vorüber ist, ist das eine Investition in die Zukunft, die sich mit an Sicherheit grenzender Wahrscheinlichkeit auszahlt. Der Vertrieb an sich folgt (bis zum Sättigungspunkt) einer simplen Arithmetik: Mehr Verkäufer – mehr Verkäufe!

Der zitierte Betrieb verhält sich antizyklisch: Geht der Markt runter, stockt man die Sales Force auf. Die meisten Unternehmen gehen exakt in die andere Richtung. Sie haben seit Beginn der jüngsten Konjunkturdelle Mitarbeiter entlassen, auch im Verkauf. Natürlich aus gutem Grund: »Wenn der Umsatz einbricht, können wir uns nicht mehr alle Verkäufer leisten!« Das klingt logisch, ist es aber nicht. Gewiefte Verkaufsstrategen wissen das auch, wenn sie den alten Verkäuferspruch zitieren: »Wer durch Entlassen von Verkäufern Geld sparen will, ist wie ein Mann, der durch Anhalten der Uhr Zeit sparen will.« Eine Milchmädchenrechnung, die nicht aufgeht. Wer in rezessiven Märkten Verkäufer entlässt, spart zwar Kosten, doch verliert auch Umsatz – weshalb er noch mehr Kosten sparen muss. Ein Teufelskreis.

Natürlich hat zitierter Betrieb das Geld auch nicht gerade dicke. Doch man weiß klug damit umzugehen: In allen Ressorts wurde gespart, damit man sich die 30 neuen Verkäufer leisten und ihre Warmlaufzeit vorfinanzieren kann. So wurde zum Beispiel auch das Marketingbudget gekürzt: Verkauf ist näher am Umsatz als Marketing.

Was an diesem Beispiel auffällt: In der Krise erfolgreiche Unternehmen verhalten sich antizyklisch. Sie machen nicht das, was alle machen. Sie machen das, was jene machen, denen es auch in der Krise gut geht. Das sind in jeder Branche höchstens 10 bis 20 Prozent. Es ist nicht schwer, zu diesen Glücklichen zu gehören. Die Frage ist lediglich: Wollen Sie? Wie sehr?

Auftragspotenziale bunkern

Während Sie noch Auftrag A (B, C und D) erledigen, überlegen Sie sich schon, welche weiteren Angebotsmöglichkeiten es bei diesem Kunden gibt oder welchen anderen Kunden Sie dieses A (B, C und D) noch anbieten können. Nicht denken! Sofort aufschreiben! Nämlich in eine Auftragspotenzialliste! Umsatzstarke Menschen haben immer mindestens 10 Potenziale auf Halde, sehr umsatzstarke Kollegen haben 50, Umsatzchampions an die 100 oder manchmal sogar mehr! Diese Liste ist Ihre Umsatz-Lebensversicherung! Fangen Sie heute damit an!

Aufträge ausbauen

Vor einiger Zeit brachen der Werbe- und der Weiterbildungsmarkt vollständig zusammen. In großen Städten waren bis zu 50 Prozent der Agenturleute und Trainer arbeitslos. Bezeichnenderweise kommt der folgende Umsatztipp aus der Trainerbranche. Während zwei von drei Trainern darbten, erzählte eine Kommunikationstrainerin, dass eines ihrer Seminare von zwei auf drei Tage aufgestockt wurde. Gleich drei Dinge waren daran verblüffend. Erstens jammerte hier eine Trainerin nicht, sondern prosperierte in der Krise. Zweitens wurde ihr Seminar aufgestockt, während die Seminare vieler anderer Trainer storniert wurden. Und drittens gab die betreffende Firma mehr Geld für ihr Training aus, obwohl allen anderen Trainern gesagt wurde, das komplette Bildungsbudget sei storniert.

Praktikertipp: Besagte Trainerin meint: »Jeder Auftrag ist es wert, ausgebaut zu werden.« Versuchen Sie, möglichst viele Aufträge möglichst stark auszubauen!

Wenn Ihnen das auch nur bei 20 Prozent Ihrer aktuellen Auftragseingänge um 10 Prozent gelänge, wie viel Umsatz würden Sie damit mehr erzielen? Wäre das nicht schön? Warum passiert das nicht längst? Dieselbe Antwort wie bei allen Umsatzpotenzialen: Weil niemand dran denkt. Nicht nur das, man erfindet dafür sogar die unsinnigsten Ausreden wie:

- »Wir müssen froh sein, den Auftrag bekommen zu haben – da können wir ihn nicht auch noch aufstocken!«
- »Der Kunde macht da nicht mit!«
- »Das ist doch sowieso aussichtslos.«
- »Natürlich habe ich beim letzten Besuch gesehen, dass der Kunde dringend auch noch … bräuchte. Aber wenn der das nicht selbst merkt!«
- »Ich möchte nicht aufdringlich erscheinen.«
- »Dafür haben wir nicht auch noch die Zeit!«

Neulich war der Installateur im Haus. Er setzte ein neues Sicherheitsventil in den Boiler ein. Dabei sagte er: »Wann lädt der Boiler denn? Auch tagsüber? Sie haben doch auch einen Tag/Nacht-Tarif. Soll ich die Steuerung schnell auf den günstigeren Nachttarif umstellen? Das kostet Sie nur eine Viertelstunde mehr.« Fanden wir das aufdringlich? Nein. Im Gegenteil. Uns war die Stromverschwendung noch überhaupt nicht aufgefallen! Wir waren dankbar. Der Mann bekam den Zusatzauftrag. Später erzählte er uns: »Wenn wir an einem Auftrag arbeiten, fallen uns immer ein halbes Dutzend Ausbaumöglichkeiten auf, die entweder dringend, nützlich oder angenehm für den Kunden sind. Also schlagen wir sie ihm ganz sachlich und ohne jeden Verkaufsdruck vor. Schlägt der Kunde die Vorschläge aus, geht das in Ordnung. Doch die meisten geben mindestens einen Zusatzauftrag – und die restlichen Bedarfe notieren wir uns und rufen dann nach einigen Wochen hinterher.«

So muss man's machen. Nun sagen Sie selbst: Wie viele Installateure haben jemals bei Ihnen angerufen und sich nach Bedarfen erkundigt, die sie bei einem früheren Besuch festgestellt hatten? Die Antwort zeigt Ihnen, warum jährlich so viele Handwerksbetriebe schließen müssen.

- Machen Sie es sich und Ihren Mitarbeitern zur Maxime: Keine Auftragsbearbeitung ohne Auftragserweiterung!
- Pro Auftrag müssen mindestes drei, besser fünf Ausbauoptionen entdeckt und dem Kunden aufgezeigt werden.
- Das dürfen keine Scheinaufträge oder Pseudobedarfe sein, sondern (für den Kunden!) nötige, nützliche, sinnvolle oder angenehme Verbesserungen.
- Kontrollieren Sie die Einhaltung dieser Ausbau-Maxime. Gemacht wird nur, was kontrolliert wird.
- Achten Sie darauf, dass kein Hard-Selling betrieben und der Kunde

explizit nicht unter Druck gesetzt wird (das geht nämlich nach hinten los).

- Legen Sie pro Kunde eine Liste mit entdeckten Bedarfen an und telefonieren Sie dem Kunden so lange hinterher, bis die Liste abgearbeitet ist – das wird sie übrigens nie sein, da bei jedem neuen Besuch neue Ausbauoptionen festgestellt werden.

Die Auftragserweiterung wird oft das Perpetuum Mobile der Akquise genannt: Jeder Auftrag wirft neue Aufträge ab, die neue Aufträge abwerfen, die neue Aufträge ... ad infinitum. Insbesondere Stammkunden reagieren sehr positiv auf Auftragserweiterungen (wenn sie ohne Druck vorgebracht werden): Sie erwarten geradezu, dass Sie als Fachmann ihnen verraten, was sie noch alles brauchen, um glücklicher und zufriedener zu werden.

Aussteigergespräche konsequent führen

Wenn einem umsatzschwachen Unternehmen ein Kunde abspringt, merkt das, wenn es nicht gerade der Kunde Numero uno ist, im Zweifelsfall kein Mensch. Oft sagt erst nach Monaten einer: »Was ist eigentlich mit Müller & Co., haben die in letzter Zeit mal was geordert?« – »Äh, nö, eigentlich nicht.« Und damit hat sich der Fall. Es ist mehr als traurig, wenn daraufhin ein Vertriebsverantwortlicher oder gar ein Geschäftsführungsmitglied treuherzig fragt: »Wieso? Da kann man doch nichts machen, wenn Kunden abspringen.« Aber hallo!

»Da kann man nichts machen« ist eine Redewendung, die Sie in umsatzstarken Organisationen nicht hören werden. Auch daran erkennt man Umsatzstarke: An der Sprache der Sieger. Sprache ist Gesinnung, sagte Tucholsky. Und die Gesinnung der Sieger ist:

Praktikertipp: »Kein Kunde verlässt uns ohne ein Gespräch«, sagt der kaufmännische Leiter eines Präzisionswerkzeugherstellers. »Allein durch diese Maßnahme konnten wir unsere Kundentreue, unsere Qualität und unseren Service drastisch steigern.« Führen Sie mit möglichst jedem abgesprungenen Kunden ein Aussteigergespräch!

Wenn ein Kunde abspringt, wissen Firmen ohne Aussteigergespräch selten, warum. Schlimmer: Sie mutmaßen über die Gründe für den Ausstieg und liegen damit meist daneben. Wer dagegen mit aussteigenden Kunden spricht,

- kann die Gründe abstellen, weswegen sie abspringen, und damit andere Kunden halten, die kurz vor dem Absprung sind;
- kann viele absprungbereite Kunden noch vor dem Absprung umstimmen, weil die meisten abspringenden Kunden auch bei anders lautenden Aussagen nicht wegen des Preises, sondern wegen Vernachlässigung untreu werden; die Umstimmquote liegt je nach Branche und Verkäufer bei 30 bis 70 Prozent;
- steigert damit die Kundentreue, die Kundenzufriedenheit und senkt die Fluktuation.

Wissen Sie, wie viele Kunden Sie pro Quartal verlassen? Wie viel Umsatz sie mitnehmen? Warum sie wechseln? Was die häufigsten fünf Gründe dafür sind? Wie Sie diese abstellen können? Führen Ihre Verkäufer standardisierte Aussteigergespräche? Werden diese standardisiert dokumentiert und analysiert?

Bananen-Marketing verkauft Produkte, die es noch nicht gibt

Womit regen Verkäufer die Entwickler im Unternehmen auf? Mit dem unheimlichen Talent, Produkte zu verkaufen, die es noch gar nicht gibt! Der Hardware-Chefentwickler eines Sicherheitselektronik-Unternehmens sagt: »Grade eben hat ein Verkäufer eine Zugangssicherung einem Naturpark verkauft, dessen Gebäude direkt neben einem Wasserfall steht. Der Lärm macht unsere Akustik-Detektoren verrückt und der Wasserdampf sabotiert die Schaltkreise! Das können wir nicht liefern!« Trotzdem wird die Anlage geliefert.

Das nennt man Bananen-Marketing: Das Produkt wird für diesen einen, ersten Kunden neu entwickelt. Der Kunde bezahlt quasi die Innovationskosten. Dafür bekommt er ein unausgereiftes Produkt, das nach der Installation nicht voll funktionsfähig ist und daher in den ersten Wochen der Anwendung noch vom Entwicklerstab vor Ort angepasst werden muss. Das Produkt reift quasi wie die moderne Banane nicht mehr am Baum (in der Entwicklung), sondern im Lagerhaus des Kunden.

Was einerseits die Entwickler so unheimlich lästig finden, weil es sie unter extremen Innovationsdruck setzt, ist andererseits ein wunderbares Umsatzpotenzial. Egal, was der Kunde an Ausgefallenem wünscht, der Verkäufer kann im Vertrauen aufs Bananen-Marketing sagen: »Geht nicht gibt's nicht bei uns. Wir liefern auch das!«

- Fordern Sie Bananen-Marketing von Ihren Verkäufern.
- Sorgen Sie lediglich dafür, dass keine echten Unmöglichkeiten akquiriert werden.
- Fördern Sie darüber hinaus die Innovationsbereitschaft und -fähigkeit Ihrer Entwickler in ausreichendem Maße.
- Lesen Sie jedem Mitarbeiter und Manager die Leviten, der zu einem Kunden sagt: »So etwas führen wir nicht!« Das ist Umsatzvernichtung!

Begleitbesuche verordnen

Praktikertipp: Der Geschäftsführer eines Mittelständlers formuliert es knallhart: »Wenn Sie einen Regional- oder Verkaufsleiter haben, der keine Begleitbesuche macht, werfen Sie den Kerl raus! Er bringt Sie um Ihren Umsatz!« Machen Sie Begleitbesuche!

Es wird immer wieder beklagt, dass die Verkäufer draußen sowieso machen, was sie wollen, seit Jahren dieselben Akquisitionsschwächen mit sich herumschleppen (Bedarfsanalyse, Abschlussschwäche, Einwandsbehandlung ...), dadurch massenhaft Umsatz vernichten (Schätzungen belaufen sich auf 40 bis 60 Prozent!) und nichts dagegen tun! Das liegt nicht an den Verkäufern. Das liegt an dem schlichten Umstand: Wo kein Lehrer, da kein Schüler. Verkäufer machen im Kundengespräch so vieles falsch – dann muss man es eben abstellen!

Die beste Methode dafür ist nicht, wie die meisten gehaltsempfangenden Laien im Management meinen, das (extern geleitete) Training, sondern der Begleitbesuch. Der Verkaufsleiter begleitet jeden Verkäufer einmal im Monat auf einen Kundenbesuch. Wissen Sie, was umsatzschwache Vorgesetzte dazu sagen?

- »Dafür habe ich doch gar nicht die Zeit, ich ertrinke bereits jetzt in Verwaltungskram!«

Entschuldigung, das ist die falsche Priorität. Ein Verkaufsleiter wird nicht für Verwaltungskram bezahlt, sondern für Umsatz. Leider ist es eine traurige Wahrheit, dass viele Verkaufsleiter lieber an ihren Excel-Tabellen herumfitzeln, als ihre Verkäufer zu begleiten. Warum? Weil sie es schlicht nicht können. Sie haben es nie gelernt. Sie waren mal der beste Verkäufer in ihrem Gebiet und wurden deshalb zur Strafe zum Vorgesetzten befördert. Wie man einen Begleitbesuch macht, hat ihnen niemand beigebracht.

- Wenn Sie Verkaufs- oder Regionalleiter haben, schicken Sie sie endlich zu einem Training, bei/in dem sie Begleitbesuche lernen.
- Verkaufstrainer-Ausbildungen sind dafür besser geeignet als Verkaufsleiter-Ausbildungen, weil Begleitbesuche Trainingssache sind und weil auf Verkaufsleiter-Ausbildungen oft noch der Schwerpunkt auf den verdammten Verwaltungskram gelegt wird.
- Wenn Sie selbst Vorgesetzter im Verkauf sind, dann warten Sie nicht, bis Ihr Chef Sie zwangsentsendet, sondern tun Sie sich selbst einen Gefallen und buchen Sie auf eigene Kappe Training oder Ausbildung.
- Bitte werden Sie nicht fette Beute des verbreiteten Irrtums: »Begleitbesuche kann ich doch auch so!«

Denn ungeschulte Vorgesetzte übernehmen beim Begleitbesuch fast immer das Kommando und beraten den Kunden selbst, um es dem Verkäufer »richtig vorzumachen« – davon lernt er aber nichts. Oder hat Boris Becker etwa Wimbledon gewonnen, weil ihm Günter Bosch das Tennisspielen *vormachte*? Solche Irrtümer begehen ungeschulte Vorgesetzte ohne Trainerkompetenz. Ein geschulter Vorgesetzter weiß, dass man durch Vormachen nicht mal einem Schimpansen etwas beibringen kann, sondern nur durch Machenlassen und Korrigieren. Letzteres passiert übrigens im Rahmen der Bordsteinkonferenz.

Bekanntheitsgrad steigern

Sehr viele kleine und mittlere Unternehmen sind noch nicht mal in ihrer eigenen Heimatstadt den Mitbürgern ein Begriff! Neulich veröffentlichte ein Lokalblatt ein Porträt über eine Firma, die eine Weltinnovation entwickelt hatte. Überwältigende Reaktion der Einwohner des Ortes: »Wir wussten gar nicht, dass wir so eine tolle Firma in der Gemeinde haben!« Peinlich. Wie soll ein Kunde bei einer Firma kaufen, von der er noch nicht mal weiß, dass es sie gibt?

- Steigern Sie den Bekanntheitsgrad Ihrer Firma und Ihrer Produkte!
- Ziehen Sie alle Register: PR, Handzettel, Visitenkarten, Plakate, Autoaufkleber, Sticker für die Mitarbeiter, Eintrag in Nachschlagewerken, Internet-Links. Haben Sie etwas bemerkt? Keiner dieser Werbeträger kostet viel.
- Streuen Sie diese Imageträger einfach überall.
- Für Verkäufer lautet die Ubiquitär-Anweisung zum Beispiel: Egal mit wem Sie sprechen, drücken Sie ihm Ihre Visitenkarte in die Hand! Auch der Kassiererin im Supermarkt! Sie schaffen das nicht? Daran erkennt man gute Verkäufer: Die schaffen das locker, mit einem freundlichen Lächeln und einem flotten Spruch auf den Lippen.

Sie oder Ihre Mitarbeiter sind noch nicht so weit? Schön. Dann haben Sie eben ein neues Ziel entdeckt, auf das Sie hinarbeiten können.

Beratung berechnen

Seit Jahren predigen die Gurus, dass mit Produkten kaum mehr Umsatzwachstum zu machen sei, dafür aber der Markt der Dienstleistungen ein boomender ist. Und ausgerechnet diesen Markt verbauen sich die meisten Unternehmen, indem sie – es ist nicht zu glauben! – diesen Umsatz gratis verschenken!

Praktikertipp: »Erst als wir ausgiebig Begleitbesuche machten«, erzählt der Geschäftsführer eines Mittelständlers, »fanden wir heraus, dass unsere Kundenberater als Kundengespräch missverstanden, was in vielen Fällen bereits eine handfeste Beratung war!« Stellen Sie Kunden jede Beratung in Rechnung, die über ein übliches Kundengespräch hinausgeht!

Natürlich muss man den Kunden beraten, um überhaupt den Auftrag zu bekommen. Doch viele Kunden nützen diese Beratung schamlos aus, indem sie Konzeptionierung, Marktforschung, Ertragssimulationen, Planung, Feasibility Studies und andere Beratungsleistungen frech verlangen, ohne dafür einen Rappen bezahlen zu wollen. Ein wenig Beratung ist Akquise – viel Beratung dagegen ist eindeutig eine separate, honorarfähige Beratungsleistung. So legte ein Ingenieur unlängst seinem Kunden eine komplette Neuplanung seines Maschinenareals vor, nur weil dieser eine neue Maschine wollte und sich nicht klar darüber war, wie sie in das vorhandene Areal einzugliedern sei. Warum ließ der Ingenieur diesen Beratungsumsatz sausen? Weil er nicht im Traum daran dachte, ihn in Rechnung zu stellen.

- Legen Sie klare Richtlinien fest, was eine gesprächsübliche Kundenberatung und was eine honorarfähige Beratungsleistung ist.
- Verabschieden Sie einen Katalog der klar definierten, honorarpflichtigen Beratungsleistungen.
- Vergattern Sie Ihre Mitarbeiter im Kundenkontakt, sich gefälligst daran zu halten.
- Kontrollieren Sie die Einhaltung dieser Vorgaben.
- Bieten Sie die Leistungen aus diesem Katalog aktiv allen Kunden an.
- Wenn ein Kunde die Beratung mal partout nicht bezahlen will, schenken Sie sie ihm unter Akquisegesichtspunkten. Doch wenn nur ein Drittel der Kunden für die Beratung das bezahlt, was sie wert ist, haben Sie ein Drittel mehr Umsatz!

In vielen beratungskompetenten Unternehmen macht die Beratung inzwischen 20, 30 oder gar 60 Prozent des Umsatzes aus. Die ursprüngliche Zusatzleistung wurde zur Kernleistung. Verkaufte man ursprünglich Hardware, wird jetzt hauptsächlich Beratungsleistung verkauft. Nicht weil man die Hardware nicht mehr los wird, sondern weil Beratungsleistungen boomen! Sofern man sie verkauft und nicht verschenkt.

Berichtswesen als Umsatzradar einsetzen

Verkäufer hassen Berichte. In umsatzschwachen Unternehmen reicht dieser Hass aus, um Verkäufer vom Berichtswesen zu entbinden. Sie würden sich wundern, wie viele Firmen, die Sie kennen, ohne Berichte auszukommen glauben. Natürlich hat der Hass seine Gründe. In schwach geführten Unternehmen sind die Berichte viel zu aufwändig, umständlich und nur mit Zusatzstudium ausfüllbar. Außerdem liest sie niemand oder wertet sie aus. Deshalb kommen sich die Verkäufer ziemlich veräppelt vor. In umsatzstarken Unternehmen

- füllt jeder Verkäufer brav seine Berichte aus;
- sind diese Berichte so einfach und kurz wie möglich gestaltet;
- werden die Berichte regelmäßig ausgewertet;
- werden die ermittelten Umsatzchancen den Verkäufern mitgeteilt.

Der letzte Punkt ist des Pudels Kern. Oder wie ein gewitzter Verkaufsleiter uns verriet:

Praktikertipp: »Mit den Kontaktberichten allein könnte ich unseren Verkauf von Erfolg zu Erfolg führen. Ein einzelner Bericht sagt oft wenig aus. Doch die Auswertung aller Berichte ergibt ein genaueres Bild als jede teure Marktforschung. Ein gutes Berichtswesen ist eine Goldgrube für Umsatz!« Suchen und finden Sie die Umsatzpotenziale in den Besuchsberichten!

Aufgrund seiner Analysen entdeckte der Verkaufsleiter zum Beispiel, dass drei von acht Zielgruppen im Verkauf unterrepräsentiert sind, obwohl die Verkäufer immer beteuerten, wie fleißig sie diese Zielgruppen pflegen. Die Berichte ergaben auch, welche Formen der Werbung am meisten Kundenanfragen auslösten. Lauter Erkenntnisse, die bares Geld wert sind.

Es gibt viele Gründe, weshalb Berichte lästig und zeitraubend sind. Es gibt nur einen einzigen Grund, weshalb man Berichte trotzdem ausfüllen und auswerten muss: Umsatz. Dieser eine Grund ist Trumpf.

Besuchshäufigkeit steigern

Es zahlt sich in barer Münze aus, wenn Sie Ihre Zahlen kennen. Ein Schmiermittelhersteller ermittelt routinemäßig den Eingang von Kundenaufträgen. Bei einer der üblichen Analysen der erhobenen Zahlen stellte der Vertriebscontroller erstaunt fest, dass 47 Prozent aller Aufträge nicht über den zuständigen Verkäufer oder die Niederlassung, sondern direkt in der Hauptverwaltung eingingen. In vielen Unternehmen ist diese Quote noch weitaus höher. Das ist eine Bankrotterklärung des Vertriebs.

Denn als der erstaunte Controller einige der direkt bestellenden Kunden anrief und sie fragte, warum sie denn diesen Bestellweg gingen, sagten diese: »Meinen Verkäufer habe ich schon lange nicht mehr gesehen. Da habe ich eben direkt angerufen.« Wenn Sie diese Übung regelmäßig veranstalten, werden Sie feststellen, dass viele Verkäufer ihre Besuchsberichte fälschen. Sie melden Besuche, die nie stattfanden. Das ist okay. Ein Vorgesetzter oder Controller, der nicht kontrolliert, provoziert diesen Betrug.

Doch auch jene Verkäufer, die nicht betrogen, hatten ihren Job verpennt. Der Controller: »Die meisten Verkäufer besuchen ihre Kunden viel zu selten.« Warum? Die sagenhafte Ausrede der Verkäufer: »Der Kunde ist uns doch eh sicher. Der ruft schon an, wenn er was will.« Muss man sich mal vorstellen! Das hat mit Verkauf nichts mehr zu tun. Das ist kein Verkauf, sondern Kundenverwaltung. Doch auch der Verkaufsleiter schlief bei der Arbeit. Der Controller stellt ihm ein schlechtes Zeugnis aus: »Der Oberverkäufer kriegt zwar monatlich seine Besuchsberichte, doch offensichtlich wertet er sie nicht aus oder kann sie nicht auswerten.« Denn sonst wären ihm die Besuchslöcher doch sicherlich aufgefallen.

- Kontrollieren Sie den Auftragseingang: Woher kommt er? Von den Verkäufern oder direkt von den Kunden?
- Vereinbaren Sie Standards of Performance: Wie oft müssen welche Kunden pro Zeiteinheit besucht werden?
- Nicht alle Kunden können gleich oft besucht werden – also ABC-kategorisieren Sie die Kunden.
- Wenn der direkte Auftragseingang in der Verwaltung unter zehn Prozent fällt, waren Ihre Bemühungen erfolgreich.

Übrigens gibt es einen interessanten statistischen Zusammenhang: Je öfter Kunden besucht werden, desto öfter ordern sie. Dieser Zusammenhang widerspricht der landläufigen Meinung, dass Kunden nicht mehr ausgeben, egal wie oft man sie besucht. Zahlen sind immer stärker als landläufige Meinungen. Wenn Ihre Verkäufer also nicht wöchentlich einmal jeden Kunden kontakten, steigern Sie mit einer Erhöhung der Besuchsfrequenz automatisch Ihren Umsatz. Ziemlich einfach, nicht wahr? Wer hat denn behauptet, dass Mehrumsatz schwierig wäre? Nur jene, die nicht wissen, wie man einfach zu mehr Umsatz kommt.

BKK-Triage trennt die Spreu vom Weizen

Eine der grundlegenden Kompetenzen bei der Akquise ist es, gute von schlechten Kunden zu unterscheiden. Das können 90 Prozent der Menschen im Kundenkontakt nicht. Die Folge: Sie verplempern phantastisch viel Zeit mit Interessenten, die überhaupt nicht kaufen wollen oder können. Zeit, die sie nicht für Interessenten haben, die gerne kaufen würden.

Uns selbst ist es viel zu häufig so ergangen. Wie ließen uns jahrelang davon blenden, dass jeder vernünftige Manager ein intelligentes Managementsystem braucht, das ihm die relevanten Zahlen in Sekundenschnelle auf Knopfdruck präsentiert. Das tut auch jeder Manager – doch das macht ihn nicht zum Kunden! Hätten wir für jeden Manager, vor dem wir präsentierten, der dann aber doch nicht kaufen wollte oder konnte, einen Euro bekommen, würden wir Ihnen heute von Mallorca aus schreiben.

Praktikertipp: »Umsatz wird nicht mit guten Kunden gewonnen, sondern bei schlechten verloren«, sagt der Geschäftsführer eines Metallbearbeiters. Investieren Sie Ihre kostbare Zeit in gute Kunden und sortieren Sie die schlechten so früh wie möglich aus!

Es gibt grundsätzlich drei Arten von Kunden, die man unterscheiden sollte (Triage ist das alte Fachwort für diese Unterscheidung):

Besucher – diese Interessenten geben zwar Kaufabsichten vor, wollen sich im Grunde jedoch nur anschauen, was Sie so zu bieten haben. Es gibt Manager, die sich jede Woche fünf potenzielle Anbieter ins Haus holen, um sich präsentieren zu lassen. Nicht weil sie kaufen wollen, sondern weil sie präsentationsverliebt sind und ihr Geld offensichtlich im Schlaf bekommen. Erkennen Sie Besucher so schnell wie möglich und verschwinden Sie mit Lichtgeschwindigkeit! Besucher stehlen Ihr Kostbarstes, nämlich Ihre Zeit und damit Ihren Umsatz.

Kläger – diese Interessenten erscheinen noch viel aussichtsreicher als die Interesse heuchelnden Besucher. Denn sie beklagen, auf unser Beispiel bezogen, »wie zeitraubend Excel-Kalkulationen« sind und wie unzufrieden sie mit ihrem SAP-Programm doch seien und wie dringend sie daher ein analytisches Managementprogramm bräuchten – doch die Jammerei sollte nicht optimistisch, sondern stutzig machen. Denn: Wer jammert, ändert nichts! Manche Manager jammern nicht, um etwas zu ändern, sondern um sich ein Alibi zu verschaffen: »Seht her, ich beklage den Status quo, also tue ich was dagegen!« Werden Sie solche Berufskläger so schnell wie möglich los, sie stehlen nur Ihre Zeit!

Kunden – diese komplettieren die BKK-Triage aus Besuchern, Klägern und Kunden. Kunden hegen echte Kaufabsichten. Sie sind die einzigen Interessenten, die zu betreuen sich für Sie lohnt. Weil nur hier der Umsatz sprudelt. Die anderen sind falsche Fährten, Umsatzkiller, Zeiträuber.

- Stellen Sie einen Katalog an Indizien auf, anhand deren Sie frühzeitig erkennen können, in welche der drei Kategorien ein Interessent fällt.
- Erstellen Sie einen Fragekatalog, der die Kategorisierung erleichtert. Eine Frage, die unbedingt da reingehört: »Können Sie eine Entscheidung über … Euro (Auftragssumme) alleine fällen?« Kläger können das zum Beispiel nicht, weil sie ja nur klagen, aber nicht entscheiden wollen oder können.
- Wenn Sie die Triage erst nach drei Gesprächen und zwei Präsentationen machen, haben Sie zu viel Zeit verloren! Kategorisieren Sie stets, noch bevor Sie den ersten Besuch machen.
- Nur wenn die Triage telefonisch oder per Vorab-Fragebogen nicht möglich ist, dürfen Sie den Kunden besuchen – zu Zwecken der Triage! Stellt sich heraus, dass es ein Kläger oder Besucher ist, brechen Sie das Gespräch so schnell wie möglich beziehungsfreundlich ab. Zum Beispiel: »Ich muss leider los, wir reden das nächste Mal weiter.« Es versteht sich von selbst, dass es das nächste Mal nicht gibt …

Boni ausloben

Nein, nicht für die Kunden! Für die eigenen Verkäufer, Manager und Mitarbeiter natürlich! Nun ist diese Idee nicht neu, wird aber mehrheitlich falsch umgesetzt. Die meisten Boni sind einfach nur teuer, ohne etwas zu bringen. Kurz: rausgeschmissenes Geld. Boni sollen motivieren. Die meisten tun es nicht, weil sie zu pauschal ausgelobt sind. Am beliebtesten ist der Gießkannen-Bonus: Alle Mitarbeiter bekommen einen Bonus, wenn das Unternehmen sein Umsatzziel erreicht. Da der »normale« Mitarbeiter jedoch keinerlei Einfluss auf den Firmenumsatz zu haben meint, rührt er auch keinen Finger für den Bonus.

Praktikertipp: Der Verkaufsleiter einer Nahrungsmittelkette sagt: »Bei uns hat jeder Mitarbeiter seinen eigenen Bonus.« Loben Sie Boni ausschließlich individuell aus!

Der Geschäftsführer eines Installationsbetriebes zum Beispiel bekommt vom Eigner einen satten Bonus, wenn er das hoch gesteckte Umsatzziel erreicht. Da er der Chef-Akquisiteur des Betriebes ist, macht der Bonus Sinn und wird auch regelmäßig verdient. Seine Monteure bekommen diesen Bonus nicht, weil sie den ganzen Tag über montieren und nicht akquirieren. Sollte jedoch einer von ihnen per Zufall oder aus seinem Bekanntenkreis einen Auftrag vermitteln, kriegt er vom Geschäftsführer sofort – je nach Auftragsgröße – 100, 200 oder 400 Euro bar auf die Hand. Seit dieser Bonus eingeführt wurde, hat jeder der Monteure, auch wenn er vorher zehn Jahre lang nie einen Auftrag brachte, im Schnitt acht Aufträge pro Jahr gebracht.

- Vergessen Sie Pauschalboni.
- Ein Bonus wirkt nur dann umsatzmotivierend, wenn er an ein realistisches und vom Bonus-Empfänger selbst zu erreichendes Ziel geknüpft wird.
- Schaffen Sie es, Ihre Boni individuell maßzuschneidern, können Sie sich darauf einstellen, dass Ihr Umsatz abgeht wie eine Rakete.
- Vorsicht: Nicht alle Mitarbeiter reagieren auf Boni. Die innerlich Gekündigten beispielsweise lässt auch ein Bonus kalt. Arbeiten Sie mit denen, die sich vom Bonus motivieren lassen.
- Es versteht sich von selbst, dass Sie Boni so gut kalkulieren, dass Sie sich damit nicht Ihren Deckungsbeitrag kaputtmachen, der Bonus gleichzeitig jedoch noch motiviert.

Bordsteinkonferenz institutionalisieren

Würden Sie Ihr geliebtes Auto einem Kfz-Mechaniker anvertrauen, der keine Mechaniker-Ausbildung hat? Eher friert die Hölle zu! Leider haben die meisten Menschen im Vertrieb nicht die Bohne Ausbildung. Und wenn sie eine haben, haben sie dabei vieles gelernt – nur Verkaufen nicht. Daher die allerorts anzutreffenden eklatanten Irrtümer im Verkauf. Einer dieser Irrtümer besagt, dass die beste Methode, Verkäufer auf Vordermann zu bringen, das Training ist. Möglichst durch einen externen Motivations-Guru. Das ist Käse.

Wie jeder ausgebildete Verkaufsleiter oder -trainer weiß, lernt jeder Mensch am besten nicht beim Zuhören, sondern beim Machen. Wenn ein Verkäufer vor drei Wochen einen A-Kunden verärgert hat, dann erinnert er sich schon gar nicht mehr an den Gesprächsverlauf und seine Fehler, wenn Sie ihn drei Wochen später in ein Training schicken. Deshalb funktionieren Beurteilungsgespräche bis heute nicht: Im Dezember erklärt mir der Vorgesetzte, was ich im Januar falsch gemacht habe – wen juckt das noch?

Die beste, wirksamste, schnellste, effizienteste und obendrein noch einfachste Methode, die himmelschreiend umsatzvernichtenden Fehler bei Kundengesprächen zu beseitigen, war und ist immer noch die Bordsteinkonferenz, die sofort nach dem Begleitbesuch abgehalten wird. Deshalb heißt sie so: Man geht nach dem Kundenbesuch nicht zurück in die Firma, noch nicht einmal ins nächste Straßencafé, sondern macht die Manöverkritik, an Ort und Stelle, vor der Haustür des Kunden.

- Kommen Sie nicht auf die Idee, dass Sie eine Bordsteinkonferenz aus dem Stegreif hinkriegen. Das Risiko von Blamage, beiderseitiger Demotivation und Misserfolg beträgt 90 Prozent.
- Die meisten ungeschulten Vorgesetzten beginnen die Konferenz zum Beispiel mit: »Also das war ja gar nichts! Sind Sie vom wilden Affen gebissen, die Preisfrage des Kunden schon zu Beginn des Gesprächs zu beantworten?« Danach brauchen Sie nicht mehr weiterzumachen – der Verkäufer hat seine Ohren bereits auf Durchzug gestellt.
- Jede Konferenz beginnt stets und immer mit dem Positiven, den Dingen, die der Verkäufer richtig gemacht hat. Das baut ihn auf und motiviert ihn, auch die Fehler abzustellen, die Sie ihm nennen werden. Lernen braucht Motivation!

- Nennen Sie mindestens drei positive Dinge, die der Verkäufer richtig gemacht hat – auch wenn Sie diese mit der Lupe suchen müssen!
- Das Negative formulieren Sie völlig vorwurfsfrei – wenn Sie das nicht schaffen, keine Bange, das schafft kaum einer auf Anhieb: Konsultieren Sie für eine oder zwei Sitzungen einen guten Kommunikations-Coach oder besuchen Sie ein Kommunikationstraining. Vorwurfsfreie Kommunikation ist eine eigene Sprache.
- Formulieren Sie sachlich und neutral, was Sie an verbesserungswürdigem Verhalten des Verkäufers beobachtet haben und wie der Kunde darauf reagierte – der Verkäufer ist nicht dumm und sieht, wie Ursache und Wirkung zusammenhängen.
- Geben Sie ihm um Himmels willen bloß keinen gut gemeinten Rat, wie er es besser machen könnte! Das demotiviert ultimativ! Der Verkäufer denkt dabei nur: »Der Chef weiß natürlich wie immer alles besser!«
- Fragen Sie ihn vielmehr, wie er es hätte besser machen können – der Verkäufer kommt schon von alleine drauf.
- Vereinbaren Sie mit ihm, dass er seinen eigenen Vorschlag künftig anwenden wird und dass Sie beim nächsten Begleitbesuch gemeinsam darauf achten werden.
- Wenn der Verkäufer, um seine festgestellten Fehler abzustellen, über die Konferenz hinaus ein gutes Training oder Coaching braucht, dann geben Sie ihm das oder entsenden Sie ihn auf eines.
- Wenn Sie partout keine Zeit oder keine Begabung für Begleitbesuche und Bordsteinkonferenzen haben, engagieren Sie einen guten Verkaufstrainer oder -coach, der das für Sie macht. Wenn Ihnen das zu teuer ist, dann denken Sie an den falschen Trainer. Seit der Trainermarkt um die Jahrtausendwende zusammengebrochen ist, bekommen Sie hoch kompetente Trainer bereits äußerst günstig.
- Beobachten Sie, wie Ihre Verkäufer von Konferenz zu Konferenz besser werden und ihre Umsatzkurven zu Ihrem Lob und Ruhm immer steiler und steiler ansteigen.
- Wenn Sie meinen, dass Sie mit einer professionell durchgeführten Bordsteinkonferenz den Punkt in Ihrem Anforderungsprofil erfüllen, der »Führungskraft als Coach, Trainer oder Personalentwickler« heißt, dann liegen Sie damit richtig.

Buying-Center-Kompetenz aufbauen

Bei Verkaufs-Supervisionen und -Coachings zeigt sich immer wieder, wie viele Kundengespräche auf der Stelle treten, weil »irgendein Entscheider, der über meinem Kunden sitzt, die Auftragsvergabe aussitzt!« Was machen umsatzschwache Menschen darauf? Sie klagen, sie rufen den Kunden wöchentlich an, sie werden ungeduldig, sie machen Druck, sie ködern mit weiteren Preisnachlässen. Nützt das was? Nein, denn der Blockierer blockiert weiter.

Praktikertipp: »Im B2B-Bereich verkaufen Sie eben nicht an Einzelpersonen«, weiß der Geschäftsführer eines Stoffgroßhändlers. »Sie verkaufen beim Business to Business immer an ein Kollektiv.« Lernen Sie, wie man an Kollektive verkauft!

Solche Kollektive heißen im Marketing Buying Center. Das Erschreckende daran: Die meisten Manager und Verkäufer von kleinen und mittleren Unternehmen können zwar an Einzelpersonen, nicht jedoch an Buying Center verkaufen! Dabei gibt es dafür drei Strategien:

1. Wenn ein Hierarch oberhalb Ihres direkten Ansprechpartners mauert, dann lassen Sie sich bei diesem einen Termin geben und verhandeln Sie mit ihm! Da haben Sie Recht: Das muss man können – aber das können Sie lernen!
2. Wenn Sie an den Hierarchen aus terminlichen oder politischen Gründen nicht herankommen, dann briefen und coachen Sie Ihren direkten Ansprechpartner so, dass er selbst den Maurer überzeugen kann. Sie fernsteuern den Ansprechpartner sozusagen. Sie haben wieder Recht: Auch coachen und briefen muss man können, doch beides kann man lernen, und es gehört zum Rüstzeug jedes guten B2B-Verkäufers!
3. Führt weder das eine noch das andere binnen drei Monaten zum Erfolg, legen Sie den Kunden auf Eis – denn dieses Kollektiv ist offensichtlich derart zerstritten, dass es eine Mediation und kein Verkaufsgespräch benötigt. Wenn Sie vermitteln wollen oder können, ist das natürlich super – doch eigentlich gehört das nicht zu Ihrem Auftrag. Verschwenden Sie nicht Ihre kostbare Zeit, die Sie sinnvoller in andere, aussichtsreichere Kunden investieren können.

Change Management schafft den nötigen Wandel

In diesem Umsatzlexikon vergleichen wir umsatzschwache mit umsatzstarken Managern und Unternehmen. Was beide unterscheidet, sind die Erfolgsrezepte für einen starken Umsatz.

Praktikertipp: »Wenn ich weiß, was einen starken Umsatz macht«, meint die Leiterin eines großen Handwerksbetriebs, »dann heißt das noch nicht, dass meine Mitarbeiter dieses Wissen auch umsetzen!« Ermöglichen Sie das Anzapfen großer Umsatzpotenziale mit Hilfe von Change Management!

Mit den ersten Probeseiten dieses Buches haben wir ein kleines Experiment veranstaltet. Wir gaben einige Seiten mit circa 20 Umsatzpotenzialen zehn ausgewählten Managern aus zehn Unternehmen. Alle waren begeistert: »Genau das, was wir in diesen Zeiten brauchen!« Das war sehr ermutigend. Nach fünf Wochen sprachen wir uns wieder. Drei der Manager waren »noch nicht dazu gekommen«. Vier hatten die Potenziale angepackt, »aber die Mitarbeiter kriegen den Allerwertesten nicht hoch!« Drei Manager bedankten sich für den sofort messbaren Umsatzanstieg und fragten nach weiteren Buchseiten. Diese Verteilung entspricht übrigens der typischen Drittelverteilung bei allen Veränderungsprojekten. Ein Drittel tut nichts, ein Drittel eiert herum, ein Drittel ist erfolgreich. Warum?

Es gibt viele Gründe, weshalb eine Veränderung nicht greift. Doch die Erfahrung zeigt: Anweisungen sind der Hauptgrund. Die vier Manager, deren Mitarbeiter einfach nicht in die Gänge kamen, ordneten den Change per Ordre de Mufti an: »Hier sind 20 Umsatzpotenziale – macht mal!« Als wir sie fragten, ob dieses Vorgehen ihrer Ansicht nach ausreiche, sagten sie: »Schließlich werden die Mitarbeiter doch genau dafür bezahlt! Die können froh sein, wenn ich ihnen Potenziale aufzeige, auf die sie gut und gerne selber kommen könnten!« Eine durchaus verständliche Sichtweise. Verständlich, aber erfolglos.

Die erfolgreichen Manager sahen das anders: »Wenn ich eine Veränderung von meinen Mitarbeitern möchte, kann ich das nicht einfach anordnen und sie dann im Regen stehen lassen.« Anordnungen sind gut, Change Management ist besser. Die erfolgreichen Manager

- hörten sich erst die Einwände und Befürchtungen ihrer Mitarbeiter an;

- überwanden diese mit ganz normalen Einwandsbehandlungen;
- zeigten den Nutzen des Wandels (für die Mitarbeiter!) auf.
- planten zusammen mit den Mitarbeitern das Vorgehen.
- stellten Hilfen zur Verfügung, wo Kompetenzlücken waren;
- erkundigten sich zwei-, dreimal die Woche nach den Fortschritten der Mitarbeiter bei der Potenzialerschließung;
- feierten zusammen mit den Mitarbeitern auch kleine Teilerfolge.

Das ist Change Management. Es garantiert Umsetzungserfolg. Umsetzungserfolg ist Umsatzerfolg. Wer so viel Change-Kompetenz nicht von Haus aus mitbringt, sollte ein Training besuchen oder ein Coaching buchen. Was hält weniger erfolgreiche Manager davon ab? Wie immer die Einstellung. Weniger umsatzstarke Manager glauben: »Das müssen die Mitarbeiter alleine stemmen – mir hilft ja auch keiner!« Erfolgreiche Manager dagegen glauben: »Mitarbeiter müssen geführt werden – schließlich ist das mein Job als Führungskraft!« Wieder einmal erkennen wir: Umsatz ist Einstellungssache.

- Weisen Sie die Erschließung von Umsatzpotenzialen nicht an.
- Begleiten Sie sie vielmehr mit Change-Kompetenz.
- Haben Sie zu wenig davon, rüsten Sie auf.

Change Requests eiskalt abrechnen

Heutzutage sind viele Aufträge Projekte. Projekt ist eine andere Bezeichnung für Totalausbeutung. In einem Projekt ist der Kunde tendenziell im Vorteil. Er vereinbart einen Fixpreis – und schüttet den Auftragnehmer dann wöchentlich mit einer Menge Änderungswünschen (Change Requests) zu, deren Ausführung nach seinem Verständnis »selbstverständlich schon im vereinbarten Preis drin ist!«. Die gigantische Umsatzvernichtung dabei: Die Verantwortlichen kochen zwar innerlich vor Wut, lassen den Kunden aber diese Unverschämtheit durchgehen. Dazu lässt sich nur eines sagen: Es gehören immer zwei dazu. Einer, der es macht, und einer, der es mit sich machen lässt.

Lassen Sie es nicht mit sich machen. Wenn der Kunde Extrawürste gebraten haben will, soll er gefälligst dafür bezahlen. Sie gehen ja auch nicht in eine Kneipe, bestellen einen Kurzen zum Pils und bezahlen dann nur das Pils, weil »der Schnaps ja schon im Pilspreis drin ist!«. Briefen Sie alle Mitarbeiter und Manager mit Kundenkontakt:

- Niemals einen Change Request stillschweigend annehmen.
- Immer erst sagen: »Das schauen wir uns mal an und rechnen es durch – ich sage Ihnen dann, ob das im Preis drin ist oder Mehraufwand erfordert.«
- Selbst wenn der Kunde den ganzen Mehraufwand nicht tragen will, machen Sie mit einer teilweisen Beteiligung des Kunden am Aufwand immer noch mehr Umsatz als mit wütendem Schlucken.
- Es versteht sich von selbst, dass man die Zusatzkosten nicht nach dem Zusatzaufwand, sondern nach der Preisneigung des Kunden kalkuliert. So kann man durchaus auch mal 150 Prozent des Aufwandes auf den Kunden überwälzen. Wenn es ihm das nicht wert ist, wird er nicht ordern. Sie gewinnen in beiden Fällen: Wenn er ordert, gewinnen Sie Mehrumsatz. Wenn er von seinem Change Request Abstand nimmt, sparen Sie Kosten.

Chefsache Umsatz

Die Vorstandsmanager und Geschäftsführer von Unternehmen beklagen oft am öffentlichsten und heftigsten die »Branchenkrise« oder die »Kaufzurückhaltung«. Die Chefs wünschen sich am nachdrücklichsten mehr Umsatz. Sie fordern mehr Umsatz von ihren Verkaufsleitern und Verkäufern – und danach ward nichts mehr von ihnen gehört. Kein Wunder, dass sie ihrerseits dann auch wenig von Mehrumsatz hören. Kommt das Thema bei der nächsten Geschäftsleitungssitzung wieder aufs Tapet, murmelt der Vertriebsleiter, dass »die neue Kampagne noch nicht richtig läuft«, der Geschäftsführer verzieht das Gesicht und »macht ihm Dampf« – das ist zu wenig.

Praktikertipp: Die Leiterin eines Kosmetikunternehmens sagt: »Wer als Chef mehr Umsatz will, muss den Umsatz auch zur Chefsache machen!« Keine Delegation – machen Sie Umsatzziele zur Chefsache!

Es reicht nicht, sich aus der Affäre zu reden, indem man vorschützt: »Für den Umsatz ist unser Vertriebsleiter zuständig!« Wir sehen doch täglich, was diese kommode Verantwortungsdelegation bringt: nicht das Geringste. Die zitierte Geschäftsleiterin hat in ihrem Unternehmen den Umsatz zur Chefsache gemacht. Das heißt nicht, dass sie selbst verkauft oder ihren Verkaufsleiter gefeuert hat. Nein, sie hat den Umsatz zur Chefsache gemacht, indem sie das älteste und immer noch beste Managementinstrument einsetzt: Fordern und Fördern! Sie spricht jeden Tag mindestens eine halbe Stunde mit ihrem Vertriebsleiter – und zwar über den Umsatz! Mindestens einmal die Woche »suche ich einen Verkaufs-, Regional- oder den Innendienstleiter heim«. Der Besuch erfolgt immer unangemeldet, immer im Büro des Besuchten. Der Vertriebsleiter sagt: »Wenn du damit rechnen musst, dass die Chefin jeden Moment bei dir reinschneit und sich nach dem Fortschritt bei der Umsatzoffensive erkundigt, dann sorgst du auch dafür, dass die Zahlen sich bewegen!«

Chronische Konflikte schnellstmöglich beenden

Wenn Sie ein Buch oder ein Seminar zum Konfliktmanagement konsultieren, werden Sie darin als Lehrbuchbeispiel für einen verschleppten Konflikt meistens den Konflikt zwischen Innen- und Außendienst finden. Daneben gibt es noch andere Dauerkonflikte:

- zwischen Vertriebszentrale und Regionalleitungen oder Niederlassungen,
- zwischen Verkauf und Marketing,
- zwischen Vertriebs- und Geschäftsleitung,
- zwischen Vertrieb und Entwicklung,
- zwischen Vertrieb und Fertigung,
- zwischen Verkaufsleitung und Verkäufern,
- zwischen Verkäufern und Controllern.

Und das sind noch nicht einmal alle Konflikte im so konfliktreichen Verkauf. Diese Konflikte kosten jährlich Milliarden Euro allein in Deutschland. Bei einem Spezialchemie-Unternehmen verkauft beispielsweise der Außendienst seit vier Jahren so gut wie nichts mehr von Produkt 462.

weil »die Dispo jede zweite Sendung fehlkommissioniert«. Die Dispo dagegen behauptet, dass der Verkauf »jede zweite Bestellung schlicht falsch ausfüllt«. Allein bei diesem Produkt liegt der geschätzte jährliche Umsatzverlust im sechsstelligen Bereich. Sechs Stellen verlorener Umsatz, die allein dem Dauerkonflikt zuzuschreiben sind.

Interessant ist wiederum der kleine Unterschied. Umsatzschwache Manager sagen zu Dauerkonflikten in ihrem Führungsbereich: »Ach ja, die ewige Kabbelei zwischen Innen- und Außendienst – damit müssen wir eben leben.« Umsatzstarke Manager dulden keine Umsatzkiller. Sie buchen auch keine »Konfliktbewältigungs-Workshops«, weil die meisten davon lediglich einen Strohfeuer-Effekt entfachen. Sie machen Konfliktbewältigung zur Führungsangelegenheit (was sie ja auch ist), laden die Streithähne zum gemeinsamen Termin und klären den Streit wie erwachsene Leute. Warum machen das nicht auch die umsatzschwachen Manager?

- Weil sie glauben, dass sich der Streit von alleine wieder einrenkt (eine Illusion angesichts von Dauerkonflikten).
- Weil sie sich schlicht nicht trauen, in Konflikte reinzugehen.
- Weil ihnen zur Konfliktklärung die Kompetenz fehlt.

Praktikertipp: »Konflikte fressen Umsatz!«, meint der Innendienstleiter eines Großhändlers. Akute Streitereien können Sie tolerieren – doch chronische Konflikte müssen Sie so schnell wie möglich schlichten!

- Eine formelle Konfliktbewältigungs-, Moderations- oder Mediationskompetenz ist zwar nützlich, aber nicht notwendig.
- Für die Bereinigung oder zumindest die Eindämmung von chronischen Konflikten reicht auch Ihr gesunder Menschenverstand, ein wenig guter Wille und viel Ausdauer. Denn Dauerkonflikte schwelen nur deshalb, weil man nichts mehr dagegen tut, sich an sie gewöhnt hat.
- Jeder Konflikt erlischt mit einem Interessenausgleich. Finden Sie heraus, welche versteckten Interessen hinter dem Konflikt stehen, und verhelfen Sie ihnen zum Durchbruch. Das ist reine Verhandlungssache.
- Die professionelle Lösung für Dauerkonflikte ist die Systemische Organisations-Aufstellung. Dieses modernste aller Interventions-Instrumentarien löst binnen 20 Minuten selbst Konflikte, die 20 Jahre lang schwelten.

Claim kreieren: Wofür stehen Sie?

»Deutschlands meiste Kreditkarte«, »Im Falle eines Falles klebt Uhu wirklich alles!«, »Geht nicht gibt's nicht!«, »Mars bringt verbrauchte Energie sofort zurück!« Was sind diese Aussagen? Das sind so genannte Claims. Claims sind Ansprüche eines Unternehmens oder eines Produktes, die es an sich selbst stellt. Versprechungen an den Kunden. Verheißungen. Haben Sie einen Claim?

90 Prozent aller kleinen und mittleren Unternehmen haben keinen! Dabei verkauft ein Claim geradezu genial. Folgende Anekdote illustriert das. Wir waren zufällig zu Gast bei der Einführungsveranstaltung für neue Mitarbeiter eines Reinigungsmittel-Herstellers. Peinlicherweise saßen auch Mitarbeiter dabei, die schon seit einem Jahr im Unternehmen waren (die Veranstaltung wird viel zu selten durchgeführt). Irgendwann gab es Tumult im Saal, weil plötzlich alle Mitarbeiter entdeckten, dass sie keine Ahnung hatten, wofür denn ihr neuer Arbeitgeber stünde. Logisch, es gab keinen Claim, der das gesagt hätte. Also improvisierte der Schulungsleiter und sagte in breitem Fränkisch: »Na, das ist doch klar, wir bieten unseren Kunden beim Thema Reinigung alles aus einer Hand!«

Sie halten das für einen trivialen Spruch? Das ist es – doch die Verkäufer im Saal standen auf und applaudierten. Einer sagte: »Wenn ich mit diesem Spruch beim Kunden auftrete, dann weiß er doch, wer wir sind, was wir können und wofür wir stehen! Wenn ich das ein Jahr früher gewusst hätte, hätte ich viel besser auftreten und verkaufen können!« Das ist ein Wort.

- Welchen Claim haben Sie?
- Keinen? Dann entwickeln Sie einen!
- Aber Vorsicht: Keine Mond-Claims, die Ihnen keiner glaubt.
- Ein guter Claim ist kurz: ein Satz, nicht mehr.
- Ein guter Claim ist markant und prägnant: Er bohrt sich ins Hirn und lässt sich nicht mehr ausradieren.
- Ein guter Claim ist realistisch: Kunden, Mitarbeiter und Manager nehmen ihn Ihnen ab.
- Ein guter Claim verspricht dem Kunden Nutzen (das, was der Kunde darunter versteht). Negativbeispiel: »Die Zeit ist reif für XY!« Dieser

Claim einer Ulmer Firma floppte, weil die Kunden fragten: »Und, was bringt uns das?«

- Machen Sie Tests mit einigen Dutzend Leuten: Wie kommt Ihr (neuer) Claim an? Was denken die Leute sich dabei?
- Beauftragen Sie damit am besten einen Mitarbeiter (oder einen kostengünstigen Externen, keine Agentur!), der sich mit Marketing und Marktforschung etwas auskennt.
- Ist Ihr Claim ubiquitär, das heißt, steht er auf allen Unterlagen drauf? Ist er in allen Gesprächsleitfäden drin? Gibt es dafür Sticker, Pins und anderes Werbematerial?

Claims Management professionalisieren

Im internationalen Business lacht man sich insbesondere über die Projektmanager aus dem deutschsprachigen Raum unverholen ins Fäustchen. Ein arabischer Chefeinkäufer erzählte beim Trollinger: »Deutsches Ingenieur gutt – konstruiert fantastisches Anlage – aber geht bei Preis in Knie wie besoffenes Kamel!« Was für ein Kompliment.

Was der Scheich ansprach, nennt man im internationalen Business Claims Management. Bezeichnend, dass viele Manager noch nicht einmal davon gehört haben, obwohl der goldene Kirchturmhahn inzwischen Einzug in die Literatur hielt. Der Hahn geht auf den Ausspruch eines deutschen Vorstandsvorsitzenden zurück: »Wenn unser Kunde einen goldenen Wetterhahn auf der Meerwasserentsalzungsanlage will, fragen unsere Ingenieure nur: Wie konstruieren wir das? Sie fragen nicht: Wer soll das bezahlen? Deshalb bezahlen es immer wir!«

Claim hieß zu Zeiten des Goldrausches die Parzelle, die sich ein Goldgräber absteckte. Die meisten Ingenieure und Projektleiter stecken zwar ihre Preisforderungen ab, doch sie lassen sich danach über den Tisch ziehen. Sie sagen Leistungen zu, ohne Umsatz dafür zu sehen. Das ist ein Umsatzverbrechen! Da hilft nur eines:

- Sofern Sie Spezialanfertigungen, Projekte oder Anlagen liefern, lassen Sie zumindest den Chefverhandler zum Claims Manager ausbilden.
- Wenn es eine gute Ausbildung ist, dauert sie länger als zwei Tage.

- Erwarten Sie nicht, dass Ihre Verhandler das »auch so« können. Die Ausbildung kostet Sie Peanuts im Vergleich zum Mehrumsatz, den ein gut ausgebildeter Claims Manager macht.

Coaching beseitigt Blockaden

Wir können übrigens Gedanken lesen. Sie glauben das nicht? Stellen Sie uns auf die Probe. Wetten, dass Sie beim Durchblättern dieses Buches schon mindestens einmal gedacht haben: »Wenn das alles so einfach wäre ...«? Dieser Seufzer ist der eigentliche Grund, warum es mit dem Umsatz in vielen Unternehmen trotz vieler Bemühungen nicht vorangeht. Denn jeder Manager, Eigner, Geschäftsführer, Vertriebs-, Verkaufs- oder Innendienstleiter, jeder Key Accountant, jeder Verkäufer und jeder »normale« Mitarbeiter hat Blockaden, an denen es einfach nicht weitergeht.

Da ist zum Beispiel Hannes B., ein wirklich guter Verkäufer, der jedoch trotz jährlich vier Tagen Verkaufstraining immer noch nicht auf Vorstandsebene verkaufen kann. Sitzt ihm ein Mitglied der Geschäftsleitung als Kunde gegenüber, geht er regelmäßig in die Knie und gibt Rabatte, für die er sich später schämt.

Da ist Gerd H., der zwar seit vier Jahren Verkaufsleiter ist, jedoch große Probleme hat, seine Transferquoten auszurechnen. Er ist einfach »mit Zahlen schwach«, wie er sagt.

Da ist Susanne M., die seit Jahren ihre Kunden gut betreut, aber immer noch nicht den Unterschied zwischen Produkteigenschaft, Produktvorteil, Anwendung, Nutzen und Motiv auf die Reihe bringt.

Diese Blockaden mögen lächerlich erscheinen – für jemanden, der nicht unter ihnen leidet. Doch dieses Lächeln erstirbt jedem, der weiß, dass *jeder* Mensch solche Blockaden mit sich trägt. Und bei jedem sind sie für Außenstehende lächerlich. Werden die Blockaden nicht beseitigt, killen sie fortwährend den eigenen Umsatz (und den Erfolg). Der Witz dabei ist, dass sich diese Blockaden nicht per Training lösen lassen. Denn im Verkaufstraining hört Susanne M. schon seit Jahren die Definitionen und Unterschiede zwischen Eigenschaften, Vorteilen und Nutzen – doch ihr ganz persönlicher Grund, warum sie das nicht auf die Reihe bringt, wird nicht berücksichtigt, weil noch elf andere Teilnehmer im Saal sitzen und sich der Trainer nicht eine halbe Stunde lang mit einem einzelnen auseinander setzen kann. So lange dauert nämlich die Beseitigung einer Blockade normalerweise. Das ist übrigens ein guter RoI (Return on Investment): Nur eine halbe Stunde für die Beseitigung einer Blockade, die Umsätze in fünfstelliger Höhe kaputtmacht.

Diese Zeit hat und nimmt sich nur ein Verkaufscoach. Jeder modern geführte Konzern hat in der Zwischenzeit so genannte Coaching-Pools, die bis zu 200 Adressen von Coaches enthalten, die ein Manager oder Mitarbeiter für sich in Anspruch nehmen kann.

- Begeben Sie sich auf die Suche nach einem guten Verkaufscoach.
- Aktivieren Sie Ihr Netzwerk: Fragen Sie Kollegen, Freunde, Bekannte, die Suchmaschinen im Internet …
- Gönnen Sie sich ein Probecoaching.
- Wechseln Sie den Coach so lange, bis Sie mit einem zufrieden sind.
- Beobachten Sie, wie Ihre Leistungskurve an den blockierten Stellen senkrecht nach oben geht.

Distributionspolitik innovativ gestalten

Die meisten Firmen beschränken ihre Innovationen aufs Produkt und die Werbung. Das kommt davon, wenn man im Marketing-Grundkurs gepennt und die 4 Ps nicht mitbekommen hat: Product – Price – Place – Promotion (inzwischen gibt es sogar 6 Ps: zusätzlich noch People und Processes). Umsatzstarke Firmen und Manager suchen, entdecken und testen ständig neue, ergänzende oder alternative Vertriebskanäle (Place = Distribution). Sie sollten jährlich mindestens die folgenden Distributionsergänzungen auf Feasibility, Umsatzwirkung und Rentabilität überprüfen:

- E-Sales (via Homepage, Suchmaschinen und Querverweisen bei E-Commerce-Plattformen)
- Factory Outlet (zu deutsch: Lagerverkauf)
- Mail Order Business (Verkauf per Versand, nicht per Handel)
- Franchising
- Teleshopping-Kanäle
- Telemarketing-Agenturen

Diversifizieren Sie schneller und stärker!

Wir erschrecken immer wieder, wenn wir feststellen, wie viele kleine und mittlere Unternehmen auf nur einem Bein stehen. Ein Insolvenzberater verriet uns sogar: »80 Prozent aller Selbstständigen sind unterdiversifiziert!« Das heißt, die Firmen sind größtenteils auf Gedeih und Verderb abhängig von

- nur einem Großkunden,
- Kunden aus nur einer Branche,
- nur einem Produkt,
- nur einem Vertriebsweg,
- nur einer oder wenigen typischen Anwendungen.

Wenn dann der Großkunde plötzlich Pleite macht, die hauptsächliche Kundenbranche in die Krise gerät oder der Gesetzgeber die Hauptanwendung gesetzlich reglementiert, bricht der Umsatz und in den meisten Fällen auch das Unternehmen zusammen. Verraten wir Ihnen da Neues? Nein, das wissen Sie schon längst. Warum sind dann selbst Manager im Kundenportfolio unterdiversifiziert, die das längst wissen? Weil

- der Großkunde schon seit Jahren Großaufträge liefert, man es einfach so gewohnt ist und sich nicht vorstellen kann, dass er plötzlich hops oder fremdgeht – doch genau das tun Großkunden in einer globalen, hektischen und gnadenlosen Wirtschaft derzeit massiv;
- man schlicht keine Zeit zur Diversifikation hat – man ist zehn Stunden pro Tag mit den aktuellen Kunden beschäftigt;
- man sein Kundenportfolio irrtümlich für diversifiziert hält, weil es viele Kunden enthält – dabei übersieht man, dass diese Kunden alle ein verbindendes Merkmal haben, bei dessen Bedrohung der komplette Umsatz auf dem Spiel steht!

Das alles sind gute Gründe, die Ihnen letztendlich nicht helfen, wenn Sie der Insolvenzberater fragt: »Warum um Himmels willen haben Sie nicht früher und stärker diversifiziert? Wissen Sie denn nicht, dass man auf einem Bein nicht stehen kann?«

Praktikertipp: Der Vertriebsvorstand eines IT-Unternehmens sagt: »Diversifikation gehört zur Führungsaufgabe! Wer sich drum drückt, ist kein echter Manager!« Diversifizieren Sie in guten Zeiten, dann werden Sie nie schlechte erleben!

- Selbst wenn Ihr Laden gerade gut läuft – analysieren Sie Ihr Portfolio auf eine eventuell mangelnde Diversifikation.
- Erstellen Sie ein Eigenschaftsprofil von potenziellen Kunden, die diese Schlagseite in Ihrem Portfolio beheben könnten.
- Suchen Sie konkrete potenzielle Kunden, die diesem Profil entsprechen.
- Setzen Sie diese potenziellen Kunden auf Ihre Akquiseliste.
- Geben Sie eine Kontaktquote aus, zum Beispiel: »Je Woche immer einen dieser Diversifikationskunden kontakten!«
- Analysieren Sie nicht nur Ihr Kunden-, sondern auch Ihr Produktportfolio auf mangelnde Diversifizierung.

Dranbleiben

Umsatzstarke Manager und Verkäufer nehmen sich ein Marktziel vor – und bleiben dann dran. In der Trainersprache heißt das oft auch »permanente Akquise«. Machen das nicht alle? Verkaufen nicht alle Verkaufsteams permanent? Eben nicht. Nur deshalb konnte die letzte Krise so tief sein. Die eingebrochenen Unternehmen hatten bis zum Anbruch der Krise ihre Akquise sträflich vernachlässigt. Weil die Konjunktur eben so gut lief, lebte man vom Markt, von der Lauf- und Stammkundschaft, von dem Umsatz, den man nicht verhindern konnte. Als diese so genannten Windfall Sales (»Fallobst-Umsätze«) nicht mehr fielen, stand man ratlos in der Landschaft und musste erst wieder seinen Verkauf ankurbeln, die Kundenkontakte wieder aufleben lassen, die Händler wieder pflegen, überhaupt erst mal mitbekommen, wohin der Markt sich bewegt hatte.

Musterbeispiel dafür sind vier Branchen, die am heftigsten einbrachen: Tageszeitungen, Werbung, Beratung und Training. In all diesen Branchen hatten die eingebrochenen Anbieter noch nie in ihrem Leben aktiv akquiriert, hatte man Werbung, Kundenorientierung, Marketing und Akquise niemals ernst genommen, nie professionell praktiziert und immer als lediglich nice to have kategorisiert. Als die Krise losbrach, musste man erst mal den Verkäufern oder sich selbst das Verkaufen (wieder) beibringen. Das geht nicht ohne Time Lag, ohne Anlaufzeit und -probleme. Deshalb dauerte es so lange, bis viele Unternehmen aus dem Sumpf kamen. Für manche war es zu spät.

Selbst heute noch gibt es viele Geschäftsleute, die am Montag sagen: »Wir müssen unbedingt etwas für den Umsatz tun, wir sollten mal wieder eine neue Marktoffensive starten!« Erkundigt man sich dann am Freitag, wie der Stand der Planung ist, heißt es: »Äh, uns kam was dazwischen.« Stimmt das? Nein, das ist eine Ausrede jener, die nicht dranbleiben (können). Umsatzstarke Menschen nehmen sich etwas vor – und bleiben dann auf Biegen und Brechen dran. Dranbleiben ist eine schöne Tugend. Umsatz ist tugendhaft. Wer die richtigen Tugenden mitbringt, macht auch Umsatz.

Drop-dead-Kriterien vereinbaren

Manchmal hört man in der Verkaufsabteilung schon von weitem das erzürnte Gebrüll des Verkaufsleiters, wenn er einen Verkäufer zusammenfaltet: »Sind Sie wahnsinnig, diesen Kunden nicht mehr zu besuchen? Was soll das heißen, der ist nicht an uns interessiert? Dann interessieren Sie ihn gefälligst für uns! Wozu bezahle ich Sie schließlich!«

Praktikertipp: Einer der erzürnten Verkaufsleiter erklärte uns: »Die meisten Verkäufer geben viel zu schnell auf.« Damit ein Verkäufer auch an schwierigen Kunden dranbleibt, müssen Sie genau definieren, wann er aufgeben darf!

Das ist das so genannte Drop-dead-Kriterium, sozusagen das Kriterium, anhand dessen man eine Kundenbeziehung offiziell für tot erklären darf. Wichtig ist: Wenn Sie dieses Kriterium nicht vorgeben und nicht wie ein Schießhund kontrollieren, dann gibt der Verkäufer auf, wenn er keine Lust mehr hat – und das kann unter Umständen sehr schnell passieren, zum Beispiel, wenn ihm die Nase des Kunden nicht passt.

Wenn Vertriebscontroller stichprobenartig die Adressdatenstämme von Verkäufern mit den Besuchsdaten abgleichen, kommen oft erschreckende Tatbestände ans Tageslicht: 30, 40, ja sogar bis zu 70 Prozent der Adressen werden nicht mehr besucht, angerufen oder anderweitig kontaktet, »weil das eh keinen Wert hat mit denen«. Wenn die Adressen dann an einen anderen, besseren Verkäufer weitergereicht werden und dieser in kürzester Zeit eine Auftragslawine auslöst, stellt sich heraus, dass hier

Kunden, also Umsatzpotenziale, monate-, oft jahrelang ungenutzt brachlagen, weil sie fälschlicherweise für tot erklärt wurden! Das ist Umsatzmord!

- Viele Verkäufer kontakten einen Kunden nicht mehr, wenn sie einmal von ihm abgewiesen wurden – untersagen Sie dieses Abbruchkriterium kategorisch und halten Sie jedem eine Standpauke, der sich nicht daran hält!
- Vereinbaren Sie verbindliche und kontrollierte Drop-dead-Kriterien.
- Kriterium für Anfänger: Wenn man den Kunden fünfmal kontaktet hat und sich seit dem dritten Gespräch keine Entwicklung mehr in Richtung Abschluss ausmachen lässt.
- Kriterium für Fortgeschrittene: Wenn man den Kunden fünfmal kontaktet hat und sich seit dem dritten Gespräch keine Entwicklung mehr in Richtung Abschluss ausmachen lässt – selbst dann darf man den Kunden nicht für tot erklären, sondern legt ihn lediglich für ein halbes Jahr auf Eis.
- Kriterium für Champions: Erst wenn die Kundenbeziehung tatsächlich tot ist, darf man ihn nicht mehr besuchen. So lange besteht nämlich noch für jeden Hoffnung …

Effektivität statt Umsatzmärchen

Neulich verriet uns ein Vorstandsmitglied stolz: »Wir haben in diesem Jahr den größten Stand auf unserer Branchenmesse!« Was denken Sie darüber? Wenn Sie das für kein gutes Argument halten, haben Sie einen guten Umsatzriecher.

Praktikertipp: »Beim Umsatz zählt Effektivität, nicht Aktivität!«, sagt ausgerechnet der Leiter einer Werbeagentur (der von den oft sinnlosen Werbeaktivitäten seiner Kunden lebt). Fragen Sie immer erst nach der Effektivität!

Umsatzschwache Unternehmen kaprizieren sich auf die neuesten Marketing-Gags, auf teure Events, Sponsoring und andere geldintensive Spinnereien. Sie fallen auf Umsatzversprechungen von Werbeagenturen und auf

Umsatzmärchen von Werbegurus herein. Sie starten jede Menge Aktivitäten – doch effektiv sind sie selten.

- Seien Sie nicht aktiv, seien Sie effektiv!
- Bei allem, was Sie umsatzmäßig unternehmen, stellen Sie zwei Fragen: Was soll das dem Umsatz bringen? Wie soll diese Umsatzwirkung konkret zustande kommen?
- Wirkung ist wichtiger als Aktivität!
- Prüfen Sie die Wirkung von Maßnahmen, bevor Sie aktiv werden. Das nennt man Simulation.

Ehrlichkeit bringt Umsatz!

Wann sind Sie zum letzen Mal von einem Verkäufer oder Unternehmen angelogen worden? Im Schnitt wird man das als Kunde (mindestens) einmal am Tag. Warum lügen Unternehmen und Verkäufer? Weil es sich auszahlt. Sagt man einem nörgelnden Kunden zum Beispiel »Ihre Lieferung ging eben raus!«, dann gibt er Ruhe – auch wenn das Paket noch im Versand liegt. Verspricht man ihm, dass das Produkt kundenangepasst ist, dann kauft er die Software, auch wenn sich danach herausstellt, dass es reine Standardsoftware mit ein bisschen Kosmetik ist.

Praktikertipp: »Unehrlichkeit zahlt sich immer aus – aber immer nur kurzfristig«, sagt der Spitzenverkäufer eines Autohauses. »Ehrlichkeit zahlt sich kurzfristig nicht immer aus – aber langfristig immer.« Seien Sie ehrlich zu Ihren Kunden, auch wenn es schwerfällt!

Ehrlich währt tatsächlich am längsten. Jede Langzeit-Akquisestatistik beweist das. Was sagen umsatzschwache Manager und Verkäufer? »Du musst jeden belügen. Die Banken, die Lieferanten, die eigenen Mitarbeiter und vor allem die Kunden, sonst bringst du es in dieser schlechten Welt nicht weit!« Diese Ansicht ist verständlich, aber leider falsch. Die Erfahrung zeigt, dass sich nur ungefähr 10 Prozent aller Kunden mehrfach anlügen lassen. 90 Prozent der Kunden wechseln spätestens nach der zweiten Lüge, sobald sich eine Beschaffungsalternative ergibt – oder werden so schwierig und (Rabatt) fordernd, dass die Lügen tatsächlich teuer zu stehen kommen.

Alle Spitzenverkäufer sind ehrlich. Das heißt nicht, dass sie dem Kunden sagen: »Tut mir Leid, die Dispo hat Ihre Lieferung verbummelt, das Paket liegt immer noch hier.« Sie sind ehrlich, aber nutzen- und kundenorientiert: »Sie haben Recht, die Sendung hätte längst bei Ihnen sein müssen. Ich kümmere mich sofort darum. Sie können sich auf mich verlassen!«

Eilzuschläge berechnen

Wenn Sie einen Brief verschicken, kostet das Porto. Was kostet es, wenn Sie ihn als Eilbrief verschicken? Mehr. Was bei der Post, die bestimmt kein fortschrittliches Unternehmen ist, ganz selbstverständlich ist, haben die meisten kleinen und mittleren Unternehmen noch nicht mitbekommen. Was passiert da nämlich, wenn ein Kunde sagt: »Oh bitte machen Sie mir das noch ganz ganz schnell vor dem ... !«? Da guckt der Unternehmer gequält und sagt dann seinen Leuten: »Leute, tut mir Leid, aber das muss auch noch ganz schnell raus!« Das ist Umsatzdummheit.

Praktikertipp: »Je stärker der Kunde etwas will«, sagt der Montageführer eines Installationsbetriebs, »desto stärker ist er bereit, dafür auch mehr zu bezahlen!« Wenn Ihr Kunde etwas eilig möchte, berechnen Sie ihm einen Eilzuschlag!

Es ist egal, in welcher Form der Eilzuschlag berechnet wird. Der Montageführer sagt zum Beispiel zu seinen eiligen Kunden nicht »Eilzuschlag«, sondern ganz clever: »Okay, wir machen das noch vor dem ... Aber dafür müssen meine Leute ranklotzen wie die Verrückten. Zum normalen Stundensatz kann ich das nicht von denen verlangen. Das geht nur bei einem Satz von ... Euro die Stunde.« Wissen Sie, was neun von zehn Kunden darauf sagen? »Mann, das ist mir doch auch klar, dass mich das mehr kostet. Hauptsache, Sie können den Termin halten!« Was macht man mit dem zehnten Kunden, der nicht bezahlen will? Entweder sausen lassen oder ihm den Eilzuschlag großmütig so erlassen, dass er meint, in Ihrer

Schuld zu stehen. Wofür Sie sich entscheiden, hängt von Ihrer Auftragslage und Ihrem Cash-Flow ab.

Tipp für Umsatzanfänger: Es versteht sich von selbst, dass Sie dem Kunden den Eilzuschlag nicht einfach stillschweigend auf die Rechnung knallen. Da protestiert er berechtigt: »So war das aber nicht vereinbart!«, oder bestraft Sie verärgert mit Umsatzentzug. Eilzuschläge müssen selbstverständlich immer vor Auftragsannahme vereinbart und ausgehandelt werden.

Einfachheit zahlt sich aus!

Bei Firmenvergleichen springen die Unterschiede oft förmlich ins Auge. Ein solcher umsatzträchtiger Unterschied ist die Einfachheit. Umsatzstarke Unternehmen funktionieren einfacher als umsatzschwache Unternehmen. Überregulierung erstickt Umsätze. Was ist einfach in erfolgreichen Unternehmen? Einfach alles. In umsatzstarken Unternehmen

- kann zum Beispiel jeder Mitarbeiter, auch wenn er kein Verkäufer ist, einen Verkauf unter Bekannten oder Verwandten anleiern und bekommt dann anstandslos und schnell Provision dafür;
- sind die Bestell- und Bearbeitungsprozesse von bestechender Einfachheit;
- gibt es keine überbordende Bürokratie, die Verkäufer und Umsatz behindert;
- ist es einfach, schnelle Entscheidungen »von oben« zu bekommen;
- werden Sonderwünsche von Kunden einfach und schnell erfüllt oder einfach und schnell negativ beschieden.

Praktikertipp: In erfolgreichen Unternehmen hört man immer wieder die folgende Aussage: »Wir durchforsten ständig unsere Abläufe und Vorschriften und fragen uns: Muss das so kompliziert sein? Geht das nicht einfacher?« Machen Sie alles im Verkauf so einfach, wie es nur irgendwie geht!

Klingt einleuchtend? Mag sein, doch umsatzschwache Unternehmen haben damit Riesenprobleme. Als zum Beispiel ein Controller eines Blechbearbeiters durch Zufall einen etwas exotischen Auftrag bei seinem Software-Lieferanten auftat, bekam er zu hören: »Darüber muss erst die Geschäftsleitung entscheiden!« Warum konnte nicht einfach der Verkaufsleiter den Verkauf eines Controllers abzeichnen? Das konnte ihm keiner sagen. Dem Kunden in spe wurde das bald zu kompliziert: »Leute, wenn das bei euch Probleme macht, dann kaufe ich meine Bleche eben woanders.« Warum verlor dieses Unternehmen lieber Umsatz, als einfach zu denken? Weil »wir es schon immer so gehalten haben«, weil »alles seine Ordnung haben muss«. Wenn in einem Unternehmen Ordnung und Tradition wichtiger sind als Umsatz und Existenzsicherung, dann lassen wir meist schnell die Finger von solchen Firmen – wer weiß, wie lange sie ihre Rechnungen noch bezahlen können. In umsatzstarken Unternehmen

- kommt der Umsatz vor allem anderen;
- werden Abläufe und Vorschriften so vereinfacht, dass sie Umsatz erleichtern und nicht be- oder verhindern.

Einstellung macht den Umsatz

Umsatz ist Einstellungssache. Sie wissen das? Entschuldigung, darauf kommt es nicht an. Jeder Manager und jeder Verkäufer weiß das – und dann macht er den Mund auf und sagt Dinge wie: »Mit diesem Produkt ist eben kein Blumentopf zu gewinnen!« – »Unsere Kunden halten sich gerade extrem zurück.« Stimmt das? Mag sein – aber was, bitte schön, ist das für eine Einstellung? Einstellung ist nicht das, was Sie wissen, sondern das, was Sie tun und sagen. Sie haben vielleicht schon den Ausdruck »die Sprache der Sieger« gehört. Diese Sprache gibt es wirklich. Umsatzstarke Manager und Verkäufer unterscheiden sich tatsächlich in ihrer Sprache (als Indikator ihrer Einstellung) von weniger erfolgreichen.

Die Einstellung macht den Umsatz. Die richtige Einstellung kommt nicht von alleine, sie will erarbeitet werden. Deshalb heißt der Begriff auch Einstellungsarbeit. Arbeiten Sie an Ihrer Einstellung. Und korrigieren Sie jedes Mal die Einstellung Ihrer Manager und Verkäufer, wenn diese mal wieder eine defätistische Haltung durchblicken lassen. Wenn bereits große Teile Ihres Betriebs (der Regelfall) von einer miesen Einstel-

Umsatzschwache sagen	Umsatzstarke sagen
»Mit diesem Produkt ist kein Blumentopf zu gewinnen!«	»Dieses Produkt hat eine ganz spezielle Zielgruppe mit einer ganz speziellen Anwendung.«
»Unsere Kunden üben Kaufzurückhaltung!«	»Unsere Kunden brauchen bessere Argumente, damit sie unterschreiben.«
»Die Konjunktur, die Konjunktur ... !«	»In guten Zeiten geht's allen gut, in schlechten nur den Guten.«

lung befallen sind, holen Sie für einen halben Tag einen ausgewiesenen Einstellungstrainer. Bitte keinen Motivationstrainer! Der Unterschied ist immens. Wenn es sich um Einzelfälle in der Mannschaft handelt, können Sie auch einen Coach einschalten.

Es ist okay, wenn Sie hin und wieder über Markt, Kunden und Politik klagen – sofern Sie nach der Klageorgie wieder zu Ihrer konstruktiven Einstellung zurückfinden. Eine konstruktive Einstellung heißt übrigens nicht, alles rosa zu sehen. Leider kommt dieser Einwand oft, woran man erkennen kann, wie wenig viele Menschen über die wichtigsten Erfolgsvoraussetzungen wissen. Eine konstruktive Einstellung heißt,

- die Hindernisse und Probleme auch mal zu beklagen, sich danach aber sofort auf Chancen und Lösungen zu konzentrieren;
- nicht nach Schuldigen zu suchen, sondern nach Verbesserungen;
- zwar auch zu klagen, danach aber anzupacken;
- niemals aufzugeben;
- unter 90 Prozent Misserfolg und Frustration die 10 Prozent Erfolg und Chancen zu entdecken.

Einwandsbehandlung professionalisieren

Die Einwandsbehandlung ist einer der größten Umsatzkiller überhaupt. Gemessen an ihrer Bedeutung wird sie jedoch geradezu ignoriert. Die Fehler bei der Einwandsbehandlung sind nachgerade grotesk. Doch in umsatzschwachen Organisationen interessiert das keinen sonderlich, weil keiner den grundlegenden Zusammenhang kennt:

Praktikertipp: »Ich sage meinen Mitarbeitern immer wieder: Jeder falsch behandelte Einwand kostet uns einen viertel Kunden!«, meint der Verkaufsleiter eines Zubehörhändlers. Machen Sie Ihre Verkäufer fit für die Einwandsbehandlung!

Im Schnitt gilt die Quote: Vier falsche Einwandsbehandlungen – und der Verkäufer ist raus beim Kunden. Schwache Manager nehmen an, dass Kunden nicht kaufen, weil ihnen

- der Preis zu hoch ist,
- die Qualität zu schwach ist,
- das Geld fehlt,
- die Konkurrenz attraktiver erscheint.

Das sind bequeme Irrtümer. Tatsache ist, dass Kunden immer nur dann abspringen, wenn der Kundenberater einen ihrer Einwände nicht zufrieden stellend beantworten kann. Diese Umsatzkiller haben wir festgestellt:

- Kunden haben pro Produkt-Zielgruppen-Kombination immer dieselben circa 20 Einwände (deshalb heißen sie in den USA auch »Galactic Twenty Questions«).
- Schlechte Verkäufer scheitern bei 15 bis 18 dieser Fragen.
- Obwohl es immer dieselben Einwände sind, hat sie noch keiner katalogisiert und dafür eine Standard-Einwandsbehandlung entworfen!

Das heißt: Die Verkäufer machen oft seit 20 Jahren dieselben Fehler. Sie scheitern an immer denselben Stellen im Kundengespräch. Wann immer der Kunde einen altbekannten Einwand erhebt, den der Verkäufer (immer noch) nicht behandeln kann, fliegt er raus und der Umsatz ist futsch.

- Sagen Sie nicht: »Einwandsbehandlung ist Sache meiner Mitarbeiter!« Wenn die Einwandsbehandlung ineffizient ist, ist das Ihre Sache!
- Lassen Sie jeden Verkäufer für jede Zielgruppen-Produkt-Anwendungskombination die 20 häufigsten Einwände auflisten.

- Machen Sie einen Workshop. Nehmen Sie sich, falls nötig, einen externen Verkaufscoach dazu.
- Lassen Sie Ihre Verkäufer ihre Standard-Einwandsbehandlungen für ihre 20 typischen Einwände demonstrieren.
- Machen Sie keinen Hehl aus Ihrer maßlosen Enttäuschung über die eklatanten Mängel, die Sie dabei hören werden.
- Arbeiten Sie mit den Verkäufern erfolgreichere Einwandsbehandlungen pro Einwand aus.
- Nutzen Sie dabei als Benchmark die oft exzellenten Einwandsbehandlungen Ihrer circa 20 Prozent Superverkäufer.
- Trainieren Sie die richtigen Einwandsbehandlungen, bis sie sitzen.
- Wiederholen Sie diese Veranstaltung so lange, bis alle Einwandsmängel beseitigt sind.

Einwandsbehandlung schlägt Erklärung

»Wir machen den Umsatz, den unsere Verkäufer nicht verhindern können«, ist ein geflügeltes Sprichwort im Innendienst. Wie verhindern Verkäufer Umsatz? Indem sie Kunden beraten. Als Kunde wissen Sie am besten, wie Verkäufer den eigenen Umsatz sabotieren: Sie reden ohne Punkt und Komma, erklären zu Tode. Das ist die Schuld der verdammten Fachkompetenz: Da der Verkäufer es besser weiß, glaubt er sich dazu berufen, den Besserwisser zu spielen. Doch keiner mag Besserwisser. Ein typisches Beispiel:

- Kunde: »Ich weiß nicht, die Taktzahl ist mir zu niedrig.«
- Verkäufer: »Aber das holen wir doch über die Ausschussquote rein!«
- »Das sagen Sie! Aber das muss man mir erst mal beweisen!«

Praktikertipp: Ein Konsumpsychologe rät: »Dozieren, Überzeugen, Moralisieren, Erklären und Argumentieren überzeugen nicht wirklich.« Überzeugen Sie nicht, behandeln Sie Einwände!

Einwände behandelt man, indem man sie nicht wegerklärt, sondern ernst nimmt, indem man nachfragt. Zum Beispiel so:

- »Ich weiß nicht, die Taktzahl ist mir zu niedrig.«
- »Zu niedrig gemessen woran?«
- »Am Output pro Stunde.«
- »Mit oder ohne Ausschuss?«
- »Wieso, was meinen Sie?«
- »Haben Sie sich schon mal überlegt, dass wir die Taktzahl bewusst so niedrig gelegt haben, damit Sie mit weniger Ausschuss auf einen höheren Netto-Output kommen?«
- »Hm, da ist was dran. Erzählen Sie weiter.«

Das überzeugt doch schon eher, nicht wahr? Und das kann man lernen, besser gesagt: trainieren. Trainieren Sie es und lassen Sie Ihre Mitarbeiter trainieren.

Empfehlungsaufforderung aussprechen

In Amerika finden Sie auf vielen Rechnungen meist ganz unten den Aufdruck: »Wenn Sie mit uns zufrieden waren, empfehlen Sie uns weiter!« Haben Sie diese Empfehlungsaufforderung schon mal auf einer europäischen oder deutschen Rechnung gesehen? Warum nicht? Weil wir hierzulande noch ziemlich rückständig sind, was Marktbearbeitung angeht. Fällt Ihnen ein Zacken aus der Krone, wenn Sie Ihre Kunden auffordern, Sie weiterzuempfehlen? Nein? Also los!

- Fügen Sie die obige Formulierung auf jeder Rechnung an.
- Sprechen Sie die Formulierung beim Abschluss aus: »Wenn Sie mit uns zufrieden waren, dann würde ich mich freuen, wenn Sie uns weiterempfehlen.«
- Belohnen Sie jeden, der der Aufforderung nachkommt.
- Als Belohnung ist Anerkennung stärker willkommen als Geld.
- Als Anerkennung reicht schon Feedback und Dank: »Danke, dass Sie uns der Firma XY empfohlen haben. Eben rief mich der Einkaufsleiter an. Wir reden gerade über zwölf Gebinde Luftdübel. Nochmals danke. Und wenn Sie noch jemanden wissen, dem Sie uns empfehlen können, dann bin ich Ihnen sehr dankbar!«

Was sagen umsatzschwache Menschen dazu? »Ach, das bringt doch nix!« So kann nur jemand reden, der von Vertriebscontrolling keinen blassen Dunst hat. Wenn die Controller in gut geführten Unternehmen Jahresbilanz machen und die Empfehlungen abzählen, kommt unterm Strich oft eine Summe raus, gegen welche die Kaltakquisesumme der Verkäufer ziemlich schwach aussieht. Oder wie ein Geschäftsführer mal sagte: »Unsere Kunden sind, was die Kaltakquise anlangt, bessere Verkäufer als unsere Verkäufer.«

Was sagen umsatzschwache Menschen noch so? »Wenn ein Kunde zufrieden ist, dann empfiehlt er uns von selbst weiter.« Tun Sie als Kunde das etwa? Naja, schon, ab und zu. Würden Sie es stärker, öfter und länger tun, wenn ein freundlicher Mensch, mit dem Sie sehr zufrieden sind, Sie höflich darum bitten würde? Aber sicher doch. Merke: Natürlich empfehlen Menschen schon von sich aus, wenn sie zufrieden sind. Doch wenn Sie sie darum bitten, machen Sie es noch viel öfter!

Empfehlungsschreiben empfehlen Sie für mehr Umsatz

Wenn Sie einen zufriedenen Kunden haben, fragen Sie ihn, ob er Ihnen ein Empfehlungsschreiben aufsetzt. Sie kennen den Kunden zu diesem Zeitpunkt schon so gut, dass Sie wissen, ob er dafür die nötige Sprachkompetenz hat. Meist hat er sie nicht. Dann machen Sie es, wie es mit den meisten Arbeitszeugnissen für Angestellte gemacht wird: Der Mitarbeiter schreibt das Zeugnis selbst, der Chef ändert es ein bisschen und segnet es dann ab.

- Setzen Sie ein Empfehlungsschreiben auf, in dem drei (nicht mehr!) jener Wettbewerbsvorteile kurz und prägnant hervorgehoben werden, in deren Genuss der zufriedene Kunde kam.
- Solch ein Schreiben ist idealerweise eine halbe, maximal eine A4-Seite lang.
- Nehmen Sie das Schreiben zu Ihren Verkaufsunterlagen.
- Legen Sie sich eine kleine Sammlung von Empfehlungsschreiben an.
- Geben Sie einwandfreie Kopien davon neuen Interessenten.

Da Kunden lieber von anderen Kunden überzeugt werden, wirken solche Empfehlungsschreiben oft wahre Wunder. Sie öffnen vor allem Türen für den Erstkontakt. Hier ist nämlich die erste Reaktion vom Kunden oft: »Ich kenne Sie nicht und ich kenne Ihr Unternehmen nicht, also warum sollte ich Sie reinlassen?« Eine daumendicke Sammlung von Empfehlungsschreiben zufriedener Kunden öffnet hier die Türen – selbst wenn der Interessent die Kunden nicht kennt. Denn für den Kunden ist es einfach nur wichtig, dass es andere Kunden sind – wie er!

Vorsicht: Gefälschte Empfehlungsschreiben fliegen immer irgendwann auf! Lügen haben kurze Beine.

Engpassorientierung ist die Mutter aller Umsätze

Viele unserer Klienten fragen uns: »Sagen Sie doch mal, wie kann ich möglichst schnell mehr Umsatz machen?« Das halten Sie für eine verständliche, aber unlogische Frage? Dann dürfen Sie das Buch sofort aus den Händen legen, denn Ihr Umsatzriecher ist phänomenal. Glückwunsch!

Wie unlogisch diese Frage ist, zeigt sich, wenn wir zum Beispiel ein hundertprozentig erfolgreiches Umsatzrezept verraten, mit dem ein Unternehmen innerhalb von drei Monaten seinen Umsatz um 17 Prozent steigerte. Wenn der Fragesteller freudestrahlend versucht, es umzusetzen, erlebt er in aller Regel eine bittere Enttäuschung: Das verdammte Rezept funktioniert nicht!

Dieses Gefühl kennen Sie? Sie lesen so viele Bücher und Fachartikel und besuchen so viele Verkaufsseminare, und alle Guru-Tricks der Welt haben Ihnen noch immer nicht den erwünschten Erfolg beschert? Sie halten das für eine Riesensauerei? Das ist es auch. Darüber hinaus ist es völlig logisch.

Nehmen wir das 17-prozentige Erfolgsrezept. Es lautete: Aus einer Zielgruppe mach zwei! Das erwähnte Unternehmen steigerte seinen Umsatz, indem es aus einem alten Produkt zwei neue machte, die zwei Schichten innerhalb einer alten Zielgruppe besser ansprechen konnten als das alte Produkt, das auf keine der beiden Unterzielgruppen optimal passte. In der Folge kauften mehr Kunden und brachten 17 Prozent mehr Umsatz.

Das zweite Unternehmen, dem wir das Rezept empfahlen, zog damit jedoch eine Niete. Warum? Weil der Engpass, der seinen Umsatz künstlich einschnürte, nicht ein suboptimal passendes Produkt war. Sein Engpass lag ganz woanders, nämlich in den abschreckenden Auftragsdurchlaufzeiten. Und da diese für zwei neue Produkte gleich unattraktiv waren wie für ein altes, brachte das Erfolgsrezept nur minimalen Mehrumsatz! Denn an den Auftragsdurchlaufzeiten, also am eigentlichen Engpass, hatte das Erfolgsrezept ja nichts geändert!

Praktikertipp: »Vergessen Sie Umsatzrezepte«, rät der Inhaber eines Familienbetriebs. »Finden Sie die Engpässe, die Ihren Umsatz behindern, und räumen Sie sie aus!«

Wenn es eine Umsatzgarantie gibt, dann ist es diese. Denn wenn Sie jeden einzelnen Umsatzengpass beseitigt haben, folgt schon rein logisch, dass danach der Umsatz befreit fließt. Der springende Punkt ist: Bei jedem Unternehmen sitzt der aktuelle Engpass woanders. Also sollte man keine Rezepte bunkern, sondern

- nachschauen, wo die aktuellen Engpässe sitzen;
- diese beseitigen oder zumindest abmildern;
- danach die nächsten auftauchenden Engpässe beseitigen.

Denn jeder beseitigte Engpass macht den Weg frei zum nächsten Engpass. Was sich wie ein ewiger Hindernislauf anhört, ist jedoch eine Umsatzgarantie. Der Inhaber des Familienbetriebs erklärt: »Im Schnitt müssen wir pro Kunde sieben bis acht Engpässe beseitigen, bis er unterschreibt. So gesehen ist das eine Umsatzgarantie: Spätestens nach dem achten Engpass kommt der Auftrag!«

Das hört sich alles recht einfach und einleuchtend an. Warum machen es so wenige Manager? Weil es bequemer ist, Rezepten hinterherzulaufen und lustige Prospekte zu drucken oder noch mehr Werbung zu machen, als seinen Engpässen mutig ins Auge zu blicken und sie zu beseitigen. So gesehen ist Umsatz einfach: Wer mutig ist, wird mit Umsatz belohnt.

Entscheidungsfreude wecken und pflegen

Umsatzstarke Unternehmen und Manager sind entscheidungsfreudig. Wenn zum Beispiel einer sagt: »Was ist eigentlich mit Friseuren? Haben wir schon mal daran gedacht, auch an diese Zielgruppe zu verkaufen?«, dann heißt es in umsatzstarken, entscheidungsfreudigen Unternehmen sofort: »Gute Idee, sofort Feasibility prüfen und eine Marktmaßnahme vorschlagen!« Und nach zwei, drei Wochen ist die neue Zielgruppe durchgetestet und erstmalig bearbeitet.

In umsatzschwachen Unternehmen herrscht dagegen Entscheidungsarthrose. Gute Ideen werden oft monate-, manchmal jahrelang zwischen den Instanzen hin- und hergeschoben. Bis dann endlich eine Entscheidung vorliegt, ist die Idee längst von der Realität überholt. Dieser Missstand ist kein Fehler auf der Verhaltensebene, es ist ein Mangel der Unternehmenskultur. Wenn die Kultur risikoscheu und auf Sicherheit bedacht ist, ist die Entscheidungsarthrose zwangsläufig, weil sich alle immer erst doppelt und dreifach absichern, bevor sie eine Entscheidung treffen. Nichtsdestotrotz lässt sich dieser Missstand mit etwas gutem Willen, Geduld und einem Prozessbegleiter in einigen Monaten beheben. Wenn Sie nicht so lange warten wollen, empfiehlt sich die Guerilla-Lösung.

Praktikertipp: Ein Manager eines Konzerns verriet uns: »Unsere Entscheidungsstrukturen sind total verknöchert. Die Konkurrenz schnappt uns viele gute Ideen weg, weil sie damit schneller am Markt ist. Deshalb realisiere ich die wirklich guten Ideen auf eigene Kappe. Es ist leichter, um Verzeihung als um Erlaubnis zu bitten.« Seien Sie auch gegen Widerstände entscheidungsfreudig!

Erfolge feiern, auch wenn sie noch so klein sind

Ein Unterschied, der immer wieder ins Auge sticht: Erfolgreiche Unternehmen und Menschen haben eine Erfolgskultur. Logisch, sagen Sie jetzt vielleicht: Wer Erfolg hat, dem fällt es auch leicht, eine entsprechende Kultur zu pflegen. Da verwechseln Sie Ursache und Wirkung.

Praktikertipp: Der Geschäftsführer eines marktführenden Komponenten-Herstellers erklärt: »Erfolgskultur kommt vor Erfolg.« Feiern Sie Ihre Erfolge, um erfolgreich zu sein!

Daher kommt das amerikanische Sprichwort: Nothing succeeds like success. Nichts motiviert stärker für den Erfolg als Erfolg. Neulich waren wir zur Beratung in einem mittelgroßen Metallbetrieb. Der Vertriebschef war niedergeschlagen: »Unsere große Herbstoffensive ging voll daneben!« Wir wollten schon kondolieren, da fiel uns noch rechtzeitig ein, zu fragen: »Was heißt voll daneben?« – »Na, von 12 000 angemailten Kunden haben nur 2 000 reagiert!« Wie bitte? Das ist doch ein toller Erfolg! Das sind 16 Prozent Response-Quote! Die Verkäufer waren stolz auf sich und legten voll motiviert los, den Response-Kunden hinterherzutelefonieren, um Aufträge an Land zu ziehen – bis sie mitbekamen, dass ihr eigener Chef die Aktion für geplatzt hielt. Von einem Tag auf den anderen war sie es dann auch. Die Verkäufer machten nur noch Dienst nach Vorschrift, riefen nicht mehr an, fassten nicht mehr nach – bis auf eine kleine regionale Verkaufsgruppe.

Diese fuhr den größten Akquiseerfolg ein, der jemals mit einer E-Mail-Aktion gemacht wurde. Warum? Weil sie im Gegensatz zum eigenen Chef eine Erfolgskultur leben. Ein Verkäufer erklärt: »Natürlich feierten wir die 16 Prozent wie einen Auswärtssieg gegen den Tabellenführer. Dann feierten wir jeden Besuchstermin, den wir beim Nachfassen vereinbaren konnten. Dann feierten wir jedes Angebot, das wir daraufhin schreiben konnten. Und dann feierten wir jede Bestellung – selbst Bagatellbestellungen über tausend Euro!«

Erfolg beflügelt, sagt man. Manche Führungskräfte brechen sich und ihren Mitarbeitern die Flügel, indem sie nicht auf die Erfolge sehen, sondern auf das, was schief lief.

- Feiern Sie jeden Erfolg, so klein er auch ist.
- Ignorieren Sie das Negative nicht, bagatellisieren Sie es nicht – aber konzentrieren Sie sich auf das, was gut lief. Denn nur so können Sie es ausbauen!
- Wenn Sie einen kleinen Erfolg bagatellisieren (»Ach, das ist doch nichts!«), soll Ihnen das Wort im Halse stecken bleiben! Denn damit betreiben Sie Umsatzsabotage!
- Verkleinern Sie Ihre Definition von Erfolg. Erfolg ist eben nicht erst die Erreichung der Jahresziele, sondern bereits jeder kleine Schritt in diese Richtung.
- Lassen Sie die Mitarbeiter ihre Erfolge feiern, feiern Sie mit.

Wissen Sie, was umsatzschwache Vorgesetzte dazu sagen? »Die Leute sollen gefälligst auf dem Teppich bleiben! Wenn die jeden kleinen Erfolg feiern, dann heben die mir noch ab!« Kein Witz. Diese Vorgesetzten fordern motivierte Mitarbeiter, tun jedoch alles dafür, deren Motivation zu (zer)stören. Warum? Weil sie irrtümlich annehmen, dass Menschen sich nach Erfolgen auf die faule Haut legen (wahrscheinlich gehen solche Vorgesetzten bei dieser Annahme von sich selbst aus). Dabei sagen gesunder Menschenverstand und Psychologie seit Jahrhunderten, dass das Gegenteil der Fall ist. Erfolg beflügelt. Erfolg macht süchtig! Wer einen kleinen Erfolg einfährt, will einen größeren, dann noch einen größeren und noch einen …

Erfolgsberater sind Spitzenverkäufer

Bei der Untersuchung, warum bestimmte Unternehmen, Manager oder Verkäufer oft bis zu zehnmal mehr Umsatz machen als ihre direkten Konkurrenten vergleichbarer Größenordnung, taucht als ein Faktor immer wieder die Erfolgsberatung auf.

Praktikertipp: Der Spitzenverkäufer eines Formteilebauers rät: »Ein Kunde, für dessen Erfolg Sie sich verantwortlich fühlen, ordert und zahlt mehr!« Führen Sie bei so vielen Kunden wie möglich eine Erfolgsberatung ein und durch!

Selbstverständlich zuerst bei den A-Kunden und Key Accounts. Was Sie dazu brauchen, ist zwar auch ein wenig Sachverstand und Beratungskompetenz. Doch beides haben Sie, wenn Sie mit Kunden zu tun haben, schon aus Erfahrung. Warum? Weil Kunden oft allein wegen des mangelnden Problemabstandes und der Betriebsblindheit nicht sehen, wo und wie sie dem eigenen Erfolg selbst im Wege stehen. Beispiele für Erfolgsberatung:

- Ein Wella-Verkäufer gibt einem Friseur die Visitenkarte eines guten Personal Coaches, weil er weiß, dass der Friseurmeister etwas für seine persönliche Ausstrahlung im Laden tun möchte.
- Ein Campus-Außendienstler hilft seinen Buchhändlern beim Kampf um und mit dem Warenwirtschaftssystem.
- Ein Vorwerk-Verkäufer rät seinen Kunden, wie man sich einen wirklich guten Bodenleger aussucht.

All diese Beratungen dienen dem Erfolg des Kunden. Das weiß er zu würdigen, und das sagen auch die Zahlen: Kunden, denen man eine regelmäßige Erfolgsberatung angedeihen lässt, verlangen weniger Rabatt, ordern häufiger und mehr, sind treuer, erheben weniger Einwände im Verkaufsgespräch und empfehlen häufiger. Dafür lohnt es sich doch, oder? Häufigster Fehler bei der Erfolgsberatung: Der Verkäufer berät zu dem, was er für Erfolg hält. Doch Kunden haben immer eine ganz eigene Vorstellung davon, was Erfolg für sie bedeutet. Also finden Sie das zuerst raus, bevor Sie sich in die Beratung stürzen. Machen Sie wie immer zuerst eine Bedarfsanalyse.

Zweithäufigster Fehler: mangelndes Interesse. Umsatzschwache Firmen und Verkäufer sagen: »Was geht mich der Erfolg des Kunden an? Darum soll er sich gefälligst selbst kümmern!« Wir legen uns auch gerne auf die faule Haut, doch bei aller Bequemlichkeit und Menschenliebe: Wer das sagt, sollte wegen Umsatzsabotage sofort gekündigt werden (dürfen).

Erkaltete Kontakte anwärmen

Erkaltete Kontakte sind ein typisches Umsatzpotenzial, an das man sich über der ganzen Jammerei wegen der Kaufzurückhaltung der Kunden nur mit einem wirklich guten Umsatzriecher erinnert. Jedes Unternehmen und jeder Verkäufer hat massig erkaltete Kontakte – denn schließlich kann man sich nicht um jeden kümmern, wenn der Laden brummt. Wenn er nicht mehr brummt, erinnert man sich dann oft nicht mehr an die Kunden, die sich schon lange nicht mehr gemeldet haben, oder man traut sich nicht anzurufen, eben weil man schon so lange nichts mehr von sich hat hören lassen.

Wie lösen umsatzstarke Menschen dieses Dilemma? Indem sie sich nicht darum herummogeln, sondern die Tatsache offen aussprechen: »Hallo Herr Maier, ich dachte mal, ich muss bei Ihnen anrufen/vorbeischauen, weil wir schon so lange nichts mehr voneinander gehört haben. Wie läuft's denn gerade so bei Ihnen?« Und schon ist man im Gespräch.

- ABC-kategorisieren Sie Ihre Kunden. Legen Sie die A-Kunden beiseite, zu denen es in den letzten drei Monaten Kontakt gab.

- Nehmen Sie sich jene Kunden vor, die schon zwischen drei und sechs Monate (B) oder länger (C) nichts von sich haben hören lassen. Telefonieren Sie oder besuchen Sie sie.
- Mit abgesprungenen Kunden führen Sie Aussteigergespräche.
- Mit den anderen führen Sie wieder Verkaufsgespräche.

Erreichbarkeit erhöhen

Neulich erzählte ein Geschäftspartner: »Ich komme nachts um elf von einer Geschäftsreise heim – der ganze erste Stock voll Qualm! Schwelbrand! Ich rufe um halb zwölf meinen Versicherungsagenten an – der Mann geht ran! Kein Band, kein Endlosklingeln, der Mann nimmt nach dem zweiten Tuten ab und sagt auch noch: ›Na hören Sie mal, wenn es bei Ihnen brennt, kann ich doch nicht ruhigen Gewissens schlafen!‹« Als ein zufällig anwesender Manager das hörte, meinte er: »Neulich hat meine kleine Tochter dem Nachbarn einen Schaden mit ihrem Rad gemacht. Ich musste fünfmal anrufen, um meinen Versicherungsfritzen ans Telefon zu kriegen und nicht sein dämliches Band oder seine ratlose Sekretärin. Geben Sie mir mal die Nummer Ihres Vertreters!« Der Mann wechselte mit sämtlichen seiner Versicherungspolicen noch am selben Tag die Versicherung.

Praktikertipp: »Die meisten Unternehmen unterschätzen die Erreichbarkeit als Akquisefaktor«, meint der Vertriebscontroller eines Elektrogroßhändlers. »Sie glauben, der Kunde ruft so lange an, bis er durchkommt. Das tun inzwischen weniger als 50 Prozent der Kunden.« Sorgen Sie dafür, dass Sie für möglichst alle Kunden möglichst 24 Stunden am Tag sofort erreichbar sind!

Was sagen umsatzschwache Manager dazu? »Aber wie kann der Kunde sich mit schlechter Qualität zufrieden geben, nur weil er den Mitbewerber schneller erreicht als uns? Da schadet er sich doch selbst!« Na und? Was nützt Ihnen die Empörung, wenn der Kunde das eben so will und Sie seinen Umsatz verlieren?

- Sorgen Sie dafür, dass Ihre Verkäufer wenn möglich 24 Stunden am Tag sofort erreichbar sind.

- Überprüfen Sie die Erreichbarkeit mit Testanrufen.
- Überprüfen Sie die Zufriedenheit mit der Erreichbarkeit per Kundenbefragung.
- Wenn Sie für optimale Erreichbarkeit ein Call Center eingerichtet oder engagiert haben, überprüfen Sie die Kundenzufriedenheit. Viele Call Center halten nämlich nicht, was sie versprechen.
- Verlassen Sie sich dabei nicht auf die Berichte und Kundenbefragungen des Centers – machen Sie selbst Testanrufe und stichprobenartige Kundenbefragungen.

Evaluation macht Sie noch erfolgreicher

Es gibt eine Menge Unternehmen, die haben schon alles probiert: Anzeigen, Mailings, Newsletter, Franchising, E-Sales, CRM (Customer Relationship Management) – aber nichts hat so richtig funktioniert, nichts brachte den Durchbruch beim Umsatz. Was sagen die betreffenden Manager dazu?

- »Wir haben eben noch nicht das Richtige gefunden.«
- »Der ganze Marketingkram funktioniert bei uns einfach nicht!«
- »Mit unserem kleinen Budget ziehen wir eben keine Wurst vom Teller.«

Ja, Sie erkennen das richtig: Das sind keine guten Gründe, sondern Umsatzkiller. Wer so denkt, den bestraft das Leben. Sobald sich nämlich ein Vertriebscontroller mal die Mühe macht, die gefloppten Aktionen zu hinterfragen, stellen sich die Zusammenhänge her:

Die Anzeigen beispielsweise haben durchaus Aufsehen erregt und die Zeitungsleser waren beeindruckt – doch nicht so beeindruckt, um zum Telefonhörer zu greifen oder eine E-Mail zu schreiben. Wäre jedoch nach der Anzeige ein zweiter Impuls erfolgt, zum Beispiel durch telefonisches Nachfassen oder eine andere Aktion, hätten 47 Prozent der Anzeigenleser mit sich reden lassen. Ähnliches ergab die Analyse für alle anderen »gefloppten« Umsatztriebmittel. Warum kam das Unternehmen nicht selber drauf? Weil es eben diese Analyse, man spricht auch von Evaluation, nicht machte.

Praktikertipp: Der Vertriebscontroller eines Branchenführers empfiehlt: »Egal, was Sie für Ihren Umsatz unternehmen – evaluieren Sie jede Maßnahme!«

Denn in aller Regel bringt nicht die Maßnahme den Umsatz, sondern deren Evaluation! Was paradox klingt, ist in komplexen Märkten logisch zwingend: Mit einer einzigen Maßnahme ist nur in Ausnahmefällen Umsatz langfristig anzukurbeln. Umsatz benötigt immer mehrere Schritte nacheinander. Und wenn man nach dem ersten Schritt nicht dessen Erfolg evaluiert, ist es völlig logisch, dass man den zweiten nicht macht oder in die Irre läuft.

- Evaluieren Sie jede Umsatzmaßnahme.
- Evaluieren Sie so aktuell wie nur irgendwie möglich.
- Stützen Sie Ihre Evaluation auf konkrete Ergebniszahlen – nicht auf Schätzungen wie »Das lief nicht so toll!«
- Um zu evaluieren, warum die Maßnahme so wirkte, wie sie wirkte, mutmaßen Sie nicht (Sie liegen immer daneben), sondern befragen Sie die Eingeborenen, also Kunden und Verkäufer.
- Machen Sie vom Ergebnis Ihrer Evaluation abhängig, welchen logischen nächsten Schritt in Richtung Umsatz Sie machen werden.

Genau dieser Logik folgen umsatzschwache Menschen nicht. Sie sehen, dass eine Umsatzmaßnahme nicht läuft, und hopsen zur nächsten. Deshalb spricht man im englischsprachigen Raum auch von Method Hopping. Umsatzstarke Menschen evaluieren, warum eine Maßnahme nicht so erfolgreich ist wie erwartet, und modifizieren sie dann so, dass sie es wird. So einfach kann Umsatz sein.

Festpreise sind attraktiver

Sehr viele Produkte und Leistungen haben keinen festen Preis, zum Beispiel fast sämtliche B2B-Projekte (Business to Business), der Kundendienst für Ihren Wagen, Reparaturen, Instandhaltung und -setzung, Agenturleistungen, stundenweise berechnete Dienstleistungen … Klar, wenn man den Aufwand bei Auftragserteilung nicht kennt, kann man auch keinen Festpreis anbieten. Das halten Sie für logisch? Das ist es auch. Darüber hinaus ist es Gift für den Umsatz.

Ein Autohaus im Schwäbischen (natürlich wieder die sparsamen Schwaben!) entschloss sich kürzlich, den jährlichen Kundendienst generell zum Festpreis anzubieten, lediglich gestaffelt nach Alter des Wagens. Der Umsatz beim Kundendienst stieg binnen drei Wochen um 17 Prozent. Warum? Weil preissensible Kunden schon immer sagten: »Wenn ich mein Auto zum Kundendienst gebe, weiß ich nie, ob mich angesichts der Rechnung nicht der Schlag trifft!« Natürlich ist der Fixpreis beim Kundendienst eine kleine kalkulatorische Meisterleistung. Doch wer rechnen kann, wird auch mit Umsatz belohnt.

- Bieten Sie preissensiblen Kunden so oft wie möglich Fixpreise.
- Wenn das kalkulatorisch mal wirklich nicht geht, bieten Sie ihnen zumindest für eine kalkulierbare Basisversion den Fixpreis und vereinbaren Sie für die überstehenden Positionen Berechnung nach vorheriger Aufwandsabsprache.
- Der Fixpreis darf ruhig zu Ihren Gunsten kalkuliert sein. Den Aufpreis bezahlt der Kunde gerne für die größere Preissicherheit. Der Kunde bezahlt generell für alles gerne mehr, was ihm wichtig ist.

Forced Distribution für bessere Mitarbeiter

Gerade im Verkauf tragen die Mitarbeiter ein Neonzeichen auf der Stirn, das gute von weniger guten und ganz schlechten unterscheidet: ihren Umsatz, ihre Kontaktquote, ihre Transferquoten oder jede andere Zahl, mit der Sie die Performance messen. Erstellen Sie mal eine Rangfolge der Mitarbeiter und erschrecken Sie. Meist gilt Pareto: 20 bis 30 Prozent der Top Achiever (Superleister) machen 70 bis 80 Prozent vom Umsatz, Gewinn oder Neukundengeschäft. Oft bringen die Besten fünfmal mehr als die Schlechtesten.

Aus diesem Grund wurde die Forced Distribution (»erzwungene Verteilung«) erfunden. In den USA setzt ein Viertel der Top-500-Firmen auf dieses Mittel, das ganz einfach besagt: Der Umsatz wird nicht mit den Spitzenleistern gewonnen, sondern von den schlechten Mitarbeitern verloren. Sie sind die Schwachstelle im Team, wegen der die Mannschaft ständig Spiele verliert. Deshalb erstellen US-Firmen jährlich ein Ranking ihrer Mitarbeiter. Die Normalverteilung lautet dabei im statistischen Mittel:

20 Prozent Top Performer
70 Prozent Mittelbau
10 Prozent Low Performer (Minderleister)

In good old America wird diesen zehn Prozent einfach gekündigt. Etliche deutsche Großunternehmen tun das in der Zwischenzeit auch. Eine etwas weniger blutige Variante der Forced Distribution sieht so aus:

- Legen Sie Ranking-Kriterien fest.
- Bewerten Sie Ihre Mitarbeiter.
- Identifizieren Sie die 10 bis 20 Prozent Low Performer.
- Packen Sie diese in ein Personalentwicklungs-Paket: persönliches Gespräch, Entsendung auf bedarfsorientierte Weiterbildung, Transfergespräch, Prozesscoaching, eventuell externes Coaching, abschließende Beurteilung der Verbesserung nach drei bis vier Monaten.

Sie werden erfreut feststellen: Die Minderleister leisten plötzlich sehr viel mehr! Eine Leistungssteigerung um 100 Prozent ist keine Seltenheit. Verweigert sich der Minderleister Ihrer Fürsorge und schlägt die Chance aus, die Sie ihm bieten, dann wird Sie Ihre Personalabteilung gerne bei der Vorbereitung der verhaltensbedingten Kündigung unterstützen. Denn dann begeht der Mitarbeiter schlicht Firmenschädigung.

Fordernd und fördernd führen

Fast alle Unternehmen haben auch in einer Konjunkturkrise ehrgeizige Umsatzziele. Das heißt, sie fordern viel von ihren Mitarbeitern, insbesondere den Verkäufern. Um diese Ziele auch tatsächlich zu erreichen, machen viele Vorgesetzte viel Druck. Gleichzeitig beklagen sich jedoch viele Chefs: »Obwohl ich meinen Leuten mächtig Druck mache, erreichen wir unsere Ziele nicht.« Warum? Weil Druck sich abnutzt. Bei den ersten zwanzig Peitschenhieben läuft das Pferd tatsächlich schneller. Doch danach stumpft es ab, bekommt die sprichwörtliche dicke Haut. Das sagen auch viele Mitarbeiter: »Lass den Chef doch toben, ich hab die Schnauze einfach voll, ich kann nicht mehr.« Vorgesetzte, die mächtig Druck machen, erzielen damit einige Monate lang vorweisbare Erfolge. Danach nutzt sich die Motivationswirkung ab. Als langfristig erfolgreicher hat sich das Prinzip »Fordern und Fördern« erwiesen.

Praktikertipp: »Unser Chef fordert exorbitant viel von uns«, sagt ein Verkaufsingenieur bei einem Maschinenausstatter. »Doch er fördert uns auch im selben Maße.« Sie können nur so viel von Ihren Verkäufern fordern, wie Sie sie fördern!

Förderung kann in Form von Seminaren oder Coachings, speziellen Hilfsmitteln oder Maßnahmen geschehen oder einfach nur in Form von aktiver Unterstützung durch den Vorgesetzten. Das hört sich selbstverständlich an, ist es in der Regel jedoch nicht. Viele Vorgesetzte meinen: »Die Ziele müssen die Mitarbeiter von sich aus erreichen – wozu bezahle ich sie denn?« Das ist zwar eine berechtigte Erwartung, jedoch überholt und offensichtlich wenig fruchtbar. Ein Beispiel dazu: Zwei Anlagenbauer sind in der letzten Konjunkturkrise unter Druck geraten. Beide beschließen das Naheliegende: größere Preisstabilität! Beide geben als Ziel einen maximalen Rabattkorridor vor, der nicht überschritten werden darf. In Firma A macht der Verkaufsleiter mächtig Druck: »Wer auch nur einen Cent mehr Rabatt gibt, dem ziehe ich das vom Gehalt ab!« In Firma B sagt der Verkaufsleiter zum Vorstandsvorsitzenden: »Wir verlieren das meiste Geld, weil unsere Verkäufer bei den Vertragsverhandlungen zu stark nachgeben. Die können ihre Claims (Positionen) nicht durchsetzen. Deshalb möchte ich jeden Verkäufer auf zweimal drei Tage Claims-Management-Training schicken.« Der Vorstand stimmt zu. Raten Sie mal, welche Firma ihre Ziele erreicht. Warum?

Die Antwort ist tiefgründiger, als Sie vermuten. Natürlich werden die Mitarbeiter in Firma B überhaupt erst mit den nötigen Fähigkeiten ausgestattet, um ihre hohen Ziele zu erreichen. Doch die Motivationswirkung ist noch viel größer, wie die Mitarbeiter dort bestätigen: »Unser Vorstand macht kein Stuka-Management: Zielbomben abwerfen und dann schnell aus dem Staub machen. Er setzt hohe Ziele, unterstützt uns aber auch dabei, sie zu erreichen.« Wenn Sie Druck machen, werden die Mitarbeiter irgendwann dem Druck ausweichen. Wenn Sie Zielhilfen geben, fühlen sich die Mitarbeiter dagegen in der Pflicht, auch etwas für Sie zu tun. Das ist eine viel bessere Motivation. Dahinter verbirgt sich das Prinzip vom systemischen Gleichgewicht: Sie können von Ihren Mitarbeitern immer nur so viel nehmen, wie Sie im Austausch dafür zu geben bereit sind. Geben und Nehmen haben in einem System immer das Bestreben, sich auszugleichen – auf die eine oder andere, die erwünschte oder unerwünschte Weise.

Fragen statt Sagen

Es gibt ein einfaches Unterscheidungskriterium für mehr Umsatz: Umsatzstarke Verkäufer und Manager fragen mehr! Sie stellen bis zu zehnmal mehr Fragen als umsatzschwache Zeitgenossen. Sie fragen mehr, als sie argumentieren. Das Verhältnis ist ungefähr 70 : 30 – Fragen : Argumentieren. Bei umsatzschwachen Menschen ist es 10 : 90.

Der Wirkungszusammenhang ist einfach: Je mehr man fragt, desto weniger muss man argumentieren und überzeugen. Fragen überzeugen besser als Aussagen. Es gibt sogar Spitzenverkäufer, die sich hin und wieder den Spaß machen, ohne eine einzige Aussage zum Abschluss zu kommen – nur indem sie sich durchfragen. Spitzenverkäufer fragen vor allem

- bei der Bedarfsermittlung,
- bei der Motivanalyse,
- bei der Einwandsbehandlung.

Danach kennen sie den Kunden so gut, dass sie das Angebot so darstellen können, als ob es speziell für seine Bedarfe, Motive und Einwände konstruiert worden wäre. Unter diesen Voraussetzungen ist der Abschluss ein Kinderspiel. Einzige Bedingung: Das will trainiert werden. Denn da wir alle mehr sagen als fragen, ist Fragen eine ungewohnte Kompetenz, die wir uns erst wieder angewöhnen müssen. Noch Zweifel? Dann schauen Sie sich folgendes Beispiel an:

a. »Das funktioniert doch nie im Leben!« (Das sagen Verkäufer oft und gerne, wenn der Kunde sich Unsinn wünscht.)
b. »Wie gut würde das Ihrer Erfahrung nach funktionieren?«

Bei welcher Option ist der Kunde eingeschnappt und fühlt sich gemaßregelt? Welche Option wirkt souveräner, vertrauenswürdiger, kompetenter, beziehungsfreundlicher, verbindlicher? Bei welcher Option spielt sich der Verkäufer als Besserwisser auf und vergrätzt den Kunden? Welche Option nimmt den Kunden für den Verkäufer ein? Wer behauptet, macht sich unbeliebt und unglaubwürdig. Wer fragt, wirkt sympathisch und souverän – und findet vor allem Dinge heraus, die er nicht wusste. In diesem Beispiel antwortete der Kunde nämlich: »Das würde gut funktionieren, weil wir eine CNC-Unterstützung dafür haben.« Darauf der Verkäufer: »Oh, das wusste ich ja gar nicht. Toll! Das halte ich für eine super Idee!«

Frühintegration vorantreiben

Wenn Sie erst für den fertigen Bolzen mitbieten können, laufen Sie immer Gefahr, dass ein Billigheimer Sie unterbietet. Wenn Sie dagegen bereits bei der Entwicklung der Maschine involviert sind, für die der Bolzen vorgesehen ist, können Sie auf die Konstruktion der Maschine so Einfluss nehmen, dass der Bolzen zwar öffentlich ausgeschrieben wird, zu der konstruierten Spezifikation jedoch nur Sie kostengünstigst liefern können. Im Maschinen- und Anlagenbau ist dieses Vorgehen gang und gäbe.

- Versuchen Sie bei Ihren Kunden so früh wie möglich in den Wertschöpfungsprozess integriert zu werden.
- Entwickeln Sie Ihre Mitarbeiter so, dass sie zu dieser frühen Phase auch kompetent mitreden können.
- Bieten Sie Ihrerseits dem Kunden Entwicklungsleistungen an.

Führungscoaching statt Verkäuferseminar

»Machen Sie mal unsere Verkäufer flott, die müssen mehr Umsatz bringen!« Das ist die häufigste Bitte, die an Verkaufstrainer herangetragen wird. Schlechte Trainer machen daraufhin die berühmten Einheizseminare oder die üblichen Verkaufstrainings mit den üblichen Resultaten: Nach zwei Wochen verkaufen die Verkäufer wieder genauso lustlos wie vor der teuren Veranstaltung.

Gute Trainer machen dagegen erst mal eine Auftragsklärung und stellen in neun von zehn Fällen fest: Der mangelnde Umsatz liegt zwar auch an der mangelnden verkaufstechnischen Kompetenz der Verkäufer, aber noch viel mehr am Verkaufsleiter, der seine Verkäufer unbewusst und unbeabsichtigt behindert, demotiviert, irreführt oder verärgert.

Praktikertipp: »Die größten Umsatzschwächen sind Führungsschwächen«, sagt ein Verkaufstrainer, der nicht genannt werden möchte, weil die umsatzschwachen seiner Kunden das natürlich nicht gerne hören. Wenn Sie Ihre Verkäufer schulen (lassen), lassen Sie auch Ihre Verkaufsleiter oder sich selbst coachen!

Bei einem guten Trainer ergibt sich das von alleine. Denn bei der Auftragsklärung wird er Sie irgendwann anschauen und sagen: »So, wie ich die Sache sehe, können Ihre Verkäufer ein Training gut gebrauchen. Andererseits gibt es auch einige Dinge, die Sie selbst machen können, um die Verkäufer noch besser zu machen.« Damit spricht er auf höfliche Weise Ihre Führungsdefizite an. Schwache Manager wollen davon nichts hören und machen die drei berühmten Affen in einer Person: »Über Führungsdefizite möchte ich nichts hören, sehen oder sagen! Ich mache keine Fehler! Ich bin so unfehlbar wie der Papst!« Wenn Sie das für Größenwahn im Management halten, teilen wir Ihre Meinung.

Gute Manager sagen einfach: »Okay, was kann ich tun?«, und schon ist man mitten im Coaching oder im persönlichen Training. Das heißt, der Manager beginnt, an sich selbst etwas zu ändern. Das ist der zweite Grund, warum schwache Manager schwachen Umsatz machen: Sie möchten nichts an sich selbst ändern, weil sie das lebenslange Lernen verlernt haben, zu bequem sind, Angst davor haben.

Praktikertipp: »Umsatz ist Charaktersache«, sagt zitierter Verkaufstrainer. Verbessern Sie Ihre Führungskompetenz, dann verbessert sich auch Ihr Umsatz!

Fünfer-Regel anwenden

Praktikertipp: »Zeigen Sie mir einen Verkäufer oder Innendienstler, der jeden Tag stur seine fünf Kundenkontakte hat«, sagt der Firmenleiter eines Familienunternehmens, »und ich zeige Ihnen einen Superverkäufer.« Verabschieden Sie für jeden Verkäufer Kontaktzahlen – und kontrollieren Sie deren Einhaltung!

So einfach ist das? In der Tat. Beim Vergleich von umsatzstarken mit umsatzschwachen Unternehmen spielt die Kontaktzahl pro Tag eine überragende Rolle. Dabei spielt die absolute Zahl pikanterweise keine Rolle. Im zitierten Unternehmen ist eine ausreichende Anzahl zum Beispiel fünf, in einem Call Center wären es eher 70 (pro Schicht). Viel wichtiger als die absolute Anzahl ist deren Konstanz an jedem Tag des Jahres. Es gibt zwar Unternehmen und Verkäufer, die kurzfristig mehr Umsatz machen als die Fünfer-Verkäufer. Doch das sind meist glückliche Zufälle. Lacht der Zufall nicht mehr, ziehen die Fünfer-Verkäufer an den Glückskindern vorbei. Konstanz bringt langfristig immer mehr Umsatz als Glück.

Wenn das so einfach ist, warum machen das dann nicht alle? Weil Durchschnittsverkäufer alles andere machen, als stur ihre fünf Kontakte abzutelefonieren oder zu besuchen. Sie haben zu wenige »echte« Kontakte. Sie kontakten zum Beispiel einfach viel zu wenige Kunden oder nur die ihnen sympathischen Kunden, um ein Schwätzchen zu halten. Sie kontakten generell keine oder kaum Kaltkontakte. Sie verplempern ihre Zeit mit Stammkunden, auch wenn diese im Moment überhaupt nicht ordern können oder wollen.

Wie wenig die Kontaktzahl selbst ausgebildeten Verkäufern sagt, zeigt sich immer wieder, wenn diese einwenden: »Aber wenn ich fünf Telefonnummern anrufe, dann sind mindestens vier Gesprächspartner gerade nicht erreichbar!« O sancta simplicita! Natürlich zählen nur die *Gespräche*, nicht die *Gesprächsversuche*. An manchen Tagen muss man 20, 30 oder 40 Mal durchwählen oder Klinke putzen, bis man seine x Gespräche beisammen hat. An manchen Tagen wählt man fünf Mal durch und führt gleich fünf Gespräche. Wichtig ist allein, dass Sie oder Ihre Verkäufer oder Mitarbeiter auf diese x Gespräche pro Tag kommen.

Die Kontaktzahl wird von umsatzschwachen Managern chronisch unterschätzt. Dabei bestätigen umsatzstarke Manager immer wieder: »Wenn wir unsere Kontaktzahl halten, dann kann ich Ihnen sogar eine schriftliche Garantie geben, dass wir jedes gefasste Umsatzziel auch erreichen.« Eine Umsatzgarantie? Ja, so etwas gibt es tatsächlich in umsatzstarken Unternehmen. Überflüssig zu erwähnen, dass diese Unternehmen in der zurückliegenden Rezession ganz einfach die Kontaktzahlen im Vertrieb erhöhten und so der Krise entrannen. Die umsatzschwachen peitschten ihre Mitarbeiter an: »Ihr müsst mehr mit den Kunden sprechen!« Was ist

»mehr«? Das wusste niemand. Doch wenn die Kontaktzahl von zwölf auf fünfzehn erhöht wird, dann weiß das jeder und dann liefert das auch die gewünschten Ergebnisse.

- Vereinbaren Sie mit allen Mitarbeitern im Kundenkontakt konkrete Kontaktzahlen.
- Vereinbaren Sie keine Mondzahlen. Was nicht realistisch ist, ist nicht motivierend und wird auch nicht erreicht.
- Vereinbaren Sie nur echte Kontakte (Nettokontaktzahl).
- Kontrollieren Sie wöchentlich die Einhaltung der Kontaktzahl.
- Erwarten Sie, dass einzelne Mitarbeiter Kontaktschwächen offenbaren.
- Coachen Sie diese weg oder lassen Sie sie coachen.

Gefälligkeiten gehören dazu

Hin und wieder ruft bei der Vertriebsleitung eines Werkzeugbauers ein Kunde an und quartiert sich mit Familie oder Geliebter kurzerhand ins Gästehaus am Starnberger See ein. Gratis, versteht sich. Genau genommen ist das Bestechung. Wir rufen an dieser Stelle nicht dazu auf, das Gesetz zu brechen. Wir möchten nur das sagen, was sich keiner der so genannten Gurus und schon gar keiner der gelehrten Wirtschaftsprofessoren zu sagen, geschweige denn zu schreiben wagt: Wenn es in Ihrer Branche Verkehrsgebrauch ist, gute Kunden mit (kleinen) Gefälligkeiten bei Laune zu halten, dann würden Sie Arbeitsplätze gefährden, wenn Sie jetzt den Moralischen bekämen. Es ist eine moralische Scheinheiligkeit ersten Ranges, von Unternehmern die Schaffung und Erhaltung von Standorten, Investitionen und Arbeitsplätzen zu verlangen und dann mit dem Finger zu zeigen, wenn einer das macht, was in der Branche jeder macht, und einem Kunden zum Beispiel eine Sauna einbaut! Im Zweifelsfall gilt der Verkehrsgebrauch. Dieser ist im Übrigen eine rechtliche Instanz – das vergessen Moralapostel gerne.

Gefühle überzeugen besser als Informationen

90 Prozent aller Verkaufsunterlagen und mündlichen Argumentationen sind viel zu sachlich getextet. Sie informieren glänzend – doch Information überzeugt nicht. Sie glauben das nicht? Dann nehmen Sie doch mal Ihr Telefonbuch zur Hand. Ist das informativ? Aber sicher! Überzeugt Sie das? Nö, warum auch? Machen wir die Probe aufs Exempel:

1. »Die Kette entwickelt ein Drehmoment von 1 200 Nm.«
2. »Mit dieser Kettensäge sägen Sie durch die knorrigsten Wurzelstücke, als wären sie aus Brei!«

Für welche Säge entscheiden Sie sich? Acht von zehn getesteten Kunden entschieden sich für das zweite Modell – obwohl es dem Drehmoment des ersten unterlegen war! Warum? Weil Drehmoment eine Information ist, »aus Brei« dagegen spricht die Gefühle der Kunden an.

Praktikertipp: »Emotionen schlagen Informationen«, sagt der Leiter eines Baumarktes. Informieren Sie Ihre Kunden fachlich und sprechen Sie sie gleichzeitig emotional an!

Das nennt man emotionale Aktivierung. Sie ist wichtiger als jede Information.

- Üben Sie (mit Ihren Verkäufern), jede fachliche Information mit einer passenden Emotion anzureichern. Begeisterte Kunden kaufen eher.
- Ergänzen Sie Ihre Verkaufsunterlagen entsprechend.
- Wenn Sie das nicht aus dem Stand hinkriegen, holen Sie sich jemand, der sich mit emotionaler Argumentation auskennt.

Gewinnträchtiger Umsatz zählt allein

Die Sony-Konsumelektronik (Radio, TV …) trug im Jahr 2003 zwar 66 Prozent zum Konzernumsatz bei, doch warf sie nur 22 Prozent des Betriebsgewinns ab. Dagegen war das Geschäft mit der Playstation und der dazugehörigen Videospielsoftware, das nur 13 Prozent zum Umsatz, aber

61 Prozent zum Betriebsgewinn beisteuert, die eigentliche Ertragsquelle des Elektronikriesen. Was sagt Ihnen Ihr Umsatzriecher dazu?

Praktikertipp: »Ich würde jedem Unternehmer raten«, meint der Geschäftsführer eines Kfz-Zulieferers, »nicht so sehr auf den Umsatz als vielmehr auf den Gewinn zu achten. Was nützt mir der Umsatz, wenn nichts dabei hängen bleibt?« Streben Sie nicht nur mehr Umsatz, sondern auch mehr Deckungsbeitrag an!

Leider ist derzeit das Gegenteil der Regelfall: Überraschend viele Unternehmen machen momentan mit dem operativen Normalgeschäft kaum, wenn überhaupt, Gewinn. Viele fahren sogar Verlust ein oder arbeiten gerade mal kostendeckend. Trotzdem werden diese Umsatzbereiche mit Vorrang behandelt. »Alles redet nur über unsere Präzisionsteile«, klagt ein Vertriebsleiter, »dabei machen wir längst schon mit den Spezialfertigungen die satten Gewinne!« Warum sieht das keiner? Weil der Blick dafür getrübt ist.

Die meisten Manager schauen tatsächlich immer noch ausschließlich durch die Umsatzbrille – vor allem, wenn sie nach Umsatz oder Marktanteilen bezahlt werden. Manager waren immer schon etwas umsatzverliebt. Diese Liebe geht auf Kosten des Gewinns – und da behaupte noch einer, Manager seien nur am Profit interessiert. Schön wär's ja. Was tun?

- Schlachten Sie auf keinen Fall die dicken Umsatzkühe.
- Aber schauen Sie auch mal auf die dicken Gewinnkühe.
- Welche sind es? Wie sieht die Umsatzrangliste und wie die Gewinnrangliste nach Produkten aus?
- Lassen Sie die Umsatzkühe grasen – aber mästen Sie nach Kräften die Gewinnkühe. Widmen Sie diesem Teil Ihres Portfolios mehr Aufmerksamkeit, damit dort der Umsatz und dadurch der Gewinn steigt.
- Zielsetzung muss sein: überproportionales Umsatzwachstum bei den Gewinnkühen (und Kostenreduktion = Margensteigerung bei den Umsatzkühen)!
- Briefen und steuern Sie Ihren Vertrieb so, dass er mehr für den Gewinn als für den Umsatz verkauft.

Gold verkauft goldig

Das Beispiel ist ein Klassiker. Irgendwann beschloss eine Firma, ihren tadellosen und wohlschmeckenden Toast neu zu verpacken und zu benennen. Aus dem einfachen »XY-Toast« wurde der »Golden Toast« – und der Umsatz ging nach oben! Die Lebensmittelchemiker und Ingenieure waren entsetzt: »Wir haben die Produktqualität nicht ein bisschen verändert – und trotzdem kaufen die Leute mehr! Warum denn bloß?« Weil Menschen Denkroutinen im Kopf haben. Sehen sie einen Kerl mit randloser Brille, sagt die Routine in ihrem Kopf »intelligenter Mensch«. Sehen sie einen Manager in Nadelstreifen, denkt die Routine im Kopf »kaltschnäuzig, gefühllos, profitgeil«.

Diese Denkroutinen sind unbewusst und automatisch. Jeder Mensch ist mit ihnen ausgestattet. Eine dieser Routinen sagt »Gold = wertvoll!« Dass Sie einen derartigen Fehlzünder im Kopf haben, muss Ihnen nicht peinlich sein. Es muss jenen Managern peinlich sein, die diese Denkroutine nicht werbemäßig ausnutzen. Denn das tun erschreckend wenige Manager. Warum? Weil »Management« und »Psychologie« zwei Wörter sind, die in einem Satz ohne Verneinung gemeinhin nicht vorkommen. Wenn Sie also demnächst Gold als Umsatztreiber einsetzen, werden Sie damit einen Wettbewerbsvorsprung allein deshalb erreichen, weil die meisten Ihrer Mitbewerber Konsum- und Werbepsychologie für etwas Mystisches halten.

- Nehmen Sie bei einem Produkt oder gar einer Produktreihe »Gold« als Wortelement in den Namen auf.
- Ergänzend oder alternativ können Sie dem Design des Produktes und seiner Werbung einen Touch von Gold, einen Wischer, ein goldenes Farbelement verleihen.
- Das Produkt muss von der Qualität her nicht wirklich Goldklasse sein – siehe Toast.

Grenzstabilität steigern

Menschen im Kundenkontakt kommen täglich in Grenzsituationen:

- Bislang haben Sie mit einem popeligen Einkäufer verhandelt – und plötzlich sitzt nun ein Vorstandsmitglied mit am Tisch!

- Ihr Ansprechpartner führt Sie ins Allerheiligste: ins Vorstandszimmer.
- Plötzlich sitzen Sie einem Tribunal gegenüber: Vier statt bislang ein Topmanager verhandeln mit Ihnen.
- Ihr Ansprechpartner zitiert eine obskure Studie, der zufolge Ihr Angebot ganz schlecht abschneidet.

Was machen Menschen im Kundenkontakt in solchen Grenzsituationen? Sie meistern sie bravourös, weil es genau das ist, wofür sie in ihrer Berufsausbildung ausgebildet wurden? Pustekuchen. Sie gehen in die Knie. Das ist ja unglaublich! Stimmt. Die meisten Verkäufer sind ihr Geld nicht wert. Sie geben ausgerechnet dann klein bei, wenn sie beweisen sollen, was in ihnen steckt. Sie lassen sich von den Tricks der Einkäufer bluffen und geben Rabatte, von denen Sie Ohrensausen bekommen, machen Zugeständnisse, lassen die Hosen runter, geben bei den Zahlungsmodalitäten bis unter die Grasnarbe nach, packen kostenlose Zusatzleistungen drauf, versprechen Dinge, die Sie nie und nimmer halten können, versprechen Liefertermine, die nur mit direkter Unterstützung des Heiligen Geistes zu halten sind, und so weiter und so fort.

- Machen Sie sich, Ihren Managern oder Verkäufern keine Vorwürfe, denn die meisten Kunden und Einkäufer sind inzwischen fitter als jeder Verkäufer. Wir leben im Zeitalter der Nachfragemärkte.
- Mit Grenzstabilität wird keiner geboren. Jeder muss sie sich erwerben. Dafür gibt es Coachings, Trainings oder die Do-it-yourself-Methode. Hauptsache, Sie tun's!
- Sie können (unterstützend) Ihre Verkäufer (oder sich) auch selbst fit machen für Grenzsituationen: Machen Sie Rollenspiele für Grenzbelastungen!

High Potential Retention

Selbst in diesen harten Zeiten heftigst umkämpfter Märkte lassen viele Vorgesetzte gerade ihre besten Mitarbeiter gehen. Warum? Weil sie in 90 Prozent der Fälle aus allen Wolken fallen. Wirft man Geschäftsführern, Managern, Vertriebs- und Verkaufsleitern vor: »Wie konntet ihr bloß diesen Mann ziehen lassen? Der nimmt ein Viertel eures Umsatzes mit! Das ruiniert euch!«, antworten die meisten Manager: »Aber wir hatten doch keine Ahnung, dass er wegwollte!« Das ist die Kapitulationserklärung der Führung. Führen heißt Menschen führen. Und wenn ich von meinem besten Pferd noch nicht mal weiß, wohin es will, dann bin ich leider keine Führungskraft und betrüge meine Firma um das Gehalt, das sie mir bezahlt.

- Identifizieren Sie Ihre Leistungsträger (natürlich nennt kein Manager sie so, der was auf sich hält; der sagt: High Potentials).
- Legen Sie eine High-Potential-Liste an. Meist sind es zehn bis zwanzig Prozent Ihrer Mitarbeiter.
- Gedenken Sie Pareto und überschlagen Sie mal: Meist bringen diese 20 Prozent 80 Prozent von Produktivität, Ergebnis und Leistung!
- Jour fixe: Sprechen Sie mindestens einmal die Woche mit Ihren High Potentials; formell (Briefing, Wochenbesprechung) oder informell.
- Selbstverständlich sprechen Sie unter vier Augen mit ihnen!
- Kitzeln Sie heraus, wie zufrieden sie mit ihrer Arbeit und den Arbeitsbedingungen sind. Zufriedene High Potentials wandern nicht ab.
- Reden Sie mit ihnen über ihre Ideen, Träume, Visionen, persönlichen und beruflichen Ziele.
- Erfüllen Sie ihnen fortwährend kleine Wünsche, was diese Ziele anlangt.
- Wenn Sie das tun, wandert der High Potential nicht ab. Sie halten ihn. Das nennt sich High Potential Retention.

Hit Rate einführen

Umsatzschwache Unternehmen haben eine schwache Verkaufssteuerung, umsatzstarke eine starke. Neulich meinte ein Vertriebsberater: »Umsatzschwache Manager sind wie Kapitäne ohne Steuermann – sie treiben steuerlos dahin, wundern sich dann aber, warum sie nicht ans Ziel kommen.« Die meisten umsatzschwachen Unternehmen haben nicht zu wenig Umsatz, sondern eine zu schwache Steuerung.

Praktikertipp: »Wenn Sie mehr Umsatz wollen, müssen Sie besser steuern«, rät der Spitzenverkäufer eines Reifengroßhändlers. Setzen Sie eines der besten Steuerungsinstrumente überhaupt im Verkauf ein: die Hit Rate!

Im Normalfall bedient sich eine professionelle Verkaufssteuerung vieler Instrumente und Performance-Kennzahlen. Eine der wichtigsten Steuerungszahlen ist die Hit Rate. Wer bislang etwas steuerungsschwach ist, kann mit der Hit Rate allein seinen Umsatz in schwindelerregende Höhen treiben. Die Hit Rate ist schlicht die Trefferquote. Die älteste und gebräuchlichste Hit Rate ist die Quote, also das Verhältnis von kontaktierten Interessenten oder Kunden zu abgeschlossenen Aufträgen.

Wer einen guten Umsatzriecher hat, kriegt hier schon leuchtende Augen: Die Hit Rate ist ein echter Umsatzturbo! Sobald Sie die Hit Rate ermittelt haben,

- können Sie Ihre Verkäufer miteinander vergleichen, darüber nachdenken, warum einige eine gigantisch hohe und viele andere eine schwache Hit Rate haben, die Ursachen der Schwächen ermitteln und dann abstellen – der Umsatz steigt;
- können Sie mit dem Gesetz der großen Zahl sich selbst eine Umsatzgarantie ausstellen. Da die durchschnittliche Hit Rate kurzfristig konstant ist, können Sie Ihren eigenen Umsatz perfekt vorhersehen. Wenn Ihre Verkäufer im Schnitt eine Hit Rate von 40 Prozent haben, also zehn Kunden ansprechen müssen, um vier Aufträge zu bekommen, können Sie durch eine bloße Steigerung der Kontaktzahl zuverlässig jedes Umsatzziel erreichen. Das ist dann immer noch harte Arbeit, aber wenigstens kein unlösbares Problem mehr.

Hochpreissegment besetzen

Viele Unternehmen sind im Hochpreissegment nicht mehr vertreten. Warum? »Weil die Kunden nur noch über den Preis kaufen. Hochpreisiges läuft nicht mehr!«, sagen umsatzschwache Unternehmen. Das ist falsch. Wenn Sie im Jahr auch nur ein einziges Hochpreisprodukt verkaufen, dann haben Sie doch zumindest das verkauft, oder? Außerdem ist uns nichts davon bekannt, dass Diamanten, Yachten, Privatflugzeuge oder Pelzmäntel sich nicht mehr verkaufen. Im Gegenteil. In jeder Wirtschaftskrise haben doch nur noch die Reichen Geld zum Ausgeben!

Praktikertipp: »Wir haben in jedem Produktbereich mindestens einen De-luxe-Artikel«, sagt die Chefin eines Dienstleisters. »Es gibt immer Kunden, die Luxus nachfragen. Wenn wir da nichts anbieten können, nehmen die natürlich etwas Billigeres – oder wechseln.« Besetzen Sie das Hochpreissegment Ihrer Zielgruppe mit mindestens einem Produkt!

Selbstverständlich darf der Luxusartikel keine luxuriösen Vorhaltekosten haben – aber das versteht sich für einen guten Kaufmann von selbst. Umsatzschwache Manager haben damit allerdings ihre kalkulatorischen Probleme. Dazu ein Beispiel: In der Marketingliteratur aktenkundig ist das Beispiel des Weißwaren-Herstellers, der dringend etwas für Marge und Umsatz tun musste und deshalb die geniale Idee hatte, auf seine gewöhnliche Waschmaschine eine Marmorimitat-Oberplatte zu legen und das Ganze dann als De-luxe-Gerät zu verkaufen. Die Platte kostete 2,50 Euro im Einkauf mehr, das komplette Gerät im Verkauf 125 Euro mehr. Die Ingenieure sagten: »Die Marketingleute spinnen. Warum sollte ein vernünftiger Kunde 125 Euro mehr für eine falsche Marmorplatte bezahlen? Es kommt doch auf die Waschleistung an!«

Aha, jetzt schreiben die Ingenieure also schon den Kunden vor, worauf es ihnen anzukommen hat. Glücklicherweise lassen sich Kunden selten etwas diktieren. 14,7 Prozent der Waschmaschinenkunden (das De-luxe-Zielgruppensegment!) entschieden sich freudig für die Imitatversion und sagten: »Sieht einfach klasse aus. Nicht das übliche fade Weiß. Diese Maschine muss einfach besser sein!« Dass sie es de facto nicht war, interessierte keinen.

▶ Der Kunde muss glücklich sein, nicht der Ingenieur. Der Wurm muss dem Fisch schmecken, nicht dem Verkäufer. Dem Kunden muss es gefallen, nicht dem Geschäftsführer.

- Bieten Sie in jedem Zielgruppensegment Hochpreisiges an, das sich gut vorhalten und rentabel kalkulieren lässt.
- Sorgen Sie dafür, dass Ihre Verkäufer das zumindest vorschlagen – die meisten trauen sich das nicht mehr. Die bieten auch Luxuskunden den üblichen preisreduzierten Ramsch an. Peinlich. Umsatzschädlich.
- Fördern Sie Ihre Luxusverkäufer, also jene Verkäufer, die besonders viele Luxusgüter verkaufen.

Vorsicht: Unter Luxus verstehen wir keine Angebote, die von der Kostenseite her luxuriös sind! Extrem teuer hergestellte Produkte übermäßig teuer zu verkaufen ist nicht besonders intelligent, sondern sehr anstrengend und oft wenig rentabel.

Homepage verkaufsfördernd gestalten

Es gibt Unternehmen, die haben noch immer keine Homepage. Das ist indiskutabel. Man kann nicht einerseits über schwachen Umsatz klagen und andererseits einen kompletten Vertriebskanal ignorieren – auch wenn es nur ein Kanälchen ist. Wenn Sie jetzt mit dem Kostenargument kommen, vergessen Sie's. Der Werbemarkt ist in den letzten Jahren völlig eingebrochen. In den Hochburgen der Werbung waren teilweise 50 Prozent aller Kreativen arbeitslos – da bekommen Sie 1A-Seiten für'n Appel und 'n Ei. Wer sich von einer Net-Agentur fünfstellige Summen aus der Tasche ziehen lässt, ist selber schuld und einfach noch nicht im Internet-Zeitalter angekommen. Wenn Sie bereits eine Homepage haben, dann sind Sie sicher stolz darauf. Alles so schön bunt hier und voll animiert. Vergessen Sie auch das.

Praktikertipp: Der aus guten Gründen nicht genannt werden wollende Chef einer Internet-Agentur sagt: »Inzwischen sind fast alle Netzseiten technisch nahezu perfekt erstellt, getextet und layoutet – sie verkaufen bloß nicht! Auch und gerade nicht, wenn sie von guten Agenturen erstellt wurden.« Ihre Homepage muss nicht (nur) gut aussehen, sondern vor allem gut verkaufen – sorgen Sie dafür!

Warum verkaufen die meisten aktuellen Homepages so schlecht? Einfacher Grund: Wer eine Homepage codieren kann, kann deshalb noch lange nicht verkaufen! Könnte er es, wäre er nämlich Verkäufer geworden. Eine Homepage wird in der Regel von einem »Codierknecht« (Programmierer) oder Grafiker geschrieben und nicht von einem Verkäufer. Nehmen Sie als Beispiel die Amazon-Seite. Wer früher dort bestellen wollte, musste fast ein Dutzend Mal klicken. Das hielt viele Besteller vom Bestellen ab. Seit es die »1-Click-Bestellung« gibt, ging der Umsatz steil nach oben. Bequemlichkeit verkauft. Sie kaufen ja auch nicht gerne, wenn Sie sich dazu vorher erst auf den Kopf stellen müssen.

Aus akquisitorischer Perspektive betrachtet sind 90 Prozent aller Homepages ein Witz. Selbst bei namhaften Konsumgüterunternehmen stimmt zum Beispiel die obligatorische Händlerliste hinten und vorne nicht – und damit meinen wir nicht tolerable Fehlerquoten von 10 Prozent. Neulich wollten wir beim Marktführer für Hiking-Funktionswäsche eine Weltneuheit kaufen: Sage und schreibe 100 Prozent der Händlerangaben in unserem Postleitzahlengebiet waren falsch! Einige Händler hatten noch nicht einmal etwas von der Firma gehört! Das grenzt an Betrug. Betrug am Kunden! Und wer Kunden betrügt, der schadet seinem Umsatz.

- Ihre Homepage ist hübsch – aber wie gut verkauft sie?
- Wer überprüft monatlich die Händlerliste?
- Sind die Bezugsquellen am Ende der Produktinformationen versteckt?
- Oder kann der Besucher auf einen Klick bestellen?
- Kann er zumindest mit einem Klick seine lokalen Bezugsquellen anklicken?
- Sind diese Bezugsquellen geprüft, also tatsächlich mit Ware versorgt? Oder sind Sie bei einzelnen schon wieder ausgelistet?
- Haben Sie überhaupt ein flächendeckendes Netz von Verkaufsstellen?
- Wenn nicht: Nehmen Sie die Homepage als Anlass, endlich die Lücken zu schließen!
- Gibt es einen Versand ab Homepage? Dann verkauft die Homepage nämlich direkt – und bringt Umsatz!
- Gibt es zumindest Links zu Versendern, die Ihre Produkte versenden?
- Sind diese Links benutzergeprüft? Oder ist eine Bestellung bei diesen Links eine Zumutung für jeden normalen Interessierten?

Horizontalverkauf aktivieren

Beim Vergleich von Unternehmen ergibt sich immer wieder, dass die umsatzschwachen keinen nennenswerten Horizontalverkauf betreiben. Keine Bange, das heißt nicht, dass der Verkäufer auf dem Rücken liegend verkauft. Ein Beispiel: Ein Mensch mit roter Nase geht in die Apotheke, verlangt ein Nasenspray und bekommt es von Apotheker A. Ein anderer Mensch geht in eine andere Apotheke, verlangt ein Nasenspray, worauf Apotheker B fragt: »Ist nur die Nase verstopft? Wie ist es mit Kopfweh, Halsweh, Gliederschmerzen? Sicher ist Ihre Nase vom vielen Schneuzen schon ganz wund. Wir hätten da einen sehr wirksamen Balsam, der schnell lindert.«

Welcher Apotheker hat trotz der x-ten Stufe der Gesundheitsreform und rückgängiger Arzneimittelausgaben keine Umsatzsorgen? Warum nicht? Weil der Kunde ein Produkt nachfragt und vier angeboten bekommt. Vier Produkte, die nebeneinander stehen, weil sie demselben Verwendungszweck dienen: den Schnupfen loszuwerden. Horizontal verkaufende Verkäufer fragen sich stets: »Wenn der Kunde X will – was könnte ich ihm dann *daneben* noch anbieten?« Es klingt verrückt, doch auf diese simple Frage kommen Durchschnittsverkäufer nicht.

- Gehen Sie mit Ihren Verkäufern das jüngste Verkaufsgespräch durch. Fragen Sie jeden: »Gut, Sie haben dem Kunden X angeboten – haben Sie ihm auch Y und Z angeboten? Warum nicht?«
- Nehmen Sie die Einwände der Verkäufer auf. Meist sind es welche wie: »Ich wollte den Kunden nicht unter Druck setzen.«
- Überwinden Sie die Einwände, indem Sie dem Verkäufer zum Beispiel zeigen, dass man ein Horizontalangebot auch unterbreiten kann, *ohne* den Kunden unter Druck zu setzen.
- Für diesen Prozess der internen Einwandsbehandlung benötigen Sie zumindest Kommunikations-, wenn nicht Coachingkompetenz.
- Entweder Sie haben diese, oder Sie besorgen sich welche.

Humor verkauft und bindet

Kunden reagieren vorzüglich auf Humor. Sie kaufen eher und mehr und lassen sich länger und einfacher binden. Gemeint ist damit nicht der typische Verkäuferhumor: anbiedernd, zotig, platt, derb, ranschmeißerisch und alte Witze erzählend. Gemeint ist vielmehr ein ganz ursprünglicher Humor: einfach ab und zu mit dem Kunden über die alltäglichen Verrücktheiten lachen, es nicht gar so ernst nehmen, gute Laune verbreiten.

Und vor allem: den Humor des Kunden treffen; denn jeder hat einen anderen.

Warum entwickeln Menschen im Kundenkontakt so wenig Humor? Weil sie ständig im Stress sind. Dazu sollten Sie eines wissen: Stress ist hausgemacht. Wenn ich den Druck meines Chefs oder meiner Überarbeitung am Kunden auslasse, ist das nicht Schuld meines Chefs, sondern meine eigene.

- Versuchen Sie's mal mit Humor. Nicht ständig. Aber immer mal wieder.
- Sie werden erfreut feststellen: Humor erleichtert Sie, erleichtert den Kunden und erleichtert Ihre Arbeit. Humor vertreibt Stress!
- Wenn Sie vor lauter Stress den Humor verloren haben, tun Sie was gegen den Stress. Steigern Sie Ihre Stressresistenz. Das sollten Sie nicht per Seminar oder Buchlektüre tun, denn die Gurus empfehlen immer noch Entspannungstechniken gegen Stress. Das hilft nicht. Coaching hilft.

Wenn Kunden sich im Gespräch mit Ihnen wohlfühlen, rufen sie öfter an, geben Ihnen öfter Termine und ordern häufiger. Deshalb sagt das chinesische Sprichwort: »Wer nicht lächeln kann, sollte keinen Laden aufmachen.«

Inflationsausgleich einfordern

Wann haben Sie zuletzt die Preise erhöht? In der letzten Wirtschaftskrise war besonders auffällig, dass 90 Prozent aller Firmen die Preise senkten, 10 Prozent dagegen auf Inflationsniveau erhöhten. Haben Sie nicht auch Briefe von Firmen bekommen, in denen bedauert wurde, dass aufgrund gestiegener Rohstoffpreise die Preise leider angepasst werden müssen? Viele erhöhten auch, ohne das an die große Glocke zu hängen, einfach mit der neuen Preisliste.

In der Krise die Preise zu senken ist grundsätzlich nicht sinnvoll. Man verliert in Höhe des Preiseffekts an Umsatz und kann den Absatzrückgang (in Stück) doch nicht entscheidend damit aufhalten. Firmen, die die Preise stabil halten oder sogar an die Inflation anpassen, fahren rein bilanziell in der Regel besser. Aber das weiß so gut wie keiner, weil das Umsatzmärchen diametral lautet: In der Krise Preise senken! Natürlich verliert man bei einer Preisanpassung einige Kunden – die so genannten Marginalkunden. Doch dieser Effekt ist kaum merklich.

- Schließen Sie Preisanpassungen an das (Branchen-, Rohstoff-!)Inflationsniveau nicht kategorisch aus – das machen viele kleine und mittlere Unternehmen in der Krise, und das ist schlicht falsch.
- Prüfen Sie zumindest die rechnerische Möglichkeit einer Preisanpassung.
- Wenn sich einige wenige Kunden empören, können Sie immer noch individuelle Rabattabsprachen treffen – doch die große Masse zahlt, weil sie den Inflationsausgleich versteht und billigt.

Inkasso ankurbeln

Neulich klagte uns der Leiter eines großen mitteldeutschen Autohauses: »Wir haben bei den Außenständen derzeit an die 200 Positionen! Normalerweise sind es 50! Beim Umsatz sieht es eigentlich gar nicht so schlecht aus – doch der Cash-Flow ist inzwischen so bescheiden, dass ich mir ernsthaft überlege, wie lange wir noch überleben!« Auf die Frage, warum er denn nichts gegen die Außenstände tue, erwiderte er traurig: »Was soll ich denn tun? Das sind doch alles gute Kunden, die nun plötzlich nicht oder säumig zahlen! Wenn ich denen mit dem Gerichtsvollzieher komme, sind die doch ruckzuck weg!« Was war das gerade für ein Geräusch? Ist Ihnen da etwa das Messer in der Hose aufgegangen? Dann können Sie sich auf Ihren Umsatzriecher verlassen.

Praktikertipp: Pikanterweise sagt ausgerechnet die kaufmännisch beschlagene Schwiegertochter des Autohausleiters: »Dulden Sie keine Außenstände! Treiben Sie alles ein, was einzutreiben ist – aber beziehungsfreundlich!«

Was nützt Ihnen der ganze schöne Umsatz, wenn die Kunden nicht bezahlen? Der Clou am katastrophalen Inkasso ist doch: Es wird nichts dagegen versucht! Nicht einmal das Einleuchtendste. Das jedoch tat die flotte

Schwiegertochter. Sie rief reihum bei den 200 Positionen = Kunden an, machte keinerlei Druck, drohte nicht, mahnte nicht, sprach einfach einige Minuten mit den Kunden über Wohl und Wehe, erkundigte sich dann beiläufig nach der finanziellen Lage, worauf alle Angerufenen von sich aus sagten: »Ja, ich weiß, ich habe bei Ihnen noch eine Rechnung offen. Nächste Woche sieht es auf meinem Konto besser aus, dann überweise ich.« Geschah das nicht, rief die Schwiegertochter zwei Wochen später nochmals freundlich an.

Mit einigen dicken Positionen vereinbarte sie Teilzahlungen. Bei anderen klärte sie schwebende Rechnungsunklarheiten, die die Überweisung aufhielten. Bei wiederum anderen schaute sie sogar persönlich vorbei, auf ihrem Weg zur und von der Arbeit. Binnen dreier Wochen hatte sie die Inkasso-Liste auf 100 Positionen reduziert. Und das, ohne den Kunden auch nur ein einziges Mal zu drohen oder sonst irgendwie zu verärgern. Damit traf sie genau den Nerv der Inkassoverweigerung des Mittelstandes: Die meisten Manager mit horrenden Außenständen glauben nämlich irrtümlich, dass man Kunden drohen müsse, damit sie bezahlen. Das ist blanker Unfug! Tatsächlich bezahlen gute Kunden viel besser, wenn man ganz freundlich und ohne Druck mit ihnen redet und sie so am schlechten Gewissen packt – die schlechten Kunden muss man sowieso verklagen. Bei guten Kunden wirkt eine Erinnerung an die Rechnung viel besser als jede Drohung!

Die Schwiegertochter hat mit ihrer Aktion tatsächlich die Firma des Schwiegervaters vor der Insolvenz bewahrt – obwohl dieser heute immer noch nicht weiß, wie sie das gemacht hat. Logisch, er ist gelernter Kfz-Mechaniker und hat sich von der Pike auf hochgearbeitet. Auf so etwas Naheliegendes wie die Inkasso-Bearbeitung kommt er natürlich nicht. Schade, fast wäre deshalb seine Firma über den Jordan gegangen. Wenn man mal darüber nachdenkt, an welch seidenen Fäden die Arbeitsplätze hierzulande hängen, kann einem schlecht werden. Gäbe es nicht gewiefte Schwiegertöchter, hätten wir glatt doppelt so viele Arbeitslose …

- Vergessen Sie das Märchen, dass man gegen Außenstände nichts tun kann, ohne Kunden zu vergrätzen.
- Suchen Sie sich den Mitarbeiter oder eher die Mitarbeiterin, die beziehungsfreundlich, aber hart wie Kruppstahl hinter dem Inkasso hertelefonieren kann.

- Geben Sie ihr den Dauerauftrag dafür.
- Gönnen Sie der Mitarbeiterin schnellstmöglich ein gutes Training oder Coaching in Inkasso-Gesprächskompetenz und beobachten Sie, wie Ihre Außenstände schmelzen wie Schnee in der Sonne.
- Sorgen Sie dafür, dass alle Mitarbeiter sofort der zuständigen Inkasso-Kollegin mitteilen, wann ein säumiger Kunde auftaucht und einen neuen Auftrag gibt, damit sie diesen beziehungsfreundlich an die alte(n) Rechnung(en) erinnern kann.
- Die rabiate Methode wäre, keinen Auftrag mehr anzunehmen, bis der Kunde die alte Rechnung bezahlt – doch diese ist eindeutig nicht beziehungsfreundlich und daher potenziell umsatzschädlich. Sie sollte wirklich nur die Ultima Ratio, das letzte Mittel sein.
- Formulieren Sie Ihre schriftlichen Mahnungen für gute Kunden zu sehr freundlich formulierten Erinnerungen um. Gute Kunden mahnt man nicht, man erinnert sie.

Innovationskraft erhalten

»Wenn wir vor zwanzig Jahren eine Neuerung eingeführt haben«, erzählt ein IT-Ingenieur, »musste die ganze Branche notgedrungen mitziehen, weil wir die Standards setzten. Heute führen wir eine Innovation erst dann ein, wenn der Kunde von uns verlangt, dass wir sie bringen müssen.« Welch ein Abstieg! Und im Gegensatz zur landläufigen Meinung sind viele Firmen, die früher für ihre typisch deutschen Ingenieurstugenden gerühmt wurden, inzwischen auf dem absteigenden Ast. Sie hinken den Innovationen hinterher, statt an ihrer Spitze zu stehen. Warum? Weil die Innovationskraft der eigenen Ingenieure zu lange als selbstverständlich genommen und nicht aktiv gepflegt, gefordert und gefördert, entwickelt und gesteuert wurde. Es wurde eben kein Innovations-Management betrieben, wie das heute heißt. Leider kann man beim innovationsfreudigen Segment der eigenen Zielgruppe ohne Innovationen nicht landen – und innovationsfreudige Zielgruppen bezahlen meist sehr gut. In vielen Märkten kann man den dicken Umsatz nur noch mit Innovationen machen. Daher:

- Fordern und fördern Sie Innovationen auf allen Ebenen.

- Machen Sie Innovations-Management zur Chefsache.
- Versuchen Sie in so vielen Bereichen wie möglich Innovationsführerschaft zu erreichen oder zumindest mit den Marktführern gleichauf zu sein.
- Sie können auch eine Me-too-Strategie fahren und wie früher die Japaner einfach schnell die neuesten Innovationen abkupfern, wenn sie der Mitbewerb teuer entwickelt hat und dann auf den Markt bringt. Selbst das ist besser, als ins Hintertreffen zu geraten.

Interessenfrühaufklärung betreiben

Haben Sie Kinder? Was passierte direkt nach der Geburt? Sie bekamen plötzlich Post von Banken, Einzelhändlern und Herstellern für Babyartikel. Diese Unternehmen warteten nicht, bis Sie mit Ihren Einkäufen fürs Baby loslegten, sie kontaktierten Sie bereits im Voraus und schufen dadurch Präferenzen für ihre Angebote. Woher wussten die Firmen, dass ein Baby angekommen war? Durch einen Blick in das amtliche Geburtenregister.

Was es für Babyartikel gibt, gibt es für alle Produkte und Dienstleistungen: Frühwarnindikatoren für einen akut werdenden Bedarf. Deshalb spricht man davon, dass gute Verkäufer und Manager »das Gras wachsen hören« oder schon wissen, dass ein Kunde demnächst ein Bedürfnis anmelden wird, noch bevor der Kunde es selbst weiß. Umsatzorientierte Menschen haben den Finger am Puls ihrer Zielgruppe. Ein cleverer Elektro-Installateur spricht zum Beispiel jedes Mal, wenn er auf Baustellen einen Architekten trifft, mit diesem über die Bauten, die dieser zur Zeit in Planung hat. Dann weiß er, welche Kunden bald eine Installation brauchen.

Es gibt keine allgemein gültigen Rezepte für die Frühaufklärung wie »Schauen Sie immer ins Geburtenregister!«. Denn wenn Sie nicht gerade Babyartikel vertreiben, nützt Ihnen das nichts. Doch wenn Sie herausfinden, aus welchen Motiven, Bedarfen und Anwendungsfällen heraus Ihre Kunden kaufen, können Sie diese Bedarfsfälle mit hoher Wahrscheinlichkeit gut voraussagen – und beim Kunden präsent sein, noch bevor er andere Anbieter kontaktiert!

Investieren Sie in den Verkauf!

Ein Unternehmen muss investieren, um zu überleben. Diese Weisheit wird im Vertrieb mit Füßen getreten. Der Vertrieb ist chronisch unterinvestiert. Es mangelt an allen Ecken und Enden: Weiterbildung, leistungsfähigere Strukturen, Software, Controlling, Coaching, Lean Management, Prozessbeschleunigung, Führungskompetenz der Führungskräfte und so fort.

- Vergleichen Sie bereichsweise die Investitionen in Ihrem Unternehmen. Wie schneidet der Vertrieb ab?
- Was sind die bereichsweisen Investitionsquoten?
- Was werden Sie dagegen tun?

Kaffeekunden-Klebe beenden

»Wir machen den Umsatz, den unsere Verkäufer nicht verhindern können«, lautet ein alter Bürospruch. Da ist was Wahres dran, wie das Kaffeekunden-Phänomen zeigt. Kaffeekunden sind Idealkunden, die ein geplagter Verkäufer an den herzlichen Worten erkennt: »Kommen Sie rein! Schön, dass Sie da sind. Wollen Sie einen Kaffee?« Das ist eine wohltuende Abwechslung zum üblichen »Was wollen Sie denn schon wieder von mir?« Das Vertrackte an dieser Wohltat: Man bleibt an diesen Kaffeekunden länger kleben, als gut ist. Der Geschäftsführer eines Instrumentenbauers sagt: »Meine Ingenieure schmusen dauernd mit ihren Lieblingskunden rum, anstatt zu akquirieren!« Machen Sie sich keine Illusionen über das Ausmaß der Schmuserei: Vertriebscontroller gehen davon aus, dass in jedem Verkaufsteam 10 bis 30 Prozent der Verkäufer den lieben langen Tag nichts anderes machen, als sich von einem pflegeleichten Kunden zum nächsten zu hangeln, also mehr oder weniger die Zeit totzuschlagen.

Das schadet dem Umsatz auf dreierlei Weise. Erstens macht man in der Zeit, in der man mit einem guten alten Kunden »Beziehungspflege« treibt, keinen Umsatz. Zweitens kann man in dieser entgangenen Zeit auch keinen anderen Kunden akquirieren oder Auftrag schreiben. Und drittens wird bei diesen Aktionen tatsächlich beträchtlicher Umsatz vernichtet, indem man dem guten alten Kunden eben einen Gefallen tut, ihm Sonderleistungen angedeihen lässt – rechnungsfrei, versteht sich!

Wie finden Sie heraus, ob Ihre Verkäufer an Kaffeekunden kleben? Indem Sie deren Berichte aufmerksam lesen. Indem Sie ihren Geschichten aufmerksam lauschen. Indem Sie die Besuchszahlen und -frequenzen mit anderen Verkäufern Ihres Teams vergleichen. Dann sprechen Sie mit den betroffenen Verkäufern darüber. Sensibilisieren Sie sie für das Thema. Zeigen Sie ihnen, dass Sie das nicht mit sich machen lassen. Setzen Sie ihnen eine Kontaktzahl als Vorgabe. Kontrollieren Sie deren Einhaltung.

Kaltakquise-Listen durcharbeiten

Je älter ein Verkäufer, desto weniger akquiriert er kalt. Das gilt auch für komplette Unternehmen: Je älter ein Unternehmen, desto stärker konzentriert es sich auf seine Zielgruppe, auf die es sich eingeschossen hat, und ignoriert den größeren Rest der Welt – auch wenn sich dieser radikal ändert, wie das in unserer hektischen Welt fast monatlich der Fall ist.

Verkäufer fahren oft auf dem Weg zu Kunde X an Dutzenden potenziellen Kunden vorbei, kommen jedoch noch nicht mal auf den Gedanken, sich auch nur bei diesen vorzustellen. Warum? Weil die Kaltakquise-Angst der Verkäufer sprichwörtlich ist. Sie ist ein Tabu.

- Lassen Sie jeden Mitarbeiter eine Liste von 20 Kaltadressen aufstellen, die er im nächsten Monat telefonisch kontakten oder besuchen wird.
- Überprüfen Sie die Ausführung.
- Helfen Sie den Mitarbeitern coachend über ihre Ängste hinweg.
- Schaffen Sie das nicht allein, holen Sie einen professionellen Verkaufscoach.
- Nützt das alles nicht so recht, denken Sie über ein Kaltakquise-Team nach.

Kaltakquise-Team aufstellen

Die Kaltakquise-Phobie im Verkauf ist legendär. »Ein erfahrener Verkäufer würde lieber seine eigene Mutter an die Mafia verkaufen«, sagt der Verkaufsleiter eines IT-Unternehmens, »als auch nur einen einzigen Kaltkontakt anzugehen.« 95 Prozent der Verkäufer haben panische Angst davor, sich bei einem Kunden vorzustellen, mit dem sie noch keinen Kontakt hatten. »Aber genau dafür werden Verkäufer doch bezahlt, um neue Kunden aufzutun!«, sagt der Laie. Eben deshalb heißt er so.

Der IT-Verkaufsleiter erzählt weiter: »Wir haben wirklich alles probiert. Training, Coaching, Supervision, Boni – das nützte alles nur kurzfristig. Manche Mitarbeiter haben lieber gekündigt, als ihre Kaltakquiseziele zu verfolgen. Die Angst war einfach zu groß. Weil wir aber trotzdem unsere Telefonanlagen an neue Kunden verkaufen müssen, haben wir drastische Maßnahmen ergriffen.« Das Unternehmen gründete eine neue, kleine, feine Verkaufsabteilung neben der alten Verkaufsabteilung: die Abteilung Kaltakquise.

Dort wurden ausschließlich junge Verkäufer eingestellt, die bereits beim Einstellungsgespräch Kaltakquisekompetenz nachwiesen – mit guten Eignungsdiagnose-Verfahren kann man das durchaus feststellen. Die Maßnahme zahlte sich aus. Dank der »schnellen Eingreiftruppe« stieg der Umsatz um einen zweistelligen Prozentsatz.

- Wenn Ihre Verkäufer oder Sie selbst die Kaltakquise trotz aller Bemühungen nicht auf die Reihe bekommen, denken Sie über ein eigenes Kaltakquiseteam nach. Kalkulieren Sie es mal durch.
- Reicht das Geld dafür nicht, koppeln Sie das neue Team aus dem alten aus.

Denn in jedem alten, eingefahrenen, lahm gewordenen Team gibt es noch einige »scharfe Hunde«, die gerne und gut kalt akquirieren. Übertragen Sie diesen die komplette Kaltakquise zusätzlich zum eigentlichen Geschäft, entlasten Sie sie anderweitig und entlohnen Sie sie auf jeden Fall besser als die lahmen Mitarbeiter. Meist reicht ein gemeinsam verhandelter Bonus dafür. Übrigens: Selbst wenn das Team aus nur einem einzigen Mitarbeiter bestehen sollte, ist das besser, als überhaupt keine neuen Kunden zu akquirieren!

Kennzahlen für Kenner

Wer ohne Kennzahlen führt und sich über mangelnden Umsatz beklagt, ist wie einer, der keine Laufschuhe im Schrank hat, aber mit Joggen abnehmen will. Da passt was nicht.

Praktikertipp: »Eine Vertriebssteuerung ohne Vertriebskennzahlen ist weder denk- noch machbar«, sagt der Verkaufsleiter eines IT-Zulieferers. Legen Sie sich einen Kennzahlenkatalog zu!

Wenn Sie damit angeben wollen, nennen Sie es Balanced Scorecard – das ist es nämlich im weitesten Sinne. In diesem Buch finden Sie jede Menge Anregungen für Vertriebskennzahlen. Sie können quasi jedem aufgeführten Umsatzpotenzial seine eigene Kennzahl geben. Doch egal, welche Erfolgs- und Umsatzgrößen Sie bekennziffern, die folgenden Basiskennzahlen gehören in jede Vertriebssteuerung, wie das Getriebe in jedes Auto gehört:

- Angebotserfolgsquote = Verhältnis der erhaltenen Aufträge zu den geschriebenen Angeboten, in Prozent. Sie kann laufend, sollte jedoch mindestens monatlich ermittelt werden. Schlummernde Umsatzpotenziale: Steigern Sie die Quote, indem Sie herausfinden, warum welche Angebote ankamen und warum welche nicht. Steigern Sie den Umsatz, indem Sie die absolute Anzahl der Angebote pro Zeiteinheit erhöhen!
- Auftragsbearbeitungszeit = Laufdauer eines Auftrags von der Auftragserteilung bis zur Anlieferung beim Kunden. Schlummernde Umsatzpotenziale: Je kürzer die Zeit, desto besser – denn lange Bearbeitungszeiten vergraulen Kunden. Benchmarken Sie: Wie lange braucht die Konkurrenz, der Marktführer? Welche durchschnittliche Zeit erwartet der Kunde?
- Auftragseingangsquote = eingehende Umsatzsumme aus Aufträgen in prozentualem Verhältnis zum Umsatzziel. Umsatzpotenzial: Eine der motivierendsten Kennzahlen der kompletten BWL überhaupt. Denn mit jedem Prozentpunkt kommt man dem Umsatz einen bedeutenden Schritt näher! Das heißt, der Umsatz steigt allein dadurch, dass Sie die Zahl einführen, führen und fordern, vorleben, briefen und kontrollieren!
- Beschwerdebearbeitungszeit in Kalendertagen (auch Wochenende mitrechnen, denn der Kunde rechnet das auch mit!). Potenzial: Je kürzer, desto besser für Kundenzufriedenheit und -bindung!

- Besuchs- oder Kontakteffizienz = Anzahl der Aufträge pro zehn Besuche oder Kontakte. Potenzial: Steigern Sie den Umsatz, indem Sie den Nenner steigern. Steigern Sie die Quote, indem Sie herausfinden, warum welche Kunden unterschreiben und warum welche nicht.
- Kundenzufriedenheit = Index aus mehreren, nach ihrer Wichtigkeit (für die Kunden!) gewichteten Kriterien wie Qualität, Zuverlässigkeit, Service, Preis-Leistungs-Verhältnis ... eben allem, was Ihren Kunden wichtig ist. Wichtiger als der absolute Wert zu jedem Zeitpunkt ist seine Entwicklung über die Zeit: Wächst er, fällt er, bleibt er gleich? Warum? Wenn Sie die Gründe herausfinden, steigt automatisch der Umsatz. Und richtig: Sie brauchen dafür eine Struktur der Kundenbefragung (stöhnen Sie nicht, just do it. Macher stöhnen nicht, sie machen).
- Kontaktzeitquote = jene Zeit, die der Verkauf effektiv im Kontakt zu Kunden steht im Verhältnis zur Gesamtarbeitszeit des Verkaufs. Eine Schockquote! In vielen Banken liegt die Quote zum Beispiel unter 30 Prozent! Kein Wunder, dass es Banken so schlecht geht.

Ihr Controlling legt Ihnen monatlich ganz andere Zahlen vor? Finden Sie diese etwa einleuchtender? Wann machen Sie den Schlafmützen vom Controlling Dampf unterm breit gesessenen Hintern? Controlling ist nicht Vertriebscontrolling – und selbst Vertriebscontroller erwischen oft genug die falschen Zahlen (weil es oft Quereinsteiger sind).

Killereinwände beseitigen

Wenn Sie hin und wieder Ihren Mitarbeitern und Managern beim Kundengespräch zuhörten, würden Ihnen die Ohren glühen. Ein Grund dafür ist die unglaublich hohe Abbruchquote. Ein typisches Gesprächsbeispiel:

- »Hallo Herr Meier, hier ist Müller von der Firma ... Ihre letzte Bestellung liegt schon ein Jahr zurück. Ist Ihr Lagerbestand nicht inzwischen aufgebraucht?«
- »Doch, aber wir haben mittlerweile einen anderen Lieferanten, mit dem wir sehr zufrieden sind.«
- »Oh, das wusste ich nicht. Na, dann entschuldigen Sie die Störung.«

Geht Ihnen dabei der Hut hoch? Gut, dann sind Sie auf dem besten Weg, ein umsatzstarker Mensch zu werden (oder zu bleiben). Der Clou an dieser Unglaublichkeit ist nämlich: Schwache Manager und Mitarbeiter finden das überhaupt nicht unglaublich: »Wieso? Wenn der Kunde einen anderen Lieferanten hat, kann man doch nichts machen!« Irrtum. Wenn für Weicheier »nichts mehr zu machen« ist, legen echte Kerle und Mädels erst richtig los. Das fällt umso leichter, da jedem, der jemals im Leben irgendetwas mit Umsatz zu tun gehabt hat, diese so genannten Killereinwände bekannt sind, bei denen umsatzschwache Mitarbeiter aufgeben:

- »Wir haben dafür schon einen Lieferanten!«
- »Wir sind mit unserem Lieferanten sehr zufrieden!«
- »Ich kenne Ihre Firma überhaupt nicht.«
- »Die Konkurrenz ist günstiger.«
- »Das kommt für uns nicht in Frage.«
- »Damit haben wir schlechte Erfahrungen gesammelt.«
- »Ihr Produkt schneidet im letzten Test ganz schlecht ab.«

Nach solchen Killereinwänden sagt der schwache Mitarbeiter im Kundenkontakt »Tschüss«. Warum? Weil er

a. zwar diese Einwände täglich hört;
b. sich jedoch unter grober Fahrlässigkeit immer noch keine passende Einwandsbehandlung dafür zurechtgelegt hat;
c. einen Vorgesetzten hat, der seinen Job verpennt, weil er ihm diese grobe Fahrlässigkeit durchgehen lässt.

Wenn ein Mitarbeiter einen PC für 3000 Euro mitgehen lässt, wird er verklagt. Wenn er jedoch täglich 3000 Euro vergeudet, weil er Killereinwände nicht behandeln kann, kriegt er dafür sogar noch Gehalt! Eliminieren Sie Killereinwände!

In der folgenden Tabelle wird dargestellt, mit welchen Einwänden Sie auf scheinbare Killerargumente reagieren sollen.

»Wir haben dafür schon einen Lieferanten!«	»Wie sind Sie mit ihm zufrieden? Wie sind Sie vor allem mit ... zufrieden?« (Man kennt ja die Schwächen des Mitbewerbs.)
»Wir sind mit unserem Lieferanten sehr zufrieden!«	»Auch mit seiner ...?« (Schwäche einsetzen und eigene Stärke ins Gespräch bringen.)
»Ich kenne Ihre Firma überhaupt nicht.«	»Dann wissen Sie sicher noch nicht, dass wir im letzten Test von ... die Bestnote bekamen!«
»Die Konkurrenz ist günstiger.«	»Wie schön. Was zahlen Sie denn für ... ? Das ist in der Tat ein guter Preis. Wir können das jedoch besser. Darf ich Ihnen mein Angebot schicken?«
»Das kommt für uns nicht in Frage.«	»Warum nicht?« (Dann übliche Einwandsbehandlung.)
»Damit haben wir schlechte Erfahrungen gesammelt.«	»Welche?« (Dann übliche Einwandsbehandlung.)

Es gibt für jeden Killereinwand die passende Einwandsbehandlung. Ihre und Ihrer Verkäufer Aufgabe ist es, sie zu finden, zu testen und ständig zu verbessern. Sie können diese Einwandsbehandlung auch durch *Standards of Performance* unterstützen. In einigen Organisationen ist es nur dann erlaubt, ein Kundengespräch als nicht erfolgversprechend abzubrechen, wenn der Kunde zwölfmal hintereinander Nein gesagt hat. Das heißt: Zuvor braucht der Mitarbeiter zwölf Einwandsbehandlungen. Mit solchen Maßnahmen können Sie die Quote der erfolgreichen Kundenkontakte steigern.

Konsequenzen androhen

Praktikertipp: »Ich frage mich«, meint der Vertriebsvorstand eines Konzerns, »wie ein Manager ernsthaft erwarten kann, dass seine Ziele erreicht werden, wenn er keine Konsequenzen setzt.« Sie erreichen Ihre Umsatzziele nur dann, wenn Sie (Ihren Mitarbeitern) Konsequenzen für deren Nichterreichung setzen!

Die meisten Unternehmen und Manager geben ihre Ziele so vor: »Im nächsten Jahr erwarten wir ein Umsatzwachstum von 8,5 Prozent.« Das ist ein Widerspruch in sich, den leider nur die umsatzstarken Manager bemerken: Wenn ein Ziel keine Konsequenzen hat, wird es mit 90-prozentiger Wahrscheinlichkeit verfehlt. Hat es Konsequenzen, wird es mit 90-prozentiger Wahrscheinlichkeit erreicht.

Natürlich sind nur wenige Manager wirklich so inkompetent, dass sie an eine konsequente Zielsetzung noch nicht gedacht hätten. Die meisten kriegen die Konsequenz jedoch nicht auf die Reihe: »Wir brauchen mehr Umsatz, sonst sind wir nur noch Platz 4 im Markt!« Diese Konsequenz ist keine, weil sie den einfachen Mitarbeiter überhaupt nicht interessiert. Er kriegt sein Geld auch, wenn Ihr Unternehmen Platz 19 einnimmt. Konsequenzen müssen wehtun, sonst sind sie keine. Sie müssen nicht Ihnen wehtun (Ihnen tut Platz 4 vielleicht weh). Sie müssen denjenigen schmerzen, der Ihre Umsatzziele erreichen soll. Im Verkauf nennt man das übrigens Pain Development: No pain, no gain. Ein Kunde kauft nicht, wenn ein Nichtkauf nicht wehtäte. Also entwickelt ein guter Verkäufer erst mal ausreichend Schmerz.

Was schmerzt Manager, Mitarbeiter und Verkäufer? Das sollten Sie nicht fragen müssen. Eine gute Führungskraft weiß das, weil sie ihre Pappenheimer kennt. Managern tut zum Beispiel weh: umsatzzielgebundene Budgetkürzungen, Verlust von Vergünstigungen, öffentliche Blamage ... Mitarbeitern tut der Verlust von Privilegien oder übertariflichen Zahlungen weh und die Ankündigung von konkreten Personalkürzungen im Falle einer Zielverfehlung.

- Wenn Sie Umsatzziele vorgeben, erwähnen Sie im gleichen Atemzug die Konsequenzen bei Nichterreichung.
- Die Konsequenzen müssen spezifisch schmerzhaft sein, das heißt jenen wehtun, welche Ihre Ziele umsetzen.

- Werden die Ziele deutlich verfehlt, setzen Sie die Konsequenzen.
- Tun Sie das nicht, lernt jeder daraus: Der Chef hat nur geblufft.
- Werden die Ziele weniger deutlich verfehlt, lassen Sie Gnade vor Recht ergehen und schwächen die Konsequenzen ab – die Mitarbeiter werden Ihnen dankbar sein und sich beim nächsten Mal noch mehr anstrengen.
- Vergessen Sie die Illusion, dass Manager und Mitarbeiter Konsequenzen als brutal empfinden. Zwar klagt jeder darüber, doch Menschen erwarten Führung.

Die Folgen fehlender Konsequenz sind viel gravierender als die Folgen konsequenter Ziele. Mitarbeiterbefragungen zeigen immer wieder: Die am meisten gehassten und erfolglosesten Chefs sind nicht die konsequenten Chefs, sondern die inkonsequenten, bei denen man nicht weiß, woran man ist.

Konsignationslager einrichten

Normalerweise steht das Auslieferungslager beim liefernden Unternehmen. Das Konsignationslager jedoch ist ein Lager mit Ihren Produkten, das tatsächlich beim Kunden steht. Die Ware geht erst dann in den Besitz des Kunden über, sobald er sie entnimmt. Sie haben ja Recht: Wenn der Kunde heute Ware entnimmt, schützt Sie niemand davor, dass er die Entnahme bis nächste Woche »vergisst« und erst dann seinen Umsatz meldet. Niemand, außer dem zuständigen Verkäufer, der verdammt noch mal zuständig dafür ist, seinen Kunden auf die Finger zu schauen. Mit einem Routineanruf ist das meist getan, weil kein Kunde so frech lügt. Solchen Kunden würden Sie erst gar kein Konsignationslager anvertrauen.

Damit haben wir zwei Umsatzpotenziale mit einem Streich aufgedeckt: Wenn Sie bereits Konsignationsläger unterhalten, dann machen Sie Ihren Verkäufern Druck, die Entnahmen gefälligst zeitnah zu erfassen. Wenn Sie noch kein solches Lager haben, prüfen Sie, welche Kunden dafür in Frage kämen. Denn es liegt auf der Hand, dass ein Konsignationslager die Kundentreue und damit die Umsatzsicherheit dramatisch erhöht. Ich wechsle keinen Lieferanten, von dem ich ein ganzes Lager Teile vorrätig habe.

Kontaktzeiten erhöhen

In den letzten Jahren gerieten viele bislang als solide geltende Banken an den Rand des Ruins. Unter den wenigen Ausnahmen ist auch die Citibank. Ihre Kundenberater verbringen ungefähr 50 Prozent ihrer täglichen Arbeitszeit im Kontakt mit dem Kunden. Sie halten das für eher gering? Was würden Sie sagen, wenn Sie wüssten, dass im Branchenschnitt die Quote eher bei 20 Prozent liegt?

Das muss man sich mal vorstellen! Da bezahlt eine Bank einen Kundenberater, der von seinen acht Arbeitsstunden gerade mal eineinhalb tatsächlich das tut, wofür er bezahlt wird, nämlich Kunden beraten – und der dafür auch noch Gehalt bekommt!

- Machen Sie Stichproben mit der Stoppuhr: Wie viele Stunden sind Ihre Mitarbeiter im Kundenkontakt tatsächlich täglich im Kontakt mit Kunden?
- Regen Sie sich nicht auf. Freuen Sie sich lieber, dass Sie diesen Missstand endlich entdeckt haben!
- Listen Sie alle Motivations-, Organisations- und Verwaltungshemmnisse auf, die den Mitarbeiter davon abhalten, länger mit seinen Kunden zu reden.
- Schaffen Sie diese Hindernisse eines nach dem anderen aus der Welt!
- Benchmarken und modellieren Sie jene Verkäufer, die bereits jetzt eine vorbildlich hohe Quote haben.
- Steigern Sie binnen sechs Monaten die tägliche Kontaktquote auf über 60 Prozent.

Kontrollbesuche und -anrufe pflegen

Hat bei Ihnen schon mal ein Lieferant angerufen und Sie gefragt, wann Sie zum letzten Mal von Ihrem zuständigen Verkäufer besucht wurden? Nein? Da sehen Sie mal, wie viele Unternehmen dieses Umsatzpotenzial brachliegen lassen. Es gibt Millionen Verkäufer, doch nur einige Tausend Kontrollbesuche oder -anrufe. Diese zahlen sich jedoch immer aus.

Verkäufer sind nicht perfekt. Kein Mitarbeiter ist perfekt. Doch im Gegensatz zum Verkäufer wird jeder andere Mitarbeiter direkt von seinem Vorgesetzten kontrolliert. Verkäufer werden kaum kontrolliert. Dabei ist Vertrauen gut, Kontrolle jedoch besser. Unternehmen, die regelmäßige Kontrollbesuche oder -anrufe durchführen, haben einen signifikant höheren Umsatz als kontrolllose Unternehmen.

- Führen Sie regelmäßig Kontrollbesuche oder zumindest Kontrollanrufe bei Ihren Kunden durch.
- Benutzen Sie dabei das Stichprobenverfahren; wählen Sie die Stichproben jedoch nicht zufällig, sondern willkürlich (schwarze Schafe zum Beispiel überproportional kontrollieren).
- Fragen Sie die üblichen Standards of Performance ab: Wann war der letzte Verkäuferkontakt? Wie zufrieden ist der Kunde mit der Betreuung (Note!)? Was sollte der Verkäufer nicht mehr machen? Was könnte er noch tun, damit die Betreuung besser wird?
- Loben Sie den Verkäufer für alles, was er nach Ihrer und der Ansicht des Kunden gut macht.
- Werfen Sie dem Verkäufer seine Mängel nicht vor, das löst eine Widerstandsreaktion aus. Wer sich angegriffen fühlt, lernt wenig daraus.
- Helfen Sie dem Verkäufer vielmehr dabei, seine offenbarten Mängel abzustellen.
- Kontrollieren Sie das Abstellen der Mängel.
- Loben Sie den Mitarbeiter, wenn er einen konkreten Mangel endlich abgestellt hat – und gehen Sie zum nächsten Mangel weiter!

Wissen Sie, warum viele umsatzschwache Unternehmen dieses Umsatzpotenzial brachliegen lassen? »Weil wir unseren Verkäufern kein Misstrauen zeigen wollen.« Wie schön, dass es noch Firmen gibt, in denen Mitarbeiter das eigene Unternehmen nach Lust und Laune behumpsen können. Wer nicht kontrolliert, provoziert zum Betrug. Umsatzstarke Manager fassen Kontrolle nicht als Misstrauen auf, sondern als Unterstützung für die Mitarbeiter, noch besser zu werden. Umsatz ist eben auch Einstellungssache.

Kontrollüberzeugung vs. Opferhaltung

Achten Sie mal darauf, wie Manager und Unternehmer ihre Umsatzlage erklären. Die häufigste Erklärung ist: »Die Konjunktur!« Gefolgt von:

»Die Konkurrenz!« und »Die Kaufzurückhaltung der Kunden!« Der Psychologe nennt das Opferhaltung. Sie ist kulturell bedingt. So glauben zwei Drittel aller Deutschen, dass die Konjunktur den Umsatz bestimmt, dass sie also hilflose Opfer der allmächtigen Wirtschaftslage sind. Dagegen glauben zwei Drittel aller US-Bürger, dass persönliches Engagement über Umsatz und persönliches Einkommen entscheidet.

Von umsatzschwachen Managern und Mitarbeitern glauben ungefähr 80 Prozent, dass man »gegen die Konjunktur und die Politik eh' nichts machen kann« und Konjunkturdellen einfach aussitzen muss. Sie halten sich für Opfer. Dagegen glauben nahezu 100 Prozent der umsatzstarken Manager, dass Umsatz einzig und allein von der Akquisekompetenz abhängt. Sie erleben sich nicht als Beifahrer des Lebens, sondern als Fahrer. Oder wie viele sagen: »In guten Zeiten geht es allen gut, in schlechten nur den Guten.«

Wie viel Umsatz einer macht, hängt weitgehend von seiner Kontrollüberzeugung ab. Wie stark glauben Sie daran, dass Sie Kontrolle über Ihren Umsatz haben? Sie glauben schon recht stark daran, denn Sie lesen immerhin ein Umsatzbuch. Umsatzschwache Menschen lesen selten Umsatzbücher (obwohl sie es am nötigsten hätten), weil sie ja nicht daran glauben, dass persönlicher Einsatz viel bringt, denn sie halten sich für Opfer des Lebens.

- Ihre Kontrollüberzeugung ist stark, das wissen wir jetzt. Wie stark ist sie, gemessen auf einer Skala von 1 bis 10?
- Ist sie Ihnen stark genug? Welchen Stärkegrad streben Sie an?
- Wie können Sie diesen Grad erreichen?
- Wenn Sie eine stärkere Kontrollüberzeugung hätten, welche Umsatzmaßnahmen würden Sie dann noch anpacken?
- Wie steht es um die Kontrollüberzeugung Ihrer Mitarbeiter und Manager? Auf einer Skala von 1 bis 10?
- Welcher Wert wäre wünschenswert?
- Wie können Sie sie auf diesen Wunschwert bringen?
- Übrigens, wenn Sie das Wort »Kontrolle« nicht mögen, ersetzen Sie es durch »Einfluss«. Denn egal wie besch... die Marktlage, der Standort und die Konjunktur auch sein mögen, Einfluss haben Sie immer! Machen Sie ihn geltend! Oder wie es im bayrischen Marketing-Handbuch heißt: A bissel was geht immer – und meist mehr, als man glaubt!

Kopfquoten sind die beste Umsatzmotivation

Neulich im Reisebüro um die Ecke klagte der Agenturleiter, dass die Reiselust der Bürger doch sehr nachgelassen habe. Natürlich handelte es sich um eine externe Rationalisierung (»Der Markt ist schuld!«), oder wie die Oma schon sagte: »Immer sind die andern schuld!« Die Frage, ob denn alle seine Expedientinnen (so heißen Kundenberaterinnen im Reisebüro) gleich viel Umsatz machten, konnte der Mann nicht beantworten! Natürlich hatte er eine grobe Ahnung, doch nach einer kurzen Berechnung des letzten Jahresumsatzes pro Kopf fiel der Arme fast vom Stuhl: Seine beste Expedientin machte viermal so viel Umsatz wie seine schlechteste! Und das, obwohl die Reiselust der Kunden doch wohl für beide identisch nachgelassen hatte!

Natürlich sind Kopfquoten ein ideales Mittel zur Vertriebssteuerung – ohne diese Pro-Kopf-Zahlen kann man überhaupt keinen Vertrieb professionell führen. Doch sie sind ein noch viel besseres Mittel der Motivation. Was meinen Sie, wie sich die schlechteste Mitarbeiterin ins Zeug legte, als sie erfuhr, wie weit sie hinter den anderen herhinkte! Genau das ist der Grund, warum umsatzschwache Vorgesetzte nicht mit Kopfzahlen führen: Sie befürchten, dass die schlechten Mitarbeiter das als Ansporn auffassen könnten – und so nahe möchten sie ihnen nicht treten. Das ist Firmensabotage. Denn ein Vorgesetzter, der seinen Mitarbeitern nicht nahe treten will – wofür soll der gut sein? Der Agenturleiter sagte natürlich nicht: »Monika, wussten Sie, wie schlecht Sie sind?« Er sagte: »Monika, schauen Sie die Zahlen an. Sie sind nicht glücklich darüber? Das ist gut. Dann werden wir gemeinsam dafür sorgen, dass Sie besser werden.« Die Mitarbeiterin bedankte sich sogar für die Unterstützung! Denn sie ist nicht blöd. Dass sie nicht gut ist, hat sie längst schon bemerkt – es hat ihr nur noch keiner dabei geholfen, besser zu werden. Das nennt man übrigens Führungsversagen. Führungsversagen ist der häufigste Grund von Umsatzversagen.

Führen Sie mit einer Kopfquotenliste, die alle umsatzrelevanten Wertschöpfungsstufen im Verkauf erfasst. Veröffentlichen Sie die Ergebnisse monatlich (quartalsweise motiviert zu wenig, da zu selten!), coachen und trainieren Sie das letzte Tabellendrittel, damit es besser wird (oder lassen Sie coachen). Mindestens folgende Zahlen sollten Sie führen:

- Kundenkontakte pro Kopf und Zeiteinheit,
- Neukundenkontakte,
- durchschnittliche Zeit vom Erstkontakt bis zum Auftrag,
- durchschnittliche Kontaktzahl vom Erstkontakt bis zum Auftrag,
- durchschnittliche Dauer eines Kundengesprächs,
- Deckungsbeitrag pro Verkäufer,
- Rabattquote,
- Abschlussquote (Abschlüsse pro Kontakte),
- Umsatz sowie
- Umsatzsteigerung seit dem letzten Monat.

Kulturwandel tut Not!

Viele Unternehmen, Führungskräfte und Mitarbeiter im Kundenkontakt tun sich unheimlich schwer mit den Umsatzpotenzialen, die Sie in diesem Buch finden. Wie das, wo doch die Potenziale allesamt so simpel sind? Es liegt nicht am Verständnis, sondern an der Umsetzung. Die Umsetzung wird behindert. Durch welchen Schurken? Durch die eigene Firmenkultur. In den meisten Firmen ist die Firmenkultur eben fertigungs- oder angebotszentriert. Alle anderen Probleme sind wichtiger als der Umsatz. Man betreibt Nabelschau statt Marktbearbeitung. Es wird in allen Meetings über alles Mögliche geredet – bevor zum Schluss über den Umsatz diskutiert wird. Führungskräfte reden über Modelle, Materialprobleme und Budgets – aber nicht über Umsatz, Absatz, Vertrieb, Verkauf, Kundenzufriedenheit, Vertriebssteuerung oder Kopfzahlen.

Wenn Sie wirklich und ehrlich mehr Umsatz machen wollen und in einem fertigungszentrierten Unternehmen arbeiten, kommen Sie um den fälligen Kulturwandel nicht herum. Das heißt:

- Die Kultur ändert sich immer viel langsamer, zäher und träger als eine falsche Gewohnheit.
- Ein Kulturwandel bedeutet mehr Aufwand, als schnell mal ein paar Umsatzpotenziale anzuzapfen.
- Sie benötigen dafür kulturelle Change-Kompetenz (oder Sie engagieren extern welche).

- Der wichtigste Einzelfaktor für den fälligen Kulturwandel ist eine geschlossene Vorbildfunktion aller Führungskräfte der Ebenen 0 und 1.
- Das heißt: Wenn alle Top-Führungskräfte immer an erster Stelle über Umsatzpotenziale reden und sich darum kümmern, kriegt jeder Mitarbeiter nach zwei, drei Monaten mit, welcher neue Wind in der Firma weht.

Kundenkontakt ist Führungspflicht

Über viele Führungskräfte kursieren peinliche Urteile: »Die kennen Kunden nur vom Hörensagen.« Oder: »Der hat noch nie einen Kunden gesehen!« Laut einer in zehn Ländern durchgeführten Studie der Unternehmensberatung Kienbaum betrachtet zum Beispiel nur die Hälfte aller deutschen Vorgesetzten Kundenkontakt als Kernaufgabe – im Ausland sind es zwei Drittel. Das erklärt, warum so viele Manager an Markt und Kunden vorbeiregieren und sich dann über unbefriedigende Umsätze beklagen.

- Sprechen Sie mindestens einmal im Monat mit einem echten, lebenden Kunden.
- Akzeptieren Sie, dass dieser ganz andere Dinge nachfragt, als Sie ihm anbieten.
- Versuchen Sie, den Kundenwünschen Schritt für Schritt näher zu kommen.

Lieblingsthemen machen Umsatzlieblinge

Diese Akquise-Anekdote hat Eingang in die Literatur gefunden: Eine reiche Unternehmerwitwe und ihre zwei Millionen Euro Vermögen werden von einer Bank heftigst umworben. Vom Bankchef bis zum rangniedersten Berater blitzen einer nach dem anderen ab. Schließlich lässt man auch den Azubi ran. Der kommt nach drei Wochen mit dem unterschriebenen Auftrag zur Vermögensverwaltung. Als die erbosten Chefs wissen wollen, wie er das geschafft hat, sagt er: »Die alte Dame hat sich bei mir darüber beschwert, dass Sie sie mit DAX, NEMAX, Hedging, Immo-Fonds und Portfolien gequält haben. Sie hat keine Ahnung von Geldangelegenheiten. Alles, wovon sie etwas versteht, sind ihre Geranien. Deshalb habe ich alles gelesen, was ich über Geranien in die Finger bekam, und jede Woche zwei Stunden mit ihr beim Tee über Geranien geredet.« Dann unterschrieb die alte Dame. Mit der überzeugenden Begründung: »Diesem jungen Mann vertraue ich. Der redet wie ein normaler Mensch mit mir.«

Übrigens: Der Azubi wurde von seiner Bank nicht übernommen. Denn er hatte seine Chefs blamiert. Noch heute lacht die ganze Region über die Bankmanager. Nicht weil sie sich von einem Azubi haben düpieren lassen, sondern weil ihnen ihr jämmerliches Prestige offensichtlich wichtiger ist als zwei Millionen Umsatz. Auch das ist typisches Zeichen umsatzschwacher Menschen: Sie finden immer etwas, das ihnen wichtiger ist als der Umsatz.

- Besser als das Produkt und Ihre Argumente verkaufen die (zwei, drei) Lieblingsthemen des Kunden.
- Bei diesen Themen müssen Sie mitreden können, wenn Sie überdurchschnittlichen Umsatz möchten.
- Lesen Sie sich ein, hören Sie dem Kunden gut zu, wenn er schwadroniert. Machen Sie sich Notizen.
- Reden Sie nur über das, was Sie verstanden haben – der Kunde merkt recht schnell, wenn Sie nicht vorhandenes Fachwissen mit großen Sprüchen übertünchen.
- Versorgen Sie den Kunden mit hübschen Dingen zu seinen Lieblingsthemen: Bücher, die er noch nicht hat, Internet-Fundstellen, Clipouts, Exponate, Sammlerstücke, Eintrittskarten und so weiter.

Wissen Sie, was umsatzschwache Menschen machen, wenn der Kunde mal wieder anhebt, ellenlang über sein Lieblingsthema zu erzählen? Sie drücken auf die Tube, schauen auf die Uhr, weil »uns das jetzt nicht weiterbringt!« O sancta simplicita!

Lieferanten als Umsatzlieferanten entdecken

Ihre Lieferanten nehmen Ihr Geld – aber haben Sie schon mal daran gedacht, dass sie Ihnen auch Geld bringen können? Dass die meisten Verkäufer nie im Leben auf diese Idee kommen, zeugt wieder einmal von den erstarrten Denkgewohnheiten im Außendienst. Prüfen Sie am besten jetzt gleich – fürs Erste reicht eine überschlägige, aber nichtsdestotrotz zuverlässige Schätzung:

- Wie viele Lieferanten haben Sie überhaupt?
- Wie viele davon könnten Ihre Produkte gebrauchen (objektiver Bedarf, nicht subjektiv geäußertes Bedürfnis!)?
- Wie viele von diesen Bedarfsträgern beziehen zur Zeit tatsächlich Ihre Produkte?
- Weisen Sie sofort den Verkauf an, alle Lieferanten zu akquirieren, die zwar Bedarf haben, aber noch keine Kunden sind!
- Welche Produkte beziehen die belieferten Lieferanten?
- Für welche Produkte besteht darüber hinaus ein objektiver Bedarf?
- Weisen Sie den Verkauf an, den Lieferanten auch jene Produkte anzubieten, die sie brauchen, aber noch nicht nachgefragt haben (= horizontaler Verkauf).

Selbst wenn Sie nur einen einzigen Lieferanten als neuen Kunden gewinnen können, hat sich der Aufwand dafür schon mehr als gelohnt. Es ist geradezu ein Umsatzverbrechen, Lieferanten nicht zu akquirieren. Denn: Lieferanten lassen sich (falls sie Bedarfsträger sind) sehr viel leichter und schneller akquirieren als andere Kunden, weil eben schon eine Geschäftsbeziehung besteht.

Praktikertipp: Der Geschäftsführer eines Bürobedarfherstellers sagt: »Normalerweise kaufen unsere Lieferanten gerne von uns – wenn man sie nur endlich darauf anspricht! Lieferanten, die sich mit fadenscheinigen Gründen sträuben, lege ich schon mal die Daumenschrauben an: ›Wenn ihr euch ohne guten Grund weigert, von uns zu kaufen, dann werden wir uns demnächst nach einem neuen Lieferanten umsehen.‹ Entweder der Lieferant kauft danach, oder wir können einen größeren Preisnachlass seiner Lieferungen durchsetzen.« Weisen Sie Ihre Verkäufer an, aktiv an die eigenen Lieferanten zu verkaufen!

Warum kommen die meisten Verkäufer nicht auf die Idee, Lieferanten zu beliefern? Weil sie keine Ahnung haben, ob der Lieferant die eigenen Produkte überhaupt gebrauchen kann. Warum nicht? Weil sie nicht wissen, was der Lieferant alles macht. Deshalb: Weisen Sie Ihre Verkäufer an, gefälligst herauszufinden, was der Lieferant alles so macht und ob er Ihre Produkte oder Dienstleistungen gebrauchen kann.

Lieferbereitschaft erhöhen

Standen Sie schon mal vor einem Regal im Laden, und der gesuchte Artikel war vergriffen? Das passiert Kunden überraschend oft. Macht man Verkäufer oder Vorgesetzte darauf aufmerksam, sagen diese oft: »Das ist nicht so schlimm, der Kunde kommt schon wieder!« Ist das nun dumm oder nur naiv, fahrlässig oder inkompetent? Acht von zehn Kunden kommen natürlich nicht wieder, sondern gehen sofort zur Konkurrenz und holen den Artikel dort. Die Hälfte dieser Kunden bleibt bei der Konkurrenz kleben. Wegen eines einzigen vergriffenen Artikels verliert man schon Kunden? Wundert Sie das etwa? Genau das ist doch zentrale Eigenschaft der Hyperkonkurrenz auf gesättigten Märkten!

- Unternehmen Sie alles, damit niemals ein Regalplatz leer oder eine Bestellnummer vergriffen ist.
- Wenn das nur durch ein professionelles Warenwirtschaftssystem zu schaffen ist, dann legen Sie sich ein solches zu! Gute Systeme müssen nicht teuer sein.
- Erstellen Sie ein Notfallprotokoll für Lieferbereitschaft null: Wie können Sie den Kunden so vertrösten, dass er seine Bestellung verschiebt, anstatt sie zum Mitbewerb zu tragen?
- Eine bewährte Methode dafür ist die Kombination aus Entschuldigung, Eilversprechen und Terminzusage: »Wir entschuldigen uns dafür, dass Ihr gewünschter Artikel im Moment vergriffen ist. Wir werden Ihre Bestellung mit Vorzug behandeln und sichern Ihnen Belieferung bis zum … zu.«
- Drücken Sie die Nullquote so weit wie möglich tatsächlich gegen null: Zu jedem möglichen Zeitpunkt darf die Quote der vergriffenen Artikel nicht über drei Prozent liegen! Jedes Prozent ist Umsatzsabotage!

Lösungsorientierung leben

Unter dem Stichwort »Dranbleiben« haben wir gesehen, dass umsatzschwache Unternehmen, Manager und Mitarbeiter viele umsatzträchtige Kampagnen, Projekte und Initiativen anleiern – aber bei keiner wirklich bis zum erfolgreichen Ende am Ball bleibt. Wer dagegen dranbleibt, wird mit Umsatz belohnt. Sie haben da Ihre Zweifel? Dann denken Sie prächtig mit.

Sie denken wahrscheinlich an einen Bekannten, der arbeitslos (geworden) ist, munter dranbleibt – aber selbst nach der hundertsten Bewerbung noch keinen Job hat. Sie denken an Manager, die seit Jahr und Tag dranbleiben, inzwischen Hunderttausende Mailings verschickt, Telefonate getätigt, Präsentationen gehalten und Kundengespräche geführt haben – und trotzdem ihre Markt- und Umsatzziele immer noch nicht erreichen. Trotz allen Dranbleibens!

Praktikertipp: »Dranbleiben ist die notwendige, aber nicht ausreichende Erfolgsbedingung«, verriet uns neulich ein Systemanalytiker. »Die ausreichende Erfolgsbedingung ist Lösungsorientierung.« Wenn es beim Umsatz an irgendeiner Stelle nicht mehr so recht weitergeht – suchen und finden Sie eine Lösung für die Blockade!

An der Lösungsorientierung hapert es bei den meisten Menschen. Denn die Lösungsorientierung ist wie Prozentrechnen: Sie wird einem nicht in die Wiege gelegt. Man (und frau) muss sie erst lernen.

Nehmen wir den auch nach der hundertsten Bewerbung immer noch erfolglos sich bewerbenden Akademiker. Warum kriegt er keinen Job? Weil er auf hundert Bewerbungen kein einziges Vorstellungsgespräch bekam. Warum nicht? Weil seine Bewerbungen offensichtlich zu schlecht (geschrieben) sind – das ist die zwingende Logik (dass er fachlich geeignet ist, setzen wir mal voraus). Dieses Problem hat er entweder noch nicht erkannt oder noch nicht gelöst.

Nehmen wir das Unternehmen, das seit Jahr und Tag mailt und Präsentationstermine vereinbart wie die Weltmeister. Die Hit Rate der Mailings ist gut: 10 Prozent aller Angemailten wünschen eine Präsentation. Danach geht es bergab: Nur eine von 57 Präsentationen hat bislang einen Auftrag gebracht. Also stinken doch ganz offensichtlich die Präsentationen! Warum sieht das keiner? Warum analysiert und verbessert einer nicht endlich die verdammten Präsentationen? Weil ständig Ausreden bemüht werden:

- »Die Kunden kapieren das einfach nicht!«
- »Was müssen wir denn noch tun, damit die anbeißen?«
- »Was können wir denn noch tun, außer präsentieren?«

Erfolgreich präsentieren! Doch darauf kommt keiner. Ruft man beim besagten Unternehmen hin und wieder an, heißt es immer wieder: »Nein, unsere Präsentationen haben wir noch nicht verbessert.« Keiner analysiert, warum die Präsentationen nicht zünden, keiner lässt sich Lösungsmöglichkeiten einfallen. Jede Woche werden mindestens drei Kundenpräsentationen gehalten – doch Aufträge werden damit nicht akquiriert! Es ist zum Verrücktwerden! Warum lösen diese Leute nicht endlich ihr Problem? Weil die Lösungsorientierung fehlt. Und so wird das Unternehmen auch in hundert Jahren noch erfolglose Präsentationen halten – wenn es zuvor nicht Pleite ging.

In umsatzstarken Verkaufsorganisationen läuft das ganz anders ab. Da läuft ständig der interne und externe Audit (Marketing-Sprache für Manöverkritik) ab: »Wie lief Aktion X? Aha? Warum läuft das nicht besser? Was läuft dabei gut? Was läuft nicht so gut? Was können wir verbessern? Wie? Wer macht das bis wann und womit? Wann auditieren wir wieder?« Wenn Sie's gern japanisch mögen: Das ist nichts anderes als Kaizen, der ständige Verbesserungsprozess in kleinen Schritten. Deshalb ist er in Westeuropa gescheitert: Japaner werden schon im Kindergarten auf Lösungsorientierung getrimmt. In europäischen Kindergärten bringt man unseren Kindern höchstens das Mitjammern bei.

- Sie machen nicht den Umsatz, den Sie sich erhoffen? Woran liegt es denn?
- Gehen Sie Produkt für Produkt, Zielgruppe für Zielgruppe und Vertriebsweg für Vertriebsweg die Prozesse durch, ermitteln Sie die Hit Rates pro Prozessphase und fragen Sie sich: Wo liegt das Problem? Wie können wir es lösen?
- Und dann lösen Sie es auch!

Warum werden viele Unternehmen lieber insolvent, als ihre Probleme zu lösen? Weil es bequemer ist. Man hat jeden Tag auch so genug zu tun.

»Was meinen Sie, wie aufwändig es ist, jede Woche drei Präsentationen zu organisieren!«, klagte besagter Kunde. Stimmt, wenn man so viel zu tun hat, kann man sich unmöglich auch noch darum kümmern, dass die Präsentationen im Grunde nichts bringen und nur die Zeit bis zur Insolvenz totschlagen. So gesehen ist Umsatzstärke eine Frage der Bequemlichkeit. Umsatzstarke Unternehmen machen es sich unbequem, indem sie ihre Probleme schonungslos aufdecken und sie lösen. Das ist zwar unbequem, dafür bringt es jedoch Umsatz.

Luxuskunden identifizieren

Neulich erzählte ein Kfz-Meister: »Eine neue Bremsscheibe kostet um die 150 Euro. Doch bei dem SLK, der zur Inspektion kam, kostet der komplette Satz 2 000 Euro. Also rief ich den Kunden an. Der sagte mir: ›Wieso belästigen Sie mich wegen so was? Wenn ich Ihnen mein Auto zur Inspektion gebe, dann erwarte ich, dass das tiptop wieder zurückkommt. Also tun Sie gefälligst, was nötig ist. Oder habe ich schon jemals eine Rechnung beanstandet, die Sie mir schickten?‹« Der Kfz-Meister tippte sich an die Stirn: »Der spinnt doch, sein Geld so rauszuschmeißen.« Sein Chef tippte ihm an die Stirn: »Tickst du noch richtig? Der verdient zehnmal mehr als du. Der möchte im Gegensatz zu dir sein Geld auch ausgeben! Also leg dich sofort unters Auto und wechsle alles aus, worauf auch nur der Hauch von Flugrost liegt! Das ist ein Luxuskunde! Der fährt keinen popeligen Polo, bei dem er um den Preis fürs Motorenöl feilschen muss! Der will eine Luxuskarosse!«

Der Kfz-Meister tat, wie ihm geheißen – und verdoppelte glatt die Kundendienst-Rechnung. Der Kunde beklagte sich nicht, sondern lobte den Service: »Wie ich sehe, habt ihr sogar neue Zündkabel eingezogen. Die alten sahen wirklich schon ziemlich alt aus. Das nenne ich einen kompletten Boxenstopp!« Der Kfz-Meister glaubt immer noch, dass der Kunde spinnt, wenn er für einen Kundendienst das Doppelte bezahlt, »was eigentlich nötig wäre«. Doch sein Chef hat sofort folgendes Programm für alle Mitarbeiter beschlossen, das Sie hier mit seiner ausdrücklichen Empfehlung abkupfern dürfen:

- Schauen Sie sich Ihre Kundendatei ganz genau an: Geben Sie jedem Namen ein großes, fettes, umsatzschwangeres »L«, hinter dem Sie einen Luxuskunden vermuten, bei dem Geld keine Rolle spielt, der nicht im herkömmlichen Sinne einkaufen, sondern sein Geld ausgeben möchte.
- Bieten Sie diesem Kunden bei jeder Gelegenheit jeden Luxus an, den er sich in seinen wildesten Träumen aumalt – und hauen Sie das auf die Rechnung!
- Wenn Sie sich unsicher sind, offerieren Sie dem Kunden die Luxus-Zusatzleistungen zuerst. Machen Sie ihm den Mund wässrig – da er ein Luxuskunde ist, steht er darauf und wird ordern, was für ihn Luxus darstellt.
- Bieten Sie Ihren Luxuskunden mindestens einmal im Monat per persönlichem Mailing oder E-Mailing eine Auswahl an Luxusgütern oder -Dienstleistungen an.

Wenn ein Kunde auf Luxus steht, dann sollten Sie ihm diesen auch bieten. Wer sind Ihre Luxuskunden? Kennen Sie sie? Was haben Sie diese Woche für sie getan? Die meisten Manager und Mitarbeiter stellen sich diese Fragen nie, weil sie wegen der anhaltenden Sparwelle glauben, dass alle Kunden sparen müssen – was rein statistisch barer Unfug ist. Das Volksvermögen ist in den letzten Jahren nicht geschrumpft, sondern gewachsen. Je mehr viele Menschen sparen, desto mehr Geld haben wenige andere Menschen. Und die möchten das Geld ausgeben! Helfen Sie ihnen dabei. Viele Mitarbeiter und Manager sagen sich auch: »Warum soll der Kunde 20 Euro ausgeben, wenn er es auch für 10 kriegt?« Woher sollen Sie das wissen? Es gibt eben Menschen, die gerne 2,50 Euro ausgeben, auch wenn sie denselben Nussaufstrich bei Aldi für 99 Cent bekämen. Wollen Sie diesen Menschen etwa den Kauf von Nutella untersagen?

Macherqualitäten entwickeln

Umsatz hat nichts mit Intelligenz zu tun. Umsatzstarke Unternehmer sind nicht intelligenter als umsatzschwache. Tatsächlich wissen so gut wie alle Manager und Verkäufer, was für eine Umsatzbelebung im eigenen Aufgabenfeld nötig wäre. Wir sprechen auch ständig mit unseren Kunden darüber. Doch wenn wir nach einigen Wochen die Unternehmen wieder besuchen, ist der Unterschied deutlich. Der kleine Unterschied, der den großen Unterschied macht: In umsatzschwachen Unternehmen wird viel über Umsatzpotenziale geredet – in umsatzstarken Unternehmen werden sie angezapft.

In umsatzschwachen Häusern hören wir immer wieder: »Wir wollten doch ...« – »Wir sollten endlich mal ...« – »Wir hätten wohl ...« – »Da war doch was ...« Umsatzschwache Unternehmen, Manager und Verkäufer haben viele gute Ideen – manche Ideen sind sogar besser als in den umsatzstarken Firmen. Doch sie haben auch eine Umsetzungslücke oder ein Knowing-Doing-Gap, wie die Amerikaner sagen. Sie wollen viel, doch sie tun wenig. Merke: Die meisten Umsatzkiller sind hausgemacht!

- Wie viele Umsatzpotenziale identifizieren Sie zur Zeit in Ihrem Unternehmen, Ihrem Führungsfeld oder Ihrem Aufgabenbereich?
- Haben Sie eine Liste davon?
- Nach Prioritäten geordnet?
- Wie viele der Potenziale werden derzeit aktiv bearbeitet?
- Welchen Stand haben die jeweiligen Projekte?

Umsatzstarke Manager können diese Fragen aus dem Stand und in Zahlen beantworten. Sie haben Macherqualitäten. Sie sind umsetzungsstark. Wenn sie eine gute Idee haben, setzen sie diese umgehend um.

> Nicht umsonst hat Umsatz denselben Wortstamm wie Umsetzen. Wer Umsatzideen umsetzt, macht Umsatz.

Umsatzstarke Macher haben ständig circa fünf Eisen im Feuer, die sie aktiv bearbeiten. Wie viele haben Sie?

Mängelorientierung pflegen

»Können Sie mir verraten, wie ich möglichst schon morgen deutlich mehr Umsatz machen kann?« Diese Frage stellen Unternehmer und Manager immer wieder. Selbst Verkäufer fragen das. Viele fügen noch hinzu: »Mit welchem Produkt, welcher Kampagne, welchem Trick oder welchem Zusatznutzen könnte ich den Umsatz hochreißen?« Die meisten geben sogar den Grund für ihre Frage an: »Wissen Sie, mit unseren Produkten kann man keinen Blumentopf gewinnen, die sind eigentlich nicht marktfähig, da müssen wir eben mit jeder Menge Tricks arbeiten!«

Übersetzen wir diese typische Äußerung doch mal ins Deutsche: »Erstens hat unser Produkt Mängel – aber diese möchten wir nicht beseitigen. Zweitens hat unser Verkauf Mängel. Er ist offensichtlich außerstande, ein positives Verhältnis zu unseren Produkten zu entwickeln. Denn ein perfektes Produkt gibt es nicht. Ein perfektes Produkt könnte jeder verkaufen – wozu bräuchte man da Verkäufer?«

Dieses Symptombild findet sich in allen umsatzschwachen Unternehmen: Es gibt eklatante Mängel in der Akquise, die jedoch nicht beseitigt werden. Stattdessen schielt man auf Tricks und Wunderwaffen, die den Umsatz herausreißen sollen. Das erinnert uns an einen guten Bekannten, der sich darüber beklagte, dass er zu viel Gewicht auf die Waage bringe. Als wir meinten, dann müsse er eben Radeln, Schwimmen, Joggen oder zumindest die Kohlenhydrate etwas reduzieren, meinte er lakonisch: »Ich will weder Joggen noch Fasten – ich will weniger wiegen!« Das ist nicht logisch? Stimmt, das ist psychologisch.

Umsatz hat mehr mit Psychologie zu tun, als der Laie annimmt. Umsatzschwache Manager drücken sich vor ihren Mängeln. Sie sehen sie nicht, weil sie sie nicht sehen wollen. Wenn sie gezwungen werden, sie wahrzunehmen, schauen sie weg oder erklären sie weg: »Dafür können wir nichts. Da kann man nichts machen. Das muss auch so gehen.«

> Umsatzstarke Manager sind wie gute Ingenieure: Sie sehen einen Mangel – sie stellen ihn ab.

Sie warten nicht passiv darauf, bis ihnen ein Mangel ins Auge fällt. Sie suchen wie die Spürhunde aktiv nach Mängeln in der akquisitorischen Wertschöpfungskette und räumen sie aus.

- Welche Mängel be- oder verhindern Umsatz innerhalb Ihrer Wertschöpfungskette?
- Wie können Sie neuen Mängeln auf die Schliche kommen?

- Wie können Sie sie beseitigen?

Keine Angst, dafür brauchen Sie weder Zusatzstudium noch einen externen Vertriebsberater. Sie brauchen nur offene Augen und etwas Unternehmergeist dafür. Das haben Sie bereits – sonst hätten Sie dieses Buch nie zur Hand genommen.

Marktchancen konsequent nutzen

Ein Ingenieur kommt ganz begeistert von einem Kundenbesuch und sagt zum Entwicklungsleiter: »Beim Kunden im Hof liegen jede Menge verunreinigte Hartmetallreste, die er als Sondermüll teuer entsorgen muss. Wir könnten das doch viel billiger reinigen, das tun wir sowieso schon für unsere eigene Fertigung, und wir könnten daraus sogar einige Vorprodukte herstellen!«

Ein Verkäufer sagt zu seinem Kollegen: »Die meisten meiner Kunden haben keine Ahnung von Supply Management. Wenn ich denen eine Beratung anbieten würde, wären die mir echt dankbar.« Riechen Sie den Braten? Beide Beispiele zeigen Umsatzpotenziale in Form von Marktchancen. Diese heißen so, weil sie fast immer unverhofft und aus einer gänzlich unvermuteten Ecke kommen. Was sagen umsatzschwache Manager darauf meist?

- »Das ist doch nicht unser Geschäft!«
- »Wie soll denn das funktionieren?«
- »Gehen Sie mir weg mit Ihren verrückten Ideen!«
- »Überlassen Sie das Denken dem Management!«

Praktikertipp: Die Vertriebscontrollerin eines Messgerätebauers weiß: »Mit Marktchancen ist es wie mit Fußballtoren: Unsere umsatzschwachen Stürmer brauchen zehn Vorlagen, um ein Tor zu machen. Bei unseren Spitzenverkäufern und -managern reichen zwei Chancen für ein Tor.« Nutzen Sie systematisch jede Marktchance, die sich Ihnen bietet!

Schwache Verkäufer und Manager *verwerfen* die meisten Marktchancen von vornherein mit den obigen Sprüchen, starke Manager und Verkäufer *prüfen* Marktchancen und nutzen dann jene, die erfolgversprechend sind.

- Legen Sie eine Liste mit dem Titel »Marktchancen« an.
- Sammeln Sie darin alles, was nach Marktchance riecht.
- Verwerfen Sie keine Idee von vornherein, auch wenn sie noch so verrückt erscheint. Nicht verwerfen, sondern erst mal auflisten!
- Sammeln Sie eigene Ideen und die Ihrer Mitarbeiter, Verkäufer, Kollegen, Kunden, Lieferanten, aus Internet, Zeitschriften und so fort.
- Legen Sie die Liste am PC oder Notebook an und reihen Sie die Chancen nach Rangfolge: Die erfolgversprechendsten und realistischsten Chancen zuoberst.
- Prüfen Sie die besten Chancen auf Feasibility (Machbarkeit).
- Realisieren Sie die machbaren Chancen nach und nach.

Marktorientierung zur obersten Priorität erheben

Umsatzstarke Manager und Unternehmen sind marktorientiert. Sind wir das nicht alle? Eben nicht. Natürlich behaupten alle Manager: »Wir sind marktorientiert!« Wenn wir dann mal Mäuschen spielen und bei Meetings zuhören dürfen, worüber wird dann geredet? Über die leidigen Kosten, über Fertigungsprobleme, Ärger mit bestimmten Lieferanten, Projektverzögerungen, Unternehmenspolitik und alles Mögliche.

Praktikertipp: Ein Projektleiter eines Anlagenbauers klagt: »Ständig redet der Vorstand über Marktorientierung. Doch irgendwie sind immer alle anderen Themen viel wichtiger. Ich würde mir wünschen, dass wenigstens ein Mal die Woche der Markt und seine Erfordernisse in einem Meeting an erster Stelle stünden!« Jede Ihrer operativen und strategischen Überlegungen und Entscheidungen sollte ab sofort vom Markt ausgehen!

Erfolgreiche Unternehmen sind zwar auch kostenorientiert, innovations- und prozessorientiert, doch die oberste Priorität hat die Marktorientierung. In Besprechungen zum Beispiel fragt der Moderator ständig – und diese Fragen helfen auch Ihnen, Ihre Meetings und Ihre Mitarbeiter täglich aufs Neue auf Marktorientierung einzuschwören:

- Gut, aber was hat das mit dem Umsatz zu tun?

- Bitte lassen Sie uns wieder darüber sprechen, welche konkrete Erwartung der Markt in diesem Punkt an uns hat!
- Was erwarten die Kunden dabei von uns?
- Was bringt das unserer Marktposition?
- Zahlt sich das in Umsatz aus oder ist das nur brotlose Kunst?
- Stärkt diese Kostensenkungsmaßnahme unsere Marktposition oder schwächt sie sie eher?
- Was wiegt dabei schwerer? Der Gewinn aus der Kostensenkung oder der Verlust aus der Schwächung unserer Marktposition?

Natürlich ist Kosten- und Prozessorientierung wichtig, doch wichtiger ist Marktorientierung. Warum? Weil der Markt Ihr Gehalt zahlt, nicht der Prozess oder die Kostenstellen! Daher: Setzen Sie bei allem, was Sie tun und denken, planen und realisieren, die Marktorientierung in den Vordergrund. Nur sie bringt Umsatz.

Kosten und Prozesse sind notwendige Bedingungen für Erfolg, doch die hinreichende Bedingung für Erfolg ist Umsatz. Sie können noch so viele Kosten sparen, das nützt Ihnen alles nichts, wenn der Umsatz nicht fließt.

Meinungsführer und Mittler anzapfen

Bei der Überprüfung der Kundenportfolios von Unternehmen stellt sich immer wieder heraus, dass eine Zielgruppe entweder völlig übersehen oder geradezu fahrlässig vernachlässigt wird. Es handelt sich dabei um die Zielgruppe der Meinungsführer und Mittler, der Verbände, Vereinigungen, Innungen und anderen Mitgliederorganisationen.

Praktikertipp: »Wenn ich einem Maurer eine Kelle verkaufe, habe ich eine Kelle verkauft«, sagt der Spitzenverkäufer eines Baumittelhändlers. »Wenn ich dieselbe Kelle seiner lokalen Berufsverbandsniederlassung verkaufe, habe ich fünfzig Kellen verkauft.« Nehmen Sie möglichst viele Meinungsmacher und Mittler in Ihre A-Kunden-Kategorie auf!

So einfach ist es, guten Umsatz zu machen – wenn man weiß, wie's geht. Warum wissen es dann so wenige? Weil es tatsächlich etliche langjährige

Verkäufer gibt, denen der Gedanke an Meinungsführer und Mittler noch nie gekommen ist. Man stelle sich das vor! Daneben gibt es eine noch viel größere Zahl von Verkäufern, die tatsächlich schon mal einen Verband oder zwei angingen und dabei feststellten: »Das bringt doch nichts. Verbände sind viel zu schwerfällig, und außerdem sprechen sie selten klare Empfehlungen aus.«

Stimmt das? Nein. Wer den Umsatzriecher hat, riecht hier sofort den Braten: Das stimmt nicht, das ist einfach nur die Ausrede eines inkompetenten Verkäufers (je träger ein Verkäufer, desto überzeugender klingen seine Ausreden). Natürlich sind Verbände schwerfällig und empfehlungsschwach – das heißt aber nicht, dass ein guter Verkäufer oder Verhandler das akzeptieren müsste! Das heißt lediglich, dass gute Verkäufer oder Verhandler Verbände und andere Vereinigungen anders behandeln und führen müssen, ihnen Beine machen und ihnen eben eine deutliche Empfehlung ihrer Produkte gegenüber ihren Verbandsmitgliedern »verkaufen« müssen. Manchmal ist ein guter Verkäufer Monate an einem Verband dran, bis dieser ihn endlich auf einer Verbandsveranstaltung eine Demonstration seiner Produkte halten lässt. Doch wenn dank dieser Demonstration auch nur sechs neue Interessenten gewonnen werden können, hat sich die Akquise schon gelohnt.

- Sind wirklich alle Verbände und Vereinigungen Ihrer Kundenzielgruppen auf Ihrer und Ihrer Verkäufer Akquiseliste?
- Wissen Ihre Verkäufer, wie man Verbände akquiriert? Haben sie den nötigen langen Atem dafür?
- Sind Verbände und Vereinigungen als A-Interessenten kategorisiert?
- Wie oft kontrollieren Sie die Akquise von Verbänden? Reicht das?

Menschenkenntnis ist Schlüsselkompetenz

Oft meinen Manager oder Verkäufer: »Mein Sales Pitch funktioniert nicht mehr! Letzte Woche habe ich mit meiner Argumentation noch einen Riesenauftrag geholt, und gestern sagte bei der exakt identischen Argumentation ein anderer Kunde: ›Gehen Sie doch weg mit dem kalten Kaffee!‹ Wie kann das sein, wo sich doch nichts an der Argumentation geändert hat?!« Es hat sich nichts geändert – außer dem Kunden. Bislang verkaufte der Verkäufer nämlich sehr fundiert, mit einer Menge Zahlen, Daten, Fakten. Der letzte Kunde jedoch war kein Kopfmensch (die springen auf *Zahlen, Daten, Fakten* an wie ein Ferrari), sondern ein Bauchmensch. Ihn interessieren Zahlen weniger, er hält *Zahlen, Daten, Fakten* eben für »kalten Kaffee«. Er hätte lieber packende Geschichten aus der Anwendung des Produktes gehört.

Praktikertipp: »Je besser Ihre Argumentation auf den Typ des Kunden passt, desto eher verkaufen Sie«, meint der Spitzenverkäufer eines Autohauses. Passen Sie Ihre Akquise an den Typ des Kunden an!

Wie erkennen Sie den Typ des Kunden und passen Ihre Argumentation entsprechend an? Mit einer validen Typen-Diagnostik. Die weltweit am weitesten verbreitete ist der MBTI, der *Myers-Briggs-Type-Indicator*. Der typenzentrierte Verkauf ist ein Umsatzpotenzial für Fortgeschrittene. Deshalb: Googlen Sie, lesen Sie ein gutes Buch zum MBTI und besuchen Sie mal ein gutes, anwendungsbezogenes MBTI-Training. Wenn Sie bereits mit einer anderen Typologie wie dem Struktogramm, dem HDI oder DISG arbeiten, brauchen Sie Ihr Instrument nicht zu wechseln. Dann haben Sie sicher schon die umsatzförderliche Wirkung des typenzentrierten Verkaufs kennen und schätzen gelernt.

Menschliche Qualität verkauft besser!

In der Brauereibranche tobt eigentlich schon seit Erfindung des Hopfens ein gnadenloser Preiskampf. Jahrzehntelang hieß es: »Wer das Fass am billigsten verkauft, macht das Geschäft!« Aus diesem Grund stach vor einigen Jahren ein Bierverkäufer ins Auge, nennen wir in Max Müller, der nicht nur die teuerste Biersorte verkaufte, sondern dies auch ohne einen Cent Preisnachlass tat und obendrein alle Mitbewerber jahrzehntelang hinter sich ließ, die zwar Rabatte anboten, dass sich die Balken bogen, doch bei den Hoteliers und Gastronomen nicht landen konnten, an die Max verkaufte.

Als die verzweifelten Mitbewerber fragten, warum die Kunden denn zum Kuckuck noch eins nicht das billigste Bier nähmen, wo doch die

Qualitätsunterschiede bei den Großbrauereien sowieso kaum merklich seien, antworteten die Kunden stets: »Der Max ist mir die paar Euro Aufpreis aufs Gebinde wert!«

Haben Sie's bemerkt? Dann haben Sie einen guten Riecher für Umsatzpotenziale. Die Kunden sagten nämlich nicht: »Das Bier ist mir den Aufpreis wert.« Sie sagten: »Der Max ist es mir wert.« Das bestätigte sich auch drastisch, als Max in Pension ging: Binnen drei Jahren verlor die Brauerei fast alle (nicht per Pachtvertrag gebundenen) Kunden von Max – obwohl ihr Bier noch genauso süffig schmeckte und obwohl sie am Ende Rabatte zum Steinerweichen gab. Warum? Weil der Max den Umsatz machte, nicht das Bier. Wie machte der Max das?

Praktikertipp: Max sagte damals einem Zeitungsreporter: »Die Leute kaufen nicht das Bier, die kaufen eigentlich mich.« Denken Sie immer daran: Menschliche Qualität verkauft besser als jede Produktqualität!

Das wissen umsatzschwache Verkäufer und Manager auch. Wissen Sie, wie diese die menschliche Qualität rüberbringen? »Sie hauen dem Gastwirt auf die Schulter, fragen: ›Na, wie läuft der Laden?‹, und trinken einen Schnaps mit ihm«, sagt eine Verkaufstrainerin. »Das verstehen Dilettanten unter menschlicher Qualität.« Das ist es nicht. Es ist Anbiederei, Heuchelei, oberflächliches typisches Verkäufergetue. Unehrlich, unecht, erfolglos. Max dagegen macht es anders:

- Er nahm bei jedem Gespräch den Faden vom letzten Kontakt auf: »Geht's der Frau inzwischen wieder besser? Hat die Tochter die Klasse doch noch geschafft? Wie geht's der Oma heute?« Umsatzschwache Verkäufer sagen dazu: »Was geht mich die Oma des Kunden an? An die kann ich mich doch nicht auch noch erinnern!« Merke: Der Markt ist gerecht. Unmenschlichkeit und schlechtes Gedächtnis werden mit Umsatzeinbuße bestraft.
- Er hörte sich die Wehwehchen und Sorgen seiner Kunden an. Er konnte noch zuhören. Was machen umsatzschwache Verkäufer? Sie »trösten« und texten zu, weil sie das Zuhören verlernt haben: »Kopf hoch, das geht auch vorüber!« Das glaubt doch keiner! Max dagegen holte die Leute dort ab, wo sie standen: »Ja, harte Zeiten, ich weiß, was Sie durchmachen, ich muss auch jeden Cent umdrehen.«

- Er gab sich als einer von ihnen, fuhr nie mehr als einen Golf. Die Mitbewerber fuhren dagegen schon mal im Fünfer vor – während die Gastro-Branche seit Jahren darbt!
- Er konnte mitreden. Wenn ein Kunde darüber klagte, dass sein Warenwirtschaftssystem mal wieder abgestürzt war, wusste Max, wovon die Rede war. Seine umsatzschwachen Kollegen dagegen sagten: »Ich bin Brauereivertreter und kein Kaufmann!«

Max war nur einer von einigen hundert Spitzenverkäufern der Branche. Als eine Studie identifizierte, was diese Verkäufer zu Spitzenverkäufern machte, rief die ganze Branche: »Wir brauchen lauter solche Verkäufer wie Max!« Was passierte danach? Das Übliche: nichts. Machen Sie nicht denselben Fehler. Wenn Sie mit menschlicher Qualität Spitzenumsätze machen wollen, dann trainieren Sie sich und Ihre Mitarbeiter darin. Menschliche Qualität ist wie alle menschlichen Tugenden und Fähigkeiten trainierbar. Tun Sie's. Stellen Sie einen Musterkatalog an Anforderungen auf, die ein Ihrer Meinung nach menschlicher Verkäufer erfüllen muss, suchen Sie sich einen guten Trainer dafür, lassen Sie trainieren, fordern, fördern, und überprüfen Sie danach die menschliche Qualität im Verkauf.

Modellieren Sie Ihre Spitzenverkäufer!

Auch Sie haben Mitarbeiter, Manager oder Verkäufer, die ein ganz besonderes akquisitorisches Talent besitzen. Betrachten wir das Beispiel eines Reinigungsgeräte-Herstellers, dessen Reinigungsmittel-Sparte jahrzehntelang darbte, weil die Verkäufer natürlich lieber die provisionsschweren Geräte statt der provisionsschwachen Reinigungs-Chemikalien verkauften. Bis eines Tages ein neuer Verkäufer kam, der bis zum Hundertfachen des Chemieumsatzes seiner Kollegen einbrachte. Wie? Indem er die Chemie nicht gebindeweise im 10- oder 50-Liter-Eimer verkaufte, sondern Großkunden akquirierte, die zum Beispiel für ihre Fuhrparkreinigung jährlich Zehntausende Liter benötigten. Warum taten das nicht auch die anderen Verkäufer? Weil sie sich daran die Zähne ausgebissen hatten. Sie konnten Geräte super verkaufen, Chemikalien jedoch nicht.

Also kam der Firmenchef auf die glorreiche Idee, dass der Chemie-Superverkäufer den anderen seine Tricks verraten sollte. Das hätte er gerne getan, nur: »Wenn ich zwei Tage im Monat die Kollegen schule, entgehen mir zwei Umsatztage. Diese möchte ich ersetzt haben. Ich habe Frau und Kinder und ein Haus abzubezahlen. Auf zwei Provisionstage kann ich nicht verzichten.« Der Firmenchef tobte vor Wut: »Der Mann arbeitet bei uns, also hat er auch gefälligst zu tun, was ich ihm sage!« Merke: Manchmal ist der oberste Chef der oberste Umsatzkiller. Das Unternehmen wurde übrigens inzwischen verkauft. Umsatzmord zahlt sich nicht wirklich aus.

- Verkäufer sind sehr kompetitiv, schauen also automatisch beim anderen ab. Machen Sie aus dieser informellen Ideen- und Skills-Tauschbörse eine offizielle Veranstaltung. Das nennt man dann Modelling: Lernen von den Besten aus den eigenen Reihen.
- Der Rahmen für das Modelling kann die wöchentliche Verkäuferbesprechung sein oder auch eine Workshop-Reihe. Letzteres ist besser, da die modellierten Fähigkeiten meist erst trainiert werden müssen, damit die anderen Mitarbeiter sie auch tatsächlich anwenden können.
- Identifizieren Sie die herausragenden Talente jedes Verkäufers, Managers oder Mitarbeiters.
- Lassen Sie die anderen davon lernen.
- Geben Sie dem Modell auf jeden Fall eine Gegenleistung. Im Regelfall genügt die Anerkennung durch den Vorgesetzten vor allen versammelten Kollegen und die Aussicht darauf, dass jeder mal drankommt und somit jeder von jedem profitiert.
- Wenn einer damit nicht zufrieden ist und Geld sehen will, überlegen Sie sich, ob Sie ihn unbedingt für Ihr Modelling-Programm benötigen. Wenn nein, stellen Sie ihn hinten an – wenn alle an der Reihe waren, schwenkt er vielleicht ein. Wenn nicht, schließen Sie einen Kompromiss.

Motive sind Magie!

Motive sind ein Umsatzpotenzial für Fortgeschrittene. Alle Spitzenverkäufer verkaufen weder über die Produktvorteile noch über den Preis oder die Konditionen. Sie verkaufen über die Kaufmotive des Kunden. Betrachten wir ein Beispiel.

Ein Hauseigentümer möchte ein Pultdach auf seine fünf Garagen setzen lassen. Drei Dachdecker bieten. Alle drei Angebote liegen ungefähr im selben Preisbereich – logisch, denn alle drei kochen nur mit Wasser. Alle drei Dachdecker kommen vorbei, um auszumessen. Einer von ihnen führt dabei folgendes Gespräch:

- »Das verdammte Flachdach ist leck, nicht wahr?«
- »Das können Sie laut sagen!«
- »Wie ich sehe, haben Sie einen Benz in der Garage.«
- »Ja, und neulich waren Gipsspuren auf dem Wagendach, weil das Flachdach Wasser durchlässt. Jeder Regentag tut mir richtig weh.«
- »Dann brauchen Sie nicht nur ein Pultdach. Sie brauchen so schnell wie möglich ein Pultdach!«
- »Stimmt eigentlich.«
- »So wie ich die mitbietenden Kollegen kenne, läuft da vor den Handwerkerferien nichts mehr. Die sind bis oben hin zu mit Aufträgen. Gegen einen kleinen Eilzuschlag könnte ich es Ihnen noch vor den Ferien richten. Aber diese Entscheidung treffen alleine Sie – es ist schließlich Ihr Auto. Und es sind für die nächsten drei Wochen Sommergewitter angesagt.«

Der Kunde unterschrieb noch auf dem Hof den Auftrag. Und zahlte den Eilzuschlag! Warum? Weil das Produkt irrelevant war. Der Kunde wollte kein Pultdach. Auch die Produktvorteile waren irrelevant: Alle drei Pultdächer waren wasserdicht. Allein das Kaufmotiv entschied: »Mein Benz muss so schnell wie möglich ins Trockene!« Warum machten die beiden Mitbewerber keinen Stich? Weil sie sich nur für ihr Produkt und dessen Vorteile interessierten. Nicht für die Motive des Kunden.

- Finden Sie die Kaufmotive des Kunden heraus – denn diese entscheiden den Kauf (weil sie den Kunden zum Kauf motivieren – deshalb heißen Motive so).
- Wie finden Sie die Motive heraus? Durch Fragen natürlich. Das nennt man dann Motivdiagnostik. Sie ist wichtigster Teil der Bedarfsanalyse.
- Motivfragen sind zum Beispiel: Wozu brauchen Sie … (Produkt/Leistung)? Was haben Sie damit vor? Was erhoffen Sie sich davon?

- Jeder Kunde hat ein oder zwei Haupt- und drei oder vier Nebenmotive. Listen Sie diese auf.
- Stellen Sie Ihre Argumentation ganz auf diese Motive ab, indem Sie zeigen, wie gerade Ihr Produkt diese Motive perfekt befriedigt. Alles andere interessiert den Kunden nämlich nicht! Er hört sich das nur höflichkeitshalber an!
- Circa 20 Prozent aller Manager und Verkäufer können sich die motivgeleitete Argumentation do-it-yourself beibringen.
- 80 Prozent brauchen dafür Training oder Coaching.

Multikausalität einkalkulieren

Die meisten Manager denken linear. Doch Umsatz ist nicht linear, er ist systemisch. Lässt der Umsatz zu wünschen übrig, machen die meisten Verantwortlichen »eine Marktoffensive«, »eine Preisoffensive«, »mehr Service!«, »Verkäufer schulen!« Das sind alles sinnvolle Maßnahmen – doch es sind Einzelmaßnahmen, die eine Monokausalität postulieren: »Dass unser Umsatz durchhängt, liegt allein an den Verkäufern, also schulen wir sie!« Das ist zwar eine verständliche Schlussfolgerung, aber leider ein Fehlschluss.

Praktikertipp: »Umsatz hängt nie nur an einem Faktor«, weiß der Vertriebscontroller eines technischen Ausstatters, »sondern immer am komplexen Zusammenspiel mehrerer Faktoren.« Erst wenn Sie eine kritische Masse aus mehreren Umsatzfaktoren aktivieren, bewegt sich auch Ihr Umsatz!

Umsatz ist multikausal. Erst wenn Sie alle (oder die kritische Masse der) Faktoren abdecken, bewegt sich der Umsatz. Deshalb ist es oft so schwer, den Umsatz nach oben zu treiben. Deshalb sagen Manager oft: »Der Markt ist ausgereizt. Wir haben alles probiert. Da geht nichts mehr.« Unfug, da gehen keine monokausalen Lösungen mehr. Die multikausalen gehen immer. Eben weil das Leben, das Universum und die Märkte multikausal funktionieren.

Plattes Beispiel: unmotivierte Verkäufer. Der Big Boss sagt: »Denen muss man mal kräftig einheizen!« Also bucht er einen Motivationsguru, der einen Tag lang einheizt, dass die Schwarte kracht. Zwei Wochen lang verkaufen die eingeheizten Verkäufer danach wie die Champions. Nach diesem Strohfeuer ist wieder tote Hose wie ehedem. Warum? »Der Motivationstrainer hat nichts getaugt«, sagt der Big Boss. Was macht er da? Das ahnen Sie inzwischen: Er verteidigt mit Vehemenz sein monokausalistisches Denkparadigma. Er macht mehr desselben. Dabei ist sein Problem multikausal: Die Verkäufer sind demotiviert, weil sie

- sich nicht ausreichend selbst motivieren können,
- schon lange nicht mehr motiviert wurden,
- von innerbetrieblichen Organisationsmängeln demotiviert werden,
- vom führungsschwachen Vorgesetzten demotiviert werden,
- von einigen Produktmängeln frustriert sind,
- schwach in der Bedarfsanalyse sind.

Das Problem der unmotivierten Verkäufer hat also (mindestens) sechs verschiedene Ursachen – und nur eine (die zweite) deckt die Guru-Lösung ab! Als alle sechs erkannt und angegangen werden, platzt plötzlich der Knoten und die Verkäufer verkaufen den Mitbewerb glatt an die Wand. Wie erkennen Sie Multikausalitäten? Entweder mit gesundem Menschenverstand und analytischem Blick, mit systemischer oder Prozesskompetenz, mit einem externen Systemiker oder Prozessbegleiter oder per Vertriebsaufstellung.

Nachfassen, nachfassen, nachfassen!

Manchmal trauen wir unseren Augen nicht. Da werden E-Mails und Mailings verschickt, Newsletter, Angebote, Jahresprogramme, Produktblätter, Kataloge und Prospektmappen – und was passiert? Nichts! Die Verkäufer und Manager sitzen mit den Händen im Schoß im Büro und klagen: »Egal, was wir auch rausschicken, die Kunden melden sich einfach nicht!« Ja, ist denn das zu fassen! Haben Sie sich als Kunde schon jemals von sich aus irgendwo gemeldet, wenn Sie angeschrieben wurden? Das passiert einem höchstens einmal in fünf Jahren.

Praktikertipp: Der Innendienstleiter eines Metallbauunternehmens sagt: »Sitzen Sie nicht herum und warten, bis die Werbung anschlägt – fassen Sie nach!«

Telefonieren Sie Ihren Kunden hinterher oder besuchen sie und fragen Sie:

- Ist unser … (Mailing, Prospekt, Jahresprogramm) angekommen?
- Hatten Sie schon Zeit, darin zu blättern?
- Wie finden Sie ihn?

Dann reden Sie entweder direkt darüber oder vertagen sich auf später, wenn der Kunde das Werk gelesen hat. Sie müssen dem Kunden dabei gar nichts verkaufen. Reden Sie einfach über das, was ihm geschickt wurde. Wenn Sie lange genug auf seine Fragen und Bedürfnisse eingehen, unterschreibt er am Ende von alleine. Verkaufen kann manchmal so einfach sein …

Nein-Dogma einführen

Und nun ein Beispiel aus eigenem Hause. Immer mal wieder kommt es vor, dass uns ein Kunde sagt: »Nein danke, wir führen gerade ein anderes System ein, wir interessieren uns deshalb nicht für Ihr System der intelligenten Unternehmenssteuerung.« Worauf immer wieder Mitarbeiter erwidern: »Okay, danke für das Gespräch, und tschüss!« Geht Ihnen da nicht auch der Hut hoch? Wer Kunden so einfach entkommen lässt, begeht ein Umsatzverbrechen! Wir haben lange mit allen Mitteln versucht, die Nein-Kompetenz gewisser Mitarbeiter auf ein akzeptables Niveau zu bringen; viel zu oft vergebens – bis uns das Nein-Dogma als rettende Idee kam.

Praktikertipp: Verkünden Sie als unanfechtbares Dogma: »Ein Nein vom Kunden wird nicht akzeptiert! Auf jedes Nein muss zwingend mindestens eine Frage folgen!«

Unsere Kundenbetreuer fragen zum Beispiel auf obiges Nein hin: »Können Sie mit dem neuen System auch simulieren? Mit jenen Zahlen, die Sie brauchen? In Echtzeit? Kann es konsolidieren? Ohne dass Sie wochenlang auf die konsolidierten Zahlen warten müssen?« Das sind gleich fünf Fragen (zu zwei möglichen Kaufmotiven: Simulation und Konsolidierung).

Wir sprechen mit unseren Mitarbeitern mindestens einmal die Woche. Wir sprechen mit ihnen stichprobenartig einzelne Gesprächsverläufe durch.

Und wehe, eine(r) hat nach einem Kunden-Nein das Gespräch beendet. Dann hat er das Dogma verletzt und kriegt die Gardinenpredigt. Weil das inzwischen jede(r) weiß, verletzt auch keine(r) mehr das Dogma. Wenn wir gewusst hätten, dass die Lösung so einfach ist, hätten wir das Nein-Dogma schon vor zwanzig Jahren eingeführt!

Wenn Sie einen kleinen logischen Makel am Dogma entdecken, haben Sie Recht: Irgendwann ist jedes Gespräch zu Ende, auch mit Dogma. Entweder nach dem Abschluss oder wenn der Kunde partout nicht ordern kann. Dafür gibt es die 20er-Regel: Nach der zwanzigsten Frage darf sich ein Verkäufer verabschieden. Wir kennen sogar Firmen, bei denen er es erst nach Frage 50 darf.

Nein-Kompetenz steigern

»Nein« ist das Wort, das Verkäufer am häufigsten hören, in allen möglichen Varianten. Bizarr, dass die meisten immer noch nicht damit umgehen können!

Praktikertipp: Der Spitzenverkäufer eines Maschinenausstatters sagt: »Versuchen Sie nie, einem Kunden sein Nein auszureden. Das funktioniert nicht. Fragen Sie einfach nur so lange nach, bis Sie das Nein verstanden haben und der Kunde sich selbst damit ad absurdum führt!«

- »Warum brauchen Sie keine Software für Ihr Risk Management?«
- »Weil das auch von Hand geht.«
- »Sind Sie mit den Ergebnissen zufrieden?«
- »Ja, doch.«
- »Sie haben also im letzten Jahr alle Risiken korrekt eingeschätzt und eliminieren können?«
- »Naja, nicht alle.«
- »Wie viel denn, geschätzt, in Prozent?«
- »Na, so um die 60 Prozent.«
- »!«
- »Hm. Kann ein System denn mehr?«
- »Ja. Ein gutes System schafft 99 Prozent.«

Das Nein des Kunden ist überwunden und das Gespräch läuft wieder. Bis zum nächsten Nein. Dann überwindet der Verkäufer auch dieses Nein. Ein alter Verkäuferspruch sagt: »Wenn der Kunde sechs Mal Nein sagt, sagt er beim siebten Mal Ja.« Sie sollten sich nicht auf die exakten Zahlen verlassen, doch das Prinzip dahinter ist logisch: Wenn Sie jedes einzelne Nein eines Kunden bewältigen, ist die logische Konsequenz das abschließende Ja zum Auftrag. Denn irgendwann gehen dem Kunden die Neins aus.

- Steigern Sie Ihre und Ihrer Mitarbeiter Nein-Kompetenz.
- Wie? Das geht nur in Rollenspielen, sprich in Training oder wöchentlicher Verkäuferbesprechung.
- Aber bitte mit Ihren eigenen, keinen Lehrbuch-Fallbeispielen!

▶ NEU!

Haben Sie hingeguckt? Aber sicher doch. Das dicke, fette und herausgehobene Wort »Neu!« auf einer Packung, einem Produktblatt oder einem Mailing ist zwar so alt wie die Pyramiden, doch es funktioniert immer noch und immer wieder! Warum? Weil Neugierde und Lust auf Neuigkeiten unauslöschbare menschliche Grundbedürfnisse sind. Menschen sind süchtig nach Neuem (solange es nicht ihre kleine Welt bedroht).

Sie müssen nicht ständig neue Produkte und Leistungen kreieren, obwohl das natürlich auch gut ist.

Es reicht schon, wenn Sie schreiben: »Neu! Jetzt mit … !« oder »Neu! Jetzt noch mehr …« und dann einfach ein neues oder ein verbessertes Produkt-Feature anpreisen. Die Jungs in der F&E sind ja sowieso permanent dabei, die Produkte zu verbessern. Also kann man das ruhig die Kunden auch wissen lassen.

Offene Punkte klären

In jedem Unternehmen hängt ein gewisser Prozentsatz an Aufträgen in der Luft, weil es »noch einige offene Punkte mit dem Kunden zu klären gibt«, wie die zuständigen Mitarbeiter gerne versichern. Ja wann denn? Wenn Sie mal nachprüfen würden, wie lange diese lästigen offenen Punkte auf diversen Schreibtischen herumgammeln, würde Sie der Schlag treffen. Das sind alles Umsätze, die nicht passieren!

- Schauen Sie Ihren Mitarbeitern auf die Finger beziehungsweise auf den Schreibtisch. Wo liegen offene Aufträge herum?
- Setzen Sie dem Mitarbeiter eine Binnenfrist: »Binnen drei Tagen muss der Punkt geklärt sein!«
- Kriegt er oder sie es nicht auf die Reihe, setzen Sie Ihren Troubleshooter darauf an: einen Mitarbeiter (oder Sie selbst), der weiß, wie man offene Punkte klärt und Aufträge fix macht.
- Offene Punkte sind ein Umsatzverbrechen! Dulden Sie keine offenen Punkte!

Natürlich sind diese offenen Punkte offen, weil der Kunde sich auf irgendeine Weise schwierig anstellt! Doch das ist nicht Schuld des Kunden, sondern des Mitarbeiters, der über zu wenig Abschlusskompetenz verfügt, um mit schwierigen Kunden klarzukommen.

Optimisten verkaufen mehr als Pessimisten!

Der amerikanische Forscher Martin Seligman hat statistisch nachgewiesen, dass optimistische Menschen erfolgreicher sind. Zwar sind auch Fachkompetenz, Erfahrung, rhetorische und soziale Kompetenz und Intelligenz Faktoren für Erfolg im Leben und im Business. Doch im Vergleich zum Optimismus sind sie erstaunlicherweise vernachlässigbar. Im Grunde wissen wir das längst: Unfähige Verkäufer, die einfach »gut drauf« sind, verkaufen langfristig besser als fachkompetente Verkäufer, die sich von den Launen des Marktes und der Kunden frustrieren lassen. Die Unterschiede sind deutlich: Optimistische Verkäufer verkaufen drei- bis fünfmal so gut wie pessimistische Kollegen. Aus diesem Grund stellen viele US-Firmen, wie der Met Life-Konzern, nur noch Optimisten ein. Selbst wenn die Fachkompetenz zu wünschen übrig lässt. Fachkompetenz ist viel leichter aufzuholen als Optimismus.

Der Wirkmechanismus von Optimismus ist denkbar einfach. Wenn zum Beispiel ein Kunde die Tür zuhaut, denkt der pessimistische Verkäufer: »Oje, nicht mein Tag« und geht deprimiert zum nächsten Besuch, den er verhaut, weil er so frustriert ist. Der optimistische Verkäufer dagegen denkt: »Der Kunde ist wohl mit dem linken Fuß aufgestanden, beim nächsten Kunden wird alles besser«, geht mit dieser sonnigen Einstellung zum nächsten Kunden und nimmt ihn mit dieser sonnigen Ausstrahlung für sich ein. Seligman wies nach, dass Optimismus an vier Faktoren hängt, so genannten Erklärungsmustern, mit denen sich Menschen Dauer, Auswirkung, Verantwortung und Einfluss auf äußere Ereignisse erklären.

Erfolgreiche Menschen ...	**Wenig erfolgreiche Menschen ...**
Dauer:	
... betrachten Rückschläge als vorübergehend: »Bald geht's aufwärts!«	... betrachten Rückschläge als dauerhaft: »Das wird nix mehr!«
... halten Erfolge für dauerhaft: »Jetzt hab ich's raus!«	... halten Erfolge für vorübergehend: »Das dicke Ende kommt noch!«
Auswirkung:	
... bagatellisieren Rückschläge: »Halb so schlimm!«	... überdramatisieren Rückschläge: »Jetzt ist alles aus!«
... übertreiben selbst kleine Erfolge: »Das ist der Durchbruch!«	... bagatellisieren Erfolge: »So toll ist das auch wieder nicht!«
Verantwortung:	
... machen sich für Erfolge verantwortlich, auch wenn sie es nicht sind: »Ich kann halt gut mit Menschen!«	... halten sich für Misserfolge für verantwortlich, auch wenn sie es nicht sind: »Ich schaffe das nie!«
... schieben die Verantwortung für Rückschläge auf Umstände oder andere: »Kann ich doch nix für!«	... machen andere oder die Umstände für ihre Erfolge verantwortlich: »Ich hatte eben Glück.«

Einfluss:	
… überschätzen den eigenen Einfluss: »Das packe ich auch noch!«	… unterschätzen den eigenen Einfluss: »Da kann ich nichts mehr machen!«
… sehen die Chancen einer Herausforderung: »Das müsste klappen!«	… sehen die Risiken einer Aufgabe: »Das haut nicht hin!«

Der Witz an der ganzen Sache: Optimismus ist nicht angeboren, sondern erlernt und lässt sich deshalb auch von eingefleischten Pessimisten erwerben, was übrigens in vielen US-Firmen im normalen Schulungsprogramm gemacht wird. Deshalb heißt die Bewegung in Amerika auch »Learned Optimism«. Sie müssen deshalb nicht gleich ins Seminar laufen. Vielen Managern, denen wir die Tabelle zeigen, leuchten die Erklärungsmuster auf den ersten Blick ein, sodass sie sich zutrauen, sich selbst und ihre Mitarbeiter zu Optimisten zu entwickeln (Stichwort: der Chef als Coach und Personalentwickler). Nur wer damit Probleme hat, holt sich einen Trainer – oder einen Coach, wenn er oder sie es diskret machen möchte.

Das Umlernen selbst erfolgt über einen mehr oder weniger standardisierten inneren Disput, dessen Kernfrage lautet: Stimmt das wirklich? Denn das Schöne an pessimistischen Erklärungsmustern ist, dass sie bei genauerem Hinsehen selbst für eingefleischte Pessimisten ziemlich idiotisch erscheinen und sich damit selbst aushebeln. »Das versaut mir den ganzen Tag!« – bloß weil ein einziger Kunde bösartig wird? »Da kann man doch nichts machen!« – stimmt das tatsächlich? Gibt es nichts, was hier nicht helfen könnte? Wenn Sie meinen, dass dieses Vorgehen trivial ist, haben Sie Recht. Schwierig zu lernen ist das bestimmt nicht, nicht einmal für Verkäufer. Spaß beiseite: Es liegt nicht an der Schwierigkeit, sondern an der Disziplin. Selbst hoch motivierte Manager geben immer wieder defätistische Dinge von sich. Wenn sie darauf hingewiesen werden, sagen sie oft: »Mist, jetzt ist mir das schon wieder passiert! Danke für die Erinnerung!« Wer erinnert Sie?

Ordnung ist das halbe Leben

Neulich meldete sich eine der Putzfrauen beim Vertriebschef. Sie hatte beim Saubermachen in einem Büro zwischen Schreibtisch und Wand sechs Formulare gefunden und diese nicht weggeworfen, weil sie erst fragen wollte. Der Manager erlitt um ein Haar einen Herzinfarkt. Es waren sechs Kundenanfragen im Wert von insgesamt 150 000 Euro! Sechs Monate alt! Der zur Rede gestellte Mitarbeiter zuckte mit den Schultern: »Die müssen wohl runtergefallen sein!« Warum? Weil er seine Anfragen auf einem großen Zettelstoß sammelt. Sobald die Tür aufgeht, fliegen die ersten Blätter vom Tisch …

Praktikertipp: Hören Sie auf den Rat der Putzfrau: »Unordnung verdirbt das Geschäft!« Warten Sie nicht darauf, bis das Ablage-Chaos Geld vernichtet. Bekämpfen Sie es schon jetzt, wo immer es sein hässliches Haupt erhebt!

Wenn Sie es nicht selbst schaffen: Es gibt wunderbare Büro-Organisationsseminare für die Mitarbeiter und Ablageberater (vorzuziehen sind -beraterinnen) für den Chef.

Ownership bringt den Umsatz!

Überraschenderweise werden in umsatzschwachen Abteilungen und Firmen oft genauso viele Umsatzpotenziale gesehen wie in umsatzstarken Organisationseinheiten. Wenn Sie vermuten, dass in Ersteren einfach zu wenig mit diesen guten Ideen passiert, liegen Sie richtig. Woran liegt das? In umsatzschwachen Firmen lauten die Begründungen immer wieder:

- »Ich hab schon vor Monaten auf dieses Umsatzpotenzial aufmerksam gemacht – aber die da oben mauern!«
- »Mit unserem Chef ist da nichts zu machen!«
- »Ich würde schon gerne, aber unsere Verkäufer wollen nichts davon wissen!«

Gute Gründe allemal. Wenn nichts zu machen ist, ist eben nichts zu machen. Ach ja? In umsatzstarken Abteilungen und Firmen hört sich das ganz anders an:

- »Ich habe schon vor Monaten auf die Marktchance aufmerksam gemacht – und jetzt hab ich endlich den Verkaufsleiter so weit, dass er mir das Budget für eine Kampagne gibt!«
- »Natürlich würde unser Chef das nie genehmigen – da habe ich es eben auf eigene Kappe gemacht. Der Erfolg gab mir Recht.«
- »Klar sind 80 Prozent der Verkäufer gegen alles, was nicht aus ihrer Ecke kommt. Deshalb habe ich mir drei unserer Spitzenverkäufer beiseite genommen und sie für meine Idee gewonnen. Wenn die anderen sehen, dass diese drei Erfolg damit haben, springen sie auch auf.«

Erkennen Sie den Unterschied? Umsatzschwache Menschen sagen »He, im Keller brennt Licht!«, und wenn daraufhin nichts passiert, zucken sie die Schultern und machen Business as usual. Umsatzstarke Menschen dagegen fühlen sich für eine Idee, die sie haben, auch verantwortlich. Im Amerikanischen sagt man dazu: »They own the idea«, oder noch stärker, »They claim the ownership« – sie beanspruchen das Eigentumsrecht der Idee für sich. Und für das eigene Eigentum setzt man sich ein!

- Wenn Sie ein Umsatzpotenzial sehen, dann sehen Sie es als Ihr eigenes Potenzial an, das allein Ihnen gehört!
- Fragen Sie sich: Ist es mir wert, mich für dieses Potenzial reinzuhängen?
- Wenn nicht, setzen Sie das Potenzial auf Ihre Potenzialliste an eine nachrangige Stelle.
- Wenn ja, dann hängen Sie sich auch rein und setzen Sie Himmel und Hölle in Bewegung, um Ihrer Idee zum Durchbruch zu verhelfen. Der Lohn ist Ihnen sicher.

▶ Ein Umsatzpotenzial ist immer das, was Sie draus machen.

Pain Development treibt Kunden zum Abschluss

Wer schon mal Besuch von einem fahrenden Staubsaugerverkäufer bekommen hat, weiß, was Pain Development ist. Die Topverkäufer unter ihnen schauen sich Ihren Wohnzimmerteppich an und meinen dann:

- »Ein wirklich schöner Teppich, war sicher nicht ganz billig.«
- »Das können Sie laut sagen, hat mich alles in allem 1800 Euro gekostet!«
- »Wie alt ist er? Ich schätze mal so um die acht, neun Jahre.«
- »Aber hallo, der Teppich ist vier Jahre alt!«
- »Und sieht bereits so abgenutzt aus? Tut Ihnen das nicht weh? Also mir tut so was weh. Vor allem, wenn ich daran denke, dass Sie demnächst rund 2000 Euro für einen neuen ausgeben müssen.«

Was macht der Verkäufer da? Pain Development. Im Gegensatz zur landläufigen Meinung kaufen Käufer nämlich nicht, wenn sie ein Produkt brauchen und vom Preis-Leistungs-Verhältnis überzeugt sind. Das sind schöne Lehrbuch-Theorien, für die Sie einem Trainer schon mal einen Tagessatz von 3000 Euro bezahlen. Sie können das Geld auch gleich in der Pfeife rauchen, da haben Sie wesentlich mehr davon.

Wann geben Sie das Rauchen auf? Wenn der Husten morgens nach dem Aufwachen zu sehr schmerzt. Wann fangen Sie zu joggen an? Wenn Ihnen die Luft beim Treppensteigen knapp wird. Wann kauft der Kunde den Staubsauger? Wenn sein leidender Teppich ihm zu sehr weh tut. Der Mensch ist kein vernünftiges Wesen! Er hat zwar Vernunft, doch er benutzt sie nur zur Unterhaltung. Alle wesentlichen Entscheidungen trifft er aus dem Affekt, nicht aus dem Intellekt. Das hat die Hirnforschung jenseits jeden Zweifels erwiesen.

Praktikertipp: »Wenn es nicht schmerzt, verkauft es nicht!« Plakat über dem Schreibtisch eines Verkaufsleiters. Sorgen Sie dafür, dass der Status quo dem Kunden wehtut – dann kauft er automatisch!

- Führen Sie in Ihrem Verkauf offiziell Pain Development ein.
- Erwarten Sie nicht, dass Ihre Verkäufer das auf Zuruf beherrschen.
- Schulen Sie oder lassen Sie schulen.
- Pain Development ersetzt den üblichen Verkauf aus Bedarfsanalyse, Argumentation und Einwandsbehandlung nicht, sondern ergänzt ihn bei Bedarfsanalyse, Argumentation, Abschluss und After Sales.
- Supervisieren Sie in der wöchentlichen Verkäuferbesprechung das Pain Development. Sie werden feststellen, dass gerade in der Anfangszeit viele Verkäufer viel zu schmerzarm argumentieren, einige wenige zu schmerzintensiv.

Performance-Steuerung bringt mehr Umsatz

Verkäufer werden am Ergebnis gemessen. Also am Umsatz oder besser am Deckungsbeitrag, manchmal auch zusätzlich an ihrer Neukundenquote und anderen Erfolgszahlen. Welcher Gedanke steckt dahinter? Wenn ein Manager auf diese Frage hin mit leerem Blick antwortet, wissen Sie zumindest, warum in seinem Führungsbereich so viele Umsatzpotenziale offen stehen. Der Hintergedanke bei der ergebnisorientierten Entlohnung ist nämlich, dass ein Verkäufer, wenn er nach Ergebnis entlohnt wird, auch selbst dafür sorgt, dass dieses bestmöglich ausfällt. Diese Überlegung ist empirisch unhaltbar und rein logisch betrachtet blanker Unfug. Denn wer seine Leute nur ergebnisorientiert führt, entledigt sich jeder professionellen Steuerung.

Praktikertipp: Die Verkaufsleiterin eines Kosmetikgroßhändlers sagt: »Ich bin ja nicht verrückt und verlasse mich einfach darauf, dass meine Verkäuferinnen und Verkäufer so provisionsgeil sind, dass sie von alleine meine Wunschergebnisse bringen. Wenn es so einfach wäre, bräuchte man keine Führungskräfte, sondern nur Provisionssysteme. Ich führe nicht nur ergebnis-, sondern vor allem performance-orientiert.« Kontrollieren Sie nicht nur die Ergebnisse, sondern auch die Leistung Ihrer Mitarbeiter, Manager und Verkäufer!

Umsatzschwache Führungskräfte führen ergebnisorientiert, umsatzstarke performance-gesteuert. Erstere können zu minderleistenden Mitarbeitern lediglich sagen: »Ihre Ergebnisse lassen zu wünschen übrig – hängen Sie sich mehr rein!«, und dann hoffen und beten, dass der Mitarbeiter von alleine drauf kommt, wie er das ändert. Das ist Käse. Denn wenn er von alleine drauf kommen könnte, hätte er das längst getan. Ein umsatzstarker Manager dagegen sagt: »Herr Meier, Ihr Neukundenumsatz (Ergebnis) lässt zu wünschen übrig. Wie ich Ihrer Performance-Statistik entnehme, haben Sie unterdurchschnittlich viele Neukundenkontakte, also lassen Sie uns daran arbeiten. Ich schlage eine Steigerung der Kontaktzahl um 20 Prozent vor. Außerdem haben Sie eine relativ geringe Umwandlungsquote von Erstgesprächen zu Folgegesprächen – klären Sie doch mal mit unserem Verkaufscoach die Ursachen und vereinbaren Sie Abhilfen.« Wenn die Ergebnisse eines Mitarbeiters zu wünschen übrig lassen, dann liegt das sicher an seiner Leistung – also muss ich doch wohl an seiner

Leistung (Performance) ansetzen und nicht am Ergebnis! Das eine ist Ursache, das andere ist Wirkung.

Warum macht der zweite Mitarbeiter garantiert mehr Umsatz? Weil der Vorgesetzte die Ursachen seiner Ergebnisschwäche erkennt und seine Leistungsdefizite abstellen kann. Welche Kennzahlen brauchen Sie für eine performance-orientierte Vertriebssteuerung? Alle. Alle Kennzahlen, die Ihren spezifischen Verkaufsprozess umfassend, das heißt unter Einbezug sämtlicher Leistungsfaktoren erfassen. Üblich sind

- absolute Kennzahlen, die zum Beispiel die Dauer von Erstkontakten, Kundengesprächen, Akquisezeiten pro Kunde, Kundenbindungsdauer pro Verkäufer oder auch die absolute Anzahl von Erstkontakten, Gesprächen oder Nachfasskontakten messen;
- relative Kennzahlen wie zum Beispiel Hit Rates, welche die erfolgreichen Gesprächsabschlüsse in Relation zu allen Kundengesprächen oder die versandten Angebote in Relation zu den erteilten Aufträgen setzen.

Je mehr Kennzahlen Sie haben, desto schneller, leichter und eher kommen Sie Leistungsschwächen auf die Schliche und desto schneller und leichter können Sie Ihre Ergebnisse verbessern.

Persönliche Gespräche verkaufen gut

Bei einem deutschen IT-Unternehmen gibt es einen Verkaufsleiter, der ein echtes Akquise-Genie ist. Er selbst lacht nur schallend, wenn man ihn so nennt. Denn sein »Erfolgsrezept« ist, wie er selbst sagt, »so banal, dass ich es nicht fassen kann, warum meine Mitarbeiter mich nicht längst kopiert haben«.

Seine Mitarbeiter geben ihm gerne ihre schwierigsten Kunden, bei denen sie seit Wochen in der Akquise festhängen. Der Manager besucht die Kunden noch nicht mal, er ruft sie einfach an. Während er das tut, stehen um ihn herum angestrengt schweigend und lauschend seine zehn Verkäufer, zwei Sekretärinnen und drei Assistenten und können es nicht fassen, dass der Boss binnen fünf Minuten jeden Kunden »weichkocht«. Wie macht er das? Ganz einfach: Er spricht über persönliche Dinge. Vielmehr: Er spricht nicht darüber, er hört sie sich an.

Er sagt: »Schon nach einer halben Minute erzählen mir die Leute Sachen, die sie nicht mal ihrer Frau, ihrem Arzt oder dem Pfarrer erzählen würden. Ich erfahre die intimsten Dinge über sexuelle Probleme, Scheidungen, Schulprobleme der Kinder, Schwarzgeldkonten.« Wie? Indem er ganz einfach die Leute erzählen lässt.

Praktikertipp: »Wo können Sie heutzutage noch über persönliche Dinge reden?«, fragt der Verkaufsleiter. »Noch nicht einmal in der eigenen Familie. Wenn Sie dem Kunden diesen einzigartigen Service bieten, machen Sie ihn damit nicht nur zum Freund fürs Leben, sondern zum 1a-Umsatzbringer!«

Der Leidensdruck bei den meisten modernen Menschen ist ultimativ. Viele stehen kurz vor dem Platzen, es zerreißt sie schier, wie es in Bayern heißt. Sie leiden und können nirgendwo ihr Herz ausschütten – außer bei Ihnen. Denn Sie hören ihnen zu. Wissen Sie, was umsatzschwache Menschen dazu sagen? »Aber das ist ja Manipulation!« Falsch gedacht. Denn wäre es Manipulation, würde es nicht funktionieren. Glauben Sie, ein normaler Mensch ist so dumm, es nicht zu bemerken, wenn Sie ihm nur zuhören, um ein Geschäft zu machen? Diese Falschheit bemerkt ein Mensch sofort, denn mit diesem Instinkt für Unehrlichkeit wird er geboren. Deshalb gelten Gebrauchtwagenverkäufer im Volksmund für verlogen: Ihnen merkt man es eben an (es gibt auch hervorragende Kfz-Verkäufer!).

- Stellen Sie Kunden persönliche Fragen (Wie geht's Ihnen so? Was macht die Familie, die Gesundheit, der Hausbau, die Eltern ...?)
- Besser noch: Haken Sie ein, wenn der Kunde von persönlichen Problemchen spricht. Schlechte Verkäufer hören bei solchen Themen gezielt weg: »Das geht mich nichts an!« Okay, dann geht Sie auch der Umsatz des Kunden nichts an! Denn Sie können den Kunden nicht vom Umsatz trennen.
- Da Sie es mit an Sicherheit grenzender Wahrscheinlichkeit verlernt haben, ein persönliches Gespräch zu führen (weil man das heutzutage nicht mal mehr in der Familie tut), üben Sie es einfach erst ein bisschen.
- Sie können dazu mit Freunden, Bekannten und Familienmitgliedern beginnen.

- Sie können dafür aber auch ein Coaching buchen. Nach ein bis zwei Sitzungen fühlen Sie sich firm genug, um persönliche Gespräche zu führen.
- Für dieses Thema eignet sich auch das zeit- und reisewegsparende Telefoncoaching.

Warum kaufen Kunden selbst dann bei Ihnen, wenn Sie viel teurer sind oder qualitativ schlechtere Produkte haben als der Mitbewerb? Weil Kunden irrational sind, das heißt menschlich. Sie kaufen bei dem, dem sie vertrauen. Dieses Vertrauen ist ihnen auch einen satten Aufpreis wert. Das wäre es Ihnen doch auch, oder? Wenn wir Kunden dazu befragen, sagen diese oft etwas sehr Interessantes: »Natürlich ist die XY-Firma teurer als alle anderen. Doch Vertrauen ist unbezahlbar. Wenn ich bedenke, wie viel mir das Vertrauen wert ist, dann bekomme ich es sogar noch recht günstig für diesen kleinen Preisaufschlag!«

Praktikertipp: »Gewinnen Sie das Vertrauen des Kunden, gewinnen Sie den Auftrag«, sagt der Verkaufsleiter. Vertrauen gewinnen Sie am schnellsten über persönliche Themen!

Physiognomische Diagnostik bringt Umsatz

Was machen umsatzschwache Menschen, wenn sie verkaufen wollen? Sie texten ihre Kunden zu. Manchmal machen wir einen Verkäufertest: Während der Verkäufer sein Angebot unterbreitet, schauen wir zum Fenster raus und stoppen die Zeit, die er braucht, bis er merkt, dass wir nicht mehr dabei sind. Manche merken es schon nach einer Stunde …

Praktikertipp: Schauen Sie Ihrem Kunden ins Gesicht!

Ob ein Kunde Umsatz bringt oder nicht, können Sie nämlich aus seinem Gesicht ablesen. Die Worte eines Menschen können lügen, nicht aber seine Körpersprache, nicht sein Gesicht! Deshalb sagt man zu kleinen Kindern, wenn sie etwas angestellt haben: »Warst du es? Schau mir ins Gesicht!« Die Mimik lügt nicht, weil sie unwillkürlich ist. Am Gesicht Ihres Kunden können Sie Einwände und Bedenken, Fragen, Zustimmung und seine Abschlussreife ablesen, noch bevor dieser den Mund aufmacht. Sie können ihm wirklich und wahrhaftig seine Wünsche von den Augen ablesen,

- wenn Sie ihm nur endlich ins Gesicht schauen,
- wenn Sie seine Mimik interpretieren (das kann jeder Mensch, das ist angeboren – man muss es lediglich tun!),
- wenn Sie auf seine Mimik eingehen.

Zum Beispiel so:

- »Ich sehe gerade, Sie zögern – was ist unklar?«
- »Das überzeugt Sie noch nicht, oder?«
- »Sie haben ja Recht, da muss ich noch nachlegen!«
- »Nicht wahr? Das finden Sie auch erstaunlich.«

Warum bringt das Umsatz? Weil nur Kunden kaufen, die sich verstanden fühlen. Wenn Sie ihre Mimik ignorieren, fühlen sie sich jedoch unverstanden. Was sagen umsatzschwache Menschen dazu? »Wenn der Kunde Bedenken hat, dann muss er das halt sagen!« Der Kunde muss gar nichts. Der Kunde muss höchstens solche Verkäufer mit Umsatzentzug bestrafen. Der Kunde spricht nie das aus, was er denkt. Das sehen Sie nur in seinem Gesicht (und an der Körperhaltung, der Stimmführung, der Gestik, seinen Bewegungen – eben seiner Körpersprache).

Übrigens: Diese Art der Undercover-Diagnostik funktioniert auch am Telefon. Denn Stimmführung, Sprechpausen und Formulierungen verraten Ihnen mehr über den Kunden als seine Worte. Wie er etwas sagt, sagt Ihnen mehr, als was er sagt. Sie müssen lediglich darauf achten. Und ein wenig dafür trainieren.

Politische Umsatzkiller beseitigen

Bei einem Unternehmen, das Reinraumtechnologie vertreibt, kündigt der beste Innendienst-Angestellte. Er allein betreut 27 Prozent des Jahresumsatzes. Hat das Gehalt nicht gestimmt? Nein, das Gehalt war üppig, doch der Umsatzchampion erzählt: »Bei jedem fünften Angebot, das ich vom

Chef abzeichnen lassen wollte, wurde mir gesagt: ›Solche Aufträge machen wir nicht!‹ Das sagte man mir, nachdem ich im Schnitt bereits drei Tage in das Angebot reingesteckt hatte. Eine Begründung, warum wir solche Aufträge nicht machen, gab es trotz Nachfragens nie. Bei jedem dritten Angebot warf mir der Entwicklungsleiter Knüppel zwischen die Beine und bei jedem siebten Auftrag verkaufte der Abteilungsleiter meine Akquise als seinen Erfolg. Ich habe mir das zwei Jahre bieten lassen, dann bin ich ausgestiegen.«

Merke: Immer die besten Mitarbeiter steigen zuerst aus. Wenn der Geschäftsführer einerseits ständig »Mehr Umsatz!« fordert, andererseits jedoch an allen Ecken und Enden rein politisch motivierte Umsatzkiller geduldet werden, dann machen das nur die innerlich Emigrierten lange mit. Die Guten gehen rasch.

Praktikertipp: »Bei uns gibt es keine Erbhöfe«, sagt der Inhaber eines Bekleidungsvertriebs. »Wer auf Kosten des Umsatzes Unternehmenspolitik betreiben will, kriegt eins vor den Latz geknallt!« Suchen und eliminieren Sie politisch motivierte Umsatzblocker!

Richtig, das setzt voraus, dass Ihnen Umsatz wichtiger als Unternehmenspolitik ist. Das ist keine Trivialität. In umsatzschwachen Unternehmen ist eben alles andere wichtiger als der Umsatz, unter anderem auch die Unternehmenspolitik. Wenn Sie das so halten möchten, geht das in Ordnung. Jeder Mensch hat andere Prioritäten. Sie sollten sich dabei lediglich nicht selbst in die Tasche lügen und stets gewahr sein, welche Kosten Ihre Prioritäten verursachen.

Post Decision Dissonance bearbeiten

Kaufstudien zeigen immer wieder, dass mindestens ein Viertel, oft sogar die Hälfte aller Käufer nach dem Kauf mit ihrer Kaufentscheidung nicht ganz glücklich sind. Drei Viertel dieser enttäuschten Käufer melden sich nie, weil sie meinen, dass sie damit doch nichts erreichen können. Das Problem daran: Wer einmal unzufrieden war mit seinem Kauf, kauft aller Wahrscheinlichkeit nach ein zweites Mal nicht oder nur schwerlich – und macht negative Mundpropaganda. Diese ist gravierend: Ein enttäuschter Kunde erzählt seine Enttäuschung im Schnitt zehn anderen Menschen. Ein zufriedener Kunde dagegen erzählt seine Zufriedenheit im Schnitt nur einem anderen.

Dieses Problem ist bei Managern und Verkäufern bestens bekannt. Es wird nur leider nichts gegen diesen Umsatzkiller getan. Warum nicht? Weil selbst altgediente Verkäufer oft keine Ahnung haben, wie man Nachkaufreue, die so genannte Post Decision Dissonance (PDD), bewältigt. Manche Manager halten das für Grund genug, die PDD weiter als Umsatzkiller wüten zu lassen.

Praktikertipp: Der Geschäftsführer eines kleinen Familienbetriebs rät: »Die einfachste und beste Maßnahme gegen Kaufreue ist ein Anruf.« Rufen Sie frischen Aufträgen hinterher!

- Erkundigen Sie sich oder lassen Sie Ihre Mitarbeiter sich erkundigen, wie der Kunde mit dem Produkt oder der Leistung zufrieden ist.
- Bügeln Sie etwaige Dissonanzen mit klärenden Worten, Tipps, Hilfestellungen oder einer unbürokratischen Nachbesserung aus.
- Mit der Zeit gewinnen Sie dabei große Erfahrung, denn die Dissonanzen sind doch immer wieder dieselben.
- Nutzen Sie den Anruf gleich für den Horizontalverkauf: Was braucht der Kunde noch?
- Lassen Sie Ihre Mitarbeiter nicht untrainiert die PDD ausbügeln! Denn die meisten Mitarbeiter reagieren völlig verunsichert, unprofessionell und kontraproduktiv, wenn sie mit der Enttäuschung eines Kunden konfrontiert werden. Eben aus diesem Grund behandeln sie die PDD nicht von sich aus.

Potenzial-Dichotomie: Manche Umsatzpotenziale sind besser!

Wenn Sie bereits einige der Stichworte in diesem Buch gelesen haben, ist Ihnen vielleicht ein kleiner Unterschied aufgefallen: Es gibt zwei Arten von Umsatzpotenzialen:

1. praktische Umsatzpotenziale,
2. technische Umsatzpotenziale.

Ein praktisches Umsatzpotenzial sind zum Beispiel »Meinungsführer und Mittler«. Wenn Sie Meinungsführer und Mittler (verstärkt) akquirieren und pflegen, steigt damit automatisch Ihr Umsatz. Ein technisches Potenzial ist dagegen die Hit Rate. Die Hit Rate finden Sie nicht als Zielgruppe oder Umsatzchance im Markt. Die Hit Rate ist vielmehr eine Technik, mit der Sie wiederum viele Umsatzpotenziale aufdecken können. Zwischen beiden Potenzialarten besteht ein riesiger Unterschied, sozusagen im Potenzial (Ausmaß) des Potenzials:

Praktikertipp: Ein Sprichwort sagt: »Wer einem Hungernden einen Fisch gibt, macht ihn einen Tag lang satt. Wer ihm eine Angel gibt, macht ihn ein Leben lang satt.« Die Technik (= Angel) macht's: Richten Sie Ihr Hauptaugenmerk auf technische Umsatzpotenziale!

Praktische Potenziale sind unmittelbare Potenziale: Man geht los, packt das Potenzial an und macht mehr Umsatz. Das ist schön, doch damit hat sich's dann auch. Das heißt, praktische Potenziale sind tendenziell endlich. Irgendwann ist Schluss, das Potenzial ausgeschöpft. Technische Potenziale sind dagegen tendenziell unendlich. Es gibt Unternehmen, die haben vor zwei Jahren ihre Verkaufssteuerung auf ein Transferquoten-System umgestellt, verdienen sich seither dumm und dämlich damit und werden das sicher noch in 20 Jahren tun. Denn technische Potenziale sind wie Angeln: Wer einmal eine einkauft, der hungert nie wieder.

- Realisieren Sie so viele praktische Umsatzpotenziale wie möglich.
- Ihr Hauptaugenmerk sollte jedoch auf den technischen Potenzialen liegen.

Oder wie man bei Audi gerne sagt: Vorsprung durch Technik. Wer auch nur eine einzige Potenzialtechnik beherrscht, ist jedem überlegen, der fünf praktische Potenziale kennt.

Potenzialliste führen

Allein schon mit der Potenzialliste können Sie Ihren Umsatz in die Höhe treiben. Denn die meisten Verkäufer und Manager sitzen auf offenen Potenzialen, ohne es zu merken. Typisch dafür ist folgender Dialog, den wir täglich mindestens einmal erleben:

- »Bei uns ist gerade Flaute.«
- »Was könnten Sie dagegen tun?«
- »Keine Ahnung, ich sehe ehrlich gesagt keine Möglichkeit.«
- »Hatten Sie diese Woche schon Kundenanfragen?«
- »Äh, ja, hm, stimmt eigentlich.«
- »Liegen irgendwo noch alte, nicht nachgefasste Visitenkarten herum?«
- »Äh, ja, auch.«

Zwar sind viele Umsatzpotenziale recht klein. Doch Kleinvieh macht auch Mist: Die Addition der vielen kleinen Potenziale macht's. Listen Sie einfach alle noch offenen Vorhaben, Ideen, Maßnahmen oder Anfragen auf, alle unbearbeiteten Kaltadressen, alle noch offen stehenden Möglichkeiten für Empfehlungsmarketing. Eben alles, was noch irgendwie unbearbeitet ist und mittelbar oder unmittelbar zu Umsatz führen könnte. Haben Sie keine Angst, dass diese Liste, so klein sie auch sein möge, irgendwann erschöpft ist. Denn diese Liste funktioniert wie die wundersame Brotvermehrung: Je mehr Sie sich damit beschäftigen, je mehr Punkte Sie darauf abarbeiten, desto mehr Punkte fallen Ihnen dazu ein.

Bei dieser Übung fiel einem Manager plötzlich wieder eine Namensliste von einem alten Messebesuch ein, die er bislang nachzufassen versäumt hatte. Als er das mit einjähriger Verspätung tat, war kaum noch einer der Kontakte aktuell – bis auf einen. Und der brachte einen schönen Auftrag ein, mit dem er sich bis zum nächsten Erfolg über Wasser halten konnte.

PR: Werden Sie aktiv!

Public Relations, kurz PR, ist die bessere Werbung. Denn erstens ist sie im Gegensatz zu sündhaft teuren Anzeigen kostenlos, und zweitens ist sie im Vergleich zu den notorisch erfolglosen Anzeigen extrem erfolgreich. Welcher Zeitungsleser glaubt schon einer Anzeige? Dem redaktionellen Teil jedoch glaubt jede(r)!

Praktikertipp: Der Eigner eines paraffinverarbeitenden Betriebs rät: »Versuchen Sie, so oft wie möglich im redaktionellen Teil der Medien unterzukommen!«

Wie? Ganz einfach: Indem Sie eine gute Story liefern. Paraffin interessiert wirklich niemanden – doch dass mit diesem Paraffin auch Ski-Weltmeister ihre Bretter wachsen, das war erst der Lokal-, dann der Regionalpresse, dann einem Publikumsmagazin eine Story wert. Danach stand das Telefon nicht mehr still, weil so viel Anfragen einliefen.

- Suchen Sie nach guten Storys oder beauftragen Sie damit einen Mitarbeiter, der ein Auge dafür hat.
- Versuchen Sie, mindestens einmal im Monat veröffentlicht zu werden.
- Schicken Sie die Veröffentlichungen als Clip-out-Service an Ihre Kunden und Interessenten und fassen Sie nach.
- Verschaffen Sie sich mit Ihrem PR-Auftritt einen uneinholbaren Wettbewerbsvorteil – denn die meisten Ihrer Mitbewerber werden ihre PR auch noch in zehn Jahren nicht auf die Reihe bekommen. Mit dem geschriebenen Wort stehen die meisten Manager auf Kriegsfuß (Sie müssen dafür nur mal deren Hausmitteilungen lesen …).

Pragmatismus ist umsatzträchtiger als Perfektionismus

Deutsche Ingenieure werden sich bei diesem Umsatzpotenzial die Haare raufen, doch die Zahlen sprechen für sich: Pragmatismus bringt mehr Umsatz als Perfektionismus. Paradebeispiel dafür ist der Fall Betamax vs. VHS. Betamax kennt heutzutage kaum einer mehr – obwohl es das technisch bessere System ist. Der Videostandard jedoch heißt VHS.

Praktikertipp: »Wir wollen keine technisch perfekte Lösung«, sagt ausgerechnet der Entwicklungsleiter eines Steuerungsbauers. »Wir wollen eine umsatzperfekte Lösung. Es ist nun mal so, dass die Entwickler sich zwar für technische Perfektion begeistern, die meisten Kunden jedoch nicht.« Verkaufen Sie keine perfekten Produkte, sondern marktgängige, pragmatisch entwickelte Produkte!

Produkte müssen marktgängig sein – dazu müssen sie in den seltensten Fällen technisch perfekt sein. Bestes Beispiel für diesen Zusammenhang ist Microsoft. Viele MS-Produkte sind von technischer Perfektion so weit entfernt wie eine Nonne von einer rauschenden Sexorgie. Doch Microsoft ist Marktführer und quasi Monopolist. Das heißt nun nicht, dass Sie künftig so viele Bugs wie Bill Gates durchgehen lassen sollen. Es heißt lediglich, dass Sie pragmatisch denken und handeln sollten, wenn Sie Umsatz machen wollen.

Präsentieren muss man können!

In sehr vielen Wirtschaftsbereichen ist integraler Bestandteil jedes Angebots eine Präsentation, in vielen Kreisen auch Pitch genannt. Neulich sagte uns der Einkaufsleiter eines österreichischen Konzerns: »Ich frage jeden Verkäufer, der bei mir präsentieren möchte, ob er schon mal auf einem Präsentationstraining war. Wenn nicht, werfe ich ihn gleich raus!« Das ist hart, denn es gibt auch Naturtalente. Doch es steckt eine tiefe Wahrheit dahinter: 90 Prozent aller Präsentationen sind einfach grottenschlecht. Sie sind

- auf jeden Fall viel zu lang, da sind sich alle befragten Kunden einig;
- sturzöde, trotz aufwändiger Powerpoint-Spielereien, denn der Kunde fragt sich ständig: Sieht nett aus – aber was bringt mir das jetzt?;
- viel zu sehr auf technische Details fixiert statt auf Motive, Anwendungen, Interessen und Nutzen der Kunden;
- nicht überzeugend (aus Kundensicht!), weil sie zentrale Einwände und Fragen des Kunden kategorisch ignorieren.

Und so weiter. Die Liste der Präsentationsmängel ist schier endlos. Wie überzeugend präsentieren Sie und Ihr Team? Was ist Ihre Transferquote? Das heißt: Wie viele Aufträge buchen Sie pro zehn Präsentationen (brutto, nachfolgende Gespräche mal eingerechnet)? Wenn es unter vier sind, stinkt Ihr Pitch zum Himmel; entschuldigen Sie die Ausdrucksweise.

- Sie ahnen wahrscheinlich die Schwächen Ihrer Präsentation längst.
- Wenn nicht: Präsentieren Sie vor Testpublikum, das akzeptables und

kompetentes Feedback geben kann. Testpublikum kann auch ein Coach sein.

- Und/oder fragen Sie Ihre Kunden zu deren ehrlicher Meinung über Ihre Präsentationsmängel.
- Fragen Sie vor allem die Kunden, die nicht kauften, warum sie das nicht taten – dabei werden Präsentationsmängel am offensichtlichsten.
- Priorisieren Sie die entdeckten Mängel und stellen Sie sie ab.
- Das macht man anhand von Präsentations-Coaching oder -Training.
- Zumindest sollten Sie mal ein gutes Buch über die hohe Kunst der Präsentation lesen.

Das riecht nach Arbeit? Stimmt. Von nichts kommt nichts. Doch diese Arbeit lohnt sich wenigstens. Gewaltig.

Preis statt Menge: Wählen Sie Ihre Strategie!

Was war einer der größten Fehler in der zurückliegenden Konjunkturdelle? Dass sich umsatzschwache Unternehmen auf einen Preiskrieg eingelassen haben. »Aber wir müssen doch mit den Preisen runter, wenn alle runtergehen!«, wenden umsatzschwache Manager ein. Das ist falsch. Wenn alle sich von der Brücke stürzen, machen Sie das dann auch? In der Stahlbranche ist der Preisdruck größer als in vielen Branchen, und trotzdem kamen viele Stahlkonzerne relativ unbeschadet durch die letzte Krise, weil sie die Strategie »Preist statt Menge« fuhren.

Praktikertipp: Der Vorstandsvorsitzende eines Stahlunternehmens sagt: »In einem Preiskrieg gibt es keine Gewinner, nur Verlierer. Wir verzichten lieber mal auf einen Auftrag, als unter unsere Schmerzgrenze zu gehen. Wir reduzieren lieber die Menge und halten dadurch den Preis hoch.« Entscheiden Sie sich klar für eine Strategie: Preis statt Menge oder Menge statt Preis!

Exakt diese Wahlentscheidung wurde und wird in den meisten Unternehmen nicht getroffen. Umsatzschwache Manager schlittern einfach so in die Preisspirale hinein, sie lassen sich das Preisdiktat aufzwingen – anstatt ganz klar die strategische Entscheidung zu treffen: »Nein, da machen wir nicht mit.« Andere Unternehmer sagen: »Wir geben keinen einzigen Auftrag wegen des Preises ab!« Das ist eine klare Entscheidung für die diametrale Strategie: Menge statt Preis. Da wird jeder Mitbewerber gnadenlos und auf Teufel komm raus unterboten. Es ist nicht wichtig, *welche* Strategie Sie wählen. Wichtig ist vielmehr,

- *dass* Sie eine Strategie bewusst und überlegt wählen;
- dass Sie diese Strategie durchrechnen (per Simulation): auf wie viel Menge kann ich verzichten, um den Preis hoch zu halten, respektive auf wie viel Marge kann ich verzichten, um die Menge hoch zu halten, bevor es kritisch wird?
- dass Sie diese Strategie klar kommunizieren und auf Linientreue bei Ihren Managern und Mitarbeiter controllen;
- dass Sie die Strategie konsequent durchhalten und nicht mal so, mal so verkaufen (lassen).

Preisfestigkeit trainieren

Wie viel mehr Umsatz würden Sie machen, wenn Sie und Ihre Verkäufer ab sofort keinen Cent Preisnachlass mehr gewähren würden? Astronomisch mehr? So geht es den meisten Unternehmen. Das Unterfangen ist nicht machbar? Täuschen Sie sich da mal nicht, vergleichen Sie lieber das Rabattverhalten Ihrer Verkäufer. Sie können das nicht? Das ist schon der erste Mangel: ohne Transparenz kein Mehrumsatz.

Schaffen Sie die nötige Zahlentransparenz, um für jeden Verkäufer das Rabattverhalten dokumentieren und controllen zu können, und wundern Sie sich:

- Das Rabattverhalten von Verkäufern ist selbst im selben Unternehmen und für dieselben Produkte und Zielgruppen extrem unterschiedlich.
- Während die ungefähr 20 oberen Prozent der Verkäufer sehr listentreu verkaufen und 60 der mittleren Prozent moderat nachgeben, geben die 20 unteren Prozent der Verkäufer nach, dass sich die Balken biegen.
- Die Spanne von oben nach unten ist groß: So geben die preisschwächsten Verkäufer oft fünfmal mehr Preisnachlass als die besten!

- Preisschwache Verkäufer sind Umsatzkiller!

Dass die Kunden nur noch nach Preis kaufen, wird damit eindeutig widerlegt – sofern man über die Zahlen verfügt und sie lesen kann. Auf fünf Verkäufer, Statistiker und Manager, die jammern, dass die Kunden nur noch über den Preis zu holen sind, kommt einer, der ohne jeden Rabatt zu Höchstpreisen verkaufen kann. Oder wie es ein Verkaufsleiter spitz formulierte: »Wenn der Meier unsere XL 95 (eine Telefonanlage) verkauft, verkauft er sie mit Hängen und Würgen um 25 000 Euro. Wenn der Schmitt dieselbe Anlage verkauft, verkauft er sie für 32 000 Euro!«

- Sorgen Sie dafür, dass die preisschwachen Verkäufer schnellstmöglich (zumindest annähernd) so stabil wie die preisstärksten Kollegen verkaufen können.
- Das geeignete Mittel dazu ist Fordern und Fördern.
- Fördern bedeutet: Training. Umsatzschwache Vorgesetzte meinen, dass es ausreicht, wenn man preisschwache Verkäufer gelegentlich »rundmacht«. Das ist purer Unfug. Vom Rundmachen hat noch kein Tennisspieler das Tennisspielen gelernt.
- Buchen Sie Trainings in Preisfestigkeit. Umsatzschwache Manager meinen, dass sie von einem Verkäufer verlangen können, dass er preisstabil verkauft. Das ist Unfug. Preisfestigkeit ist kein Ausbildungsgegenstand! Wenn ein Verkäufer nicht preisstabil ist, müssen Sie es ihm schon beibringen (lassen)!
- Wählen Sie Ihren Preisfestigkeitstrainer weise. Die meisten Verkaufstrainer machen unter dem Label »Preisfestigkeit« eben nicht Preisfestigkeit, sondern 08/15-Verkaufstraining. Schauen Sie sich das Seminarkonzept genau an! Ist auch tatsächlich das drin, was draufsteht?
- Zu einem guten Curriculum Preisfestigkeit gehört nicht nur Verhandlungsstärke, sondern vor allem eine professionelle Bedarfsanalyse: Wird der Bedarf eines Kunden exakt erhoben, zahlt er auch jeden Preis dafür. Es feilscht nur, wer seinen Bedarf nicht richtig getroffen sieht.
- Für eine professionelle Preisfestigkeit sind externe Trainer allein nicht ausreichend. Sie müssen durch die internen Vorgesetzten ergänzt werden; Stichwort: »Vorgesetzter als Personalentwickler, Coach und Trainer«.

Sie halten das für aufwändig? Gut erkannt. Wenn Sie Umsatz wollen, sollten Sie auch etwas dafür tun. Der Markt ist in dieser Hinsicht sehr gerecht. Er straft Faulpelze langfristig und vor allem in Krisen gnadenlos ab.

Prioritätentreue leben

Überraschenderweise sind die Unterschiede zwischen umsatzstarken und umsatzschwachen Unternehmen sehr deutlich. Überraschend ist auch, dass die umsatzstarken Unternehmen diese Unterschiede zwar deutlich wahrnehmen und auch stolz darauf sind, dass jedoch umsatzschwache Manager diese entscheidenden Unterschiede meist übersehen.

Einer dieser wesentlichen Unterschiede ist die Prioritätentreue. Es beginnt damit, dass auf irgendeiner Managementebene beschlossen wird: »Wir brauchen mehr Umsatz!« Was passiert? Das Übliche: nicht viel. Das wird dann zwar gerne auf den Markt, den Mitbewerb oder die Mitarbeiter geschoben, doch tatsächlich liegt die Misere an der fehlenden Prioritätensetzung: Solange nicht festgelegt wird, welche Priorität der Umsatz hat, bekommt jedes andere Ziel automatisch Vorrang. Das gilt vor allem für die operativen Wurstelziele. Jeden Tag kommt so vieles dazwischen, dass selbst so ein überragendes Ziel wie der Umsatz oft wochenlang völlig in Vergessenheit gerät. Man wankt abends völlig fertig nach Hause, in Gedanken den Stress des Tages Revue passieren lassend – und stellt verwundert fest, dass man trotz der extremen Arbeitsfülle für das vorgeblich vorrangige Ziel nicht viel getan hat. So machen das umsatzschwache Manager.

Umsatzstarke Manager legen dagegen eine Prioritätentreue an den Tag, die der ungeübte Laie oft mit ungebremster Brutalität verwechselt. So sagte der Geschäftsführer eines kleinen Kunststoffbearbeiters zu seinem Finanzchef unlängst: »Gehen Sie mir weg mit Ihren Controllingzahlen – zeigen Sie mir lieber die Umsatzzahlen!« Klingt brutal? Mag sein, doch der Finanzchef hatte verstanden: »Controllinglisten sind wichtig, aber wichtiger sind zur Zeit einfach unsere Umsatzstatistiken.« Auf einem Meeting eines Gerätebauers diskutierten die Beteiligten minutenlang über ein Fertigungsproblem, bis der Fertigungsleiter barsch dazwischenging: »Leute, hört mit der Debatte auf. Wir lösen das Problem in einer Arbeitsgruppe und präsentieren die Ergebnisse dann in dieser Runde – aber jetzt haben wir Wichtigeres zu besprechen. Wenn nämlich unser Umsatz nicht bald hochgeht, dann können wir uns das Lösen von Fertigungsengpässen ganz sparen!« Ein Mann, ein Wort, eine Priorität.

- Welche Priorität hat der Umsatz auf Ihrer Prioritätenliste?
- Welche Ziele kommen rein theoretisch noch davor?
- Sind diese Ziele zur Zeit wirklich wichtiger als der Umsatz?
- Wie oft lassen Sie es zu, dass nachrangige Ziele Ihrem Umsatz die Zeit stehlen?
- Bleiben Sie der Umsatzpriorität treu!

Programmkenntnisse verbessern

Kennen Ihre Mitarbeiter im Kundenkontakt Ihr Produktprogramm? Das komplette? Wenn Sie zögern, haben Sie inzwischen einen guten Umsatzriecher entwickelt. Fakt ist: Wenn Sie nicht gerade lediglich fünf Produkte oder Dienstleistungen im Programm haben, hat jeder Ihrer Verkäufer und Manager ein so genanntes Programmloch.

Praktikertipp: »Wir haben festgestellt«, sagt der Vertriebscontroller eines Werkzeugherstellers, »dass jeder unserer 126 Verkäufer im Schnitt nur zwischen 45 und 78 Prozent unseres Programms verkauft. Wir verbreitern die Prozentzahl gerade mit allem Nachdruck.« Sorgen Sie dafür, dass jeder Ihrer Mitarbeiter, Manager und Verkäufer jedes Ihrer Produkte gleich gut verkaufen kann!

In der wöchentlichen Verkäuferbesprechung fragen beim besagten Werkzeughersteller inzwischen alle Niederlassungsleiter Dinge ab wie: »Wenn Sie einen Kunden im Pharmabereich besuchen, der im Schnitt 24 Millionen Umsatz macht und hauptsächlich Chargennummern direkt im Schutzbereich auf Weißblechfolie stanzt – was verkaufen Sie ihm dann?« Die Antworten sind meist erschütternd. Der Vertriebscontroller: »Obwohl für diese Zielgruppen-Anwendungs-Kombination nur drei Produkte einsetzbar sind, weiß oft nur ein Drittel der Verkäufer die Antwort. Ein zweites Drittel würde Werkzeug verkaufen, das Reklamationen provoziert, und ein weiteres behauptet steif und fest, dass wir dafür keine Werkzeuge haben. Die sind dann immer sehr überrascht, wenn ich diese Werkzeuge im Hauptkatalog aufschlage.«

Umsatzschwache Manager behaupten, dass gute Produktkenntnisse heutzutage vorausgesetzt werden. Umsatzstarke Manager haben da mehr Realitätssinn. Sie kennen ihre Pappenheimer und stellen die Mängel eigenhändig ab.

Projektkompetenz erhöhen

Erinnern Sie sich noch an Toll Collect? Mit diesem Projekt blamierte sich eine ganze Nation. Es ist nur die Spitze des Eisbergs: Immer noch scheitern drei Viertel aller Kundenprojekte, kommen zu spät, zu teuer oder hinter den Erwartungen an. In Gewerbe und Industrie sind schon über die Hälfte aller Aufträge keine mehr von der Stange, sondern Projekte. Wer hier mit einer 75-Prozent-Flopquote operiert, ist bald ruiniert.

- Steigern Sie die Projektkompetenz Ihrer Projektverantwortlichen. Die meisten Projektleiter haben noch nie eine professionelle Schulung erlebt.
- Passen Sie Ihre Entscheidungsstrukturen flexibel dem Projektmanagement an – die meisten Umsatzkiller tauchen nämlich nicht im Projektteam auf, sondern in der arthritischen Entscheidungsstruktur der Linienorganisation.
- Projekte lassen sich nur mit professionellem Tool-Einsatz effektiv managen. Sorgen Sie für die richtigen Tools und das nötige Know-how dazu.

Prozesskompetenz steigern

In Verkäufer-Besprechungen fällt oft der Satz: »Mit Kunde X geht es einfach nicht voran! Die Entscheidung hängt schon seit Wochen fest!« So einen Satz würde ein umsatzstarker Verkäufer oder Manager nie sagen. Denn übersetzt heißt er: »Beim Kunden hängt der Entscheidungsprozess fest – und ich kann oder will nichts dagegen tun!« Zugegeben, die meisten Manager oder Verkäufer können überhaupt nicht den Prozess beim Kunden professionell begleiten, weil sie schlicht prozessinkompetent sind, nie dafür aus- oder weitergebildet wurden. Ein Problem? Nein, seine Lösung! Wenn es nur an der Weiterbildung hängt, dann bilden Sie weiter oder lassen Sie weiterbilden!

- Verkaufen heißt, Prozesse zu begleiten – identifizieren Sie die Prozessstufen, um immer auf dem Laufenden zu sein.
- Halten Sie für jede Stufe Interventionen bereit, um gegebenenfalls beschleunigend eingreifen zu können.
- Die Schlüsselfrage für Interventionen lautet: Woran hängt's gerade fest?
- Speziell: Wer blockiert? Warum? Was bräuchte er, um zu entscheiden? Mehr Info? Speziellere Info? Welche? Hat er spezifische Einwände?
- Stellen Sie diese Fragen Ihrem Ansprechpartner oder besser noch dem Blockierer!
- Eliminieren Sie auf diese Weise auf jeder Prozessstufe die meist impliziten Einwände – sobald Sie den letzten eliminiert haben, folgt der Auftrag automatisch!

Warum machen umsatzschwache Menschen das nicht? »Wenn der Kunde pennt, dann ist das schließlich seine Sache. Da ist er ganz selber schuld!« Mit so einer Einstellung ist man oder frau ein wandelnder Umsatzvernichter. Natürlich ist der Kunde selber schuld, wenn er Kaufentscheidungen verschleppt! Aber wessen Umsatz leidet denn darunter? Eben. Also kommen Sie in die Gänge! Verkaufen heißt, alles zu tun, damit der Auftrag kommt. Und wenn Sie den Kunden dafür zum Jagen tragen müssen – dann bitte schön! Wenn es so einfach ist …

Punktesammel-Aktionen sammeln Umsatz

Vielleicht erinnern Sie sich noch an die große Treuepunkte-Aktion der Aral. Wer fleißig tankte, kaufte und sein Auto wusch, konnte Treuepunkte sammeln und damit günstige Sportbälle erwerben. Unglaubliche neun Millionen Bälle wurden abgesetzt. Warum machen dann so wenige kleine und mittlere Unternehmen solche Treueaktionen? Weil sie sie für Humbug halten: »Wegen ein paar doofer Werbeartikel kauft doch kein Kunde mehr von unseren Produkten.«

Falsch. Warum? Weil das Sammelmotiv übersehen wird. Menschen sind seit Tausenden von Jahren Jäger und Sammler. Sie können der Versuchung nicht widerstehen. Nicht alle. Aber wenn nur die Hälfte Ihrer Kunden nicht widerstehen kann, wie viel hätten Sie dann an Umsatz und Kundentreue gewonnen? Selbst im B2B-Bereich zeigen Absatzstatistiken regelmäßig, dass auch professionelle Einkäufer sich von der Versuchung anstecken lassen und mehr bestellen als zu aktionslosen Zeiten.

Wann starten Sie Ihre Treueaktion?

Qualitätsführer sind Umsatzführer

Wofür war Daimler-Benz mal berühmt? Für seine sprichwörtliche deutsche Qualität. Wer einen Wagen ohne Mucken wollte, kaufte einen Daimler. Merke: Qualitätsführer sind Umsatzführer. Nein, das heißt nicht, dass Sie jetzt die übermenschlichen Qualitätsstandards erreichen müssen, die Daimler bis in die neunziger Jahre hatte.

- Werden Sie in einem oder mehreren Punkten (je mehr, desto besser) Qualitätsführer.
- Solche Punkte können die eigentliche Produktqualität sein, aber auch Zuverlässigkeit, Service, Pünktlichkeit ... Was ist es bei Ihnen?
- Wählen Sie keine Faktoren, bei denen Sie hoffnungslos hinten liegen.
- Wählen Sie auch keine, die Sie für Wettbewerbsvorteile halten.
- Wählen Sie jene, die die Mehrheit Ihrer Kunden für Differential Advantages hält, für jene Vorteile, weshalb sie kaufen.
- Das sind jene Punkte, über die Ihre Kunden sagen: »Wir kaufen bei dieser Firma, weil sie eben ...«
- Bauen Sie diese Punkte kontinuierlich aus, überflügeln Sie dabei noch stärker den Mitbewerb und stellen Sie diese Punkte immer und immer wieder in Werbung, Verkaufsunterlagen und Verkäuferbriefings heraus.
- Der Umsatz wächst dann ganz von alleine, und das recht schnell.

Die meisten Firmen wissen überhaupt nicht, wieso die Kunden bei ihnen kaufen! Oder sie denken dabei an die falschen Gründe und vernachlässigen ausgerechnet jene Differential Advantages (Wettbewerbsvorteile), wegen denen die Kunden bei ihnen kaufen! So ruiniert man sich selbst. Das ist es, wenn man sagt: Besinnen Sie sich auf Ihre Stärken! Nicht auf die von Ihnen, sondern auf die von Ihren Kunden wahrgenommenen Stärken!

Qualitätsmängel ausräumen oder managen

Haben Sie als Kunde nicht auch schon ein Produkt oder eine Leistung gekauft und sich hinterher über Qualitätsmängel geärgert? Diese Qualitätsmängel nehmen immer mehr zu, weil schlecht geführte Unternehmen immer stärker ihre Kosten senken, ohne dabei ausreichend auf die Qualität zu achten.

Das Problem ist aus vielen Gründen unerkannt und ungeheilt. Einer ist, dass in schlecht geführten Unternehmen stets die Kostensenkung vor der Umsatzsteigerung diskutiert und realisiert wird. Ein strategischer Fehler, doch leider wissen die meisten Führungskräfte zu wenig von strategischer Unternehmensführung. Ein anderer Grund ist, dass oft genug nur die Frage gestellt wird: »Mit welchen Features, Gadgets, Zusatznutzen und neuen, innovativen Qualitätsmerkmalen können wir den Mitbewerb übertrumpfen und noch mehr Kunden gewinnen?« Weil man ständig nur auf die neue, innovative Qualität schielt, übersieht man alte, umsatzvernichtende Qualitätsmängel.

Praktikertipp: »Bevor Sie neue Qualitätsvorteile schaffen«, sagt der Inhaber einer Technologieschmiede, »sorgen Sie dafür, dass Sie alte Qualitätsmängel erkennen und managen!«

Managen heißt nicht unbedingt abstellen. Wenn das Abstellen zu teuer kommt, wird das Produkt unrentabel. Also stellt man den Mangel nicht ab – aber man verschließt auch nicht die Augen davor, sondern hilft den Kunden, sobald der Mangel spürbar wird, anderweitig weiter. Mit Kulanz, Service, Einschränkung der Anwendungsgebiete oder anderen Produkten. Genau das tun umsatzschwache Unternehmen nicht. Sie lassen den Kunden mit dem Mangel allein. Das ist die schlechteste Lösung.

Umsatzschwache Unternehmen kriegen oft noch nicht einmal mit, dass der Kunde einen Mangel empfindet. Oder die Ingenieure halten diesen Mangel für »völlig normal, dafür ist das Produkt auch gar nicht konstruiert!« Das interessiert den Kunden nicht.

- Führen Sie regelmäßige Kundenbefragungen durch – das machen Sie sowieso, um die Kundenzufriedenheit zu ermitteln.
- Satteln Sie auf diese Befragung auch dezidiert eine Hand voll Fragen drauf, die sich rein um wahrgenommene Qualitätsmängel drehen. Denn die meisten Kunden, die Mängel wahrnehmen, reklamieren nicht – sie kaufen einfach nicht mehr bei Ihnen!

Quantitative Kompetenz erwerben

Wir unterhalten uns gerne mit den Menschen, die wir beraten. Dabei sind wir immer wieder erstaunt, wie wenig sie über ihren eigenen Beruf wissen. Neulich fragten wir einen Vertriebsmanager: »Wie viele Telefonnummern ruft denn Ihr Innendienst im Schnitt am Tag an?« Der Manager kannte noch nicht einmal eine Schätzung. Eine der Innendienstmitarbeiterinnen fragten wir: »Wie viele Kunden müssen Sie im Schnitt anrufen, um einen Gesprächstermin für den zuständigen Verkäufer zu erhalten?« »Äh«, war die Antwort. So genau wollten wir es gar nicht wissen …

Spaß beiseite. Wenn Sie umsatzstarke Unternehmen mit umsatzschwachen vergleichen, wird Ihnen auffallen, dass erstere ihre Zahlen kennen, letztere nicht. Erstere haben quantitative Kompetenz. Sie kennen alle umsatzrelevanten Zahlen. Die Spitzenleute kennen diese sogar auswendig. Wenn wir scherzhaft einwenden, dass das wohl eine gigantische mnemotechnische Leistung sei, sagen diese oft nur: »Wieso? Die Geburtstage meiner Lieben merke ich mir doch auch! Wenn eine Zahl wichtig ist, merke ich sie mir von selbst.«

Diese Kompetenz ist bare Münze wert. Denn Ihre umsatzrelevanten Zahlen sprechen für sich. Die Zahlen verraten Ihnen besser als jede Marktforschung, wo die fetten Umsatzpotenziale liegen. Und das ganz einfach und schnell. Neulich verglichen zwei Regionalleiter ihre umsatzrelevanten Zahlen. Einer sagte: »Was? Deine Leute brauchen nur 17 Minuten bis zur ersten Terminvereinbarung beim Kunden? Meine brauchen im Schnitt 24! Wie machen deine Leute das?« Und schon war wieder ein Umsatzpotenzial angezapft (natürlich musste der eine Regionalleiter dem anderen daraufhin auch ein Rezept verraten). Wer schneller Termine vereinbaren kann, kann pro Tag mehr Termine vereinbaren, weshalb der Außendienst mehr Kunden besuchen kann und deshalb mehr verkaufen wird. Wer seine Zahlen nicht kennt, wurstelt mehr oder weniger hektisch vor sich hin. Das ist genau der Zustand, in dem sich die meisten Unternehmen derzeit befinden: hektisch, aber ineffektiv vor sich hinwurstelnd oder bereits lethargisch.

- Kenne deine Zahlen!
- Sie zeigen alle Umsatzpotenziale!
- Arbeiten Sie mit Ihren Zahlen. Diese Arbeit zahlt sich aus.
- Zahlen zahlen sich aus.

Rechnungsstellung: sofort!

Ist Ihnen schon mal aufgefallen, wie lange es dauert, bis die Rechnung vom Handwerker kommt? Oder von der Agentur? Als Kunde wundert man sich oft, wie lange es dauert, bis bei bestimmten Dienstleistern endlich die Rechnung eintrudelt. Meist sind es jene Dienstleister, die sich über die schlechte Auftragslage beklagen. Da passt was nicht zusammen. Die meisten Betriebe haben nämlich keineswegs ein Umsatzproblem, wie sie irrtümlich annehmen, sondern in erster Linie ein Liquiditätsproblem. Der Clou dabei: Viele Führungskräfte gerade in kleinen und mittleren Unternehmen kennen nicht so recht den Unterschied zwischen beidem.

Praktikertipp: »Kümmern Sie sich erst mal um Ihren Cash-Flow, bevor Sie an Umsatz denken!«, rät der Inhaber einer PR-Agentur. Stellen Sie Rechnungen generell am Tag der Auftragsabnahme!

Kontrollieren Sie diese Cash-Flow-Regel. Lassen Sie Ausnahmen nur in Notfällen zu. Natürlich jammern die Leute in der Faktura (in kleinen Betrieben oft die Sekretärin), dass sie vor lauter Arbeit nicht dazu kämen. Das stimmt nicht. Es liegt nicht an der mangelnden Zeit, sondern an den falschen Prioritäten. Cash ist das Allerwichtigste in einem Unternehmen – woher sollte man denn sonst die Löhne und eigenen Rechnungen bezahlen?

- Machen Sie den entsprechenden Mitarbeitern klar, dass erst die Rechnungsstellung und dann alles andere kommt.
- Wenn Rechnungen nicht gestellt werden können, da die auftragsausführenden Mitarbeiter die nötigen Rechnungsdaten nicht weiterreichen, weil sie »anderes zu tun haben«, dann sagen Sie ihnen, dass Sie bei der nächsten Gehaltszahlung ebenfalls anderes zu tun haben werden. Das macht die Zusammenhänge klar. Denn die meisten Mitarbeiter denken immer noch, dass ihr Gehalt vom Chef, nicht vom Kunden kommt.
- Wenn Ihre Software die Rechnungsstellung verschleppt, dann leisten Sie sich endlich eine schnellere! Das ist wichtiger als alles andere!
- Bereinigen Sie die innerbetrieblichen Prozesse derart, dass eine schnellere Weitergabe der rechnungsrelevanten Daten ermöglicht wird.

Rechtschreibung verbessern

Die Angebote und die Kundenkorrespondenz vieler Firmen strotzen nur so vor Rechtschreibfehlern. Den meisten umsatzschwachen Führungskräften ist das egal: »Wir verkaufen Extruder und keine Duden!« Echt witzig.

Praktikertipp: Der Regionalleiter eines Laborbedarf-Herstellers rät: »Die meisten Angebote liegen in Qualität und Preis inzwischen so dicht beieinander, dass der Kunde unbewusst nach anderen Differenzierungsmöglichkeiten sucht. Wenn bei etwa gleichem Preis und gleicher Leistung ein Angebot in schlechtem Deutsch geschrieben ist, denkt er natürlich, dass die Firma, wenn sie schon nicht richtig schreiben kann, auch anderweitig nicht so gut ist, wie das Angebot glauben machen will.« Kommunizieren Sie in korrektem, gutem Deutsch mit Kunden und Mitarbeitern!

Zum Mitschreiben: Orthografie ist Umsatzfaktor! Der Marketing-Experte nennt das Irradiationseffekt, der Psychologe Fehlattribution: Der Kunde sieht die mangelnde orthografische Kompetenz und schließt daraus unbewusst auf eine mangelnde Fachkompetenz. Das ist oft genug ein Fehlschluss. Doch was nützt Ihnen das, wenn Sie wegen dieses Fehlschlusses Ihres Kunden den Auftrag nicht bekommen?

- Lassen Sie jedes Schriftstück, das Ihr Haus verlässt, von einem rechtschreibsicheren Mitarbeiter Korrektur lesen.
- Wenn die Sekretärin das nicht schafft, dann schenken Sie Ihr doch mal ein Rechtschreibtraining! Und eine gute Software dazu! Hat sie übrigens den neuesten Duden auf dem Tisch oder als CD?
- Organisieren Sie Ihren Führungsbereich so, dass jeder Schreibende auch einen Korrektor hat.
- Buchen Sie ruhig öfter ein Korrespondenztraining für Ihre Mitarbeiter. Falls Sie die Fehlerquote vorher und nachher überprüfen, ist das gut investiertes Geld. Kleiner Tipp: Bezahlen Sie den Korrespondenztrainer leistungsabhängig nach Maßgabe des Vorher-Nachher-Vergleichs. Gute Trainer akzeptieren diese Honorierung seit Jahren.

Nehmen Sie die Orthografie nicht auf die leichte Schulter. Bei einer Münchner Werbeagentur mehren sich in jüngster Zeit Anrufe von Kunden, die beiläufig wissen wollen, wie viele Ausländer denn in der Agentur beschäftigt seien, weil die Briefe, Angebote und Projektmitteilungen kaum lesbar seien. Die Sekretärin sagt darauf immer: »Ach wissen Sie, der Chef und der Chefkontakter schreiben die Briefe selbst und wollen auch nicht, dass sie jemand Korrektur liest.« Bei so einem Leumund für den Chef ist es wenig verwunderlich, dass viele Kunden irgendwann kalte Füße bekommen und schon bei kleinsten Lieferverzögerungen abspringen oder Probleme machen. Die Lieferverzüge sind Anlässe für den Absprung, Ursache jedoch ist die Vermutung, dass es in dem Betrieb nicht mit rechten Dingen zugehen kann, wenn der Chef nicht mal die eigene Muttersprache beherrscht.

Referenzbesuche überzeugen noch stärker

Noch stärker als schriftliche Referenzen überzeugen Referenzbesuche bei Referenzkunden. Natürlich macht man das nicht bei Konsumprodukten von der Stange, sondern tendenziell nur bei komplexen, erklärungsbedürftigen Produkten.

- Fragen Sie einen zufriedenen Kunden, ob Sie ihn mit einem Interessenten besuchen dürfen.
- Bieten Sie dem Interessenten den Referenzbesuch an.

Da Kunden sich eher von anderen (zufriedenen!) Kunden überzeugen lassen, wirkt der Referenzbesuch meist besser als jede Argumentation im Kundengespräch – sofern Sie den Referenzkunden klug ausgewählt haben! Denn natürlich muss die Referenz zum Interessenten passen.

Referenzen steigern Ihre Chancen

Praktikertipp: Einer der Topverkäufer eines Baumittelherstellers sagt: »Kunden glauben eher anderen Kunden als Verkäufern. Machen Sie es wie ich, legen Sie zu Ihren Verkaufsunterlagen auch ein Blatt mit Referenzen!«

Es versteht sich von selbst, dass dieses Blatt mit jedem zufriedenen Kunden wächst. Es versteht sich auch von selbst, dass die meisten Kunden nicht so sprachgewandt sind, eine gute Referenz zu formulieren. Es versteht sich zudem von selbst, dass das auch der Verkäufer nicht kann. Dafür hat er seinen Schwager, der bei einer Lokalzeitung Redakteur ist. Dem erzählt er dann zum Beispiel: »Kunde Meier war hoch zufrieden mit unserem Allwetter-Putz, weil ihm damit nicht ständig der Hagel die Farbe auf den Wintergarten haut!«

Also formuliert der gelernte Texter die Referenz wie folgt: »Die Beratung durch Oliver Meierbeer (so heißt der Topverkäufer) kann ich nur vollauf empfehlen. Ihm verdanke ich es, dass wir trotz schwierigster Bau- und Witterungsbedingungen endlich einen exzellenten und doch preiswerten Putz fanden.« Diese Formulierung legt der Verkäufer dem Kunden vor, der bringt noch zwei Änderungswünsche ein, dann setzt er seinen Friedrich-Wilhelm drunter. So werden Referenzen gemacht!

Oliver Meierbeer ist übrigens der einzige Verkäufer in seinem Verkaufsgebiet, der so eine Referenzliste hat. Raten Sie mal, warum er jeden seiner Mitbewerber in den Sack steckt. Wenn Sie es ihm gleichtun, wird es auch Ihnen so ergehen. Warum ziehen die Mitbewerber nicht nach? Sie werden lachen, doch die meisten Verkäufer, Inhaber und Manager sind zu wenig sprachgewandt und zu wenig potenzialorientiert, um daran auch nur zu denken. Wenn Sie daran denken, verschaffen Sie sich einen uneinholbaren Wettbewerbsvorteil. Denn wenn die anderen aufwachen, sind Sie schon bei der zweiten Seite Referenzen!

Relaunch starten

Der Relaunch ist eine preiswerte, einfache und vergnügliche Taktik, einem eingeschlafenen Produkt mehr Umsatz zu verschaffen. Eingeschlafen? Tja, da liegt der Hund begraben: Die meisten Manager wissen nicht, dass Produkte einschlafen können. Sie beklagen sich: »Der Umsatz lässt nach!« Aber sie schieben das auf den Markt, die Konkurrenz oder die Kunden. Dass das Produkt einfach »müde« geworden ist, ziehen sie leider meist nicht in Betracht. Das liegt vor allem daran, dass das Produkt in den letzten Jahren durchaus erfolgreich war, weshalb man sich fragt: »Das lief doch bis jetzt so gut, was ist denn nun los?« Die Kunden haben es einfach über! Das ist verrückt, passiert aber ständig: Obwohl das Produkt super in den Markt eingeführt ist und gute Noten bekommt, wünschen sich die Nachfrager irgendwann etwas Neues. Sie halten sich zurück, nicht weil das Produkt plötzlich schlecht wäre, sondern weil sie einfach etwas Neues wollen.

Wer das bemerkt und danach handelt, handelt richtig. Wer es antizipiert, handelt richtiger. Musterbeispiel dafür ist »Fa«, das Duschgel, das circa alle zwei Jahre mit komplett neuem Auftritt daherkommt. Es wird quasi durchgestartet: daher der Begriff Relaunch.

Praktikertipp: Der Marketingchef eines Konsumgüterherstellers erzählt: »Wir beobachten den Lebenszyklus jedes Produkts sehr genau. Wenn die Umsatzkurve saisonbereinigt nach unten geht, starten wir einen Relaunch. So vervielfachen wir die Lebenszeit jedes Produktes.« Wenn ein Produkt eine Lebenszyklus-Abschwächung durchmacht, relaunchen Sie es!

Für den Relaunch müssen Sie das Produkt noch nicht einmal total neu konzipieren. Es reichen kostengünstige Verbesserungen, die werbeträchtig vermarktet werden à la: »Jetzt ganz neu! Mit neuem Turbo-GLX!« Hört sich gut an? Sicher, doch die meisten Manager haben den Schuss noch nicht gehört. Einer meinte: »Don't fix it if it ain't broke – das Produkt ist doch gut, warum sollten wir daran herumbasteln?« Weil es piepegal ist, ob das Produkt technisch noch einwandfrei ist, wenn der Umsatz nach unten geht! Ein anderer meinte: »Never change a winning horse!« Klar, aber wenn das Pferd gerade seinen Vorsprung verspielt?

Rückschlagsresistenz aufbauen

Die Schnelligkeit, mit der Manager und Firmen satte Umsatzpotenziale aufgeben, ist immer wieder faszinierend. Neulich erzählte ein Geschäftsführer: »Wir erproben Führen mit Zielvereinbarungen jetzt schon seit drei Monaten – und es funktioniert immer noch nicht! Das war wohl nichts. Wir beenden den Versuch.« Entschuldigung, aber Führen mit Zielvereinbarungen ist genauso wenig in nur drei Monaten machbar wie eine erfolgreiche Schwangerschaft. Umsatzschwache Menschen

- werfen die Flinte viel zu schnell ins Korn,
- kommen mit Rückschlägen nicht klar,
- scheitern oft bereits an den Kinderkrankheiten,
- geben meist schon beim ersten Rückschlag auf,
- geben Umsatzpotenzialen keine faire Chance,
- veranschlagen eine viel zu kurze Zeit für das Anzapfen eines Potenzials,
- spielen Alles-oder-Nichts: Wenn es nicht auf Anhieb klappt, schmeißt man es weg!

Besonders peinlich wird es, wenn ein Mitbewerber, der die ganze Zeit schon das umsatzschwache Unternehmen beobachtete, die aufgegebene Idee aufnimmt – und sie zum Erfolg trägt. Dann sollten Sie mal die Ausreden der Umsatzschwachen hören! Umsatzstarke Menschen

- werden von Rückschlägen nicht überrascht, weil sie wissen: zu jedem unternehmerischen Vorhaben gehören Rückschläge wie der Filter zum Kaffee (oder wie Nicolas Hayek, Erfinder des Swatch-Konzerns, sagt: »Wer nach dem ersten Rückschlag aufgibt, ist kein Unternehmer.«;

- wissen, dass jeder gemeisterte Rückschlag die Wahrscheinlichkeit des Enderfolges dramatisch erhöht;
- graben sich bis zum endgültigen Erfolg durch Dutzende Rückschläge;
- wissen einfach, wie man mit Rückschlägen umgeht: keine Schuldzuweisungen, sondern Ursachenanalyse – aus den Fehlern lernen –, es nochmals anpacken und besser machen, solange noch eine realistische Erfolgsaussicht besteht;
- haben einen langen Atem, wenn es um die Realisation von Umsatzpotenzialen geht.

Wie viele Rückschläge muss man wegstecken (können)? So viele es braucht, um schließlich erfolgreich zu sein.

Schadensbegrenzung von Kostensenkungen tut Not!

Wenn Sie ein Faible für Autos haben, wird Ihnen aufgefallen sein, dass in der jüngsten Vergangenheit selbst Kfz-Bauer in großem Stil rückrufen mussten, die das noch nie in ihrer Firmengeschichte nötig hatten. Warum? Werden die Ingenieure immer schlampiger? Aber woher denn!

Praktikertipp: Ein Werksleiter eines Kfz-Bauers sagt: »In den letzten Jahren haben die Lopez-Typen in der Verwaltung die Kostenschraube zugedreht, bis uns die Luft wegblieb. Jetzt bezahlen sie die Zeche!« Eliminieren Sie die Qualitätsmängel, die durch Kostensenkungen entstanden sind!

Wer Kosten intelligent senken kann, wer zum Beispiel »Kosten senken – jetzt!« gelesen hat, der wird seine Kosten generell qualitätsneutral senken. Doch die meisten Manager tun genau das nicht. Sie sparen auf Teufel komm raus – auf Kosten der Qualität. Die Kunden, die nicht dumm sind und das natürlich schon beim ersten Kauf bemerken, wandern daraufhin zunehmend ab, wodurch sich die Ertragssituation des Unternehmens verschlechtert, weshalb der im Durchschauen von komplexen Zusammenhängen unerfahrene Manager meint, noch mehr Kosten senken zu müssen, weshalb die Qualität noch mehr sinkt, weshalb noch mehr Kunden … – eine tödliche Abwärtsspirale, die dann frecherweise auch noch mit

»konjunkturell bedingter Kaufzurückhaltung« begründet wird. Ein frommes Märchen.

- Forsten Sie die Kostensenkungen der letzten Jahre durch: Wo wurde auf Kosten der Qualität gespart?
- Unterscheiden Sie in prima facie umsatzneutrale und umsatzempfindliche Qualitätsmängel.
- Beseitigen Sie die umsatzempfindlichen Qualitätsmängel. Das muss nicht immer zu Lasten der Kosten geschehen. Oft kann man auch mit relativ kostengünstigen Maßnahmen einen konkreten Qualitätsmangel kompensieren.
- Entscheidend ist nicht, was Sie oder Ihre Ingenieure für ein tolerables Qualitätsniveau halten, sondern was die Kunden darunter verstehen.

Scheintätigkeiten sind eine Todsünde

Fragen Sie am Abend mal Ihre Verkäufer, was sie so den ganzen Tag gemacht haben. Sie werden sich wundern, wie viele Tätigkeiten genannt werden, die rein überhaupt nichts mit dem Umsatz zu tun haben.

Praktikertipp: »Machen Sie Jagd auf Pseudoaktivitäten!«, rät die Innendienstleiterin eines Versandhändlers. Eliminieren Sie systematisch alle nicht direkt oder indirekt umsatzrelevanten Tätigkeiten!

Die Innendienstleiterin fragt jeden Mitarbeiter jeden Tag: »Was haben Sie heute gemacht?« Neulich antwortete einer: »Ich habe zwei Stunden lang meine Telefonliste überarbeitet.« – »Und? Was hat das unserem Umsatz gebracht?« – »Äh, tja, hm.« Falsche Antwort. Die Innendienstleiterin ist bei solchen Antworten unbarmherzig: »Wovon soll ich Ihr Gehalt bezahlen, wenn Sie keinen Umsatz bringen? Sie müssen sich Ihr Gehalt schon verdienen!«

- Fragen Sie Ihre Mitarbeiter, was sie den Tag über getan haben.
- Fragen Sie stichprobenartig und regelmäßig so, dass jeder jederzeit mit dieser Frage rechnen muss.
- Stellen Sie sich selbst diese Frage täglich: »Was habe ich heute mittelbar und unmittelbar für den Umsatz getan?«

- Stellen Sie sich diese Frage gerade auch dann, wenn Sie keinen unmittelbaren Kundenkontakt haben. Denn sämtliche Wertschöpfungsaktivitäten sämtlicher Menschen in einem Unternehmen müssen letztendlich dem Umsatz dienen – sonst schöpfen sie nämlich keinen Wert!
- Lassen Sie keine Scheintätigkeiten und Pseudoaktivitäten durchgehen.
- Sie dürfen diese Tätigkeiten ruhig in harten Worten stigmatisieren, damit über den Erziehungseffekt die Mitarbeiter die verbrannten Finger künftig von solchen Umsatzkillern lassen.
- Lassen Sie keine Argumente durchgehen wie: »Aber das muss man doch auch machen, sonst herrscht hier bald das Chaos!« Wenn Umsatz Ihre oberste Priorität ist, dann ist Ordnung eben nicht das Wichtigste.
- Checken Sie Scheintätigkeiten nicht nur im Nachhinein, sondern auch schon prophylaktisch ab. Fragen Sie bei der Montags- oder Morgenbesprechung: »Was werden Sie diese Woche/heute machen?« Und dann streichen Sie alle Scheintätigkeiten heraus, die der Mitarbeiter nennt.

Die Zahlen sprechen für sich. Vergleicht man gute Manager und Mitarbeiter mit weniger guten Kolleginnen und Kollegen, dann vergeuden Letztere oft durchschnittlich zwischen 60 und 90 (!) Prozent ihrer Tagesarbeitszeit mit nicht umsatzrelevanten Tätigkeiten. Bei Umsatzstarken ist es exakt umgekehrt: 90 Prozent des Tages wird Umsatz gepusht, dass sich die Balken biegen. »Den ganzen Schreibkram«, sagt ein Topverkaufsleiter, »mache ich immer 20 Minuten vor Feierabend im Vorbeiflug.« Das ist die richtige Einstellung, die richtige Prioritätensetzung, das korrekte Zeitmanagement, das prompt mit einem Superumsatz belohnt wird.

Schonungslose Verkaufsführung ist ein Muss!

Konjunkturkrisen provozieren wie kaum ein anderes Ereignis unerfahrene Manager zu fatalen Strategiefehlern. Einer dieser Fehler ist die Schonhaltung. Als zu Beginn der letzten Wirtschaftskrise in vielen Unternehmen der Ruf nach besseren, grenzstabileren, preisfesteren, umsatzstärkeren, akquisitionskompetenteren Verkäufern laut wurde, als alle Abteilungen sich krumm sparen mussten und daher forderten, dass auch der Verkauf sich gefälligst mehr anstrengen solle, da hörten wir voll Erstaunen allenthalben die Geschäftsführer und Vertriebsleiter mahnen: »Lasst mir die Verkäufer in Ruhe! Die haben es schon schwer genug!« Wie bitte? Alle leiden unter der Krise, müssen Opfer bringen und sich doppelt reinhängen, nur der Verkauf nicht? So sieht es immer noch allenthalben in umsatzschwachen Unternehmen aus.

In umsatzstarken Unternehmen hören sich die Manager ganz anders an. So sagte zum Beispiel der Vertriebsvorstand eines Backerzeugnisherstellers: »Leute, die fetten Jahre sind vorüber. Bisher hat der Verkauf von der Konjunktur gelebt – jetzt müsst ihr mal zeigen, ob ihr auch verkaufen könnt, wenn's schwierig wird.«

- In Konjunkturkrisen darf man den Verkauf nicht schonen.
- Je heftiger die Krise, desto stärker fordern und fördern Sie den Verkauf.

Schwierige Kunden knacken

In umsatzschwachen Verkaufsteams heißt es immer wieder: »Das ist ein schwieriger Kunde, an dem beißt du dir die Zähne aus!« Was wird mit dem Kunden gemacht? Man lässt ihn links liegen und am besten unterm Teppich verschwinden, besucht und kontaktet ihn nicht mehr oder nur noch alle Schaltjahre. Das ist ein Umsatzverbrechen! Auch schwierige Kunden sind zu knacken!

- Bringen Sie das Thema in der wöchentlichen Verkäuferbesprechung oder einem Workshop aufs Tapet.
- Erstellen Sie zusammen mit den Verkäufern eine Typologie schwieriger Kunden anhand der Brennpunkte: Konkret welches Verhalten macht diese Kunden schwierig?
- Erstellen Sie Gesprächsstrategien und -taktiken pro Brennpunkt, um diese Schwierigkeiten zu bewältigen und den Kunden doch noch zum Abschluss zu bringen.
- Wenn nötig, lassen Sie sich dabei von einem externen Verkaufscoach unterstützen.
- Schulen Sie alle Verkäufer in der Behandlung schwieriger Kunden.

- Identifizieren Sie jene Mitarbeiter aus Ihrem Team, die mit schwierigen Kunden ausgezeichnet klarkommen.
- Geben Sie diesen die schwierigen Kunden von weniger kompetenten Mitarbeitern, wenn diese nicht klarkommen.
- Wenn einer das ungerecht findet, fragen Sie ihn: »Finde ich auch. Darf ich den Umsatz, den dieser Kunde bei Ihnen nicht bringt, von Ihrem Gehalt abziehen?« Merke: Mancher, der Gerechtigkeit vorschützt, drückt sich lediglich vor harter Arbeit.

Selbstwertgefühl steigern erhöht den Umsatz!

Menschen und Manager im Kundenkontakt haben ein chronisches, notorisches, pathologisches und aktenkundig niedriges Selbstwertgefühl. Das ist logisch, wenn man bedenkt, dass das am häufigsten im Kundenkontakt gehörte Wort »Nein!« ist – und das ist noch das freundlichste der schlimmen Worte. Den unterirdischen Stand des verkäuferischen Selbstwertgefühls sieht man allein an den eingesetzten mentalen Krücken: Wer als Verkäufer beispielsweise im 7er BMW vorfahren muss, um wer zu sein, verfügt über kein medizinisch nachweisbares Selbstbewusstsein mehr. Das weiß im Grunde auch jeder Verkaufsleiter.

Trotzdem wissen 90 Prozent nicht, wie man das Selbstwertgefühl bei sich und anderen aufbaut. Schlimmer noch: Die meisten Menschen machen es sich und anderen täglich selbst kaputt. Mit tragischen Konsequenzen. Denn wer schlecht drauf ist, verkauft schlecht. Dafür braucht man keine Statistik, das weiß jeder aus eigener Erfahrung oder Anschauung.

- Lernen Sie, bei sich selbst das daniederliegende Selbstbewusstsein täglich, stündlich professionell wieder aufzurichten.
- Mit dieser Fähigkeit wurde noch kein Mensch geboren. Jede(r) muss das erst erlernen!
- Dafür gibt es hervorragende Coachings, Trainings, Bücher, Internetfundstellen (googlen Sie!).
- Finden Sie heraus, womit Sie derzeit unabsichtlich bei Ihren Mitarbeitern, Kollegen und Kunden das Selbstwertgefühl untergraben und wie Sie das vermeiden können.

- Lernen Sie, wie Sie das Selbstbewusstsein bei anderen aufbauen können.
- Verkäufer, die das Selbstbewusstsein ihrer Kunden steigern, verkaufen übrigens signifikant mehr als ihre Kollegen, die üblicherweise bei der Beratung das Selbstbewusstsein des Kunden (zer)stören, indem sie zum Beispiel den Rechthaber markieren oder dem Kunden versteckte Vorwürfe machen.
- Eine Methode zur Steigerung des Selbstbewusstseins kennen Sie schon: Optimismus.

Self-Fulfilling-Prophecy nutzen

Zahlreiche Studien belegen, dass Führungskräfte, die eine bessere Meinung von ihren Mitarbeitern haben, auch die besseren Mitarbeiter haben. Ausgangspunkt dieser Studien war vor etlichen Jahren ein Experiment mit Schülern, das wegen seiner ethischen Anfechtbarkeit heftig umstritten ist, jedoch glasklare Ergebnisse lieferte. Zu Beginn des Experiments wurde eine Gruppe von Schülern auf zwei Klassen aufgeteilt, deren Notenschnitt identisch war. Dem einen Klassenlehrer wurde erzählt, dass er die lernschwachen Schüler bekommen hatte, dem anderen, dass er die Spitzenschüler betreuen sollte. Wohlgemerkt: Beide Klassen waren im Notenschnitt zu Beginn des Experiments vollkommen identisch – am Ende jedoch nicht mehr. Da waren die vorgeblichen »Superschüler« tatsächlich super. Sie hatten nicht nur einen viel besseren Notendurchschnitt, ihre Leistungen war tatsächlich im Sinne der Schulnote sehr gut und sie hatten sich gegenüber ihrem Ausgangsschnitt deutlich verbessert.

Praktikertipp: »Wenn Sie Mitarbeitern, Managern und Verkäufern nur lange genug ihre Fehler vorhalten, werden sie nicht besser, sondern schlechter«, weiß die Verkaufsleiterin eines Modeunternehmens. »Wenn Sie dagegen davon ausgehen, dass Sie die beste Sales Force der Branche haben, bekommen Sie sie auch!« Behandeln Sie Ihre Verkäufer nur lange und konsequent genug wie Superverkäufer und Sie werden Superverkäufer bekommen!

Warum? Weil die Prophezeiung sich selbst erfüllt. Wer Menschen wie Idioten behandelt, erzieht sie zu Idioten. Deshalb sagt man auch, dass jeder

Manager die Mitarbeiter hat, die er verdient. Da müssen Sie schmunzeln? Mit Recht. Die Stimmung ist in den meisten Unternehmen, gerade im Vertrieb, ziemlich mies. »Die da oben behandeln uns wie die letzten Idioten«, hören wir immer wieder von Mitarbeitern und Verkäufern. In umsatzstarken Unternehmen ist es genau umgekehrt. Da spüren Sie bereits in den ersten Minuten, dass da ein ganz anderer Wind weht. Die Stimmung ist gut, die Mitarbeiter werden gut behandelt – kein Wunder, dass sie immer besser werden. »Ich behandle jeden Verkäufer wie einen potenziellen Spitzenverkäufer«, sagt ein Vertriebsleiter. »Ich fordere und fördere ihn wie einen Spitzenverkäufer.«

Simulation kommt vor Umsatz

Wenn Sie der Meinung sind, dass Sie mehr Umsatz aus der Flaute retten und die Existenz Ihres Unternehmens sichern können, sind Sie schief gewickelt. Viele Unternehmer sitzen derzeit diesem Irrtum auf. Viele davon landen in der Insolvenzstatistik. Warum? Weil der rettende Mehrumsatz natürlich erst einmal, bevor er Sie retten kann, eine Mehrbelastung Ihres Cash-Flow verursacht. Sind Ihr Cash-Flow und Ihre Kreditlinie stark genug dafür? Sie wissen das nicht? Das hat auch keiner erwartet. Sie sollen das nicht wissen, weil das niemand weiß. Das kann kein Mensch wissen, das kann man nur simulieren.

Praktikertipp: »Bevor wir einen größeren Auftrag hereinnehmen«, erklärt der Finanzvorstand eines Nahrungsmittelzusatz-Lieferanten, »klären wir natürlich zuerst einmal, ob wir diesen Umsatz tragen können.« Simulieren Sie jedes Umsatzziel erst, bevor Sie eventuell von ihm erschlagen werden!

Dazu rechnet man den avisierten Umsatz in die zu erwartenden anderen Belastungen ein und spielt die drei üblichen Szenarien durch: optimistisch – realistisch – pessimistisch. Das können Sie nicht? Auch das ist normal. Mit den üblichen Programmen, die in Unternehmen laufen, kann man nicht ohne prohibitiven Aufwand in annähernder Echtzeit simulieren. Umsatzstarke Unternehmen, die sich am Umsatz nicht verheben, simulieren mit speziellen Simulationsprogrammen, die übrigens einen Bruchteil dessen kosten, was das übliche Standardprogramm kostet. Deshalb hat in diesen Unternehmen kein Manager Bauchweh, wenn er einen neuen Auftrag annimmt. Kein Manager fragt sich: »Ruiniere ich mit diesem Auftrag womöglich das Unternehmen?« Kein Manager muss nachts wach liegen. Sichere Entscheidungen zu treffen ist gar nicht so schwer, wenn man sich damit auskennt.

Sonderwünsche bringen Bares

Außerhalb des Konsumgütersektors macht der Anbieter mit dem preisgünstigsten Angebot den Stich. Das Problem dabei ist: Wer mit dem preisgünstigsten Angebot zum Auftrag kommt, wird damit nicht glücklich. Denn preisgünstig ist gleichbedeutend mit umsatzschwach.

Praktikertipp: »Wenn der Kunde den Preisgünstigsten sucht, specken wir unser Angebot bis auf die Knochen ab«, sagt der Bürochef eines 25-Mann-Elektrobetriebs. »Den echten Umsatz machen wir nicht mit dem Standardangebot, sondern mit den Sonderwünschen des Kunden.« Bieten Sie dem Kunden eine Basisversion supergünstigst an – und machen Sie die Marge mit seinen (provozierten) Sonderwünschen!

Der Kunde wünscht sich zum Beispiel die Komplettinstallation eines Neubaus zum Fixpreis. Die bekommt er auch. Doch sobald er sich nachträglich für die Lobby etwas schönere Lampen als im Standardangebot ausguckt, wird dicker Umsatz mit dicker Marge geschrieben. Natürlich wartet in diesem Betrieb niemand darauf, dass der Kunde Sonderwünsche entwickelt. Sie werden provoziert. Indem dem Kunden ganz unaufdringlich einfach viel schönere Alternativen zu seinen Standardwünschen beiläufig präsentiert werden. Dabei ist zu beobachten: Je heftiger ein Kunde beim Standardangebot jeden Cent dreimal drehte, desto stärker brechen alle Dämme der Zurückhaltung, wenn er die Chance kriegt, vom Standardangebot abzuweichen. Nicht selten wird so der ursprüngliche Umsatz um 10 bis 20 Prozent aufgestockt. Nicht schlecht, oder? Beherrschen Ihre Verkäufer dieses Vorgehen?

Sprachmüll raus!

Die Verkaufsunterlagen von Firmen und die Argumentation von Verkäufern strotzen nur so vor Sprachmüll. Berühmtes Beispiel: »Plug and Play«. Was als Marketingrenner gedacht war, ging nach hinten los, weil kaum einer verstand, was das Marketingchinesisch bedeuten sollte und die verärgerten Kunden weltweit den Sprachmüll als solchen entlarvten, indem sie ihn mit »Plug and Pray« verballhornten: Einstöpseln und beten, dass der Mist funktioniert! Sprachmüll ist zum Beispiel:

- Fachchinesisch (es sei denn, der Kunde benutzt die Termini auch);
- Hochtrabendes, das Triviales kaschiert;
- Schachtelsätze;
- effektheischende Anglizismen (wie eben Plug and Play), genannt: Buzzwords (auch ›Buzzword‹ ist im übrigen Sprachmüll);
- jede Formulierung, die man zwar so schreiben kann, die aber kein Mensch so sagen würde; schon Schiller meinte dazu: »Schreib so, wie du sprichst!«;
- die üblichen Marketing-Adjektive wie »dynamisch«, »innovativ«, »modern« oder »aktuell«; – denn sie sind inhaltsleer;
- vollmundige Behauptungen, die nicht oder fadenscheinig belegt werden.

Und so weiter. Es gibt jede Menge Müll in Schrift und Sprache. Lassen Sie Ihre Verkaufsunterlagen und Gesprächsleitfäden einfach mal von einem sprachgewandten Menschen, von Kunden oder einem guten Texter auf Sprachmüll durchsehen – und die Sprachmüllfloskeln durch gutes Deutsch ersetzen!

Stammkundenpflege ist eine Umsatzversicherung

Viele Firmen haben in der zurückliegenden und mancherorts noch anhaltenden Krise Stammkunden verloren. Das ist normal? Dann sehen Sie das Umsatzpotenzial nicht. Es ist völlig normal, dass man in Krisen- und anderen Zeiten Kunden verliert. Dass man jedoch Stammkunden verliert, ist ein Umsatzverbrechen. Es zeichnet erfolgreiche Unternehmen aus, dass sie selbst und gerade in der Krise ihre Stammkunden halten können. Viele

Firmen halten Maschinen oder Mitarbeiter für das Kapital des Unternehmens. Das zeugt von einer unzureichenden Marktorientierung. Das Kapital einer Firma sind die Kunden. Denn nicht Maschinen oder Mitarbeiter, sondern nur Kunden bringen das Geld in die Kassen. Wer Stammkunden verliert, verliert Stammkapital.

Wenn ein Stammkunde nach erbitterten Verhandlungen geht, kann man nichts machen. Man hat ja wirklich alles versucht. Tatsache ist jedoch, dass mehr als die Hälfte aller Stammkundenabgänge die betreffenden Manager und nicht selten den zuständigen Verkäufer überraschen. Schützen Sie sich davor und sichern Sie sich die Umsätze Ihrer Stammkunden auch in Zukunft, indem Sie

- haupt- oder nebenamtliche Key Account Manager zur Betreuung aller oder besonders guter Stammkunden einsetzen (ein ausgebildeter Key Accounter erhöht wesentlich die Kundenbindung);
- Ihre Verkäufer anweisen, in Krisenzeiten die Kontaktfrequenz bei den Stammkunden zu erhöhen;
- Ihre Verkäufer anweisen, auch schwache Signale für etwaige Abwanderungsgedanken beim Stammkunden sofort ernst zu nehmen, Gegenmaßnahmen zu ergreifen und gegebenenfalls nach oben zu melden;
- Ihre Verkäufer regelmäßig ins Gebet nehmen und darauf abklopfen, wie gut sie tatsächlich Ihre Stammkunden pflegen;
- stichprobenartige Begleitbesuche bei Stammkunden unternehmen;
- stichprobenartige Testanrufe bei den Kunden einschieben, um herauszufinden, wie zufrieden diese mit der Betreuung durch Ihren Verkäufer sind;
- vor allem auf den Service gegenüber Stammkunden achten. Denn entgegen dem landläufigen Märchen wandern die meisten Stammkunden nicht wegen des Preises ab (das ist ein vorgeschobener Grund), sondern wegen Vernachlässigung.

Stundengenau abrechnen

Jährlich schenken die Mitarbeiter von Unternehmen ihren Kunden Millionen Euro – ohne dass der Chef etwas davon merkt. Denn bei jeder

Dienstleistung, die nach Stunden abgerechnet wird, verschwinden auf rätselhafte Weise Stunden, die der Kunde einfach nicht bezahlen muss!

Nun, so rätselhaft ist das nicht. Denn die meisten Mitarbeiter in der Dienstleistung führen keinen Stundenzettel. Anstatt nach jeder Arbeitsstunde aufzuschreiben, welchem Auftrag diese Stunde zuzuordnen ist, schreiben sie ihren Arbeitszettel erst am Ende der Woche oder am Auftragsende – doch bis dahin ist es eine lange Zeit, in der viele Stunden schlicht vergessen werden. Wer weiß schon am Freitag noch, was er am Montag für wen getan hat? Dass mit jeder vergessenen Stunde Geld verloren wird, ist den Mitarbeitern nicht klar. Wenn man mal die durchschnittlichen vergessenen Stunden eines Jahres hochrechnet, kommen Summen dabei heraus, die inzwischen über die Existenz einer kleinen oder mittleren Firma entscheiden können. Sorgen Sie dafür,

- dass der für die Rechnungsstellung verantwortliche Mitarbeiter die Stundenzettel der ausführenden Mitarbeiter *täglich* einsammelt, nicht wöchentlich, nicht monatlich, nicht erst am Ende eines Auftrages;
- dass er die Stundenzettel auf Plausibilität prüft; denn viele Mitarbeiter führen die Zettel schlampig und müssen dann vor Abgabe des Zettels Zahlen »aus dem Kopf« aufschreiben, die nicht den Tatsachen entsprechen;
- dass Mitarbeiter wissen, wie man die Zettel ausfüllt; viele Mitarbeiter rechnen zum Beispiel die Rüst-, Recherche-, Dokumentations-, Vor- und Nachbereitungszeiten für einen Auftrag nicht an – das ist ein Verbrechen am Umsatz(!);
- dass alle Mitarbeiter wissen, wozu das gut ist; denn wenige Mitarbeiter denken umsatzorientiert. Die meisten denken: »Mein Gehalt bezahlt der Chef!« oder »Die Firma hat's doch!« Machen Sie den Mitarbeitern klar, dass der Kunde ihr Gehalt zahlt und dass jede vergessene Stunde eigentlich direkt von ihrem Gehalt abgehen müsste.

Supervision bringt bessere Führungskräfte

Viele Vorstände, Topmanager und Geschäftsführer meinen, dass sie ihren Vertriebsleuten und Verkäufern lediglich kräftig »Dampf machen« müssten, damit sie wie die Champions verkaufen. Weit gefehlt. Gerade Vertriebs- und

Verkaufsleiter brauchen nicht nur Motivation von oben, sondern auch fachliche Supervision. Wenn Sie sehen könnten, welche hanebüchenen Kampagnen und welche klaffenden Strategiedefizite Vertriebs- und Verkaufsleiter meist vor sich herschieben, würden Ihnen die Haare zu Berge stehen.

Wenn ein Verkäufer fachliche Fehler macht oder sich einfach verrannt hat, sagt ihm das sein Verkaufsleiter. Wer sagt es dem Verkaufsleiter, wenn er sich verrannt hat? Wer supervisiert die Führungskräfte im Vertrieb? Niemand. Doch das ist bitter nötig. Das zahlt sich auch sofort aus. Natürlich ist ein Geschäftsführer in der Regel nicht so vertriebskompetent wie ein Vertriebsleiter. Doch das ist auch gar nicht nötig. Der Vertriebsleiter braucht keinen Experten, sondern einen Supervisor, keinen Fachmann, sondern eine Tenniswand, gegen die er seine Ideen und Konzepte spielen kann und die ihm Feedback mit gesundem Menschenverstand gibt. Oben ist es einsam! Wenn ein Vertriebsleiter eine »Furzkampagne« ausbrütet, wie solche Totgeburten in Verkäuferkreisen treffend genannt werden, dann verschleudert der nicht supervisierte Manager viel Geld dafür und bringt doch keinen Umsatz damit. Der supervisierte Manager modifiziert seine Ideen und macht seinen Umsatz.

- Sprechen Sie mindestens einmal die Woche mit Ihrem Vertriebs- oder Verkaufsleiter.
- Sprechen Sie mit ihm über seine Strategien und die Maßnahmen für die kommenden Wochen und Monate.
- Sie müssen ihm keinen Rat geben – leihen Sie ihm einfach Ihren gesunden Menschenverstand. Auf Neudeutsch: Coachen Sie ihn.
- Diskutieren Sie mit ihm seine Vorhaben. Fragen Sie vor allem ungeniert nach, bis Sie alles verstanden haben und davon überzeugt sind. Auf diese Weise kommen fatale Fehler nämlich am schnellsten ans Tageslicht.

Taktische Schwerpunkte statt strategischer Spielereien

Eine doch erstaunliche Anzahl unserer Klienten fragt uns regelmäßig: »Können wir uns nicht mal wieder über unsere Geschäftsstrategie für die kommenden Jahre unterhalten?« Dem lehrbuchbelesenen Wirtschaftslaien mutet diese Frage durchaus vernünftig an. Zumal man doch weiß, wie wichtig den Wirtschaftsprofessoren die StraPla, die strategische Planung eines Unternehmens, ist, und dass einige Konzerne Millionen für strategische Beratung und eigene Strategiestäbe ausgeben.

Kennt man jedoch die Unternehmen ein wenig, aus denen heraus die strategische Frage gestellt wird, dann erscheint sie als barer Unfug und blutrünstiger Umsatzkiller. Nehmen wir den Fall einer kleinen Messgeräte-Schmiede. Als der Geschäftsführer neulich wieder mal erwähnte, dass »dringend der strategische Auftritt verbessert« werden müsse, riss uns der Geduldsfaden und wir sagten ihm: »Gut, wie wäre es mit folgender Strategie: fünf am Tag und zwei pro Monat?« Der Geschäftsführer blickte verständnislos, doch der Fertigungsleiter grinste wissend. Er wusste nämlich etwas, was sein und die meisten anderen Geschäftsführer nicht wissen: Dass der Umsatz der Firma durchhängt, liegt nicht an der durchaus verbesserungswürdigen Strategie. Es liegt an den eklatanten taktischen Mängeln.

Praktikertipp: Der Fertigungsleiter erwähnter Firma sagt: »Wer über Strategie faselt, sollte auch etwas über Taktik wissen!« Bevor Sie über Ihre Firmenstrategie nachdenken, betrachten Sie doch erst einmal die taktische Lage!

Sprich: die taktischen Mängel. In besagter Firma gibt es keine Verkaufsabteilung. Der Verkauf erfolgt aus dem Ingenieurbüro und dem Sekretariat der Geschäftsführung heraus. Lachen Sie nicht, das ist in vielen, wenn nicht den meisten kleinen und mittleren Unternehmen so: Verkaufen tut der Chef oder leitende Angestellte; Verkäufer kann man sich nicht leisten. Das geht strategisch und taktisch in Ordnung. Mancher gelernte Ingenieur verkauft besser als mancher gelernte Verkäufer.

Der taktische Mangel liegt ganz woanders: Jene, die für den Verkauf zuständig sind, verkaufen nicht. So lag in dieser Firma die durchschnittliche Kontaktzahl pro Tag und Mitarbeiter bei einem Kundenkontakt. Die Firma verkauft ihre Produkte hauptsächlich über Produktpräsentationen beim Kunden. Doch von diesen umsatztragenden Präsentationen gab es im Schnitt im Quartal nur vier! Das ist eine Suizid-Taktik!

Es war schon lange die Rede davon, dass man für jeden Mitarbeiter im Kundenkontakt die Kontaktzahl eigentlich auf fünf pro Tag und das angestrebte Präsentationsziel auf zwei pro Monat anheben sollte – doch verabschiedet, kommuniziert, offiziell eingeführt, flankiert, trainiert und kontrolliert wurde diese taktische Anweisung jahrelang nicht! Seit die taktische Vorgabe »5 und 2« vor kurzer Zeit verabschiedet wurde, redet keiner mehr über Strategie – denn jetzt brummt der Laden. Jetzt könnte man durchaus über Strategie reden, denn für das Bare in der Kasse ist ja nun gesorgt. Doch jetzt hat plötzlich keiner mehr Lust dazu.

- Bevor Sie sich in strategischen Spielereien verlieren, kümmern Sie sich lieber um Ihre Verkaufstaktiken.
- Strategie ist wichtig – wichtiger sind die Taktiken, denn diese bringen im operativen Geschäft den Umsatz.
- In umsatzstarken Unternehmen ist deutlich ein taktisches Übergewicht festzustellen: »Es geht um den Verkauf – der strategische Rest kommt später!«, sagt ein Verkaufsleiter. Der passende Managementspruch dazu lautet: Strategy follows tactics.
- Verkaufstaktik lässt sich zwar auch qualitativ darstellen (»Wir unterbieten jeden Konkurrenten!«), doch quantitativ ist besser: Geben Sie konkrete Leistungsziele vor (zum Beispiel Kontaktzahl oder Anzahl der Präsentationen).
- Solange Ihr taktisches Verhalten gravierende Mängel aufweist, ist jede strategische Diskussion reine Pseudobeschäftigung für die Geschäftsleitung! Wenn die Verkäufer nicht ihre Zahlen bringen, weil sie keine oder die falschen haben, dann darf der Chef nicht abgehoben über Strategie plaudern! Das ist galoppierender Realitätsverlust, zu dem die Mitarbeiter regelmäßig den Kommentar abgeben: »Typisch Chef, er faselt abgehoben über Strategie, während wir uns hier die Finger wund wählen!«
- Für jede Minute, die Sie abgehoben über »Strategie« nachdenken, verlieren Sie einen Kunden, weil Ihre Taktik ihn nicht erreichen oder halten kann.
- Nicht Ihre Strategie rettet Ihren Umsatz, sondern Ihre Taktik.

Telefon-Marketing ist ein Muss

Erschreckend viele kleine und mittlere Unternehmen haben die Erfindung des Telefons noch nicht mitbekommen. Sie benutzen es zwar, um selber

Dinge zu bestellen (Unterlagsscheiben, Pizza für die Mittagspause), jedoch nicht für die Akquise. Sie müssen nicht gleich ein Call Center einrichten oder beauftragen, aber:

- Führen Sie (neben Besuchen) auch die telefonische Betreuung von Kunden ein.
- Schulen Sie dafür ausgewählte Mitarbeiter – ohne Training blamieren diese die Firma nämlich nur.
- Geben Sie Standards of Performance für das Telefon-Marketing aus. Bei A-Kunden gilt zum Beispiel in vielen Unternehmen: mindestens ein Anruf pro Woche.
- Passen Sie die Gesprächsleitfäden dem Telefonverkauf an (denn am Telefon kann man keine Prospekte zeigen!).
- Besonders geeignet für den Telefonverkauf sind Stammkunden, weil diese Sie bereits kennen.
- Geeignet sind jedoch auch kalte Telefonnummern, weil der Erstkontakt oft am besten telefonisch erfolgt (zumindest für eine erste Terminvereinbarung).
- Vor dem Telefonverkauf haben selbst eingefleischte Verkäufer eine Heidenangst. Einer von zehn ist mutig. Also wählen Sie Ihr Telefonteam sorgfältig aus. Am Telefon ist Mut wichtiger als Kompetenz, weil Kompetenz sich meist nicht traut.
- Sie müssen am Telefon nicht gleich abschließen – doch für die Auftragsanbahnung und die Bedarfsanalyse ist das Telefon meist effizienter als ein Besuch.

Testimonials verkaufen besser als Sales-Slang

1. »Die kritische Rückkopplungsdistanz beträgt nur 30 Zentimeter!«
2. »Mit diesem Mikro können Sie direkt vor einem Lautsprecher vorbeispazieren und es gibt kein lästiges Rückkopplungs-Kreischen!«

Welche der beiden Aussagen verkauft besser? Die Art der ersten Aussage kennen Sie sicher aus Ihrer Erfahrung als Kunde: Das ist typischer Sales-Slang, wie Sie ihn in jedem Verkaufsgespräch hören und jedem Prospekt nachlesen können. Überzeugt Sie das? Nein, weil Sie den ersten Satz

a. kaum verstehen, er ist schwer verständlich, da fachchinesisch (eben Sprachmüll);
b. nicht überzeugend finden, weil er zu sachlich ist.

Die zweite Aussage dagegen ist für jeden Laien sofort verständlich und vor allem überzeugend, weil sie emotional anspricht. Peinlicherweise hat diese zweite Aussage keiner der hoch bezahlten Marketing-Strategen oder einer der Verkäufer des Unternehmens geprägt, sondern – wer wohl? – ein zufriedener Kunde.

Praktikertipp: »Hören Sie auf Ihre Kunden«, rät der Spitzenverkäufer eines Elektrohändlers. »Sie sind die besseren Verkäufer!« Bauen Sie Testimonials in Verkaufsunterlagen und Argumentationen ein!

»Testimonial« nennt man eine wörtliche Äußerung, ein Zitat eines (zufriedenen) Kunden. Als zitiertes Unternehmen seine monatlichen Mailings auf Testimonials umstellte, verdoppelte sich deren Response (Rücklauf) und die Auftragsquote stieg um 50 Prozent. Wie heißt es so schön? Das Wort ist mächtiger als das Schwert. So einfach Testimonials sind, die meisten Manager und Verkäufer kriegen es fertig, selbst hier Fehler einzubauen. Deshalb:

- Verhunzen Sie die wörtliche Aussage des Kunden nicht, zitieren Sie immer nur wortwörtlich! Kunden haben ein feines Gespür und erkennen sofort, wenn ein Verkäufer dazwischengetextet hat. Kunden reagieren am besten auf ihre eigene Sprache.

Wissen Sie, warum umsatzschwache Verkäufer und Manager keine Testimonials einsetzen? »Was der Kunde sagt, ist doch egal. Der kennt sich doch fachlich überhaupt nicht aus.« So eine Einstellung ist ein Mega-Umsatzkiller. Denn wenn Sie gegen den Markt kämpfen, kommen Sie nie auf einen grünen Zweig. Man kann nie gegen, immer nur mit dem Markt gewinnen.

Übrigens, was tun Sie, wenn Sie Ihre Unterlagen mit Testimonials angereichert haben und die Kunden immer noch nicht positiv darauf reagieren? »Testimonials funktionieren bei uns nicht!«, sagen darauf umsatzschwache Menschen und hüpfen zum nächsten Rezept weiter; Method Hopping nennt man das. Umsatzstarke Menschen dagegen fragen: »Wenn die Kunden trotz Testimonials nicht anbeißen – woran könnte es dann liegen?« Umsatzstarke Menschen können analytisch denken. Sie beherrschen die Ursachenanalyse. Das ist immer besser, als jede Woche eine neue Methode auszuprobieren. Denn damit kommt man nie auf einen grünen Zweig.

Tests verkaufen

Zu allen denkbaren und undenkbaren Produkten und Dienstleistungen werden jährlich von den verschiedensten Organisationen neue Tests veröffentlicht. Was passiert, wenn so ein Test erscheint? Manager und Verkäufer sehen, dass sie nicht Testsieger wurden, und werfen den Test fluchend in die Ecke. Selbst wenn sie Testsieger wurden, fangen sie nichts damit an: »Die Kunden werden das schon lesen.« Nein, werden sie nicht. Welcher Kunde liest schon regelmäßig Test- und Fachzeitschriften? Ist es denn so wichtig, den Kunden auch noch die neuesten Tests unter die Nase zu halten? Sehen Sie, mit dieser Einstellung haben wir täglich in der Beratung zu kämpfen. Wir erwidern darauf gerne: »Ob das wichtig ist? Wissen wir nicht. Wie wichtig ist Ihnen denn Ihr Umsatz?« Die Antworten lassen oft tief blicken.

Praktikertipp: »Tests verkaufen besser als jeder Prospekt und jede Verkäuferaussage«, sagt der Verkaufsleiter eines Metall-Zulieferers. Verkaufen Sie über Testergebnisse!

Warum verkaufen Tests besser als Verkäufer? Weil sie glaubwürdiger sind – und leider meist auch einfacher zu verstehen und anwendungsorientierter formuliert als Verkäuferaussagen.

- Um einen Test akquisitorisch für Sie arbeiten zu lassen, müssen Sie nicht Testsieger sein.
- Es reicht, wenn Sie bei einzelnen Testkriterien sehr gut abschnitten, zum Beispiel: »Von der Stiftung Warentest mit ›sehr gut‹ für die Bedienerfreundlichkeit ausgezeichnet!«
- Teilen Sie jedes positive Testergebnis sofort per E-Mail Ihren Kunden mit.

- Bei dieser Mitteilung dürfen und sollen Sie emotional sein: »Wir sind stolz …«
- Briefen Sie die Verkäufer, damit diese den Test argumentativ einsetzen können.
- Nehmen Sie alle positiven Testergebnisse in die Verkaufsunterlagen auf.
- Weisen Sie Ihre Entwicklung an, die negativen Testergebnisse zu verbessern!

Totalrekrutierung bringt total viel Umsatz

Praktikertipp: Der Chef eines Software-Unternehmens sagt: »Wir haben so viele Verkäufer, wie wir Mitarbeiter haben. Jeder Mitarbeiter ist auch Verkäufer. Und jeder Mitarbeiter hat auch schon mindestens einen Deal an Land gezogen. Jeder Mitarbeiter trägt unseren Prospekt und eine Demo-CD ständig bei sich – auch im Freibad!« Sorgen Sie dafür, dass jeder Ihrer Manager und Mitarbeiter sich zum Verkaufen aufgefordert fühlt!

Man darf sich von der Totalrekrutierung keine Wunder erwarten. Doch immerhin liegt der Umsatzanteil der so genannten Mitarbeiterverkäufe in diesem Unternehmen bei 17 Prozent. Darunter sind vor allem etliche Deals, welche die Verkäufer mangels Kontakten nicht hätten anleiern können. Und wer möchte schon auf 17 Prozent Umsatz verzichten?

Natürlich werden Sie es kaum schaffen, dass jeder Ihrer Mitarbeiter irgendwann einen Abschluss an Land zieht. Doch selbst wenn nur die Hälfte es schafft, ist das doch ein schöner Zusatzumsatz, oder? Was hindert die Mitarbeiter daran? Das hat viele ziemlich dumme Gründe. In den meisten Unternehmen wissen die »gewöhnlichen« Mitarbeiter noch nicht einmal, dass sie selber verkaufen dürfen oder sollen. Oder sie müssen tausend Formulare ausfüllen, wenn sie es wollen. Oder sie bekommen keine Provision, weil das der Vertriebschef nicht gerne sieht. Alles gute Gründe. Doch alles Gründe, die umsatzstarke Unternehmer nicht im Geringsten interessieren. Für sie zählen weder die Empfindlichkeiten im Vertrieb noch die Formularflut, sondern einzig und allein der Umsatz.

Tote Kunden kaufen nicht

Einer der schlimmsten und am meisten in der Fachliteratur diskutierten Umsatzkiller ist die Abschlussschwäche. Die meisten Menschen im Kundenkontakt beraten ihre Kunden zu Tode – so heißt das tatsächlich im Fachjargon. Das heißt, der Kunde ist schon nach 20 Minuten Verkaufsgespräch abschlussbereit, doch der Verkäufer erklärt ihm auch 30 Minuten später noch ein technisches Detail, schildert noch ein Produkt-Feature, zeigt noch ein Schaubild, geht auch noch auf die Finanzierung ein. Das Ende vom Lied kennen Sie: Der Kunde überlegt es sich noch mal. Mit einer guten Begründung: »Wenn der Verkäufer sich offenbar nicht sicher ist, kann ich doch nicht ruhigen Gewissens kaufen!« Der Verkäufer hat den Kunden totberaten.

- Woran erkennen Sie, dass ein Kunde abschlussreif ist? Die meisten Menschen wissen es nicht. Stellen Sie einen Katalog mit Indikatoren auf: Mimik, Gestik, Körperhaltung, verbale und nonverbale Äußerungen.
- Bauen Sie Reifetests ein. Berühmt ist der Kühlschranktür-Test. Ein pfiffiger Verkäufer warf bei der Vorstellung verschiedener Kühlschränke immer die Tür unsanft zu. Zuckte der Kunde bei einem Modell zusammen, war das ein Indiz dafür, dass er sich innerlich bereits für dieses Modell entschieden hatte. Wie könnten Sie die Abschlussreife Ihrer Kunden testen?
- Blickkontakt ist ein gutes Reifezeugnis. Der Kunde blickt Sie erwartungsfroh an.
- Wenn die nonverbalen Zeichen sich mehren und zwei Reifetests positiv sind, stellen Sie die prophylaktische Abschlussfrage: »So weit zu meinem Angebot. Möchten Sie noch etwas wissen?«
- Wenn er darauf Nein sagt und Sie trotzdem noch unsicher sind, fragen Sie nochmals ganz vorsichtig an: »Gibt es noch etwas, was uns hindern würde, das Geschäft perfekt zu machen?«
- Etwas pfiffiger ist die Formulierung: »Was hält Sie noch davon ab, gleich glücklicher Besitzer eines … zu werden?«
- Lautet die Antwort: »Nichts«, dann drücken Sie ihm den Kuli in die Hand.
- Bei jeder anderen Antwort klären Sie die aufgeworfene Unklarheit – aber bitte nur diese und so kurz wie möglich! Sonst fühlt sich der Kunde verbal auf die Folter gespannt.

- Danach stellen Sie wieder die Abschlussfrage.
- Mit dieser Methode erreichen Sie im Schnitt eine Reduktion der Verkaufsgesprächsdauer um 30 bis 50 Prozent.
- Überlegen Sie mal, wie viel mehr Umsatz Sie machen könnten, wenn Sie für jedes Verkaufsgespräch nur die Hälfte der Zeit bräuchten! Sind das nicht schöne Aussichten?

Trainingskompetenz ist Umsatzkompetenz

Umsatzschwache Manager sehen ein Umsatzpotenzial und weisen ihre Mitarbeiter an: »Das muss angezapft werden!« Was passiert? Das ahnen Sie: nicht viel. Warum? Weil die Mitarbeiter passiv und lustlos sind? Das ist die beliebteste Erklärung. Sie ist eine Illusion. Woran liegt es dann? Gegenfrage: Trauen Sie sich zu, auch nur ein einziges Potenzial, das Sie in dieser Potenzialsammlung gelesen haben, auf Anhieb, aus dem Stand und ohne weitere Vorbereitung zu realisieren? Wenn Ihre Antwort »Nein« lautet, haben Sie einen sehr guten Umsatzriecher.

Praktikertipp: Der Marketingvorstand eines großen Mittelständlers meint: »Ich kenne kein Umsatzpotenzial, das man untrainiert erreichen könnte.« Training ist Umsatzvoraussetzung! Trainieren Sie!

Wenn Sie die Potenziale, die Sie auf diesen Seiten lesen, genauer anschauen, werden Sie meist auf den ersten Blick erkennen: Das können Sie nicht anordnen, das muss erst trainiert werden. Umsatzschwache ordnen an, Umsatzstarke trainieren. Oder glauben Sie etwa, dass der FC Bayern München deshalb deutscher Rekordmeister ist, weil Franz Beckenbauer das anordnete? Nein.

▶ Wer trainiert wie ein Champion, ist erfolgreich wie ein Champion.

Es dauert immer eine Weile, bis das neue Verhalten zur Erschließung eines Umsatzpotenzials hinhaut, Ergebnisse zeitigt. Diese Zeit nennt man Trainingszeit. Man muss mit den Mitarbeitern sprechen, sie fragen, was sie wie gemacht haben, was gut und was weniger gut funktioniert hat, wie sie es besser zu machen gedenken, und diese verbesserten Abläufe ein paarmal mit ihnen üben. Das nennt man Training. Das heißt nicht, dass Sie ständig einen externen Trainer engagieren müssen. Ab und zu holt man sich Externe zum Anschieben, zur Anregung und Kontrolle, doch ein guter Vorgesetzter hat auch Trainerkompetenz. Das gehört inzwischen zum Jobprofil. Der Vorgesetzte ist der erste Trainer seines Teams. Wer gut trainiert, macht gut Umsatz.

Transferkompetenz steigern

Kein einziges der Umsatzpotenziale, das Sie bislang auf diesen Seiten gefunden haben, wird Sie überrascht oder intellektuell überfordert haben. Umsatz ist kein Problem des Wissens, sondern des Handelns. Nehmen wir zum Beispiel das Potenzial »Berichtswesen«. Unternehmen, in denen Mitarbeiter Gesprächsberichte ausfüllen, die ausgewertet werden, weisen deutlich mehr Umsatz aus als berichtsabstinente. Wissen die Abstinenten nichts von Besuchsberichten? Doch, natürlich. Jeder Manager weiß, was ein Besuchsbericht ist. Genau das ist das Problem: Wissen heißt nicht Handeln.

Bei erfolgreichen Unternehmen steht nichts zwischen Wissen und Handeln. Bei weniger erfolgreichen ist dieser Transfer vom Wissen zum Handeln behindert. Als Hindernisse treten meist persönliche oder betriebspolitische Blockaden auf. So verriet uns ein Verkaufsleiter unlängst: »Meine Verkäufer sollen ihre Zeit nicht mit Berichten verplempern, die sollen verkaufen!« Da verwechselt ein Manager offensichtlich Ursache und Wirkung. Das ist das erste Transferhindernis: persönliches Unvermögen. Das zweite ist: Keiner redet ihm seine Flausen aus, auch nicht der Geschäftsführer, der dafür zuständig wäre. Also weiß weiterhin fast jeder im Betrieb, dass Berichte dem Umsatz gut tun würden – aber es passiert nichts. Umsatzstarke Unternehmen

- gehen transferorientiert vor; sie räumen geduldig jedes Hindernis beiseite, das zwischen ihnen und dem Umsatz steht;
- sorgen dafür, dass das, was sinnvoll und nötig ist, nicht durch persönliche oder politische Hemmnisse blockiert wird.

Um es auf den Punkt zu bringen: Umsatz ist in der Regel kein akquisitorisches, sondern ein Transferproblem. Die tollsten Umsatzpotenziale liegen brach, nicht weil die Leute nichts davon wüssten, sondern weil Transferprobleme deren Anzapfen verhindert. Wer transferstark ist, macht auch starken Umsatz.

Transferquoten-Systeme sind wahre Goldesel

Wir stellen immer wieder fest: Je besser Unternehmen ihren Verkauf und Vertrieb steuern, desto höher ist ihr Umsatz. Das ist trivial, werden Sie sagen. Bessere Steuerung ist doch immer besser! Logisch, doch in der Praxis ist das nicht die Frage. In der Praxis herrscht im Vertrieb (wie in vielen anderen Unternehmensbereichen auch) ein heilloses Steuerungs-Durcheinander. Es gibt viele Steuerungsinstrumente, doch kein System. Hinzu kommt, dass die meisten Steuerungsinstrumente wie zum Beispiel Provisionen, Boni oder Incentives ergebnisorientiert sind. Doch mit dem Ergebnis an sich lässt sich kein Prozess steuern – das ist logisch ausgeschlossen. Ein Prozess lässt sich immer nur über die Leistung steuern. Denn die Leistung ist die Ursache, das Ergebnis nur die Wirkung der Ursache. Eine vernünftige Steuerung setzt immer an der Ursache, nicht an der Wirkung an.

Ein simples, aber extrem wirkungsvolles, da leistungsorientiertes Steuerungssystem ist das Transferquoten-System. Nehmen wir an, eine Investitionsgüterfirma verschickt als Erstkontakt E-Mails, fasst dann telefonisch per Innendienst nach, schickt den Interessierten danach weiteres Info-Material, vereinbart mit den danach noch Interessierten Gesprächstermine für den Außendienst, der wiederum den noch Interessierten eine Präsentation der Produkte vorschlägt, wonach es eben zum Abschluss kommt oder nicht. Dann erkennen Sie mit Ihrem inzwischen umsatzpotenzial-geschärften Blick auf Anhieb einen fünfstufigen Akquiseprozess, wobei die Nebenbemerkung erlaubt sei, dass viele kleine und mittlere Unternehmen so unstrukturiert verkaufen, dass ihnen noch nicht einmal aufgefallen ist, dass ihr Verkauf Stufen hat.

Das Entscheidende ist nun: Zwischen jeder Akquisestufe gibt es einen aktiven Übergang, einen so genannten Transfer. Dieser Transfer ist das herausragende Leistungsmerkmal Ihres Verkaufsprozesses. Mit ihm steuern Sie den Prozess. Natürlich quantitativ – auch das versteht sich von selbst, obwohl es vielen Verantwortlichen in kleinen und mittleren Unternehmen nicht ganz so klar ist. Am besten geschieht das tabellarisch, und zwar für jeden einzelnen Verkäufer und für die komplette Sales Force.

Transfertabelle

In einer Transfertabelle drücken Sie die Anzahl der Aktionen in den einzelnen Transferstufen sowie die Transferquote in Prozent als Verhältnis der nachfolgenden zur vorhergehenden Transferstufe aus. Eine solche Transfertabelle erstellen Sie nach einer größeren Akquiseaktion, in der Sie bespielsweise E-Mails, den Versand von Infomaterial, persönliche Gesprächstermine und umfangreiche Präsentationen durchgeführt haben. Eine Transfertabelle kann wie folgt aussehen:

Transferstufe	Anzahl	T-Quote (%)
E-Mailing	100	–
Info-Material	60	60
Gesprächstermin	30	50
Präsentation	20	66
Abschluss	5	25
Gesamtquote		**5**

Einen Steuerungsstrategen machen Sie mit so einer Tabelle überglücklich. Denn die Tabelle enthält eine Umsatzgarantie (und wo gibt es das noch in diesen unsicheren Zeiten?). Da die Gesamttransferquote ceteris paribus (wenn alle betrachteten Faktoren gleich bleiben) konstant ist, können Sie sagen: *Um garantiert fünf Aufträge zu bekommen, müssen meine Verkäu-*

fer lediglich 100 Interessenten anmailen! So einfach kann Umsatzerfolg sein.

So schön das ist, darauf kommt es professionellen Vertriebsstrategen nicht einmal so sehr an. Denn die wichtigeren Potenziale stehen nicht in der letzten Tabellenzeile, sondern in den voranstehenden. Jede einzelne Zeile eröffnet ein Umsatzpotenzial:

- Warum schaffen es meine Verkäufer nur, an sechs von zehn Angemailten Info-Material zu verschicken? Wie kann diese Quote gesteigert werden? Denn wenn sie gesteigert wird, steigt automatisch auch die Abschlussquote!
- Was sind die Gründe dafür, dass nur fünf von zehn Informierten einen Termin vereinbaren? Wie können möglichst viele davon ausgeräumt werden? Denn je mehr Termine, desto mehr Aufträge.

Und so weiter. So analysiert ein guter Verkaufsleiter Verkaufsstufe um Verkaufsstufe, optimiert sie, indem er die Transferquote der Stufe erhöht, und steigert damit wie bei einem Kaugummi-Automaten den Umsatz: Steckt man oben mehr rein, kommt unten mehr raus.

Trotzpreis für Trotzdem-Umsätze

Mit etwas Erfahrung werden Sie schon erlebt haben, dass Mitarbeiter und Verkäufer nicht immer das tun, was Sie von ihnen erwarten. Wenn zum Beispiel das Management ein Umsatzpotenzial sieht, dann heißt das nicht, dass auch die Mitarbeiter es sehen. Wenn Sie ihnen ein Umsatzpotenzial aufzeigen, was sagen dann Ihre Mitarbeiter? »Hurra, das zapfen wir an!«? Schön wär's. Die meisten sagen: »Das haben wir doch schon probiert, das geht nicht, weil …« Umsatz ist meist kein Problem des Verkaufs, sondern des Change Managements. Erfahrene Manager wissen, dass es unter Umständen Monate dauern kann, bis die Verkäufer und Mitarbeiter ein bestimmtes Umsatzpotenzial auch nur geistig akzeptieren, geschweige denn, es tatsächlich anzapfen. Mit dem Trotzpreis lässt sich diese umsatzvernichtende Zeitverzögerung erheblich reduzieren, wenn nicht ganz eliminieren.

Praktikertipp: »Wann immer meine Mitarbeiter über ein Umsatzpotenzial sagen: ›Das geht doch nicht!‹, lobe ich einen Preis für den Ersten aus, der es trotzdem schafft!«, erzählt der Verkaufsleiter eines Chemie-Unternehmens. Belohnen Sie systematisch Mitarbeiter, die sich gegen die »Geht-nicht«-Haltung auflehnen!

Der Effekt ist verblüffend. Da es nichts gibt, was unmöglich wäre, schafft es einer der Topleute irgendwann und bekommt publikumswirksam den Trotzpreis verliehen – danach bricht der Damm auch bei den restlichen Mitarbeitern. Bei Veränderungen benötigen die meisten Menschen einfach nur ein Vorbild, damit auch sie es sich zutrauen. In der Zwischenzeit hat sich der Lerneffekt aus dem Trotzpreis verallgemeinert: Der zitierte Verkaufsleiter braucht den Preis nur auszuloben, dann veranstalten zwei Drittel der Mitarbeiter auch schon ein Wettrennen, um ihn zu erringen (ein lustloseres Drittel gibt es in jedem Team).

Turnaround Management

Wenn Sie immer mal wieder Umsatzpotenziale aus diesem Buch anpacken, mit keinem aber so recht den erhofften Erfolg erringen, ärgern Sie sich nicht, sorgen Sie sich nicht, machen Sie sich keine Vorwürfe. Sie sind nicht allein. Ungefähr zwei Dritteln aller Unternehmen, Manager und Verkäufer geht es so. Wenn man jahrelang Umsatzpotenziale brachliegen ließ, kann man diese nicht einfach so über Nacht plötzlich anzapfen. Denn die jahrelang in die falsche Richtung aufgebauten und gepflegten Gewohnheiten, Verhaltensweisen, Strukturen, Verkaufsunterlagen, Präsentations- und Argumentationsfehler, Schlampereien und umsatzhinderlichen Entscheidungsprozesse stehen dagegen.

Praktikertipp: »Die schlimmsten Umsatzhindernisse sind nicht im Markt, sondern im eigenen Unternehmen«, weiß der Vertriebsvorstand eines Pharma-Mittelständlers. Sind die internen Hindernisse zu groß, machen Sie Turnaround Management!

Turnaround Management ist eine Wissenschaft für sich, die Ihnen leichter fällt, wenn Sie Folgendes wissen und beherzigen:

- Wenn ein Unternehmen zu lange Umsatz verschenkt, werden die internen Umsatzhindernisse übermächtig.
- In dieser Situation ist nicht der Umsatz der Engpass, sondern die Beseitigung der internen Hemmnisse.
- Erst wenn eine kritische Anzahl dieser Hindernisse beseitigt ist, schafft man die Wende (englisch: Turnaround).
- Das heißt: Nicht Verkaufs-, sondern Change-Kompetenz ist gefragt.
- Konkret: Alles dauert sehr viel länger als angenommen. Beispiel: Einer unserer Kunden benötigte sechs Monate für die Einrichtung von Telefon-Marketing – so lange dauerte es, bis die vorhandenen Mitarbeiter endlich (nach etlichen Trainings) den Mut und die Kompetenz fanden, »kalt« zum Telefonhörer zu greifen.
- Die meisten Manager schaffen den Turnaround nur mit Unterstützung eines externen Coaches oder Prozessbegleiters, denn jahrelang aufgestaute interne Hindernisse auszuräumen ist etwa so schwierig, wie sich nach zwanzig Jahren Qualmerei das Rauchen abzugewöhnen.
- Also zögern Sie nicht, wenn Sie sich überfordert fühlen – holen Sie kompetente Unterstützung von außen!

Typenzentriert verkaufen

Jeder Kunde ist anders – das weiß jeder, der schon mal verkauft hat. Trotzdem gibt es klar wahrnehmbare Typen von Kunden. Da gibt es die Kopfmenschen, denen man nur mit *Zahlen, Daten, Fakten* (ZDF) kommen darf und die sich jede Gefühlsregung verbieten, weil sie das für unsachlich halten. Es gibt aber auch Bauchmenschen, bei denen Sie mit ZDF abblitzen, weil sie Sie dann für einen gefühlskalten Killer halten, der nur am Umsatz interessiert ist.

Es liegt auf der Hand: Wenn Sie beide Kundentypen nicht auf den ersten Blick erkennen und vor allem mit Ihrer Argumentation nicht charaktergerecht auf sie eingehen können, werden Sie immer nur jenen Typen verkaufen können, die Ihnen zufällig liegen – und bei allen anderen abblitzen oder Riesenprobleme haben (was sich zum Beispiel an der Einwandsquote widerspiegelt).

Deshalb raten wir Ihnen: Verkaufen Sie typologisch. Eignen Sie sich eine wissenschaftlich validierte Typologie an. Das ist einfach. Buchlektüre oder Seminar und ein wenig Übung reichen völlig aus, um damit klarzukommen. Wir empfehlen übrigens die weltweit am stärksten verbreitete, wissenschaftlich validierte Typologie: den Myers Briggs Type-Indicator. Daher: Googlen Sie oder schlagen Sie einfach bei Amazon nach. Besser ist natürlich wie immer ein Präsenztraining.

Überheblichkeit bekämpfen, wo immer es sie gibt

Es hat uns jedes Mal aufs Neue eine diebische Freude gemacht, Probeseiten dieses Buches umsatzschwachen Managern und ihren Mitarbeitern vorzulegen. Wir hatten schon lange die Annahme aufgegeben, dass diese die Seiten verschlingen und uns kniefällig für die vielen Umsatzpotenziale danken würden. Denn wenn sie das hätten tun können, dann wären sie ja nicht umsatzschwach! Umsatzschwache Menschen und Unternehmen leiden nämlich oft unter einer der sieben Todsünden: Überheblichkeit. Im Kanon der biblischen Todsünden heißt sie übrigens Hoffart.

Praktikertipp: Der neu eingestellte Verkaufsleiter eines Modeunternehmens klagt: »In diesem Betrieb kann ich kaum etwas ausrichten. Nicht die Konkurrenz macht uns kaputt, sondern die eigene Überheblichkeit.« Bekämpfen Sie Überheblichkeit, wo immer sie Ihnen begegnet!

Überhebliche Menschen nutzen Umsatzpotenziale nicht, sie tun sie ab mit folgenden formelhaften Verdrängungen:

- »Sicher, es läuft gerade nicht so gut – aber schließlich sind wir immer noch der beste Anbieter im Markt. Die anderen liefern doch nur Müll!«
- »Natürlich läuft manches nicht rund, aber ich sehe keinen Handlungsbedarf.«
- »Das wird alles wieder besser, wenn der Aufschwung kommt.«
- »Das sind alles nette Ideen, aber bei uns funktioniert das doch nicht!«
- »Erzählen Sie mir nichts, Sie sind nicht aus der Branche!«
- »Ich kenne ein Unternehmen, wo das auch nicht funktioniert hat.«
- »Wir tun doch schon alles, was möglich ist!«

Wer solche Sprüche klopft und tatsächlich auch daran glaubt, hat keinerlei Motivation, am Status quo irgendetwas zu ändern. Solche Menschen kaufen sich in der Regel auch keine Umsatzbücher. Dass Sie sich bis auf diese Buchseite vorgearbeitet haben, bedeutet, dass Sie der lockenden Versuchung der Sünde nicht anheim gefallen sind – aber ganz sicher etliche Ihrer Mitarbeiter, Kollegen und Vorgesetzten. Daher:

- Bekämpfen Sie bei sich jeden Anflug von Hochmut. Hochmut ist schön – doch Hochmut kommt vor dem Umsatzfall.
- Kultivieren Sie bei sich und anderen durchaus eine latente Unzufriedenheit. Unzufriedenheit mit dem Status quo ist der Grundtrieb jeder menschlichen Entwicklung (sonst hätte niemals jemand den Reißverschluss erfunden).
- Bekämpfen Sie bei Ihren Mitarbeitern jeden Anflug von Hochmut. Erinnern Sie sich an Ex-Forschungsminister Riesenhuber, der sagte: »Wer sich auf seinen Lorbeeren ausruht, trägt sie an der falschen Stelle!«
- Lassen Sie Ihre Mitarbeiter ihre Erfolge feiern – wer Erfolge feiert, motiviert sich für neue Erfolge.
- Doch treiben Sie ihnen jeden Anflug von saturierter Trägheit aus.
- Hochmütige Mitarbeiter bringen Sie am schnellsten auf den Boden der Tatsachen zurück, indem Sie ihnen Tatsachen nennen wie zum Beispiel: »Sicher, allen in der Branche geht es schlecht. Doch während alle anderen im Schnitt drei Prozent Umsatz verloren, verloren wir acht! Nennen Sie das etwa tolerabel? Ich nicht. Also ran an den Speck!«

Überzeugung überzeugt

Wenn Manager mehr Umsatz brauchen, sind sie gerne auf der Suche nach der Wunderpille: »Welche Kampagne, welcher Zusatznutzen, welche Innovation könnte uns einen Umsatzvorsprung bringen?« Das ist eine zulässige Überlegung. Leider wissen die meisten von uns aus Erfahrung, dass es dieses Wundermittel nicht gibt und selbst die tollsten Kampagnen oder Innovationen letztendlich doch enttäuschen oder mit exorbitant hohem Aufwand verbunden sind.

Praktikertipp: »Die größten Umsatzreserven liegen nicht in neuen Produkten, Kampagnen oder Services«, rät der Entwicklungschef eines Sicherungssystembauers, »sondern im Abstellen alter Mängel bei Akquise und Kundenbetreuung.« Stellen Sie einen der dicksten Mängel ab: Sorgen Sie dafür, dass Ihre Mitarbeiter, Manager und Verkäufer überzeugt sind von Firma, Produkt und sich selbst!

Die meisten Verkäufer, Führungskräfte und Mitarbeiter im Kundenkontakt sind nämlich alles andere als überzeugt von Nutzen, Wirkung, Effektivität, Effizienz und Marktchancen ihrer Produkte und Dienstleistungen. Wenn schon Ihre Verkäufer nicht von Ihrem Angebot überzeugt sind, wie sollen sie dann Ihre Kunden davon überzeugen?

Natürlich ist dieser Umsatzkiller fast jedem Manager bekannt. Es wird nur leider herzlich wenig dagegen unternommen. Warum? »Weil die verdammten Verkäufer gefälligst von unserem Angebot überzeugt zu sein haben! Was bilden die sich eigentlich ein? Wofür bezahlen wir die Kerle eigentlich?« So reden umsatzschwache Manager. Umsatzstarke Kollegen reden anders: »Wenn unsere eigenen Leute nicht von unserem Angebot überzeugt sind, müssen wir eben dafür sorgen, dass sie es schnellstmöglich werden!« Wenn auch Sie sich zu dieser umsatzförderlichen Einstellung durchringen können,

- sprechen Sie mit Ihren Mitarbeitern; das kann ganz informell geschehen;
- unterhalten Sie sich zwanglos über Ihre Angebote – Unzufriedenheit und Zweifel kommen meist schon nach ein, zwei Minuten an die Oberfläche;
- ermutigen Sie die Mitarbeiter, kein Blatt vor den Mund zu nehmen;
- verkneifen Sie sich solche unqualifizierten Gesprächskiller wie: »Ich verstehe nicht, wieso Sie keine Begeisterung für unser Angebot aufbringen!«; Sie sollen dem Mitarbeiter seine Bedenken nicht ausreden – das provoziert nur noch größeren Widerstand; und das ist das Letzte, was Sie brauchen;
- vergewissern Sie sich, dass Sie die Skepsis des Mitarbeiters gegenüber Ihrem Angebot genau und vor allem vollständig verstehen (Nachfragen, Spiegeln);
- machen Sie dann eine ganz normale Einwandsbehandlung, wie sie zum Beispiel jeder Verkäufer auch mit Kunden macht.

Sie können die Einwandsbehandlung auch delegieren. In einem Investitionsgüter-Unternehmen hatten viele Mitarbeiter zum Beispiel Bedenken wegen der Benutzerfreundlichkeit eines neuen Messgerätes. Der Entwicklungschef schickte seinen besten Entwickler in einen Workshop zu den Verkäufern. Dieser textete die Verkäufer mit Fachlatein zu. Danach waren selbst die positiv eingestellten Verkäufer felsenfest davon überzeugt, dass das neue Produkt tatsächlich unverkäuflich sei. Deshalb lud der Entwicklungschef, der im Übrigen stinksauer auf seinen Chefentwickler war, zwölf Meinungsführer unter den Verkäufern zu einem A-Kunden ein, der begeistert von dem neuen Gerät war. Der überzeugte Kunde schaffte, was dem Ingenieur nicht gelungen war: Er zeigte den Verkäufern, dass die Handhabung kinderleicht war, wenn man die Tricks und Kniffe kannte, und überzeugte so die Verkäufer, welche wiederum ihre Kollegen überzeugten. Danach verkaufte sich das neue Gerät fast wie von selbst. Weil die Verkäufer endlich davon überzeugt waren.

- Wenn Ihre Mitarbeiter nicht überzeugt sind von bestimmten Angebotsteilen, dann ruhen Sie nicht, bis sie es sind! Denn sonst fährt Ihre Akquise mit angezogener Handbremse!
- Prüfen Sie den Begeisterungsgrad Ihrer Mitarbeiter und Manager regelmäßig.
- Sorgen Sie dafür, dass der Überzeugungsgrad immer hoch bleibt, indem Sie periodisch auftretenden Einwänden und Zweifel mit einer professionellen Einwandsbehandlung begegnen (Einwandsbehandlung gehört nun mal a) zur Führungskompetenz und b) zur Führungsaufgabe).
- Falls sich in gewissen Punkten eine ausreichende Überzeugung nicht herstellen lässt, sind die Einwände der Verkäufer wahrscheinlich berechtigt und Sie sollten Ihr Angebot entsprechend verbessern.

Umsatzkiller killen

Wenn Sie die Umsatzpotenziale bis hierher durch- oder quergelesen haben, wird Ihnen vielleicht ein wesentlicher Zusammenhang aufgefallen sein:

Praktikertipp: »Meine umsatzschwachen Manager sind nicht deshalb schwach, weil sie weniger Umsatz machen, sondern vielmehr, weil sie mehr Umsatz verhindern«, stöhnt der Inhaber eines kunststoffverarbeitenden Unternehmens. Killen Sie, was Ihren Umsatz killt!

Umsatzschwache Unternehmen leiden tatsächlich unter etwas, was viele Manager und Berater Umsatzkiller nennen. Wenn Sie die Verhaltensweisen der umsatzschwachen Manager unter den einzelnen Stichworten dieses Buches betrachten, wird Ihnen auffallen, dass diese Verhaltensweisen den Umsatz unmittelbar oder mittelbar be- oder gar verhindern.

Auf diesen Seiten finden Sie über zweihundert Umsatzpotenziale – in der Beratungspraxis gehen wir jedoch oft den umgekehrten Weg. Weil sich gerade umsatzschwache Führungskräfte und Mitarbeiter oft schon ein dickes Fell haben wachsen lassen, dringt man mit Umsatzpotenzialen nicht mehr durch, sondern erntet nur die üblichen Sprüche wie: »Das funktioniert bei uns doch nicht!« – »Das haben wir alles schon probiert!« Wenn Ihnen das auch ständig passiert oder wenn Sie mit dieser Abwehrhaltung stark rechnen, dann gehen Sie den umgekehrten Weg:

- Leiten Sie aus jedem Umsatzpotenzial, das Sie auf diesen Seiten finden, den entsprechenden Umsatzkiller ab.
- Fassen Sie sämtliche Umsatzkiller, die Sie finden und sich ausdenken können, zu einer Schwarzliste der Umsatzkiller zusammen.
- Durchforsten Sie anhand dieser Schwarzliste die Prozesse und Verhaltensweisen in Ihrem Unternehmen.
- Seien Sie nicht zu schockiert, wie viele Umsatzkiller Sie im eigenen Führungsbereich finden.
- Hauen Sie den dickfelligen Managern und Mitarbeitern die entdeckten Umsatzkiller um die Ohren.
- Anerkennen Sie jedoch stets, wenn Mitarbeiter und Manager bestimmte gelistete Umsatzkiller vermeiden.
- Vereinbaren Sie, bis wann welche Umsatzkiller wie abzustellen sind.
- Gehen Sie dabei nach dem Führungsgrundsatz »Fordern und Fördern« vor.

Umsatzkonsequenzen simulieren

Ein Kunde schaut bei seiner Münchner Werbeagentur vorbei, um einige Unterlagen abzuholen. Diese sind noch nicht fertig: »Schauen Sie am Freitag noch mal rein«, sagt der freundliche Agenturmitarbeiter. Der Kunde geht grüßend ab und sagt im Auto seinem wartenden Mitarbeiter: »Ich habe mich eben wegen nichts und wieder nichts dreißig Minuten durch den apokalyptischen Stadtverkehr gequält. Am Freitag muss ich mir das nochmals antun. Ich habe dafür kein Wort der Entschuldigung von den Agenturfuzzis gehört. Schließlich bin ich nicht deren Taxifahrer. Ob die nicht wissen, dass derzeit die Hälfte der Stadtagenturen ums nackte Überleben kämpft?« Dieser Kunde wird die Agentur nicht wegen dieser peinlichen Panne verlassen. Aber bei der nächsten wird er sich nach einer anderen umsehen und bei der übernächsten ist er weg. Dann wird sich die Agentur fragen, warum.

Die Antwort ist einfach: Weil der Agentur etwas ganz Umsatzentscheidendes fehlt. Ihr fehlt, wie übrigens allen umsatzschwachen Unternehmen, Managern und Mitarbeitern, eine wesentliche intellektuelle Fähigkeit, nämlich die Umsatzsimulationskompetenz.

Praktikertipp: »Ständig fragen mich Kollegen, Chefs und Medien, was das Geheimnis meines Erfolges sei«, beklagt sich der Spitzenverkäufer eines Komponentenherstellers, »dabei gibt es kein Geheimnis. Ich frage mich einfach nur bei allem, was ich tue oder lasse: Welche Konsequenzen hat das für meinen Umsatz?« Machen Sie es sich und Ihren Managern und Mitarbeitern zur Gewohnheit, alles, was Sie und sie tun und unterlassen, zu hinterfragen: Was hat das für Konsequenzen für den Umsatz?!

Der Agenturfuzzi eben hat nur an eines gedacht: wann der Auftrag voraussichtlich fertig ist. Er hat nicht an den Kunden gedacht. Er hat nicht an den Umsatz gedacht. Er hat nicht an seinen eigenen Arbeitsplatz gedacht. Damit hat er nicht wirklich etwas gedacht, was das Unternehmen weiterbringt. Sein Hirn ist totes Kapital.

- Trainieren Sie Ihren Mitarbeitern das permanente Self-Audit mit der Frage an: »Welche Konsequenzen hat das für meinen Umsatz?«
- Trainieren Sie das so lange, bis die Mitarbeiter die Frage nicht mehr

nur hinterher, sondern schon vorab stellen: »Was hat das, was ich tun möchte, für Konsequenzen für den Umsatz?«

Wenn Unternehmen lauthals verkünden, wie wichtig eine Umsatzsteigerung für sie ist, und dann im nächsten Atemzug Maßnahmen verabschieden, bei denen einem derselbe stockt, dann ist das nicht ein Anzeichen dafür, dass das Unternehmen lügt. Es zeigt lediglich, dass die verantwortlichen Manager nicht umsatzkonsequent denken und simulieren können.

Umsatzorientiert das Unternehmen führen

Haben Sie schon mal bei Amazon oder einem anderen Buchhändler nach Büchern gesucht, bei denen »Umsatz« im Titel steht? Sie können es sich sparen. Es gibt lediglich ein Dutzend, von denen tatsächlich nur eine Hand voll auch für kleine und mittlere Unternehmen geschrieben sind. Zum Thema Verkauf dagegen finden Sie Hunderte Bücher. Das macht Sie stutzig? Da stutzen Sie zu Recht.

In dieser Hinsicht sind wir dem Campus-Verlag ausgesprochen dankbar, dass er als Erster die Bedeutung des Themas erkannt hat, was ein Verdienst ist, und was Autoren auch mal zu sagen gestattet sein muss. Denn der Denkfehler ist eklatant:

Praktikertipp: »Seit wann ist denn Umsatz eine Sache der Abteilung Vertrieb und Verkauf?«, entrüstet sich der Inhaber eines schwäbischen Mittelständlers. »Umsatz muss eine Sache der Unternehmensführung sein!«

Bislang tun die meisten Menschen so, als ob für den Umsatz der Verkauf zuständig sei. Natürlich haben Verkäufer schon seit hundert Jahren dagegen angetobt – doch wer hört schon auf Verkäufer? Dass viele Unternehmen in einer Umsatzkrise stecken, liegt genau an diesem Missverständnis der Zuständigkeiten. Wer Umsatz nur über den Verkauf machen will, ist zum Darben verurteilt. Allein ein Blick auf die in diesem Buch aufgeworfenen Umsatzpotenziale wird Sie vom Gegenteil überzeugen: Da sind mindestens genauso viele Potenziale für und aus dem Verkauf wie Potenziale drin, die der Verkauf überhaupt nicht oder nicht alleine stemmen kann.

- Die Antwort auf die Umsatzfrage ist nicht »Verkauf«.
- Die Antwort lautet »umsatzorientierte Unternehmensführung«.
- Erst wenn alle bekannten Umsatzpotenziale angezapft werden, sprudelt der Umsatz – und an sehr viele Potenziale kommt der klassische Verkauf überhaupt nicht heran.
- Machen Sie Umsatz zur Aufgabe der Unternehmensführung. Holen Sie ihn aus dem Verkaufs-Ghetto raus!

Umsatzorientiert entlohnen

Wenn man unmotivierte, lustlose, inkompetente oder unhöfliche Mitarbeiter von Unternehmen danach fragt, ob ihr Gehalt auch einen umsatzbezogenen Anteil hat, verneinen das 80 Prozent. Das wundert Sie nicht? Warum sind dann noch nicht die Chefs dieser Mitarbeiter auf diese Idee gekommen? Wieso glauben diese, dass ein Mitarbeiter für Umsatz sorgt, wenn er sein Gehalt auch dann bekommt, wenn er Umsatz vernichtet?

Praktikertipp: Der Inhaber eines großen Warenhauses rät: »Geben Sie jedem Mitarbeiter im Kundenkontakt einen umsatzbezogenen Gehaltsanteil!«

Sagen Sie nicht, dass Sie dafür das Geld nicht hätten, denn logischerweise finanziert sich die Umsatzprovision aus dem *zusätzlichen* Umsatz, den der Mitarbeiter über seinen Status quo hinaus macht. Wenn Sie mehr Umsatz machen, können Sie auch eine Provision daraus zahlen. Und sorgen Sie vor allem dafür, dass der Mitarbeiter erkennt, mit welchen Komponenten seines Verhaltens er für mehr Umsatz sorgen kann – die meisten Mitarbeiter im Kundenkontakt wissen das nämlich schlicht nicht.

Wirkt die Umsatzprovision bei allen Mitarbeitern? Nein. Sie wirkt ungefähr bei zwei Dritteln. Diese zwei Drittel lassen sich durch den monetären Anreiz motivieren: Gemacht wird, was belohnt wird. Dem restlichen Drittel ist es buchstäblich egal, ob Sie Umsatz machen oder nicht, Hauptsache, sie bekommen weiter ihr Gehalt. Von diesem Drittel sollten Sie sich langfristig trennen.

Umsatzorientierte Mitarbeiter einstellen

Wenn wir sehen, welche Mitarbeiter manchmal im Kundenkontakt tätig sind, packt uns das kalte Grauen. »Kundenwadenbeißer« heißen sie im Jargon. Fragen wir den Vorgesetzten, warum um Himmels willen so ein Mitarbeiter eingestellt wurde, sagt der Vorgesetzte immer: »Weil er/sie fachkompetent und erfahren ist!«

Praktikertipp: Der Personalchef eines großen Mittelständlers sagt klipp und klar: »Wir entscheiden uns für den weniger erfahrenen, weniger fachkompetenten Mitarbeiter, wenn er dafür eine stärkere Umsatzorientierung zeigt. Denn Fachkompetenz und Erfahrung kann man einfacher beibringen als Umsatzorientierung.« Stellen Sie keine fachkompetenten Mitarbeiter ein, stellen Sie fachkompetente Mitarbeiter ein, die umsatzorientiert denken (können)!

Das gilt auch für Positionen außerhalb des Kundenkontakts. Wenn ein Entwickler zwar genial ist, aber ständig am Markt vorbeientwickelt, nützt ihm seine Genialität nichts, dann schadet sie Ihnen! Wenn Sie allein dieses Umsatzpotenzial realisieren, sind Sie schon ab der nächsten Neueinstellung Ihrem Mitbewerb die entscheidende Nasenlänge voraus. Denn vor allem im deutschsprachigen Bereich tun die Vorgesetzten so, als ob Fachkompetenz und Erfahrung das allein selig machende Kriterium für die Bewerberauswahl sei. Deshalb stellt Ihr Mitbewerb auch ständig so genannte Umsatztorpedos ein. In Amerika ist das zum Beispiel anders. Da fragt man sich: Wenn ein Ingenieur nicht auch verkaufen kann, wozu ist er dann gut?

Umsatzrelevanz prüfen

Eines überrascht uns immer wieder, wenn wir Unternehmen besuchen: Die Manager beklagen, dass der Umsatz zu wünschen übrig lässt – doch die Mitarbeiter treiben lauter Dinge, die mit dem Umsatz rein gar nichts oder nur entfernt etwas zu tun haben. So überarbeitet derzeit die dreiköpfige Marketingabteilung eines Mittelständlers dessen kompletten Produktprospekt – wofür? Haben sich Kunden oder Verkäufer über den

Prospekt beschwert? Hofft man durch eine bessere Prospektgestaltung mehr zu verkaufen? Nein. »Der Prospekt hat einfach eine Überarbeitung verdient«, sagt der Chefmarketer. Das ist Umsatzverweigerung!

Praktikertipp: »Uns interessiert eigentlich nur eine Frage«, meint der Geschäftsführer eines Familienunternehmens, »und diese Frage stellen wir uns bei jedem Projekt, jeder Maßnahme, jeder Controllingzahl, die wir diskutieren: Was bringt das dem Umsatz?« Stellen Sie sich vor jeder Entscheidung die Frage: Was bringt das dem Umsatz?

Bringt es nichts, wird es nicht gemacht. Das ist Konsequenz! Diese Konsequenz wird mit Umsatz belohnt. Dabei unterscheidet man zwischen direkter und indirekter Relevanz. Direkt für den Umsatz relevant sind alle Maßnahmen, die einen unmittelbaren Effekt auf den Umsatz haben. Die indirekten haben einen mittelbaren Einfluss. Der Geschäftsführer weiter: »Wenn jemand eine Idee hat, ist meine erste Frage: Wie nützt das dem Umsatz? Wenn er den Zusammenhang nicht logisch aufzeigen kann, wird die Maßnahme zurückgestellt, bis er es kann.« Damit ist sichergestellt: »Wir machen nur, was den Umsatz voranbringt.« Das ist effektive Konzentration auf die Kernkompetenz.

Auf diese Weise hat das Unternehmen bereits sein Aktivitäten-Portfolio rank und schlank gekürzt. So wurden bestimmte Sponsoring-Maßnahmen eingestellt, weil sie keine nachweisbare Umsatzwirkung hatten. Dasselbe gilt für Entwicklungsprojekte, bei denen sich die Entwickler lediglich technisch austoben und die keine Marktverwertungschance haben. Meetings dauern nur noch die Hälfte der Zeit, weil der Moderator ständig fragt: »Bringt das unseren Umsatz voran?« Selbst der Chef hat jetzt viel mehr Zeit für das Wesentliche: »Alles, was nicht dem Umsatz dient, ignoriere ich guten Gewissens.« Das erklärt auch, warum so viele Manager zwar über den Umsatz klagen, aber auf Vorschläge zur Umsatzankurbelung mit dem Einwand reagieren: »Aber dafür habe ich doch keine Zeit!« Logisch, wenn sie ihre Zeit mit Umsatzirrelevantem vergeuden. Wer seine Zeit in Umsatz investiert, wird auch mit Umsatz belohnt.

- Betrachten Sie Ihr tägliches Zeitbudget: Wie viel Prozent der Zeit verwenden Sie für Tätigkeiten mit unmittelbarer, mittelbarer oder keiner Umsatzrelevanz?

- Wie sieht die Verteilung bei Ihren Führungskräften und Mitarbeitern aus?
- Was können Sie tun, damit Sie und Ihre Mitarbeiter 80 Prozent des Tages direkt oder indirekt für den Umsatz tätig sind?
- Ignorieren Sie Aufgaben ohne Umsatzrelevanz (eine kleine Zahl Steckenpferde ist erlaubt).

Umsatzwille: Wo ein Wille ist, ist auch Umsatz

Das hört sich nun etwas seltsam an, doch die meisten Firmenlenker, die über den Umsatz klagen, wollen überhaupt keinen besseren Umsatz. Natürlich wünschen sie sich mehr Umsatz – doch den Unterschied zwischen Wunsch und Wille hat ihnen noch keiner erklärt. Ein Beispiel dazu. Noch vor sechs Monaten klagte der Geschäftsführer eines Herstellers für metallbearbeitende Gerätschaften über die schleppende Branchenkonjunktur und kündigte eine »Marktoffensive« an. Inzwischen hat sich die groß angekündigte Marktoffensive festgerannt. Sie ist undermanaged, unterfinanziert und weist rund drei Dutzend eklatant brachliegender Umsatzpotenziale auf. Diese Potenziale werden nicht angezapft, weil in der Zwischenzeit Beleg- und Gewerkschaft eingewilligt haben, dass jeder Mitarbeiter in den nächsten fünf Jahren jährlich 130 Zusatzstunden ohne Lohnausgleich quasi dem Betrieb schenkt. Das macht jährlich eine zweistellige Millionensumme aus. Das Unternehmen ist saniert, die Krise überstanden. Was ist das? Ein Pyrrhus-Sieg.

Denn seit der Verkündigung des Millionengeschenks legt sich der Vertrieb wieder öffentlich auf die faule Haut. Der ganze Restbetrieb hat einen Mordshass auf die Verkäufer, die natürlich vom Millionenopfer ausgenommen sind, weil sie ja nicht ihre Arbeitszeit stempeln müssen. Die High Potentials wandern bereits ab, weil High Potentials auch in konjunkturschwachen Zeiten anderswo immer Arbeit bekommen. Am schlimmsten wiegt jedoch, dass das Unternehmen derzeit von kleinen, aggressiven, ehrgeizigen Mitbewerbern, deren Vertrieb nicht auf der faulen Haut liegt, vom Markt geblasen wird. Das Unternehmen hat sich buchstäblich krankgespart. Es hat sich selbst seine Marktposition kaputtgespart.

Bei den Mitbewerbern wird auch gespart, bringen die Belegschaften auch Opfer – doch der Vertrieb opfert mit. Der Vertriebschef eines kleinen

Mitbewerbers sagte seinen Verkäufern: »Die Belegschaft in Fertigung und Verwaltung schenkt dem Betrieb monatlich acht Stunden – also wird jeder Verkäufer monatlich acht Kundenkontakte quer durch alle Kontaktkategorien zulegen.« Das lässt sich zwar nicht mit den acht geopferten Stunden vergleichen, doch zumindest sieht einerseits die Restbelegschaft, dass sich die Spesenritter nicht zu schade dafür sind, die Ärmel hochzukrempeln. Und andererseits wird dadurch die Marktposition gestärkt – worauf es letztendlich ankommt. Denn Kostensenkungen ohne Umsatzsteigerungen oder zumindest Positionsstärkung sind barer Unfug.

- Senken Sie die Kosten in Ihrem Unternehmen.
- Aber steigern Sie gleichzeitig auf jeden Fall den Umsatz oder zumindest Ihre Marktposition, sonst sparen Sie sich schlank und schlapp.
- Wer Umsatz machen will, muss den Willen dazu haben und vor allem zeigen und leben: Entwickeln Sie (mehr) Willensstärke!

Unbürokratisch verkauft es sich besser

In umsatzstarken Unternehmen geht es überraschend unbürokratisch zu. Den umsatzschwachen ist die Bürokratie wichtiger als der Umsatz. Neulich wollten wir von einem Lieferanten etwas Ausgefallenes. Bei der Bestellannahme schaute er uns ratlos an und sagte: »Für Ihren Wunsch habe ich keine Bestellnummer – ich weiß gar nicht, ob wir das Produkt überhaupt so liefern. Ich muss erst das richtige Formular finden.« Dankend winkten wir ab und riefen bei seinem Mitbewerber an, der uns sagte: »Klar, so gibt es das Produkt auch bei uns nicht, aber das stelle ich Ihnen ad hoc zusammen. Da schreibe ich eben handschriftlich eine Order aus – sollen sich die Buchhalter doch nachher um die Bestellnummern kümmern. Das soll nicht Ihre Sorge sein.«

Pikant ist, dass der Geschäftsführer des ersten Unternehmens seit Jahren klagt: »Gegen den großen Mitbewerber können wir eben nicht anstinken. Der ist zu groß für uns.« Unfug! Dem ist der Umsatz einfach wichtiger als doofe Formulare. Im ersten Unternehmen muss alles seine Ordnung haben – im zweiten muss der Umsatz stimmen, und wenn man dafür auch mal fünfe grade sein lassen muss. Überprüfen Sie:

- Wo behindern Formularkram und Bürokratie Ihre Kunden?
- Was muten Sie Ihren Kunden zu, um bei Ihnen bestellen zu können?
- Haben Sie Ihre Kunden schon mal gefragt, ob sie Ihren Bestellprozess für kundenfreundlich halten und was man daran verbessern könnte?
- Fragen Sie sie das regelmäßig?
- Wo behindern Formularkram und Bürokratie Ihre Verkäufer?
- Welche Vorschläge haben Ihre Verkäufer und Innendienstmitarbeiter, um den Bestellprozess zu entbürokratisieren?
- Fragen Sie sie das regelmäßig?
- Werden die Vorschläge umgesetzt?
- Warum nicht? Stellen Sie die Hemmnisse ab!

Praktikertipp: »Bürokratie behindert den Umsatz«, erklärt der Geschäftsführer eines Großhändlers. »Und zwar sowohl außer Haus als auch im Haus. Wir pflegen so viel Bürokratie wie nötig, aber so wenig wie nur irgend möglich. Wir führen einen ständigen Kampf gegen die überbordende Bürokratie – weil sie unseren Umsatz behindert!« Reduzieren Sie in allen Bereichen die umsatzverhindernde Bürokratie!

Hört sich einleuchtend an? Wissen Sie, was umsatzschwache Manager dazu sagen? »Aber es muss doch alles seine Ordnung haben, sonst regiert hier doch das Chaos!« Wenn uns ein Manager das sagt, verabschieden wir uns höflich und schnell aus der Diskussion. Denn wer Ordnung über den Umsatz stellt, dem ist nicht zu helfen. Fragen Sie sich, was Ihnen wichtiger ist: Bürokratie oder Umsatz, und treffen Sie eine ehrliche Entscheidung.

- Gehen Sie jede Prozessphase bei Akquise und Bestellung durch und fragen Sie sich, Ihre Kunden und Ihre Verkäufer: Erleichtert die Organisation dieser Phase dem Kunden und dem Verkäufer den Umsatz oder erschwert sie ihn?
- Wie könnte es noch leichter und unbürokratischer und damit umsatzkräftiger gehen, ohne dass Sie dabei wichtige Daten verlieren?

Praktikertipp: Der Vertriebschef eines Familienunternehmens rät: »Bei uns herrscht die Maxime: Dem Kunden alles an Bürokratie abnehmen, was irgendwie geht.« Erklären Sie Ihren Verkauf zur bürokratiefreien Zone!

Das ist Service. Wenn ein Kunde kein Formular ausfüllen mag, dann macht das eben der Verkäufer oder die Telefoneuse für ihn. Wenn der Kunde nicht übers Internet bestellen mag, dann darf er eben anrufen. Wenn der Kunde auch das nicht schafft, dann kommt er auf eine Anrufliste und wird regelmäßig vom Innendienst angerufen. Einige umsatzstarke Unternehmen sind in der Zwischenzeit dazu übergegangen, sogar die Bürokratie des Kunden zu erleichtern, indem sie seine Lagerverwaltung, Logistik und Prozesssteuerung teilweise übernehmen – damit der Kunde so wenig wie möglich Bürokratie hat und so viel wie möglich Umsatz bringt.

Unzufriedenheit ist Umsatz

Was machen Sie, wenn der Kunde partout nicht kaufen will? Wenn er schon einen anderen Lieferanten hat? Wenn er keine Zeit für Sie hat? Wenn er Ihre Kompetenz anzweifelt?

Praktikertipp: Alle Spitzenverkäufer sind sich einig: »Unzufriedenheit verkauft super!« Sprechen Sie Kunden auf ihre Unzufriedenheit an!

Umsatzschwache Unternehmen und Verkäufer sprechen Kunden mit ihren Produktvorteilen und -eigenschaften an, mit den überragenden technischen Spezifikationen und vielen bunten Prospekten. Das ist alles gut und schön, aber leider nicht kaufauslösend. Wenn Sie sich eine Wurstsemmel kaufen, was ist dann der Auslöser dafür? Sicher nicht die Semmel, sondern Ihr Hunger!

Warum sollte ein Kunde bei Ihnen kaufen, wenn er mit allem zufrieden ist, was er hat? Also müssen Sie warten, bis der Kunde unzufrieden ist? Nein, warten Sie nicht, wecken Sie seine Unzufriedenheit. Unzufriedenheit ist bei Menschen wirklich leicht zu wecken. Natürlich wird der Kunde auf die Frage, ob er mit seinem aktuellen Lieferanten zufrieden ist, mit Ja antworten. Dann legen Sie los:

- Fragen Sie den Kunden nach den Mängelpunkten, für die Ihr Mitbewerber bekannt ist. Wir fragen zum Beispiel regelmäßig: »Sie planen mit einem Tabellenkalkulationsprogramm – sind Sie mit dessen Rechengenauigkeit zufrieden?« Denn genau darüber klagen die meisten Manager, die mit Tabellenprogrammen planen.

- Sammeln Sie so viele Mängelpunkte wie möglich. Selbstverständlich reisen Sie immer mit einer Mängelliste an, die mindestens 10, besser 20 Punkte umfasst.
- Steigern Sie die Unzufriedenheit des Kunden, zum Beispiel so: »Finden Sie den Zustand denn haltbar? Was sagt Ihr Chef dazu? Was Ihre Kunden? Die Kollegen? Regen Sie sich nicht manchmal fürchterlich darüber auf? Finden Sie es okay, dass Sie für Ihr gutes Geld derart schlecht bedient werden?«
- Lassen Sie den Kunden seine Unzufriedenheit quantifizieren: »Auf einer Skala von eins bis maximal zehn – wie unzufrieden sind Sie mit diesen Mängeln?«
- Je höher der Kunde seine Unzufriedenheit klassifiziert, desto eher hat er sich Ihr Angebot damit selbst verkauft.
- Wenn er schwankt, erinnern Sie ihn immer wieder fragend nach dieser Quantifizierung: »Wie unzufrieden waren Sie nochmal damit?«

Verbands-Werbevorlagen nutzen

Jedes Unternehmen ist in mindestens einem Verband, an das es einen saftigen Mitgliedsbeitrag leisten muss. Dafür stellt dieser Verband auch Dienstleistungen zur Verfügung, von denen die wenigsten Mitglieder etwas wissen, geschweige denn sie benutzen.

- Was kann Ihr Verband in Sachen Marketing, Akquise, Vertrieb, Verkauf, Werbe- und Anzeigenvorlagen, Werbegeschenke, Prospekte und Info-Material für Sie tun? Bringen Sie das doch mal in Erfahrung.
- Rufen Sie jene Leistungen ab, die Ihnen etwas bringen.

Verdrängungswettbewerb ist Pflicht

»Bei diesem Kunden lohnt kein Besuch – der hat schon einen anderen Lieferanten!« Wie oft hören Sie diesen Satz? Wie oft sagen oder denken

Sie ihn selbst? Wissen Sie, was er bedeutet? Er bedeutet die kategorische Absage an einen aktiven Verdrängungswettbewerb und die kategorische Akzeptanz des passiven Verdrängungswettbewerbs: Die Konkurrenz nimmt uns Kunden weg, doch wir nehmen der Konkurrenz keine Kunden weg. Schwach.

Praktikertipp: Der Geschäftsführer eines kleinen Komponentenherstellers empfiehlt: »Dass ein Kunde einen anderen Lieferanten hat, ist für uns kein Grund, ihn nicht zu akquirieren, sondern im Gegenteil der beste Grund, ihn von unserer Leistung zu überzeugen!« Setzen Sie Kunden anderer Unternehmen auf Ihre Akquiseliste!

- Erlassen Sie eine Quote. Jeder Verkäufer muss mindestens ... Kunden pro Woche kontakten, die in fremden Händen sind.
- Erarbeiten Sie gemeinsam mit einem guten Verkaufscoach oder ersatzweise -trainer einen speziellen Gesprächsleitfaden, um diese Kunden zu überzeugen.
- Kern des Leitfadens ist es, die latenten Unzufriedenheiten der Kunden herauszukitzeln und eigene Wettbewerbsvorteile dagegenzusetzen.
- Lassen Sie diesen Leitfaden trainieren und trainieren Sie Ihr Team auch selbst.
- Belohnen Sie jeden Verkäufer besonders, der dem Mitbewerb einen Kunden abjagt.
- Fürchten Sie sich nicht vor der Antwort des Mitbewerbers. Denken Sie olympisch: Möge der Bessere gewinnen! Wir sind sicher, das sind Sie!

Vergleichende Negativwerbung rettet Preis und Absatz

Viele Unternehmer klagen, dass die »Billigheimer« ihnen Markt und Preise kaputtmachen. Die Billigheimer bieten gnadenlos günstige Preise, liefern dafür aber Minderqualität. Das ist schlimm. Schlimmer ist, wie die meisten Qualitätsanbieter damit umgehen: Sie jammern, sie klagen, und sie senken die eigenen Preise – lassen jedoch die Qualität oben. Wenn der Preis sinkt, die Kosten für die gehobene Qualität aber gleich bleiben, dann ruiniert man mit diesem Vorgehen das Unternehmen eher früher als später.

Die AOK brachte in ihrem Kundenmagazin jüngst einen Beitrag über einen Familienvater, der zu einer BKK gewechselt war und von dieser dann im Krankheitsfall nach Strich und Faden im Regen stehen gelassen wurde. Man kann der AOK einiges vorwerfen, doch da hat sie ausnahmsweise ins Schwarze getroffen.

Praktikertipp: »Wir gratulieren jedem Kunden, der uns von einem billigeren Mitbewerber berichtet«, schmunzelt ein Bauunternehmer. »Dann zeigen wir ihm den Pfusch, den er für diesen Preis bekommt. Das kuriert die meisten Kunden. Die anderen wollen wir ohnehin nicht.« Zeigen Sie Ihren Kunden die Nachteile von Billigpreisen!

- Erstellen Sie eine Liste mit allen möglichen und unmöglichen Qualitätsmängeln, die der Kunde sich für einen billigeren Preis einhandelt.
- Belegen Sie diese Mängel mit Fotos, Kundenaussagen, Gutachten und möglichst mit Beispielen aus dem Bekanntenkreis des konkreten Kunden.
- Zeigen Sie die Konsequenzen der Qualitätsmängel auf, möglichst nach Kosten der Mängelbehebung kalkuliert, und zeigen Sie dem Kunden, dass es ihn im Endeffekt günstiger kommt, wenn er nicht den billigeren Preis wählt.
- Warten Sie nicht, bis der Kunde zu handeln beginnt. Impfen Sie ihn schon im Voraus, indem Sie mit ihm die Liste der möglichen Mängel durchgehen.

Verkauf ohne Verkäufer

In diesem Buch lesen sie oft, dass Verkäufer dies oder das tun sollten. Viele kleine und mittlere Unternehmen haben jedoch keine Verkäufer. Sind deshalb die skizzierten Umsatzpotenziale für sie nutzlos? Viele Unternehmer und Vorgesetzte glauben das. Da es keinen Verkäufer gibt, kümmert sich auch keiner so recht um den Verkauf. Im Zweifelsfall gilt: Wenn es keine Verkäufer gibt, ist Verkaufen Chefsache. Doch der Chef ist Ingenieur, Chemiker oder Schreiner – kein Verkäufer. Also fühlt sich niemand für den Umsatz zuständig. Klingt verrückt, ist aber die Standardsituation in kleinen und mittleren Unternehmen.

Praktikertipp: Der Leiter eines Familienunternehmens ist überzeugt: »Verkaufen ist die wichtigste Funktion im Betrieb. Wenn für Entwicklung, Buchhaltung und Fertigung jemand verantwortlich ist, muss auch jemand für den Verkauf verantwortlich sein!«

Das muss nicht immer der Chef sein. Es kann auch der verkaufskompetenteste Mitarbeiter sein. In vielen Kleinbetrieben ist das zum Beispiel die Chefsekretärin. Sie spricht mit den Kunden, ruft Interessenten an und veranlasst Angebote. Aber solange in Ihrem Betrieb keiner offiziell dafür zuständig ist, hört die Umsatzmisere nicht auf.

- Ernennen Sie einen Manager oder Mitarbeiter zum Verkaufsverantwortlichen oder machen Sie es selbst – aber sorgen Sie dafür, dass endlich einer dafür zuständig ist!
- Geben Sie ihm dieses Buch mit freundlichen Empfehlungen und sagen Sie ihm: »Überall da, wo ›Verkaufsleiter‹ oder ›Verkäufer‹ steht, sind Sie angesprochen!«
- Verkauf braucht keine Verkäufer – solange einfach nur jemand die Verkaufsaufgaben übernimmt!

Verkauf über die komplette *Line of Visibility*

Nicht nur Ihre Verkäufer haben Kontakt mit den Kunden. Es gibt so viele Stellen und Mitarbeiter in Ihrem Bereich oder Unternehmen, die von Kunden auf die eine oder andere Weise kontaktiert werden. Verkaufen die alle? Nein. Die denken meist noch nicht einmal daran. Dabei gilt als gesichert, dass bei mindestens 10 bis 30 Prozent aller Kundenkontakte außerhalb des eigentlichen Verkaufs konkrete Bedarfe, Bedürfnisse oder Umsatzpotenziale aufscheinen. Was macht der zuständige Mitarbeiter? Sie schlichtweg ignorieren (»Ich bin doch kein Verkäufer!«) oder sich nicht angesprochen fühlen: »Reden Sie doch mal mit Ihrem zuständigen Verkäufer!« Tut der Kunde das? Nein. Warum auch? Das Unternehmen will etwas von ihm, nämlich sein Geld. Also steht das Unternehmen in der Bringschuld.

- Ermitteln Sie die *Line of Visibility*, also die Reihe jener Mitarbeiter, die außerhalb des Verkaufs regelmäßig oder sporadisch mit Kunden zu tun haben (vom Kunden sozusagen gesehen werden können, daher der englische Begriff).

- Ermitteln Sie, inwieweit diese Mitarbeiter bereits Umsatzpotenziale nutzen oder an den zuständigen Verkäufer weitergeben.
- Anerkennen Sie diese Potenzialleistung für das gesamte Unternehmen vernehmbar.
- Verkünden Sie, dass Sie von jedem Mitarbeiter in der Line of Visibility erwarten, dass er Bedarfe und Bedürfnisse von Kunden zumindest an den zuständigen Verkäufer weitergibt.
- Lassen Sie diese Weitergabe dokumentieren und überprüfen Sie, was der zuständige Verkäufer mit den guten Tipps anfängt.
- Fordern Sie jeden Mitarbeiter in der Line of Visibility ausdrücklich auf, konkrete Kaufwünsche von Kunden sofort selbst zu behandeln.
- Regeln Sie den Verkauf dieser Mitarbeiter so unbürokratisch, dass der auftragsannehmende Mitarbeiter nicht unter einer Formularflut begraben wird.
- Zahlen Sie die übliche Provision.
- Wenn der Verkauf sich beschwert, dass ihm dadurch Umsätze entgehen und Konkurrenz im eigenen Haus erwächst, sagen Sie das einzig Richtige: »Wenn Sie Ihren Job machen würden, müsste der Kunde nicht wer weiß wo anrufen, um einen Auftrag zu melden. Dann würden Sie das bei Ihren regelmäßigen Kundengesprächen selbst herausfinden. Also seien Sie froh, dass ich ein Auge zudrücke.«

Verkaufshemmungen überwinden

Jeder Verkäufer, Manager oder Mitarbeiter im Kundenkontakt hat Verkaufshemmungen – allein diese Feststellung bringt umsatzschwache Führungskräfte auf die Palme: »Das ist eine Frechheit! Hemmungen dürfen nicht sein! Die Mitarbeiter sollen sie gefälligst ausräumen!« Das ist Wunschdenken und im übrigen Symptom vieler schwacher Manager: Wenn ein Problem auftaucht, das sie überfordert, schieben sie den Schwarzen Peter auf die Mitarbeiter; die können sich nicht wehren. Umsatzstarke Manager und Verkäufer dagegen

- haben keine Vorurteile gegenüber Verkaufshemmungen;
- haben keine Angst davor;
- entdecken Verkaufshemmungen sehr viel schneller als schwache Kollegen;
- räumen diese Hemmungen auch viel schneller aus.

Die meisten Mitarbeiter haben zum Beispiel große Hemmungen vor der Kaltakquise, dem Nachfassen, der korrekten Bedarfsanalyse, der Einwandsbehandlung, Beziehungspflege, Reklamationsbehandlung oder einem zügigen Abschluss – damit wissen Sie auch zugleich, in welchen Akquisephasen Sie besonders auf welche Hemmungen achten müssen. Umsatzstarke Mitarbeiter und Manager überwinden diese Hemmungen jedoch sehr viel schneller als ihre schwachen Kollegen, die oft ein ganzes Berufsleben lang an diesen Hemmungen kranken und damit Ihren Umsatz aufhalten!

- Richten Sie ein wachsames Auge selbst auf schwache Anzeichen für Verkaufshemmungen unter Ihren Mitarbeitern und Managern.
- Tabuieren Sie diese Hemmungen keinesfalls nach dem Motto: »Diese Versager!« Damit verhärten Sie die Hemmungen nur noch.
- Thematisieren Sie die konkreten Hemmungen in blamagefreiem Kontext.
- Helfen Sie Ihren Managern und Mitarbeitern, sie zu überwinden.
- Coaching-Kompetenz hilft Ihnen dabei (ist aber nicht unbedingt nötig).
- Zeigen Sie Ihren Mitarbeitern oder lassen Sie ihnen zeigen, wie sie künftig Verkaufshemmungen schneller überwinden können.

Verkaufskompetenz vergrößern

Bereit für eine Quizfrage? Was ist Ihrer Meinung nach der momentan wichtigste Faktor für mehr Umsatz?

- bis in die Haarspitzen motivierte Verkäufer
- fachkompetente Beratung
- konkurrenzfähige Preise
- überzeugende Produkte und Dienstleistungen

- tadellose Produktqualität
- guter Service

Haben Sie Ihr Kreuzchen gemacht? Fiel Ihnen die Wahl schwer? Das ist sie in der Tat. Denn alle sechs Faktoren sind umsatzrelevant, doch welcher ist der wichtigste? Leider kennen nur ungefähr 15 Prozent aller Manager und nur ungefähr 1 Prozent aller Verkäufer die Antwort. Sogar unter Vertriebsmanagern, die es eigentlich wissen müssten, kennt nur ungefähr jeder fünfte die korrekte Antwort. Sie lautet: keiner dieser Faktoren. Sie halten das für eine Trickfrage? Ja, das ist sie. Diese Frage stellt Ihnen der Markt jeden neuen Tag. Wer die Antwort kennt, macht mehr Umsatz. So brutal einfach ist das manchmal.

Natürlich werden jährlich Millionen Euro in die Verkäufermotivation gesteckt. Schön. Schön vergeudet. Natürlich werden Milliarden in die Produktentwicklung investiert. Auch schön, auch nötig, aber derzeit eben nicht entscheidend. Und natürlich werden derzeit Milliarden wegen der tobenden Preiskämpfe verloren. Das ist nun völlig unnötig. Denn der mit Abstand wichtigste Einflussfaktor für mehr Umsatz ist die berufliche Kompetenz des Verkaufspersonals. Sie ist in einem Wort: erschreckend. »Wenn unsere Ingenieure so kompetent wären wie unsere Verkäufer«, sagt der Werksleiter eines Handy-Zulieferers, »würden jeden Tag Hunderte unserer Handys explodieren.« Ein böser Witz auf Kosten der Kollegen; leider mit realem Hintergrund.

Wenn Verkäufer schlecht verkaufen, denken die Manager immer zuerst an die Motivation. Das ist ein Irrtum. Was nützt die brennendste Motivation, wenn der hoch motivierte Verkäufer eklatante handwerkliche Fehler bei Bedarfsanalyse, Motivermittlung, Präsentation, Argumentation, Einwandsbehandlung und Abschluss macht? Herzlich wenig.

- Ermitteln Sie die handwerklichen Mängel Ihres Verkaufspersonals.
- Setzen Sie dafür Begleitbesuche, Testkunden, externe oder interne Verkaufscoaches, stichprobenartige Kundenbefragungen und Eigeneinschätzung der Verkäufer ein.
- Priorisieren Sie die Mängel in einer Hitliste.
- Arbeiten Sie die Liste von oben nach unten durch. Das nennt man übrigens bedarfsorientierte Weiterbildung.
- Setzen Sie dafür die wöchentliche Verkäuferbesprechung, Beurteilungsgespräche, Workshops, Trainings und Coachings ein.

- Periodisieren Sie die Kontrolle der Lernfortschritte.
- Messen Sie die Lernfortschritte anhand der Umsatzsteigerungen.

Das riecht nach Arbeit? In der Tat. Umsatzschwache Vorgesetzte sagen dazu: »Das ist nicht meine Aufgabe. Für ihre Fachkompetenz sind meine Verkäufer selber zuständig. Schließlich ist das ihr Job!« Umsatzstarke Manager sagen dagegen nichts, krempeln die Ärmel hoch und packen es an.

Praktikertipp: »Jedes Unternehmen kann Superverkäufer haben«, weiß der Geschäftsführer eines Konsumgüterherstellers, »sofern und soweit es bereit ist, etwas dafür zu tun!« Investieren Sie in die Kompetenzentwicklung Ihrer Verkäufer!

Verstehen Sie Kunden

Wenn ein Kunde Probleme macht, das heißt nicht, nicht ausreichend oder nicht schnell genug mit seinem Umsatz rüberrückt, lautet die Frage immer wieder: »Ich verstehe den Kunden nicht! Warum gibt er nicht endlich den Auftrag?«

Was Chefs und Mitarbeiter mit diesem Satz meinen, ist: »Der Kunde hat wohl ein Rad ab!« Mit diesem Satz legen sie den Fall zu den Akten oder jammern noch ein wenig darüber: »Diese verrückten Kunden!« So reagieren umsatzschwache Mitarbeiter und Chefs. Der Unterschied zu umsatzstarken Mitarbeitern und Chefs ist hauchdünn. Auch diese sagen oft: »Ich verstehe den Kunden nicht!« Doch bei ihnen hat der Satz die Bedeutung: »Ich möchte ihn aber verstehen und muss ihn verstehen – denn sonst verkaufe ich nichts!«

Praktikertipp: Der Inhaber eines kleinen Familienbetriebs rät: »Wer Kunden verkaufen will, muss Kunden verstehen!« Je besser Sie Ihre Kunden verstehen (lernen), desto besser werden Sie und Ihre Mitarbeiter verkaufen!

Ein Beispiel: Die Auftragsgespräche sind abgeschlossen, der Vertrag liegt unterschriftsreif vor, doch der Kunde unterschreibt nicht. Der betreuende Verkäufer sagt: »Ich verstehe das nicht. Ich erinnere ihn jede Woche daran, doch er unterschreibt nicht!« Sein Vorgesetzter ist schlauer. Er sagt: »Haben Sie ihn denn schon gefragt, wo das Problem liegt? Nicht? Ja, wie wollen Sie dann den Kunden verstehen, wenn Sie ihn gar nicht verstehen wollen?« Also ruft der Verkäufer den Kunden an und erfährt, dass ein hoher Hierarch in letzter Sekunde sein Veto eingelegt hat. Deshalb arbeiten jetzt Verkäufer und Kunde daran, auch diesen Bereichsfürsten noch von dem Deal zu überzeugen.

Wenn Sie den Kunden in allen Punkten verstehen, kommt auch meist der Auftrag. Um ihn wirklich zu verstehen, müssen Sie sehr lange und oft mit ihm reden. Da das außer Ihnen keiner tut, kriegen Sie den Auftrag automatisch – oder können ihn mit ruhigem Gewissen abhaken: »Das wäre sowieso nie was geworden.« Wer ein überragendes Verständnis der Situation gewonnen hat, kann das mit Überzeugung sagen.

Ohne Verständnis kein Verkauf. Warum haben so viele Menschen mit diesem einfachen Zusammenhang Probleme? Weil im deutschsprachigen Raum immer noch das Dogma gilt: »Die Fachkompetenz ist das Wichtigste für den Verkauf!« Das stimmte vor 50 Jahren. Heute hat sich die Welt geändert. Fachkompetenz setzt der Kunde als selbstverständlich voraus. Wenn Sie das Gefühl haben, dass ein Verkäufer Sie nicht versteht, dann kaufen Sie doch auch nicht, oder?

- Arbeiten Sie so, wie Sie an Ihrer Fachkompetenz gearbeitet haben, auch an Ihrem Verständnis für Ihre Kunden.
- Verständnis ist nicht etwas, das man über Nacht bekommt. Man muss es sich wie Fachkompetenz auch zuerst erwerben, indem man jeden Tag ein bisschen mehr dazulernt.
- Wenn Sie glauben, dass ein Kunde sich irrational verhält, dann liegt das nicht am Kunden, sondern an Ihnen: Sie haben ihn noch nicht verstanden.

Vertikalverkauf nutzen

Kommen wir auf das Beispiel zurück, das Sie bereits beim Horizontalverkauf kennen gelernt haben: Ein Mensch mit roter Nase betritt eine Apotheke und verlangt ein Nasenspray. Apotheker A verkauft es ihm, Apotheker B fragt ihn: »Fühlen Sie sich nach Abklingen der Schnupfensymptome für gewöhnlich auch noch schwach? Da hätten wir ein supertolles Aufbaupräparat. Und wenn Sie sich gut erholt haben, wollen Sie dann Ihr Immunsystem nicht besser gegen den nächsten Schnupfen wappnen, damit er gleich gar nicht kommt?« Wer macht mehr Umsatz? Rhetorische Frage. Warum? Weil Apotheker B vertikal verkauft: Er verkauft dem Kunden nicht nur das, was er möchte, sondern auch das, was er davor und danach gebrauchen könnte. Überflüssig zu sagen, dass der Durchschnittsverkäufer noch nicht einmal an diese Fragen denkt, weil er so auf das aktuelle Angebot fixiert ist. Coachen Sie ihn davon weg.

- Geben Sie Verkäuferunterlagen heraus, in denen für jedes Produkt die möglichen vor- und nachgelagerten Produkte benannt sind.
- Lassen Sie diese Empfehlungen auch in die für den Kunden bestimmten Unterlagen einarbeiten.
- Trainieren Sie mit Ihren Verkäufern den Vertikalverkauf – von alleine kommt der nämlich nicht.
- Kontrollieren Sie in der wöchentlichen Verkäuferbesprechung die Kompetenzentwicklung beim Vertikalverkauf.

Vertriebsallianzen nur im Grenzfall eingehen!

Gerade in der zurückliegenden Rezession haben viele Unternehmen bemerkt, dass ihr Vertrieb nicht mehr den Anforderungen eines modernen Käufermarktes gewachsen ist. Das gilt natürlich insbesondere für kleine und mittlere Unternehmen. Deshalb haben sich viele nach Vertriebspartnern umgesehen. Ein typischer Fall von: gute Idee – schlechte Umsetzung.

Natürlich leuchtet es ein, sich nach einem starken Vertriebspartner umzusehen, wenn man es allein nicht mehr stemmt oder zu stemmen meint. Doch leider ist der Partner seltenst ein echter Partner. Wie in jeder realen Partnerschaft zahlt nämlich der schwache Partner drauf.

Praktikertipp: »Vertriebsallianzen sind nicht das Ende, sondern der Anfang eines Problems«, meint ein Vertriebsberater, der sich auf allianzgeschädigte Unternehmen spezialisiert hat. Gehen Sie Vertriebsallianzen nur als letzte Möglichkeit ein oder wenn die Vorteile die Nachteile im Verhältnis 50:1 überwiegen!

Im Regelfall nutzt nämlich der starke Partner den schwachen aus – oder lässt dessen Produkte einfach neben seinen herlaufen, verkauft sie quasi wie Sauerbier. Vertriebsallianzen funktionieren normalerweise nur unter absolut gleichwertigen Partnern, wenn jeder ungefähr dasselbe vom anderen erwartet oder bekommt, wenn also das Gleichgewicht von Geben und Nehmen zeitstabil ist und wenn zusätzlich beide Partner die Partnerschaft aufmerksam beaufsichtigen und managen. Denn unter Partnern gibt es jede Menge Abstimmungsbedarf, der geregelt werden will.

Viele Unternehmen betrachten Vertriebsallianzen als »die Rettung«. Wer mit dieser naiven Hoffnung in einen Deal geht, wird immer enttäuscht. Denn wenn die Rettung so einfach wäre, gäbe es keine nicht-alliierten Unternehmen mehr. Wer in eine Allianz einwilligt, weil er einfach nur zu lustlos oder unkundig ist, um seinen eigenen Vertrieb auf Vordermann zu bringen, macht es sich zu bequem. Ein echter Manager hat viele Eigenschaften – Bequemlichkeit zählt nicht dazu.

Vertriebscoaching für Vorgesetzte zahlt sich aus

Es ist gang und gäbe, dass man Mitarbeiter zur Schulung schickt. Vorgesetzte dagegen gehen nicht zum Training. Dafür haben sie keine Zeit und keine Lust. Trotzdem haben sie oft größere Wissens- und Kompetenzlücken als ihre Mitarbeiter. Das Wissen darum, von wie vielen Umsatzpotenzialen in diesem Buch viele Vorgesetzte noch nichts gehört haben oder sie noch nie in die Tat umzusetzen versuchten, würde Sie erschrecken.

Genau für diesen Fall wurden Coaches geschaffen. Sie arbeiten diskret und hoch kompetent und sind in der Führungspraxis in den letzten fünf Jahren stark angenommen worden. Nach unserer Erfahrung kennen zwei Drittel aller Führungskräfte Coaching oder haben sich bereits selbst coachen lassen. Zu beruflichen und Karrierefragen, zum Balancing oder zur Führung von unten. Das Vertriebscoaching ist relativ neu, hat jedoch extreme Vorteile: Man kann als Vorgesetzter seine Vertriebsideen mit einem externen, nicht betriebsblinden, nicht chronisch jasagenden Experten durchsprechen und verbessern, bevor man sich am Markt die blutige Nase holt. Neun von zehn Führungskräften würden ihren Vertriebscoach nicht mehr um alles in der Welt hergeben. Die Sache hat nur zwei Haken: Viele Vorgesetzte

- halten ihre Vertriebsstrategien für die besten der Welt – und im Zweifelsfall die Kunden für schuld, wenn die Strategien fehlschlagen; sie glauben, keinen Coach nötig zu haben;
- wählen den falschen Coach, also beispielsweise einen traditionellen Unternehmensberater, den Steuerberater oder sogar – Gott bewahre! – den Bankberater. Diese Experten haben jedoch seltenst Ahnung vom Vertrieb.

Es ist keine leichte Aufgabe, unter den überwiegend Ungeeigneten und schwarzen Schafen einen guten Vertriebscoach auszuwählen. Doch für die vielen Manager, denen das bereits gelungen ist, hat sich die Suche gelohnt.

Visionen verkaufen vorzüglich

Warum sollte ein Kunde bei Ihnen kaufen? Was hat er denn davon? Es klingt verrückt, doch die meisten Firmen und Verkäufer sagen es ihm nicht. Sie glauben, es ihm zu sagen, indem sie Dinge sagen und schreiben wie: »Dieser Häcksler arbeitet mit der innovativen Doubel-Torque-Technik!« Haben Sie das verstanden? Sicher nicht.

Denselben Häcksler verkaufte ein Kollege des eben zitierten Umsatzschwächlings mit folgenden Worten: »So schnell können Sie Ihre Gartenabfälle gar nicht nachschieben, wie dieses Häckselwerk sie geradezu pulverisiert. Und dabei ist es so leise, dass Sie sich daneben noch mit Ihrem Nachbarn unterhalten können! Die lästige Gartenarbeit ist damit im Nu erledigt! Sie können darin sogar armdicke Äste zerkleinern – da bleibt nichts stecken oder hängen wie bei schwächeren Exemplaren!« Sagen Sie selbst: Zuckt Ihre Hand bei so einer tollen Schilderung der Vorteile nicht auch schon in Richtung Geldbeutel? Dieser Kollege macht dreimal so viel Umsatz wie der zuerst zitierte Genosse. Warum?

Praktikertipp: Der zitierte Verkäufer rät: »Je mitreißender die Vision, desto eher kauft der Kunde!« Entwerfen Sie für den Kunden eine plastische Vision seines durch den Kauf viel besseren, schöneren und einfacheren Lebens!

- Die Schilderung muss enthusiastisch und gleichzeitig realistisch sein. Sachliche oder unrealistische Visionen überzeugen nicht.
- Der Kunde muss sich selbst vor seinem geistigen Auge in seiner realen Anwendungssituation bildhaft sehen können, wie er die Vorteile seines Kaufes genießt.
- Dazu brauchen Sie alle relevanten Merkmale seiner Anwendungssituation, die Sie vorab in der Bedarfsanalyse erhoben haben.
- Bauen Sie in die Vision keine Merkmale oder Eigenschaften des Produktes ein …
- … sondern jene Kaufmotive, die der Kunde Ihnen bei der Bedarfsanalyse verriet. In unserem Beispiel waren es die Motive: »Gartenarbeit muss schnell gehen«, »Der Häcksler muss leise sein«, »Ich hasse es, wenn der Häcksler hängen bleibt!«
- Trainieren Sie das Visionieren – das kann niemand aus dem Stegreif!

Visitenkarten bringen bares Geld!

Wenn Verkäufer von einer Messe kommen, was bringen sie dann mit? Richtig, Visitenkarten en gros.

Praktikertipp: Neulich gestand uns ein sichtlich enttäuschter Verkaufsleiter: »Im Schnitt fasst jeder Verkäufer nicht mal die Hälfte seiner eingesammelten Vis-tenkarten nach.« Vereinbaren Sie mit jedem Mitarbeiter im Kundenkontakt, dass jede Visitenkarte nachzufassen ist – und kontrollieren Sie das so lange, bis es gemacht wird!

Warum tun die Mitarbeiter das nicht von sich aus? Weil sie viele gute Gründe dafür haben:

- »Dafür habe ich gerade nicht auch noch Zeit!«
- »Ich fasse nur die erfolgversprechenden Kunden nach.«

- »Ich habe Wichtigeres zu tun.«
- »Wenn die kaufgeneigt wären, hätten die das doch schon auf der Messe gesagt!«

Was fangen Sie damit an? Natürlich drüber aufregen. Was bilden sich diese Kerle eigentlich ein! Dann den gesunden Menschenverstand einschalten: Jeder Vorgesetzte hat die Mitarbeiter, die er sich erzieht. Also erziehen Sie sie. Wie? Indem Sie den Steilpass annehmen: Der Mitarbeiter macht einen Einwand, Sie machen Einwandsbehandlung:

- »Wenn Sie mir zeigen können, dass Sie in der laufenden Woche Ihre Zeit komplett für etwas Umsatzträchtigeres verwenden möchten, dann dürfen Sie das!« Keine Bange, der Beweis wird dem Mitarbeiter nicht gelingen. Es gibt eben nichts Umsatzträchtigeres als Akquise.
- »Was ein erfolgversprechender Kunde ist und was nicht, können Sie nicht auf einer Messe abklären. Das klärt sich erst nach mindestens einem halben Dutzend Nachfassgesprächen. Also ran an den Hörer oder die Zündschlüssel!«
- »Wichtigeres zu tun als Umsatz zu machen? Verraten Sie mir doch, was!«

Vereinbaren und kontrollieren Sie darüber hinaus:

- Jeder Mitarbeiter bringt von jeder Messe und jeder anderen Veranstaltung maximal viele Visitenkarten mit.
- Prämieren Sie Mitarbeiter, die eine Rekordzahl an Karten »erbeuten«.
- Jeder Mitarbeiter fasst jede dieser Karten binnen 48 Stunden nach Erhalt nach.
- Jeder Mitarbeiter verteilt, wo er geht und steht, seine eigene Visitenkarte an potenzielle Interessenten und Kunden.

Visitenkarten unters Volk!

Insbesondere kleine und mittlere Unternehmen, Handwerker, Händler und Handelsvertreter stellen sich bei der Akquise ausgerechnet mit dem simpelsten Akquisemittel selbst ein Bein: der Visitenkarte. Manche scheinen einfach nicht zu wissen, wie man damit umgeht.

Neulich erzählte ein Kunde: »Unser Durchlauferhitzer hat gesponnen. Ich wollte rasch den Installateur anrufen, der schon mal bei uns war, als der Hausinstallateur nicht greifbar war, aber da ich seine alte Rechnung nicht fand, habe ich doch wieder den alten Elektriker angerufen.« Warum? Weil der bessere Elektriker keine Visitenkarte dagelassen hatte!

Ein Bürobedarf-Händler sagt: »Die Kunden sind so was von schlampig. Selbst Visitenkarten verlegen sie. Also kleben wir an jedes Büromöbel unser Logo, E-Mail-Adresse und Telefonnummer. Damit sie immer uns anrufen und nie ins Branchenbuch schauen müssen.«

- Verteilen Sie Visitenkarten, wo Sie gehen und stehen.
- Verteilen Sie sie niemals kommentarlos.
- Kommentar, Teil 1, Nutzenorientierung mit Alleinstellungsmerkmal: »Wenn Sie mal einen wirklich guten … brauchen, dann rufen Sie mich einfach an.«
- Kommentar, Teil 2, Gedächtnisstütze: »Heften Sie sich meine Karte am besten an die Wand, damit Sie immer zur Hand ist.«

Vorbereitung ist die halbe Miete

Es klingt wieder mal zu wild, um wahr zu sein, doch Tatsache ist: Zwei Drittel aller Menschen, die im Kundenkontakt stehen, bereiten sich auf diesen Kontakt nicht oder nicht ausreichend vor. Deshalb lassen sich Verkäufer zu Rabattorgien hinreißen – weil sie ihre Schmerzgrenze nicht in der Vorbereitung festgelegt haben. Deshalb provozieren sie endlose Einwände der Kunden – weil sie sich nicht vorbereitend in ihre Bedarfsanalyse eingelesen haben. Paradebeispiel aus dem Versicherungsverkauf einer Bank:

»Na, junger Mann, Sie fangen ja demnächst eine Ausbildung an. Da brauchen Sie eine eigene Haftpflicht, Krankenversicherung, Fahrtwegversicherung … «

»Wieso Krankenversicherung? Ich bin noch über meine Eltern versichert!«

Peinlich, wenn ein Bankberater nicht mal so viel weiß. Daher:

- Bereiten Sie vor jedem Kundengespräch die Essentials vor.

- Errechnen Sie Ihre Schmerzgrenze in Preis, Rabatt und Konditionen. (Wir haben festgestellt, dass Verkäufer mit Schmerzgrenze viel weniger Preisnachlass geben als ohne!)
- Lesen Sie nochmals Ihre Bedarfsanalyse durch.
- Vergegenwärtigen Sie sich den festgestellten Typ des Kunden, damit Sie typgerecht argumentieren können.
- Legen Sie Ihre Gesprächsstrategie fest (und folgen Sie ihr auch).
- Bereiten Sie sich auf die häufigsten zu erwartenden Einwände vor.

Vorbildfunktion leben

»Wie der Herr, so's G'scherr«, heißt ein schwäbisches Sprichwort. Frei übersetzt: Wie der Herr, so sein Gesinde. Oder wie der passende Managementspruch sagt: Man hat die Mitarbeiter, die man verdient. Mitarbeiter im Kundenkontakt nehmen sich ihre Vorgesetzten stärker zum Vorbild, als diesen lieb und bewusst ist. Zwar fordert der Vorgesetzte: »Mehr Umsatz!«, doch wenn er

- schlecht über Kunden redet,
- schlecht über die eigenen Produkte redet,
- pessimistisch über die Erfolgsaussichten spricht,
- schlechte Laune verbreitet,
- alles andere wichtiger nimmt als die Umsatzziele,
- selbst nicht das beherzigt, was er von seinen Mitarbeitern verlangt,

lassen sich die Mitarbeiter davon anstecken und machen weniger Umsatz.

Praktikertipp: »Ich verhalte mich genau so, wie ich es von meinen Verkäufern und Mitarbeitern erwarte«, erklärt der Geschäftsführer eines Mittelständlers. »Wenn ich zum Beispiel gut über Kunden spreche, tun es meine Mitarbeiter auch. Jedenfalls eher und stärker, als wenn ich über Kunden herziehe.« Seien Sie Ihren Mitarbeitern ein Vorbild!

Egal, was Sie tun oder unterlassen, schreiben oder sagen – überlegen Sie sich: Wie wirkt das auf die Verkaufskraft meiner Mitarbeiter? Viele Vorgesetzte sagen: »Die Mitarbeiter sollen nicht auf das sehen, was ich mache, sondern auf das hören, was ich sage!« Das ist ein frommer Wunsch. Dass er nicht erfüllt wird, sagt schon das Sprichwort: »Er predigt Wasser und trinkt Wein!« Menschen folgen viel eher Ihrem Vorbild als Ihrem Wort.

Ist ein Vorgesetzter auch Vorbild, hat das eine ungeheure Motivations- und Controllingwirkung, wie Mitarbeiter immer wieder bestätigen: »Das kann ich nicht machen, das würde der Chef auch nie so machen!« – »Wenn der Chef sich voll in den Verkauf reinkniet, dann fällt uns das auch leichter, als wenn er über seinen Excel-Tabellen hockt und uns die ganze Arbeit machen lässt.«

Vorschlagswesen umsatzorientiert ausbauen

Jedes Unternehmen, egal wie klein, braucht ein funktionierendes Vorschlagswesen. Die Betonung liegt auf ›funktionierend‹. Viele Vorgesetzte von kleinen und mittleren Unternehmen sagen: »Wenn unsere Mitarbeiter eine gute Idee haben, dann teilen sie uns diese informell mit. Das geht auch so.« Nein, geht es nicht. Nicht, wenn man rechnen kann. Ein formelles Vorschlagswesen generiert bis zu hundertmal mehr Vorschläge im Jahr als ein informelles. Wenn bereits öffentliche Verwaltungen und Gemeinden ein Vorschlagswesen implementieren, dann gibt es für Unternehmen keine Ausrede mehr. Der Aufwand ist gemessen am Ertrag minimal.

Praktikertipp: »Natürlich hat jedes gut geführte Unternehmen zwischenzeitlich ein Vorschlagswesen«, weiß der kaufmännische Leiter eines Antriebsbauers, »aber zählen Sie mal nach, wie viele umsatzorientierte Vorschläge da eingereicht werden!« Initiieren und pflegen Sie auch ein umsatzorientiertes Vorschlagswesen!

Die Großunternehmen brüsten sich gerne mit ihrem Vorschlagswesen. Audi berichtete in seinem Kundenmagazin (4/03), dass »jährlich über 50 000 Ideen auf den Schreibtischen der Audi Ideen-Agentur« landen. Wie viele davon sind umsatzbezogen? Hier schweigt des Sängers Höflichkeit. Umsatz ist noch nicht einmal auf der Zielliste der Agentur, wie deren Leiter durchblicken lässt: »Wir möchten möglichst viele Mitarbeiter am Unternehmensgeschehen beteiligen und durch ihre Gedanken und Anregungen Prozesse und Produkte optimieren.« Aha, es geht also rein um Kostensenkung und Qualitätsverbesserung. Das sind noble, nötige und nützliche Ziele. Doch was nützt mir Qualität, wenn sie keiner kauft?

Praktikertipp: »Seit unser produkt- und prozessbezogenes Vorschlagswesen so gut läuft«, berichtet der Vertriebsvorstand eines Mittelständlers, »haben wir ein eigenes Umsatz-Vorschlagswesen gegründet.« Am besten, Sie koppeln Ihr umsatzorientiertes Vorschlagswesen vom üblichen Vorschlagswesen ab!

Angenommen und prämiert werden bei diesem Mittelständler alle Vorschläge, die mittelbar oder unmittelbar der Umsatzsteigerung oder der Stärkung der Marktposition dienen. Und siehe da: »Seit es belohnt wird, sprudeln unsere Mitarbeiter nur so vor Umsatzideen! Sogar und vor allem jene, die eigentlich nie einen Kunden zu Gesicht bekommen.« So erhielt jüngst ein Lagerarbeiter eine Prämie von 3 500 Euro, weil dank seiner Anregung drei neue Kunden gewonnen werden konnten. Der Vertriebsvorstand weiß auch: »Oft haben die einfachen Mitarbeiter bessere Umsatzideen als die professionellen Verkäufer oder Verkaufsleiter.« Logisch, sie sind nicht betriebsblind.

- Implementieren Sie, falls noch nicht vorhanden, ein Vorschlagswesen.
- Richten Sie eine eigene Sparte für Umsatzvorschläge ein.
- Prämieren Sie jeden Vorschlag – das müssen keine großen Beträge sein. Anerkennung ist wichtiger als Geld. Denken Sie an die IBM-Banana (ein legendärer IBM-Chef gab mal einem Mitarbeiter seine Pausenbanane, weil gerade kein Geld in der Schublade war, das er normalerweise als Belohnung auszahlte. Seither ist die Banane bei IBM Symbol der Kreativität und Anerkennung).
- Prüfen Sie die Vorschläge auf Durchführbarkeit (Feasibility) und realistischerweise zu erzielendes Umsatzpotenzial.
- Setzen Sie so viele rentable Vorschläge wie möglich um!

Vorwurfsfrei argumentieren vergrault keine Kunden

Erstaunlicherweise schieben Verkäufer und Führungskräfte die Schuld für den schwachen Umsatz gern auf die 3 K – Konjunktur, Konkurrenz und

Kunden – , übersehen dabei aber die eigenen Akquisefehler geflissentlich. Wie schon in der Bibel steht: Man sieht den Splitter im Auge des Bruders, nicht aber im eigenen Auge den Balken!

Einer der größten Umsatzkiller im Kundengespräch ist der Vorwurf, wie Sie ihn als Kunde in den mannigfaltigsten Spielarten kennen:

- »Was? Das wissen Sie nicht?«
- »Das brauchen Sie einfach – wie wollen Sie es denn sonst richtig machen?«
- »Sie sollten sich das reiflich überlegen!«
- »Wollen Sie wirklich auf minderwertige Qualität setzen?«
- »Nun schauen Sie doch nicht immer nur auf den Preis!«
- »So geht das aber nicht!«

Natürlich sind diese Äußerungen von umsatzschwachen Verkäufern alle gut gemeint. Doch der schlimmste Feind von »gut« ist »gut gemeint«. Dem Kunden schneiden diese versteckten Vorwürfe durch Mark und Bein. Das zeigt er Ihnen nicht. Er sagt Ihnen nicht: »Was fällt Ihnen ein, mir Vorwürfe zu machen? Sie ticken wohl nicht richtig!« Denn das verbietet ihm die Höflichkeit und die Bequemlichkeit: Warum soll er einen Streit mit Ihnen anfangen, wo es doch viel bequemer für ihn ist, Ihnen den Auftrag nicht zu geben oder aus Rache 48 Einwände zu erheben?

Umsatzschwache Verkäufer versuchen, mit versteckten Vorwürfen Kunden unter Druck zu setzen. Umsatzstarke Menschen drohen nicht, sie fragen, und zwar vorwurfsfrei:

- »Was ist Ihnen unklar? Was kann ich klarstellen?«
- »Wie haben Sie es denn bislang gemacht? Sind Sie zufrieden damit?«
- »Wenn Sie eine Nacht drüber schlafen würden – würde das Ihrer Entscheidung gut tun?«
- »Was ist für Sie bei dieser Entscheidung das wichtigere Kriterium: der Preis oder die Qualität?«
- »Warum möchten Sie das so haben?«

Praktikertipp: »Versteckte Vorwürfe vergraulen Kunden«, erklärt der Verkaufsleiter eines Großhändlers. Reden Sie immer vorwurfsfrei zu Kunden!

Was bringt das dem Kunden?

Oft fragen uns Manager und Verkäufer: »Jetzt haben wir so eine teure Werbung – wo bleiben die Aufträge?« Die Antwort findet man nicht, wenn man wie ein Manager denkt. Man findet sie nur, wenn man wie ein Kunde denkt. Denken Sie mal wie ein Kunde: Wenn Sie eine vierfarbige, ganzseitige Anzeige im *Focus* lesen und trotzdem das Produkt nicht kaufen wollen, warum dann nicht? Es gibt nur zwei Gründe:

A. Weil Ihnen das Produkt nichts bringt.
B. Weil die Anzeige Ihnen nicht deutlich (genug) macht, was Ihnen das bringt.

Und kommen Sie nicht mit dem Preis. Wenn das Produkt es Ihnen wert wäre, wenn es Ihnen also wirklich etwas bringen würde, würden Sie jeden vernünftigen Preis zahlen. Genau das ist die Aufgabe von Marketing, Werbung und Verkauf: Dem Kunden zu zeigen, dass es ihm das wert ist! Die meisten Verkäufer und Marketer versagen kläglich bei dieser Aufgabe.

Praktikertipp: »Unser Marketing reduziert sich auf eine Frage«, erklärt der Marketingchef einer Firma mit vier Millionen Euro Werbe-Etat: »Was bringt das dem Kunden?« Stellen Sie diese Frage täglich hundert Mal!

Die Antwort auf diese Frage wird übrigens als Nutzen bezeichnet.

▶ Was ist der Nutzen? Das, was die Kaufmotive eines Kunden befriedigt.

Wenn ein Mensch, der ins Reisebüro kommt, zum Beispiel Entspannung (= Motiv) sucht, dann nützt es ihm wenig, wenn Sie ihm ein Mallorca-Angebot all inclusive machen – selbst wenn es das billigste der Welt wäre! Denn Ballermann passt nicht auf Erholung, ist also kein Nutzen (aus Kundensicht!), obwohl es ein Angebot mit überragendem Preisvorteil ist. Das ist Ihnen zu hoch? Dann sollten Sie schnellstmöglich einen Verkaufscoach herbeizitieren, der den Unterschied zwischen Produktmerkmalen, Produktvorteilen, Nutzen und Motiven drauf hat (die meisten haben das nicht, aber dieses Problem haben Sie bei allen Einkaufsentscheidungen). Denn diese Unterscheidung ist zwar eines der mächtigsten Umsatzinstrumente – doch wie das Golfspielen auch erfordert es zunächst ein wenig Übung.

Was verkaufen wir heute?

Neulich waren wir bei der Servicebesprechung in einem guten Restaurant dabei. Der Serviceleiter fragte seine Servicefachkräfte (Kellner im Volksmund): »Mädels und Jungs – was verkaufen wir heute?« Es kamen verschiedene Vorschläge, dann einigte man sich auf »Topfenstrudel, da hat sich unsere Küche heute wieder selbst übertroffen.« Also wurde jeder Gast beim Abtragen des Hauptganges gefragt: »Wie wär's zum Dessert mit einem frischen Topfenstrudel? Da ist dem Küchenchef heute wieder ein kleines Gaumenwunder gelungen.« Prompt wurden 80 Prozent mehr Strudel verkauft als sonst üblich – aber das hat Sie jetzt nicht wirklich erstaunt, oder? (Das einzige Problem war: Der Küchenchef fluchte, weil er mit Strudeln kaum hinterherkam!)

Was sagen umsatzschwache Menschen zum Angebot des Tages oder der Woche? »Wenn der Kunde Nachtisch möchte, dann wird er das schon sagen!« Durchgefallen, setzen.

- Was ist Ihr Angebot des Tages, der Woche?
- Was verkaufen Sie und Ihre Mitarbeiter diese Woche, diesen Monat mit Vorzug, Vorrang und einem besonders ausgedachten Sales Pitch (Verkaufsgesprächsleitfaden)?

Werbekooperationen: Gemeinsam sind Sie stark!

Wenn Sie eine Waschmaschine kaufen, ist (mindestens) ein Probepack Waschmittel von einem Hersteller dabei, der nicht mit dem Maschinen-Hersteller verwandt, verschwägert oder konzernkonsolidiert ist. In Reisebüros finden Sie ständig Schaufenster-Deko, die von einem anderen Einzelhandelsgeschäft stammt und auch so ausgeschildert ist. Jeder Architekt empfiehlt den Schreiner, Maurer oder Dachdecker seines Vertrauens – und umgekehrt.

Praktikertipp: »Mehr ist mehr. Gemeinsam ist man stärker«, rät der Inhaber eines großen Handwerksbetriebs. Suchen und pflegen Sie so viele Werbegemeinschaften wie möglich!

Diese funktionieren am besten, wenn sie so wenig wie möglich formaljuristisch geregelt sind, also auf Basis von Absprachen funktionieren. Ein Maurermeister sagt: »Wir empfehlen als Heizungsbauer immer den Gärtner Edwin – dafür empfiehlt der uns immer, wenn bei einem seiner Kunden an-, aus- oder umgebaut wird. Jede Woche tauschen wir einige Adressen von prospektiven Kunden aus.« Branchenweite Vertriebsstudien zeigen: Umsatzstarke Verkäufer, Manager und Unternehmen

- haben sehr viel mehr dieser formellen und informellen Werbekooperationen laufen; manchmal ist das Zahlenverhältnis 20:1 oder gar 40:1 – genauso erdrückend ist dann auch die Marktmacht (wobei sich die umsatzschwachen Mitbewerber dann immer fragen: Wie macht der das denn? Jetzt wissen Sie's);
- haben geradezu ein Netzwerk aus Kooperationspartnern, die sich gegenseitig die Aufträge und Empfehlungen »zuschanzen«, wie es der Praxisjargon in seiner blumigen Ausdrucksweise formuliert;
- profitieren von diesem Netzwerk der verschworenen Partner sehr viel stärker als von der offiziellen Werbung und Marktbearbeitung. Kein Wunder. Denn solche Empfehlungen unter Lieferanten sind sehr viel wirksamer als die klassische Werbung, weil sie für den Kunden sehr viel mehr Glaubwürdigkeit haben.

Welche anderen Unternehmen besuchen Ihre Zielgruppen? Wer sind die Verkäufer und Vertriebsverantwortlichen? Mit wem wäre Werbung auf Gegenseitigkeit sinnvoll und nützlich? Nehmen Sie Kontakt auf!

Wertschätzung kurbelt den Umsatz an

Es existiert eine Korrelation zwischen Wertschätzung und Umsatz. Jene Verkäufer, die abfällig und despektierlich über ihre Kunden reden und es die Kunden auch spüren lassen, machen prompt weniger Umsatz. Nirgends ist das deutlicher zu sehen wie am deutschen Einzelhandel. Dort werden Kunden mit der »Verächtlichkeit der Verkäufer« behandelt, wie das Rebecca Casati, die Kolumnistin der *Süddeutschen Zeitung*, mal formulierte. Und natürlich jammert der Einzelhandel seit Jahren über schwachen Umsatz – bis auf jene Geschäfte, in denen Kunden wie Menschen behandelt werden. Das sind jene Geschäfte und Verkäufer,

- die respektvoll auch über »schwierige« Kunden reden;
- die sich auch untereinander übles Gerede über Kunden verbieten;
- die sich über den manchmal mangelnden Sachverstand, die Unentschlossenheit und die sprunghaften Sinneswandel von Kunden nicht mokieren;
- die auch schwierige Kunden respektvoll und verständnisvoll behandeln.

Diese wertschätzenden Verkäufer machen langfristig ein Mehrfaches des Umsatzes der wadenbeißenden Kollegen, haben einen besseren Deckungsbeitrag, weil Kunden weniger kostenintensive Extrawürste wünschen, »knacken« auch Kunden, die bislang als nicht akquirierbar galten, und können höhere Preise bei geringeren Rabatten durchsetzen. Aus diesem Grund lautet ein alter Managementspruch:

▶ Wertschätzung schafft Wertschöpfung.

Wenn Sie Ihren Verkäufern und Managern (und sich selbst) einmal beiläufig zuhören, wie oft diese über Kunden herziehen, sich über sie aufregen und sich über sie lustig machen, können Sie sich plastisch vorstellen, wie viel Umsatz dabei vernichtet wird. Warum ist Wertschätzung ein Umsatzfaktor?

Menschen haben ein sehr feines Gespür für Untertöne. Wenn Sie einmal schlecht über einen Kunden geredet haben, ist es Ihnen unmöglich, ihm so positiv gegenüberzutreten, als wenn Sie den Mund gehalten hätten. Auch wenn Sie dem Kunden nicht direkt sagen, was Sie von ihm halten, kriegt er das über Ihre nonverbalen Signale mit. Selbst wenn ein Vorgesetzter keine Kunden betreut, kriegen die Verkäufer seine schlechte Meinung über bestimmte Kunden mit und behandeln diese Kunden entsprechend schlecht.

In einem Experiment wurden zehn Kunden mit identischem Umsatzpotenzial in zwei Gruppen geteilt. Obwohl die Kundengruppen identisch waren, redete der Verkaufsleiter in der Verkäuferbesprechung über die eine Gruppe in den höchsten Tönen, während er die andere Gruppe als »Problemkunden« bezeichnete. Obwohl die Kunden identische Umsatzpotenziale hatten, verkauften die Verkäufer an die angeblichen Superkunden bis zu 50 Prozent mehr als an die angeblichen Problemkunden.

Praktikertipp: »Wer bei uns schlecht über einen Kunden redet«, berichtet der Innendienstleiter eines Konsumgüterherstellers, »zahlt 5 Euro in die Kaffeekasse. Auch ich habe schon kräftig geblecht. Wenn ich einen Mitarbeiter erwische, berappt er seinen Obolus, dann helfe ich ihm, seinen Ärger über den Kunden in eine konstruktive, respektvolle Aussage umzuformulieren. Seither hat die Anzahl der so genannten schwierigen Kunden bei uns dramatisch abgenommen.« Führen Sie in Ihrem Führungsbereich die wertschätzende Kommunikation ein!

»Wie sind Sie auf unser Angebot aufmerksam geworden?«

Diese simple Frage ist eines der mächtigsten und profitabelsten Umsatzpotenziale. Wie oft wurde sie Ihnen schon gestellt, wenn Sie als Kunde auftraten? Allein daran können Sie ablesen, wie klein die Zahl der umsatzkompetenten Unternehmen ist.

Praktikertipp: »Jeder Mitarbeiter im Kundenkontakt muss die Frage stellen und auf jedem Erstkontakt-Bericht muss das entsprechende Kästchen angekreuzt sein«, berichtet die Innendienstleiterin eines Industrie-Zulieferers. Lassen Sie jeden (neuen) Kunden befragen, wie er auf Ihr Angebot aufmerksam geworden ist!

Die Antworten sprechen Bände. Henry Ford sagte mal: »Die Hälfte unseres Werbe-Etats ist rausgeworfenes Geld – ich weiß nur nicht, welche Hälfte.« Henry Ford war ein Optimist. Tatsächlich sind 80 Prozent rausgeworfen – und diese simple Frage sagt Ihnen, wo die fruchtbaren 20 Prozent liegen. Werten Sie die Antworten aus, werden Sie nämlich feststellen, dass – getreu Pareto – 80 Prozent der neuen Kunden und/oder der Aufträge aus 20 Prozent Ihrer Werbebemühungen kommen. Unter diesen

Bemühungen sind ganz selten die teuren Anzeigenkampagnen, Handouts, die Homepage oder die Verkaufsunterlagen. Erschreckend häufig werden Empfehlungen genannt oder gute Erfahrungen mit anderen Produkten aus Ihrem Haus.

- Sobald die erfragten Antworten statistisch signifikant sind, werfen Sie die teuren, aber offensichtlich unergiebigen Werbemaßnahmen aus Ihrem Marketing-Mix oder fahren Sie entsprechend herunter! Was nutzt Werbung, wenn sie nichts bringt?
- Konzentrieren Sie sich auf die meistgenannten Auslöser – bauen Sie diese aus!
- Sorgen Sie dafür, dass noch mehr Kunden noch intensiver mit den besten Auslösern in Kontakt kommen.
- Wenn ein Kunde einen konkreten Empfehlungsgeber nennt, veranlassen Sie, dass dieser noch in der Stunde des Auftragseingangs dankend kontaktiert wird. Das motiviert ihn, noch mehr zu empfehlen!

Unternehmen, die diese Tipps nicht beherzigen, werfen jahrelang teures Geld für Marktbearbeitungsmaßnahmen raus, die nichts bringen, ja sogar schaden: Wer Zeit, Aufwand und Geld für Unnützes investiert, kann es nicht in Nützliches investieren und verliert auf diese Weise Umsatz.

- Dehnen Sie Ihre Evaluation auch auf die Frage aus: »Was hat den Ausschlag für unser Angebot gegeben?«

Auch hier werden Sie sich wundern, dass regelmäßig nicht die von den F&E-Ingenieuren oder Verkäufern gepriesenen Produkt-Features genannt werden, sondern Nutzen, Anwendungen, Eigenschaften und Motive, von denen Sie bislang keine oder die falsche (da zu gering bewertete) Ahnung hatten. Also stellen Sie Ihre Werbung, Ihre Verkaufsunterlagen und Ihre Gesprächsleitlinien für Verkäufer dementsprechend um. Die Umsätze werden merklich anziehen, da die Kunden sich jetzt besser angesprochen fühlen.

WIR-Umsätze zum Sprudeln bringen

Wenn in Ihrer Dienstleistungspalette auch *W*artung, *I*nstandhaltung und *R*eparatur enthalten sind, können Sie sicher sein, dass hier viel Umsatz vergeben wird. Dieser Umsatz hat sogar einen Namen: »Wenn-Sie-schon-mal-da-sind-Umsatz«. Der Kunde hat Ihren Monteur zwar wegen einer Bagatellreparatur bestellt, doch »wenn Sie schon mal da sind, können Sie auch gleich ...« Das macht Ihr Mitarbeiter dann auch gerne. Was macht er dann? Er berechnet nur den ursprünglichen Auftrag! Warum? »Weil man mir nur dafür einen Auftrag rausgeschrieben hat.« Das ist Umsatzverweigerung!

- Finden Sie durch Begleitbesuche und informelle Umfragen heraus, wie viel Umsatz Ihre Mitarbeiter nicht berechnen, weil er nicht im ursprünglichen Auftrag enthalten ist.
- Erfragen Sie die Gründe dafür. Einer der häufigsten: »Bevor ich diesen Formularkrieg durchmache, berechne ich die Stunde einfach nicht.«
- Beseitigen Sie diese Gründe.
- Briefen Sie Ihre Mitarbeiter mit Kundenkontakt so, dass sie gerade auch die Zusatzwünsche des Kunden in Rechnung stellen.
- Kontrollieren Sie, inwieweit die Mitarbeiter das tatsächlich tun, und steigern Sie langsam diese Quote.

Yield Management für schlaue Füchse

Wenn Sie im Januar in Frankfurt ein Hotelzimmer nehmen, was bezahlen Sie da? Und wenn Sie es zur Zeit der Buchmesse im Oktober nehmen, was zahlen Sie da? Nicht denselben Preis. Wohl eher den doppelten. Wie nennt man das? Eine Sauerei aus Sicht des Gastes. Yield Management aus Management-Sicht. Yield Management bedeutet die Anpassung des Preises an die jeweilige aktuelle Zahlungsbereitschaft des Kunden. Yield steht im Englischen schlicht für Ertrag. Hotels und Fluggesellschaften, Reiseveranstalter und viele andere Branchen betreiben Yield Management schon seit Jahrzehnten (bestes Beispiel: Frühbucherpreise). Da gibt es für ein und dasselbe Produkt oft über drei Dutzend verschiedene Preise – je nachdem, was der Kunde zu zahlen bereit ist. Denn wenn der Kunde viel mehr zu zahlen bereit ist (zum Beispiel zur Buchmesse), dann wären Sie ja dumm, wenn Sie weniger nehmen würden. Mit Yield Management kann man den Umsatz und vor allem die Marge in schwindelerregende Höhen treiben.

Selbst Handwerker haben in der Zwischenzeit Yield Management entdeckt. Neulich sagte uns ein Klempner: »Warum lassen Sie die Dachrinne nicht im Herbst machen? Im Sommer wollen alle Leute was am Dach gerichtet haben, da zahlen Sie selbstverständlich unsere Sommerpreise!«

- Überprüfen Sie Ihr Yield-Management-Potenzial: Welche Schwankungen in der Zahlungsbereitschaft sind bei Ihren Zielgruppen beobachtbar oder vorstellbar?
- Welche unterschiedlichen Tarife für ein und dasselbe Produkt haben Sie bereits?
- Wo könnten Sie zusätzliche Tarif-Differenzierungen antesten? Seien Sie kreativ!
- Speichern Sie die unterschiedlichen Tarife übersichtlich ab. Denn das ist das Hauptrisiko beim Yield Management: dass man ohne sauberes Tarifblatt schnell den Überblick verliert.

Zeit für Umsatz per Zeitmanagement einplanen

Rechnen Sie doch mal nach, wie viel Zeit Sie tatsächlich für Ihre Umsatzziele verwenden. Dann lassen Sie die Rechnung jeden Manager und jeden Mitarbeiter im Verkauf aufmachen. Sie werden erschüttert sein. Natürlich ist jeder Verkäufer, jeder Vertriebs- und Verkaufsleiter täglich im Verkauf tätig – es wird sicher keiner däumchendrehend in der Ecke sitzen. Doch exakt wie viele Minuten täglich werden in die konkreten Umsatzziele investiert? Das Ergebnis ist meist ernüchternd. So gab ein Mittelständler unlängst als oberstes Umsatzziel die Neukundenakquise aus. Als der Geschäftsführer (wohlgemerkt, nicht der Verkaufsleiter!) eines Tages wissen wollte, wie viel Zeit jeder Verkäufer tatsächlich für Neukunden aufbringt, kamen umgerechnet circa 15 Minuten täglich heraus! Das ist lächerlich. Aber das ist kein Einzelfall. Wir alle haben täglich so viel zu tun, dass wir selbst für existenzielle Ziele einfach keine Zeit haben. Tipp: Zeit hat man nicht, man schafft sie sich. Man hat immer nur so viel Zeit, wie man sich freiboxt.

Praktikertipp: »Wenn wir ein vorrangiges Verkaufsziel ausgeben«, berichtet der Verkaufsleiter eines Investitionsgüterherstellers, »dann machen wir 24 Stunden am Tag nichts anderes. Das Business as usual wird quasi nebenher erledigt. Wenn wir zum Beispiel eine neue Zielgruppe erschließen, dann denken und reden wir über nichts anderes mehr, bis das neue Segment erschlossen ist.« Geben Sie vordringlichen Umsatzzielen auch vordringlich viel Zeit!

Natürlich müssen darunter Aufgaben mit nachgeordneter Priorität leiden. Doch da sie eben nachgeordnet sind, nimmt man das für das überragende Ziel gerne in Kauf.

Zielkultur ernst nehmen

In umsatzschwachen Unternehmen sind mit ein Grund, weshalb Umsatzziele nicht erreicht werden, die Umsatzziele selbst.

Praktikertipp: »Jedes Jahr gibt unsere Geschäftsleitung utopische Ziele aus«, klagt der Chefcontroller einer Vertriebsorganisation, »und jedes Jahr werden sie verfehlt. Das Einzige, was unsere Mitarbeiter daraus lernen, ist: Es ist piepegal, wenn wir die Ziele nicht erreichen.« Setzen Sie realistische Ziele – die werden nämlich auch erreicht!

Wenn das Management die eigenen Ziele offensichtlich nicht ernst nimmt, kann auch niemand von den Mitarbeitern verlangen, dass sie die Ziele ernst nehmen, geschweige denn erreichen. Diese beiderseitige Missachtung der Umsatzziele ist in vielen Unternehmen bereits zum Bestandteil der Firmenkultur geworden.

Langzeitstudien zeigen, dass Unternehmen mit realistischen Zielen langfristig höhere Umsatzzuwächse erzielen als Unternehmen mit überzogenen Zielen. Der Hauptgrund: Werden utopische Ziele verfehlt (was in der Natur der Ziele liegt) und passiert darauf außer der üblichen Gardinenpredigt nichts Weltbewegendes, nehmen die Mitarbeiter bei den Zielen des nächsten Jahres automatisch an, dass sie sie sowieso nicht erreichen müssen. Sie sind weniger motiviert und legen sich weniger ins Zeug – da hilft auch alles Druckmachen nichts. Denn die Mitarbeiter wissen: In letzter Konsequenz passiert nichts, wenn wir die Ziele verfehlen.

- Setzen Sie Mondziele?
- Wollen Sie es mal mit ehrgeizigen, aber realistischen Zielen versuchen?
- Mahnen Sie Konsequenzen für den Fall der Zielverfehlung an.
- Ziehen Sie diese Konsequenzen im Fall der Zielverfehlung konsequent durch – das erzieht besser als jeder Druck und jedes Einpeitschen.
- Sie dürfen Ziele nach oben oder nach unten revidieren – doch ein Ziel einfach zu verfehlen, dürfen Sie nicht zulassen. Der negative Lerneffekt macht Ihnen die Umsatzpower Ihres Teams kaputt.

Zusatzfrage bringt Zusatzumsatz

Eines der ältesten und wirkungsvollsten Umsatzpotenziale ist die Zusatzfrage. Restaurants, in denen der Service nach dem Menü fragt: »Kaffee oder Cappuccino?«, verkaufen ein Mehrfaches an beiden Artikeln als Restaurants, in denen diese Zusatzfrage nicht gestellt wird. Sicher gehen Sie hin und wieder Essen. In welchen Gastronomiebetrieben werden Zusatzfragen bezüglich Aperitif, Kaffee, Wein, Spezialitäten des Tages und Dessert gestellt und in welchen nicht? Erstaunlich, nicht wahr? Es gibt so viele Restaurants, in denen nicht zusatzgefragt wird. Warum nicht? Dummheit und fehlendes Training. Jeder Gastronom, der sich über die bescheidene Branchenkonjunktur aufregt und seinen Service ohne Zusatzfrage arbeiten lässt, verliert jede Glaubwürdigkeit.

Was heißt das für Sie? Sie stellen ab sofort die Zusatzfrage oder lassen sie stellen? Falsch – nicht die Zusatzfrage ist falsch, sondern der Singular.

Praktikertipp: »Egal, was der Kunde von uns möchte«, erklärt der Inhaber einer Beratungsfirma, »wir stellen ihm immer Zusatzfragen.« Stellen Sie drei Zusatzfragen!

Wissen Sie, wie umsatzschwache Menschen zusatzfragen? Sie fragen: »Was kann ich sonst noch für Sie tun?« Das ist so was von inkompetent! Wenn der Kunde das wüsste, würde er es doch längst gesagt haben! Die Zusatzfrage dient gerade dazu, schlummernde Bedürfnisse zu wecken und nicht die offensichtlichen abzufragen!

- Zusatzfragen bringen nur dann Zusatzumsatz, wenn sie zum aktuellen Bedürfnis oder zur Bedarfslage des Kunden passen.
- Überlegen Sie bei jedem Kundengespräch: »Wenn der Kunde gerade X möchte, was könnte ihm daneben oder dazu auch noch nützen?« Daraus formulieren Sie Ihre Zusatzfragen.
- Machen Sie ein Supervisionsspiel daraus! Fragen Sie Ihre Verkäufer regelmäßig: »Sie haben einen Kunden, der sich wegen … bei Ihnen erkundigt – welche Zusatzfragen stellen Sie ihm?«
- Die Zusatzfragen werden selbstredend freundlich und ohne jeden Verkaufsdruck gestellt!
- Wenn ein Kunde alle Zusatzfragen mit Nein beantwortet, dann seien Sie so freundlich, als ob er sie bejaht hätte; sonst verärgern Sie den Kunden.
- Zusatzfragen können geschlossen sein: »Wenn Sie gerade X ordern, haben Sie dann noch genug Y auf Lager?«
- Sie können auch offen sein: »Wo wir gerade bei X sind – wie sieht es mit Ihren Beständen an Y aus?« Ob geschlossen oder offen, richtet sich nach der jeweiligen Gesprächssituation. Probieren Sie's aus!

Zuverlässigkeit demonstrieren schlägt die Großen!

Kleine und mittlere Unternehmen leiden unter einer großen Ungerechtigkeit. Wie der Leiter eines kleinen IT-Unternehmens sagt: »In den Kundengesprächen schlagen wir die Großen in Anpassungsqualität, Auftragsabwicklung und Preis-Leistungs-Verhältnis immer und immer wieder. Oft sagen sogar die Kunden: ›Ihr Angebot ist klar das beste.‹ Doch den Zuschlag bekommt dann doch wieder der Großkonzern! Da wird der Hund in der Pfanne verrückt!« Umsatzschwache Klein- und Mittelbetriebe sagen daraufhin:

- »Gegen die Großen können wir eben doch nicht anstinken.«
- »Das kann nicht mit rechten Dingen zugehen. Die Großen bestechen oder treiben sonst irgendeinen Schmuh!«
- »Die Kunden nehmen uns nur rein, um auf ihre verlangte Anbieterzahl zu kommen – aber ernst ist es denen nie!«

Was sind das? Gute Gründe. Was noch? Umsatzkiller. Warum? Weil es reine Vermutungen sind. Auch das ist ein eklatanter Unterschied zwischen umsatzschwachen und umsatzstarken Menschen. Erstere behaupten oft und gerne, dass die Konjunktur, die Konkurrenz, die Kundenzurückhaltung und die doofen Politiker schuld seien. Letztere gehen den Dingen auf den Grund. So gesehen ist Umsatz etwas ganz Einfaches und doch Erschreckendes: Wer nachdenkt, macht mehr Umsatz. Oder wie es ein Vertriebsleiter deftig formuliert: »Wer zu dumm ist, den bestraft das Leben.« Harte Worte, wahrer Kern.

Die meisten kleinen und mittleren Unternehmen sind einfach viel zu frustriert, um ihren treulosen Kunden noch eine Überlegung zu widmen. Doch die pfiffigen Kleinbetriebe haben längst ihre zu den Großen übergelaufenen Kunden, wenn der ganze Staub des Anbietergefechts sich gelegt hat, beiseite genommen und sich mit ihnen eingehend unterhalten. Dabei sind sie dem eigentlichen Grund der Absage auf die Schliche gekommen, der natürlich nie offiziell zugegeben wird:

Praktikertipp: Der erwähnte IT-Inhaber weiß: »Kunden fürchten bei kleinen Unternehmen Unzuverlässigkeit.« Demonstrieren Sie dem Kunden, dass Sie so zuverlässig sind wie die Großen!

Selbst wenn ein Weltkonzern ein deutlich schlechteres Angebot macht als ein Kleinbetrieb (was überraschend häufig der Fall ist!), entscheidet sich der Kunde letztendlich schweren Herzens für den Konzern. Denn wie uns viele Unternehmer und Manager verrieten: »Bei den Kleinen weiß man doch nie, ob die nächsten Monat noch da sind, ob die tatsächlich so liefern können wie abgesprochen, wenn die so klein sind. Ein Konzern wie ... ist groß genug. Wenn wir die verklagen, kriegen wir wenigstens unser Geld!«

Das ist natürlich reiner Aberglaube. Vergleicht man die Lieferverzögerungen und Minderleistungen von Großen und Kleinen, stellt sich immer wieder der klassische Wettbewerbsvorteil der Mittelständler heraus: Kleine und mittlere Unternehmen sind schneller, flexibler und termintreuer. Doch Kunden sind nun mal abergläubisch – Sie doch auch! Seien Sie ehrlich. Wenn Sie zwischen einem VW-Golf und einem preisgünstigeren Mittelklassewagen eines winzigen indischen Kfz-Anbieters wählen können, wählen Sie doch auch den Golf – weil dieser Konzernmilliarden im Rücken hat!

- Überzeugen Sie Ihre Kunden nicht nur von Ihrer Leistung, sondern auch von Ihrer Zuverlässigkeit – dieser Angebotsaspekt wird von den meisten Firmen noch nicht einmal gesehen!
- Belegen Sie Ihre Zuverlässigkeit mit Referenzschreiben, Empfehlungen, Referenzbesuchen, Projektdokumentationen und was Sie sonst noch als Beleg für Ihre Zuverlässigkeit ausgraben können.
- Sammeln Sie Belege für die Unzuverlässigkeit der Großen. Das ist einfach, da diese in der Fach- und sogar Tagespresse regelmäßig gut dokumentiert sind. Legen Sie diese Belege dem Kunden vor, ohne viel Wind zu machen. Unzuverlässigkeit spricht für sich.
- Bieten Sie ihm obendrauf eine vertragliche Zusicherung Ihrer Zuverlässigkeit an.
- Bieten Sie ihm jede Kontrollmöglichkeit während der Auftragsbearbeitung: absolute Transparenz über den Status quo seines Auftrags, Zwischentermine und -berichte, persönlicher Ansprechpartner in allen Auftragsphasen.
- Bieten Sie ihm persönliche Verantwortung an: »Ich bin persönlich dafür verantwortlich, dass Sie am vereinbarten Termin das bekommen, was Sie sich vorstellen. Nehmen Sie mich beim Wort.«

Wenn Kleinfirmen über die Zuverlässigkeit verkaufen, platzt der Knoten im Verkauf oft derart, dass eine veritable Auftragslawine losbricht. Oder wie unser IT-Leiter sagt: »Eigentlich ist das frustrierend. Jahrelang verkaufen wir mit überlegenen Produkten mehr schlecht als recht. Die Zuverlässigkeit hat eigentlich nichts mit dem Produkt zu tun, die ist doch eigentlich selbstverständlich – doch seit wir fast mehr über unsere Zuverlässigkeit reden als über unser Produkt, schlagen wir sämtliche Verkaufsrekorde – und die Großen!« Tja, gewusst wie.

Zwischenabrechnung einschieben

»Wir haben eigentlich keine Probleme mit dem Umsatz«, gestand uns neulich ein Unternehmer. »Im Gegenteil, wir haben eine gute Auftragslage – und die bringt uns noch um!« Warum? Weil unter den vielen laufenden Aufträgen leider immer mehr sind, bei denen Kunden »zicken«. Das tun

Kunden immer öfter. Das Problem: Zickende Kunden zeichnen den Auftrag oder das Projekt nicht frei und damit auch nicht die Auftragsrechnung. Warum nimmt der Unternehmer da nicht einfach einen Kurzkredit auf? Dumme Frage, kurze Antwort: Basel II. Inzwischen geben viele Banken wegen dieser internationalen Rating-Vereinbarung noch nicht einmal mehr Überbrückungskredite für laufende Aufträge, deren Zahlungseingang bereits abzusehen ist.

Praktikertipp: »Wir machen keinen Umsatz«, verrät uns der Chefcontroller eines Komponentenherstellers. »Umsatz kann jeder Idiot machen und sich damit sein Grab schaufeln. Wir machen cash-flow-orientierten Umsatz.« Vereinbaren Sie bei größeren oder länger laufenden Aufträgen und sowieso bei Projekten Zwischenabrechnungen – und führen Sie diese auch durch!

Wenn ein Kunde am Ende eines Auftrags wegen der Bezahlung zickt, lassen Sie ihn – schlagen Sie ihm jedoch eine Zwischenabrechnung vor. Natürlich benutzt er die Auftragssumme als Druckmittel gegen Sie. Doch ein guter Verhandler macht ihm klar, dass er ohne Zwischenzahlung auch keine Fertigstellung des Auftrags erwarten darf, weil sonst Ihr Cash-Flow zusammenbricht. Der ausstehende Restbetrag ist Druckmittel genug.

Nachwort

Wir erleben es jeden Tag aufs Neue: Wer einfach nur dranbleibt, macht Umsatz. Viel mehr braucht es nicht! Jene Menschen, Manager, Mitarbeiter und Unternehmen, die auch in schwierigen, rezessiven, ja depressiven Zeiten mit beneidenswerter Umsatzfülle gesegnet sind, sind mehrheitlich keine Genies oder Kapitalgiganten, keine Werbe-Ikonen oder Monopolisten. Es sind Menschen wie Sie und wir, die etwas ganz Einfaches tun: Sie bleiben dran. Sie picken sich jede Woche eine Hand voll Umsatzpotenziale heraus und krempeln die Ärmel auf, um sie Schritt für Schritt zu realisieren. Sie zeigen Steherqualität und Ausdauer. Sie hängen nicht irgendwelchen abstrusen Umsatzutopien, genialen Marketingideen, privaten Hobbys bei der Arbeit und irrwitzigen Illusionen vom schnellen Euro nach. Sie wissen, dass Umsatz harte Arbeit ist, und sind Manns genug, diese Arbeit auf sich zu nehmen. Sie lassen sich nicht durch Rückschläge entmutigen. Sie überwinden jedes Hindernis, auf das sie auf ihrem Umsatzweg treffen. Wenn es sie dabei zehnmal auf die Nase legt, stehen sie elfmal wieder auf. Sie bleiben so lange dran am Potenzial, bis die Quelle sprudelt. Das ist die einzige Umsatzgarantie, die wir kennen.

Wir beobachten dabei immer wieder, dass Manager und Mitarbeiter, die in den letzten Jahren irgendwann von der Marktlage gezwungen wurden, sehr viel mehr Umsatz zu machen, das auch schweren Herzens und mit viel Überwindung endlich taten – und schon nach wenigen Wochen einen solchen Spaß daran bekamen, dass Umsatzmachen heute für sie die reine Freude ist und ein Riesenerfolg obendrein.

Diesen Spaß und diesen Erfolg wünschen wir Ihnen.

W0184888

Mario Klarer

Einführung in die Grundlagen der Literaturwissenschaft

Mario Klarer

Einführung in die Grundlagen der Literaturwissenschaft: Theorien, Gattungen, Arbeitstechniken

Für Bernadette, Johanna und Moritz

Die Deutsche Nationalbibliothek verzeichnet diese Publikation
in der Deutschen Nationalbibliografie;
detaillierte bibliografische Daten sind im Internet über
http://dnb.d-nb.de abrufbar.

Die Herausgabe dieses Werkes wurde durch
die Vereinsmitglieder der WBG ermöglicht.
Satz: Lichtsatz Michael Glaese GmbH, Hemsbach
Einbandgestaltung: schreiberVIS, Seeheim
Gedruckt auf säurefreiem und alterungsbeständigem Papier
Printed in Germany

Besuchen Sie uns im Internet: www.wbg-wissenverbindet.de

ISBN 978-3-534-23631-2

Inhalt

Einleitende Vorbemerkungen

Der Trend in der Literaturwissenschaft geht mehr und mehr in Richtung eines multikulturellen, theoriebewussten und interdisziplinären Fachverständnisses. Diese Entwicklung bewirkt, dass nationalsprachliche Grenzen einer literaturwissenschaftlichen Disziplin durchlässiger werden, dass Literaturtheorie in den jeweiligen Philologien als globales Phänomen gilt und dass Film als übernationales literaturverwandtes Medium integriert wird. Diese neuen Strömungen in den Literaturwissenschaften verlangen daher auch nach neu konzipierten Grundwerkzeugen für das Fach.

Die vorliegende Einführung versucht, diese übergreifende Basis zu vermitteln. Studienanfänger oder literarisch interessierte Laien erhalten einen ersten allgemeinen Überblick, der als Raster für weitere Lektüre oder weitere Lehrveranstaltungen in der spezifischen Philologie dienen soll. Das Buch eignet sich daher zum Selbststudium und als lehrveranstaltungsbegleitender Text für Einführungen in die Literaturwissenschaft in den großen philologischen Studienrichtungen wie Germanistik, Anglistik, Romanistik, Slawistik, Altphilologie oder Komparatistik. Hierbei werden die wichtigsten literaturtheoretischen Ansätze im Überblick vorgestellt, die drei literarischen Gattungen zusammen mit Film als textnahes Phänomen besprochen sowie ein Abriss zentraler literaturhistorischer Strömungen geboten. Abgerundet wird der Band durch arbeitstechnische Kapitel zum Verfassen von Seminararbeiten, Literatursuche sowie einem prüfungsvorbereitenden Glossar mit grundlegenden textwissenschaftlichen Begriffen.

Dieser Band basiert auf den Grundkonzepten meiner *Einführung in die anglistisch-amerikanistische Literaturwissenschaft* (WBG, 7. überarb. Aufl. 2010) und meiner *Introduction to Literary Studies* (Routledge, 2. Aufl. 2007), wobei aber der gesamte Text in Hinblick auf philologieübergreifende Beispiele und Konzepte überarbeitet wurde.

Die Einführung ist im Dialog mit den Studierenden in Einführungskursen der philologisch-kulturwissenschaftlichen Fakultät der Universität Innsbruck sowie in Lehrveranstaltungen in den English Departments der Columbia University (New York), University of Pennsylvania (Philadelphia) und der Universität Neuchâtel (CH) entstanden. Viele der Fragen und Problemkreise, die in diesem Rahmen aufgeworfen wurden, bestimmten Inhalt und Aufbau der vorliegenden Einführung.

Neben den Teilnehmern dieser Veranstaltungen möchte ich besonders Cornelia Klecker und Johannes Mahlknecht für ihre fundierten Vorschläge und Anregungen zum Filmkapitel danken. Carola Moresche und Elisabeth Thene haben mich bei der Manuskriptkorrektur unterstützt. Mein größter Dank gilt wieder Bernadette Rangger für ihre Hilfe bei der inhaltlichen Überarbeitung des Manuskripts und für ihre Unterstützung.

Wichtige Begriffe, die am Rand in den Marginalglossen aufscheinen, sind im Glossar in alphabetischer Reihenfolge erfasst und kurz erklärt. Ausgenommen davon sind die beiden Kapitel über Literatursuche und Verfassen einer Arbeit, in denen die Randbemerkungen ausschließlich als Orientierungshilfe gedacht sind und im Glossar nicht aufscheinen. Um den Umgang mit weiterführender internationaler Fachliteratur zu erleichtern, wird die zentrale Terminologie in Text, Glossar und Index auch in englischer Übersetzung geführt.

Zur Vereinfachung von Satzkonstruktionen wurden auf Wunsch des Verlages im gesamten Text männliche Endungen und Pronomina für Begriffe wie Autor, Leser, Künstler etc. verwendet, stehen aber – falls nicht anders gekennzeichnet – für beide Geschlechter.

Innsbruck, im August 2010 Mario Klarer

I. Was ist Literatur bzw. ein Text?

Literaturbegriff

Schlägt man in einer gängigen Enzyklopädie den Begriff Literatur nach, so wird bald klar, dass dieses vielstrapazierte Wort vage verwendet wird und die Definitionsversuche wenig aussagekräftig sind. In den meisten Fällen ist Literatur als Gesamtheit schriftlichen Ausdrucks erklärt, jedoch mit der Einschränkung, dass nicht jedes schriftliche Dokument zur Literatur im engeren Sinn gezählt werden kann. Definitionen von Literatur verwenden daher meist Adjektive wie „ästhetisch" oder „schöngeistig", um literarische Texte von Gebrauchstexten wie Telefonbüchern, Zeitungen, Akten, aber auch von wissenschaftlichen Werken abzugrenzen.

Textbegriff

Etymologisch (dem Wortursprung nach) kommt das lateinische Wort „litteratura" von „littera" (Buchstabe), einer kleinsten Einheit also, aus der unsere Schrift aufgebaut ist. Das Wort Text hingegen ist mit unserem Wort „Textil" verwandt und bedeutet soviel wie Gewebe: analog zum Geflecht von Fäden, durch die ein Stoff oder Tuch aufgebaut ist, wird der Text als sinnvolles, zusammenhängendes Geflecht von Wörtern und Sätzen aufgefasst. Die Herkunft der beiden zentralen Begriffe der Literaturwissenschaft gibt also kaum Aufschluss über das Wesen des Literarischen bzw. Textlichen.

visuelle Dimension von Texten

Ergiebiger ist es, Literatur oder Text als historisches Phänomen anzusehen und die Grundlagen literarischer Produktion zu betrachten. Ist auch das schriftliche Medium im Vordergrund, steht das Literarische dennoch in enger Wechselwirkung zu anderen Medien wie Bühne, Malerei, Film oder Musik. Ein Grundzug literarischen Schaffens ist sicherlich der menschliche Wunsch, mit Hilfe eines schöpferischen Ausdrucks eine Spur von sich zu hinterlassen, die losgelöst von einem bestimmten Individuum für sich selbst existieren kann und damit den Urheber dieses Ausdrucks überdauert. Früheste Manifestationen dieses kreativen Verlangens sind prähistorische Höhlenmalereien oder Ritzbilder, in denen „verschlüsselte" Information durch visuelle Zeichen weitergegeben wird.

Diese visuelle Komponente bleibt eng mit Literatur in ihren unterschiedlichen historischen oder sozialen Erscheinungsformen verbunden, auch wenn die bildliche Dimension von Texten in manchen Epochen soweit in den Hintergrund tritt, dass sie kaum mehr wahrgenommen wird. Nicht nur das Visuelle – Schrift hat immer etwas Bildliches an sich – ist untrennbar mit Literatur oder Text verwoben, auch das gesprochene Wort oder vielmehr das akustische Element ist ein integraler Bestandteil von Literatur, da die alphabetische Schrift in der Regel Worte in Zeichen umsetzt.

oral poetry

Bereits vor der Entwicklung der Schrift als Zeichensystem in unserem heutigen Sinn (Bildzeichen oder Alphabet) wurden „Texte" in Form von mündlicher Überlieferung tradiert. Oft wird diese Vorform literarischen Ausdrucks als *oral poetry* bezeichnet, in welcher ein Barde oder Rhapsode einen auswendig gelernten Text in seinem Gedächtnis „gespeichert" hat und bei Bedarf abrufen und rezitieren kann. Es wird angenommen, dass der Großteil früher antiker und mittelalterlicher Epen auf diese Weise entstanden ist und erst in einer zweiten Phase schriftlich fixiert wurde. Dieser für uns auf den ersten Blick fremden mündlichen Komponente von Literatur wird in der jüngeren Vergangenheit besonders durch das Medium Radio und die Entwicklung unterschiedlicher Tonträger zu einer neuen Blüte verholfen. Audioliteratur ist ein deutliches Beispiel dieses Phänomens, aber auch Liedtexte u. Ä. können als akustische Formen literarischer Texte verstanden werden.

Neben der mündlich-lautlichen Dimension ist auch das visuelle Element literarischer Texte im Laufe der Geschichte immer mehr in den Hintergrund getreten. Der angedeutete Ursprung des Literarischen im Visuellen (Höhlenmalerei, Ritzzeichnungen) fand besonders im Mittelalter in Form von illuminierten (durch Malerei verzierten) Handschriften seine reichste Ausformung.

Mit Beginn der Neuzeit – parallel zur Entwicklung des Buchdrucks – wird dieses visuelle Element immer mehr in den Hintergrund gedrängt und auf einige Illustrationen zum Text reduziert. „Reine" Schrift wird zusehends als abstraktes, unverfälschtes Medium stilisiert, dem keine körperlich-materiellen Elemente mehr anhaften. Die mittelalterliche Einheit von Wort und Bild, in der beide Grundkomponenten des Textes eine harmonische Einheit bilden und teilweise ineinander übergehen, verkümmert weitgehend. Dieser moderne Ikonoklasmus (Bilderfeindlichkeit) sieht in der Schrift ein Medium, das zudem ohne Bezug auf die akustische Realisierung von Sprache auskommt. Einzig im Drama lebt die Einheit von Wort und visuellem Ausdruck ungehindert weiter, wenn dies auch nicht auf den ersten Blick eindeutig ersichtlich ist. Die literarische Form des Dramas, die traditionellerweise ohne Zögern zur Literatur im engeren Sinn gezählt wird, verbindet beide als außerliterarisch betrachteten Elemente des Akustischen und Visuellen. Noch deutlicher als im Drama wird dieses Phänomen im Film, mit dem die Symbiose von Wort und Bild einen neuerlichen Höhepunkt erlebt. Gerade für Textwissenschaften wird dieses relativ junge Medium interessant, da hier Worte und Bilder dauerhaft fixiert und wie in einem Buch jederzeit wieder abgerufen werden können.

Das Durchdringen der neuzeitlichen Textwissenschaften durch ungewohnte Medien hat in der zweiten Hälfte des 20. Jahrhunderts zu einer massiven Auseinandersetzung mit dem Textbegriff geführt und viele Autoren und Künstler dazu bewogen, die Grenzen der althergebrachten Literatur bewusst zu verlassen, eingebürgerte Textauffassungen zu sprengen und neue Formen literarischen Ausdrucks zu suchen. Visuelle und akustische Elemente werden wieder in die Literatur eingebracht, aber auch Gattungen und Textsorten absichtlich vermischt.

1. Gattung, Textsorte und Diskurs

Ähnlich wie in der Biologie wird auch in der Literaturwissenschaft von Evolution oder Entwicklung bestimmter Formen bzw. von Klassifikationskriterien für unterschiedlichste Gattungen gesprochen. Ersteres wird allgemein als Literaturgeschichte, zweiteres als Poetik bezeichnet. Beide Forschungsgebiete sind fest mit unserer Fragestellung verknüpft, da jeder Definitionsversuch von Text oder Literatur unweigerlich Gattungsunterscheidungen und entwicklungsgeschichtliche Dimensionen von literarischen Gattungen berührt. Der Begriff Gattung (engl. *genre*) überschneidet sich oft mit den Begriffen Textsorte oder Diskurs.

Gattung

Häufig wird unter Genre oder Gattung eine der drei klassischen literarischen Formen Epos, Drama oder Lyrik verstanden. Verwirrend in dieser Klassifikation ist die Tatsache, dass auch das Epos in Versen verfasst ist, aber nicht zur Lyrik gezählt wird. Der Grund liegt darin, dass das Epos aufgrund einiger struktureller Merkmale (wie Handlungsverlauf, Charakterpräsentation und Erzählperspektive) als Vorläufer des modernen Romans – also der Prosa – betrachtet wird. Diese alte Dreiteilung wird heute zwar noch häufig verwendet, angesichts der weitgehenden Verdrängung des Versepos (engl. *epic*) durch Prosaformen wie Roman (engl. *novel*) und Kurzgeschichte (engl. *short story*) haben sich im Englischen jedoch die Bezeichnungen *fiction* (bzw. *prose), drama* und *poetry* eingebürgert.

Textsorte

Neben den sogenannten Gattungen oder Genres, die jene allgemeinen Bereiche der traditionellen Literatur umfassen, hat sich unter dem Einfluss der Sprachwissenschaft (engl. *linguistics*) auch der Terminus Textsorte (engl. *text type*) als ein viel weiterer Begriff etabliert. Die verstärkte Beschäftigung der Linguistik mit Texten, die nicht der kanonischen Triade von Prosa, Drama und Lyrik zuzurechnen sind, hat Literaturwissenschaftler dazu bewogen, sich mit früher als wertlos und literarisch uninteressant betrachteten Texten zu beschäftigen. Der Begriff Textsorte bezeichnet jegliche Arten von Gebrauchstexten wie Bedienungsanleitungen, Predigten, Todesanzeigen, Werbetexten und Katalogen bis hin zu wissenschaftlichen Abhandlungen, kann aber auch die oben genannten drei literarischen Hauptgattungen mit ihren Subgenres (Untergattungen) einschließen.

Diskurs

Ein weiterer Begriff, der in der neueren theoretischen Fachliteratur in das Fachvokabular Eingang gefunden hat, ist der Diskurs (engl. *discourse*). Das Wort Diskurs wird inzwischen ähnlich wie Textsorte als Oberbegriff für jegliche Form klassifizierbaren sprachlichen Ausdrucks verwendet; d.h. als sehr brauchbare Worthülse für sprachliche Konventionen unterschiedlicher Gruppen, vor allem aber für inhaltliche oder thematische Gebiete. So spricht man z.B. von männlichen oder weiblichen, politischen, sexuellen, ökonomischen, philosophischen oder historischen Diskursen. Gemeint sind Erscheinungsformen sprachlichen Ausdrucks, die sich aufgrund von Inhalt, Lexis (Wortschatz), Syntax (Satzstellung) aber auch stilistischer und rhetorischer Elemente klassifizieren lassen. Bezieht sich der Begriff Textsorte eher auf schriftliche Texte, umfasst Diskurs sowohl schriftliche als auch mündliche Sprachpraxis.

Stark verallgemeinernd kann man also davon ausgehen, dass Gattung meist auf die klassischen, von der literaturwissenschaftlichen Tradition anerkannten Formen literarischen Ausdrucks angewandt wird; Textsorte hingegen wird eher weiter gefasst und beinhaltet auch „nicht-kanonische" – traditionell nicht zur Literatur im engeren Sinn gerechnete – schriftliche Texte; Diskurs ist schließlich der weiteste Begriff, der bevorzugt auf thematisch klassifizierbare schriftliche *und* mündliche Ausdrucksbereiche bezogen wird. Die Bedeutungen und Grenzen der genannten Begriffe sind jedoch keineswegs fixiert und unterliegen je nach Kontext, in dem sie erscheinen, großen Schwankungen.

2. Primär- und Sekundärliteratur

Primärliteratur: literarische Gattungen

Sekundärliteratur

In der Literaturwissenschaft wird neben den genannten Gattungen generell zwischen Primär- und Sekundärliteratur unterschieden. Diese Trennung, nach der im Idealfall das künstlerische Objekt (Primärliteratur) von der wissenschaftlichen Auseinandersetzung (Sekundärliteratur) unterschieden wird, hat sich weitgehend durchgesetzt. Primärliteratur (engl. *primary source*) umfasst Werke unterschiedlicher literarischer Gattungen wie Gedichte, Romane, Epen, Kurzgeschichten u. Ä.; jene Texte also, die traditionellerweise literaturwissenschaftlichen Analysen unterzogen werden. Zur Sekundärliteratur (engl. *secondary source*) gehören Werke, die sich mit Primärtexten auseinandersetzen; also Aufsätze in wissenschaftlichen Zeitschriften oder Sammelbänden, eigenständige Monographien (Buchpublikationen) sowie Buchrezensionen (vgl. dazu Kapitel V: Wo und wie finde ich Sekundärliteratur?).

Sammelband

Festschrift

Monographie

Aufsätze erscheinen aber auch in sogenannten Sammelbänden (engl. *collection of essays* oder *anthology*), die meist von einem oder mehreren Herausgebern (engl. *editor*) zu einem bestimmten Thema zusammengestellt und publiziert werden. Wird ein solcher Sammelband zu Ehren eines bekannten Wissenschaftlers herausgegeben, spricht man von einer Festschrift (engl. meist auch *festschrift*). Wissenschaftliche Arbeiten in Buchform, die ein bestimmtes Thema behandeln, werden als Einzeldarstellungen oder Monographien (engl. *monograph*) bezeichnet. Der Großteil der Dissertationen und wissenschaftlichen Buchpublikationen im Umfeld der Universität gehört zu dieser Gruppe.

Inhaltlich wird an Sekundärliteratur der Maßstab der Wissenschaftlichkeit angelegt, d. h. Sekundärliteratur sollte jenen Kriterien entsprechen, die sich im Laufe der Zeit für den wissenschaftlichen Diskurs eingebürgert haben. Zu den wichtigsten Aspekten zählen Objektivität, Nachprüfbarkeit sowie Nachvollziehbarkeit der Thesen, Ergebnisse und Aussagen und deren Allgemeingültigkeit. Da die Interpretation von Texten immer subjektive Züge aufweist, können objektive Kriterien allerdings nur beschränkt aufrecht erhalten werden. Hier liegt der größte Unterschied zwischen Literaturwissenschaft und Naturwissenschaften, jedoch auch das kreative Potential dieses Forschungszweiges. Texte ermöglichen unter veränderten Blickwinkeln oder anderen methodischen Ansätzen immer wieder neue Interpretationsergebnisse. In Bezug auf die Nachvollziehbarkeit gelten in der Literaturwissenschaft ähnlich strenge Regeln wie in den Naturwissenschaften. Gemeint ist hierbei, dass es für jeden Leser von Sekundärliteratur ersichtlich sein soll, aus welchen Primär- und Sekundärquellen zitiert oder paraphrasiert (zusammengefasst) wurde. Natürlich werden trotz Befolgung dieser Kriterien weiterhin sehr unterschiedliche, subjektive Ansichten über ein und denselben Text bestehen bleiben, jedoch kann durch die wissenschaftliche Dokumentation der Quellen jeder Leser für sich selbst die Ergebnisse prüfen.

kritischer Apparat

Fußnoten

Bibliographie

Aufgrund dieser Konventionen der Dokumentation haben sich in der Literaturwissenschaft einige formale Merkmale herausgebildet, die als kritischer Apparat bezeichnet werden und folgende Elemente umfassen: Fußnoten (engl. *notes* bzw. *footnotes*) als Anmerkungen zum Text oder als Hinweise auf weitere Sekundär- oder Primärliteratur, ein Literaturverzeichnis (engl. *bi-*

bliography oder *list of works cited*) und eventuell ein Schlagwort- oder Personenregister (engl. *index*). Die Verwendung des kritischen Apparats in dieser Form war nicht immer mit wissenschaftlichen Arbeiten verbunden, hat sich aber in den letzten Jahrhunderten als eine Konvention dieser Diskursform herauskristallisiert (vgl. auch Kapitel VI: Wie verfasse ich eine wissenschaftliche Arbeit?).

Arten der Sekundärliteratur
Aufsatz
Miszelle
Rezension
Forschungsbericht
Monographie

Publikationsorgane
Zeitschrift
Sammelband
Festschrift
Buch
Internet

Formale Aspekte der Sekundärliteratur
Fußnoten
Bibliographie
Index
Zitate

Inhaltliche Aspekte
Objektivität
Nachvollziehbarkeit
Allgemeingültigkeit

Vermischung von Primär- und Sekundärliteratur

Die Unterscheidung zwischen Primär- und Sekundärliteratur bereitet dem Literaturwissenschaftler in den meisten Fällen keine großen Schwierigkeiten. Es gibt jedoch in jeder Epoche Werke, die aus unterschiedlichen Gründen versuchen, die Grenze zwischen diesen beiden Textsorten zu verwischen. So hat bereits Giovanni Boccaccio (1313–1375) im ausgehenden Mittelalter sein italienisches Epos *Teseida* (ca. 1339) mit Glossen, d.h. fußnotenartigen Erklärungen versehen, um so sein literarisches Werk auf eine Ebene mit wissenschaftlichen Texten seiner Zeit zu stellen, die sich ebenfalls eines kritischen Apparates bedienten.

Essay

Ein weiteres historisches Beispiel dafür, dass in früheren Epochen diese Einteilung nicht in der heutigen Form existiert hat, ist der Essay (engl. *essay*). Im Essay wurde ein klar umrissenes abstraktes oder theoretisches Thema in literarisch angehauchter Diktion (Sprache) behandelt. Bereits im späten 16. und frühen 17. Jahrhundert erreichte diese Gattung durch die Essays des Franzosen Michel de Montaigne (1533–1592) und des Engländers Francis Bacon (1561–1626) eine erste Blüte. Diese besonders im 18. Jahrhundert beliebte Gattung zeichnet sich einerseits durch stilistische Merkmale der Primärliteratur aus, andererseits werden Themen und Fragestellungen in einer Art und Weise behandelt, wie sie für wissenschaftliche Werke typisch ist. Damit nimmt für heutige Begriffe der Essay eine Position zwischen diesen beiden Textsorten ein.

Auch im Modernismus und Postmodernismus des 20. Jahrhunderts wird die traditionelle Unterscheidung zwischen Primär- und Sekundärliteratur ebenfalls bewusst übergangen. Der englisch schreibende Russe Vladimir Nabokov (1899–1977) wählt z.B. das Format einer wissenschaftlichen Textedition für seinen Roman *Pale Fire*, 1962). *Pale Fire* besteht sowohl aus Teilen, die zur Primärliteratur (Text eines Gedichts) gezählt werden, aber auch aus Abschnitten, die normalerweise nur in einer wissenschaftlichen Abhandlung oder einer kritischen Textausgabe zu finden sind wie ein „Foreword" des Gedicht-Herausgebers, ein „Commentary" mit stilistischen Analysen, textkritische Anmerkungen sowie ein „Index" der im Gedicht vorkommenden Personen. Nabokov stellt in dem (fiktiven) Vorwort, das von dem (fiktiven) Literaturwissenschaftler Charles Kinbote unterzeichnet ist, das Gedicht des (fiktiven) Autors Francis Shade vor.

Nabokov schreibt damit einen Roman, der von der Form her wie eine kritische Textausgabe eines literarischen Werkes aufgebaut ist, in dem ganz klar zwischen literarischem Text und wissenschaftlichem Kommentar bzw. Interpretation unterschieden wird. Im Fall von *Pale Fire* stammen jedoch alle diese verschiedenen Textsorten vom Autor Vladimir Nabokov selbst, der damit auf die Willkür dieser künstlichen Unterscheidung von Primär- und Sekundärliteratur aufmerksam machen will. Durch die Tatsache, dass dieser Text als Roman bezeichnet wird, obwohl eigentlich ein Gedicht im Mittelpunkt steht, werden zusätzlich traditionelle Gattungsunterscheidungen ad absurdum geführt.

II. Theoretische Ansätze in der Literaturwissenschaft

Ebenso wie die Einteilungsversuche von Gattungen und Textsorten sind auch die Herangehensweisen an literarische Werke von unterschiedlichen Beweggründen und Ansätzen geprägt. In der Folge soll nun gezeigt werden, dass die Art und Weise, in der sich die Literaturwissenschaft (engl. *literary criticism*) mit Texten beschäftigt, durchaus in Wechselwirkung mit dem jeweiligen institutionellen und kulturhistorischen Umfeld steht. Die verschiedenen Strömungen können sowohl geschichtlich aufeinander folgen, als auch nebeneinander als konkurrierende Schulmeinungen existieren. Diese Vielfalt an Methoden, die die zeitgenössische Literaturwissenschaft charakterisiert, macht es notwendig, sich zumindest mit den wichtigsten Strömungen und ihren Grundaussagen vertraut zu machen.

Literaturwissenschaft

Historisch gesehen hat sich die systematische Beschäftigung mit Texten aus dem religiös-magischen und dem juridischen Bereich entwickelt. Im Umfeld der Magie und Religion hat man sich sehr früh mit der Fixierung und Auslegung von „Texten" im weitesten Sinn des Wortes befasst. Am Beginn dieser Auseinandersetzung mit Texten steht die Auslegung von Orakelsprüchen und Träumen, deren Grundstrukturen später in der Beschäftigung mit den heiligen Schriften der großen Religionen weiterleben. Die Mechanismen, die dabei wirken, werden im Fall des Orakels am deutlichsten sichtbar. Hier empfängt eine in Trance oder Ekstase versetzte Person (Medium) von einer göttlichen Instanz verschlüsselte Informationen über zukünftige Ereignisse. Diese Aussagen wurden in Verse gefasst, da durch Reimschema der Wortlaut einer Aussage nicht so leicht verändert werden kann wie im Fall eines Prosatexts. Es konnte also eine mündliche Aussage durch Reim und Metrum quasi textlich „gespeichert" und später in unveränderter Form „wieder abgerufen" werden. Wichtig als Vorläufer für literaturwissenschaftliche Phänomene ist, dass der Wortlaut des Spruchs als feststehender „Text" interpretiert oder ausgelegt werden konnte. Bekannteste Beispiele sind die verschiedenen Interpretationsmöglichkeiten von Orakelsprüchen in den *Historien* (5. Jh. v. Chr.) des antiken Autors Herodot (ca. 480–425 v. Chr.).

religiös-magischer Ursprung von Interpretation

Die Deutung von verschlüsselter Information in einem Text wird in allen großen Religionen wichtig, wobei meist die Auslegung oder Exegese kanonischer (d. h als heilig betrachteter) Schriften wie z. B. der Bibel, des Koran oder anderer „Heiliger Bücher" im Mittelpunkt steht. Wie beim Traum oder Orakel wird die zu interpretierende Aussage auf eine höhere Instanz (Gottheit) zurückgeführt, wodurch diesem „Text" ein ganz besonderer Stellenwert zukommt. Wichtig dabei ist – und das ist ein zentraler Aspekt jeder Interpretation literarischer Texte –, dass es sich um eine verschlüsselte Information handelt, die erst über den Umweg der Auslegung oder Interpretation erfahrbar und sinnvoll wird. Dieser religiös-magische Ursprung der Textwissenschaft zieht sich von vorschriftlichen Epochen bis in die zeitgenössische Theologie und hat über die Bibelwissenschaft immer wieder großen Einfluss auf die Literaturwissenschaft ausgeübt.

juridischer Diskurs und Interpretation

Neben dem religiös-magischen Bereich bzw. teilweise unter dessen Einfluss hat auch der juridische Diskurs auf die Textwissenschaften eingewirkt. Ganz ähnlich wie in der Religion ging in der Rechtssprechung die Fixierung eines Gesetzestextes seiner Auslegung voraus. Der juridische Text ist wie der religiöse ein verschlüsselter, der aufgrund seiner allgemeinen Ausrichtung immer auf die jeweilige Situation abgestimmt und interpretiert werden muss.

Die Tragweite dieser Texte brachte es mit sich, dass man sich sehr eingehend mit ihnen beschäftigt hat. Auch heute noch ist die Auslegung von Rechtstexten eine jener Formen der Interpretation, mit der sich große Teile der Bevölkerung häufig konfrontiert sehen. Da alle großen Religionen auch legistische Elemente mit einschließen (Mosaisches Gesetz, Koran als Gesetzbuch), kommt es hier zu Überschneidungen des religiösen mit dem juridischen Diskurs. Bibelwissenschaft und Gesetzesauslegung sind immer schon in direkter Wechselwirkung zur Literaturwissenschaft gestanden und haben sich gegenseitig beeinflusst. Aus diesen zwei Textwissenschaften hat die Literaturwissenschaft Interpretation (engl. *interpretation*) als zentralen Begriff und wichtigsten Aufgabenbereich übernommen.

mehrfacher Schriftsinn

Bereits in der Antike wurde die Meinung vertreten, dass Texte neben ihrer wörtlichen Bedeutung auch noch eine übertragene oder allegorische Dimension besitzen können. Im Mittelalter wurde im Bezug auf biblische Texte hierfür der Begriff des „mehrfachen Schriftsinns“ geprägt, der es erlaubt z. B. „den Auszug Israels aus Ägypten“ im Alten Testament einerseits wörtlich als wahre Begebenheit zu lesen, andererseits aber auch als Allegorie für die mögliche Rettung des Menschen aus Bedrängnis oder Elend durch Gottes Gnade.

Hermeneutik

Die Exegese (engl. *exegesis*) oder Auslegung religiöser und juridischer Texte ging davon aus, dass die Bedeutung des Textes nur durch den Vorgang des Interpretierens ermittelt werden kann. In der Bibelwissenschaft wurde für diesen Vorgang der Begriff Hermeneutik (von griech. Auslegung, Erklärung; engl. *hermeneutics*) verwendet, der in den letzten Jahrhunderten verstärkt auch auf literaturwissenschaftliche Praxis bezogen wird. Da über Wesen und Anwendung von Textinterpretation innerhalb der Literaturwissenschaft sehr unterschiedliche Meinungen herrschen, muss zwischen einer Reihe literaturtheoretischer Strömungen bzw. methodischer Ansätze unterschieden werden.

Literaturtheorie

Obwohl jede akademische Disziplin versucht, ihre wissenschaftliche Tätigkeit mit Begriffen wie Allgemeingültigkeit, Objektivität, Wahrheit, Nachvollziehbarkeit u. Ä. zu definieren und zu legitimieren, unterliegen die verschiedenen Wissenschaftsbereiche dennoch einer Reihe von variablen Faktoren wie Weltanschauungen, Ideologien, politischen Umständen und Moden. Gerade die Geisteswissenschaften und unter ihnen besonders die Literaturwissenschaft zeichnen sich durch eine Vielfalt von Ansätzen und Methoden aus. Innerhalb der Literaturwissenschaft hat sich unter dem Einfluss der Philosophie die Literaturtheorie (engl. *literary theory*) als eigenständige Disziplin entwickelt, die sich mit wissenschaftstheoretischen Fragestellungen beschäftigt. Während die Literaturwissenschaft oder Literaturkritik vor allem Primärwerke interpretiert oder bewertet, versucht die sogenannte Literaturtheorie, Verfahrensweisen der Literaturwissenschaft und der Literatur selbst zu analysieren. Die Literaturtheorie ist somit jene Teildisziplin der Textwissenschaften, die sich mit den wissenschaftstheoretischen und philosophischen Grundlagen der eigenen Disziplin befasst.

vier Dimensionen literaturtheoretischer Ansätze

Aus der Vielfalt von Interpretationsmöglichkeiten lassen sich vier grundlegende literaturtheoretische Ansätze herausarbeiten, die sich als Raster zur Einordnung und Erklärung der unterschiedlichen Strömungen eignen. Je nach Schwerpunktsetzung spricht man in der Literaturwissenschaft von text-, autor-, leser- oder kontextorientierten Ansätzen. Folgende literaturtheoretische Schulen bzw. Strömungen können diesen vier grundlegenden Ansätzen zugeordnet werden:

Text
Philologie
Rhetorik
Formalismus und Strukturalismus
New Criticism
Semiotik und Dekonstruktion

Autor
Biographische Literaturwissenschaft
Psychoanalytische Literaturwissenschaft
Phänomenologie

Leser
Rezeptionsästhetik
Reader-Response-Criticism
Rezeptionsgeschichte

Kontext
Literaturgeschichte
Marxistische Literaturwissenschaft
Gender Theory
New Historicism und Kulturwissenschaft
Vergleichende Literaturwissenschaft

textorientierte Ansätze

autororientierte Ansätze

leserorientierte Ansätze

kontextorientierte Ansätze

Im sogenannten textorientierten Ansatz werden besonders Fragen der Textkritik (philologische Manuskripteditionen), der Stilistik (Erzähltechnik) und des formalen Aufbaus (Erzählstruktur) betont. Die autororientierten Richtungen lenken das Hauptaugenmerk auf den Autor, um Zusammenhänge zwischen dem Werk und der Biographie oder auch dem Geschlecht eines Autors bzw. einer Autorin zu analysieren. In leserorientierten Herangehensweisen steht die Rezeption des Textes durch die Leserschaft bzw. die Wirkung eines literarischen Werkes im Mittelpunkt. Der kontextorientierte Ansatz versucht hingegen, einen literarischen Text vor dem Hintergrund historischer, sozialer oder politischer Entwicklungen zu betrachten, wobei gattungsgeschichtliche und literaturhistorische Einordnungen vorgeschlagen werden, aber auch motiv- und sozialgeschichtliche Analysen zur Anwendung kommen.

Es handelt sich bei diesem Unterteilungsversuch um eine Reduktion sehr komplexer Theorien auf vereinfachte Grundmuster. Diese Einteilung darf aber nicht darüber hinwegtäuschen, dass keine literaturwissenschaftliche Richtung ausschließlich einem einzigen Ansatz zugeordnet werden kann. Trotz Überlagerungen und Kombinationen steht aber immer *ein* Aspekt bzw. *ein* methodischer Ansatz im Mittelpunkt des Interesses einer Strömung. Diese Schwerpunkte werden im folgenden Überblick als Unterscheidungskriterien verschiedener literaturwissenschaftlicher Schulen herausgearbeitet und analysiert.

1. Textorientierte Ansätze

werkimmanente Ansätze

Als Anknüpfungspunkt an die eingangs erwähnten Wurzeln der Textwissenschaft bieten sich jene Strömungen an, die als textorientierte oder werkimmanente Ansätze (engl. *intrinsic approach*) zusammengefasst werden können. Es handelt sich hierbei um den Bereich der Literaturwissenschaft, der die meisten Schulen und Strömungen hervorgebracht hat. Vereinfacht ausgedrückt, steht in diesen Traditionen das literarische Werk in seiner *textlichen* Erscheinung im Mittelpunkt. Außertextliche Faktoren bezüglich Autor (Biographie, Gesamtwerk), Publikum (Klasse, Geschlecht, Alter, ethnische Zugehörigkeit, Bildung) oder Kontext (historische, soziale oder politische Umstände) werden bewusst ausgeklammert. Natürlich ist der Text in jeder literaturwissenschaftlichen Richtung der eigentliche Ausgangspunkt der Analyse, jedoch haben in den anderen drei genannten Ansätzen außertextliche Phänomene wie biographische Informationen zum Autor, Probleme der Rezeption und ähnliche, nicht direkt mit dem Text verbundene Fragestellungen oft das Übergewicht. Die textorientierten Traditionen stellen den Text an sich und insbesonders seine formalen Besonderheiten in den Mittelpunkt der Analyse. Dabei betont die traditionelle *Philologie* „materielle" Elemente des Textes, während *Rhetorik* und *Stilistik* an übergreifenden Bedeutungs- und Sinnzusammenhängen interessiert sind. Die *formalistisch-strukturalistischen Schulen* (Russischer Formalismus, Prager Strukturalismus, New Criticism, Semiotik und Dekonstruktion) versuchen dagegen, größere allgemeine Grundmuster von Texten bzw. das Wesen des Literarischen zu erfassen.

Philologie

Philologie

Unter dem Begriff Philologie (engl. *philology*) versteht man den Zweig der traditionellen Literaturwissenschaft, der sich besonders mit Problemen der Edition und Textrekonstruktion beschäftigt. Die Philologie, die ihren Aufschwung mit der Wiederentdeckung antiker Schriftsteller, dem Aufkommen des Buchdrucks in der Renaissance sowie dem Wunsch nach korrekten Textausgaben nahm, hat sich als eine der dominantesten literaturwissenschaftlichen Richtungen bis ins 19. Jahrhundert gehalten.

Editionsphilologie

Im Zentrum dieser Herangehensweise steht die Editionsphilologie (engl. *textual criticism),* deren Hauptaufgabe die Rekonstruktion der materiellen Basis eines literarischen Werkes darstellt. Gerade bei antiken Texten wie z.B. dem mesopotamischen *Gilgameschepos* (ca. 1800 v. Chr.), das in einer Vielzahl von Versionen und Fragmenten von Keilschrifttafeln überliefert ist, stellt die Rekonstruktion des literarischen Textes an sich eine der größten Herausforderungen dar. Aber auch bei Werken jüngeren Datums wie z.B. den Dramen William Shakespeares (1564–1616), deren Erstdrucke sehr viele textliche Ungereimtheiten aufweisen, kommt bis heute der Editionsphilologie eine wichtige Bedeutung zu.

Wie stark die Materialität des Textes immer wieder in den Vordergrund literaturwissenschaftlichen Interesses treten kann, hat z.B. die Diskussion um die textliche Zuverlässigkeit der allgemein gebräuchlichen Ausgaben von James Joyces (1882–1941) *Ulysses* (1922) gezeigt. Verschiedene miteinander konkurrierende Joyce-Ausgaben, die sich jeweils als definitiver Text verstanden, haben Mitte der 1980er Jahre das Interesse an Fragen der Textedition neu belebt.

In direkter Wechselwirkung mit den aufkommenden Naturwissenschaften versuchten die philologischen Ansätze, empirisch-positivistische Methodik auf die Literaturwissenschaft zu übertragen. Resultate dieser Gesinnung sind z.B. die großen Konkordanzen (alphabetische Wortlisten) des 18. und 19. Jahrhunderts, die die exakte Frequenz und Verwendung des Wortschatzes eines Autors dokumentieren. Hierbei werden alle Wörter, die z.B. im Gesamtwerk Goethes auftauchen, alphabetisch geordnet und deren Verwendung in den Dramen und Gedichten genau belegt. Die Konkordanzen stellen eine extreme Entwicklung dieser empirischen Richtung der Philologie dar, die heute durch die Computertechnologie einen erneuten Aufschwung erlebt. Die Möglichkeit, große Textmengen wie das Gesamtwerk einzelner Autoren oder Texte ganzer Epochen (wie z.B. der *Thesaurus Graecae Linguae*, der alle Texte der griechischen Antike auf einer CD-ROM speichert) auf elektronische Datenträger zu übertragen, lädt zu computerisierten Wortfrequenzanalysen und ähnlichen quantitativ-statistischen Untersuchungen geradezu ein.

Rhetorik und Stilistik

Rhetorik

Neben editorischen Problemen stehen Form (Textstruktur, Erzählstruktur, Erzählperspektive, Handlungsverlauf) und Stil (rhetorische Figuren, Wortwahl, Satzstellung, Metrum) im bevorzugten Interesse textorientierter Richtungen. Die Rhetorik (engl. *rhetoric*) war neben der Theologie fast zwei Jahrtausende *die* dominante textwissenschaftliche Disziplin. Der öffentlichen Rede wurde in der Antike größte Bedeutung zugesprochen, was dazu führte, dass eine Reihe von Regeln und Techniken des erfolgreichen Sprechens in der Rhetorik zusammengefasst wurde. Obwohl die Rhetorik dazu konzipiert war, Politiker so auszubilden, dass sie die Massen überzeugend zu beeinflussen wussten, entwickelte sie sich bald – ähnlich wie die Bibel- und Gesetzeswissenschaft – in eine theoretisch-akademische Disziplin. In ihrem Versuch, Elemente menschlicher Rede systematisch zu erforschen und zu klassifizieren, schuf die Rhetorik die Basis der heutigen Sprach- und Literaturwissenschaft.

Bereiche der klassischen Rhetorik:
inventio
dispositio
elocutio
memoria
actio

Die Rhetorik war anfänglich sehr praxisorientiert und präskriptiv (vorschreibend), indem sie sich hauptsächlich als Vermittlerin von Leitsätzen des guten Sprechens verstand, die für jede Phase der Texterstellung fixe Regeln anbot: die *inventio* (das Finden von Themen), die *dispositio* (die Ordnung des Materials), die *elocutio* (die Ausformulierung unter Zuhilfenahme von rhetorischen Figuren), die *memoria* (Technik der Erinnerung des Vortrags) und die *actio* (der Vortrag). Trotz der eigentlich präskriptiv-praktischen Ausrichtung gab es in der Rhetorik auch beschreibend-analytische (deskriptive) Elemente. Von Anfang an wurden konkrete Texte analysiert, um so auf allgemeine Regeln zur Abfassung eines „guten" Textes schließen zu können.

In dieser theoretischen Auseinandersetzung mit Texten traten strukturelle und stilistische Elemente – also vor allem die *dispositio* und *elocutio* – immer mehr in den Vordergrund. Die heutige textorientierte Literaturwissenschaft baut auf diesen von der Rhetorik erfassten Gebieten auf und bedient sich deren Terminologie.

Stilistik

Im 19. Jahrhundert entwickelte sich aus der an Bedeutung verlierenden Rhetorik die sogenannte Stilistik (engl. *stylistics*), die neben der Literaturwissenschaft auch in der Kunstgeschichte adaptiert wurde. Zur Beschreibung der stilistischen Eigenheiten individueller Autoren, ganzer Nationen oder gesamter Epochen wurden bevorzugt grammatikalische Strukturen (Wortschatz, Satzbau), klangliche Elemente (Sprachmelodie, Reim, Metrum, Rhythmus) und übergreifende Formen (rhetorische Figuren) von Texten zur Analyse herangezogen. Die Stilistik hat zwar in der zweiten Hälfte des 20. Jahrhunderts kurz eine Wiederbelebung erfahren, ihr eigentlich größter Beitrag zur neueren Literaturtheorie bestand aber in ihrer Vorreiterrolle in Bezug auf die formalistisch-strukturalistischen Richtungen des 20. Jahrhunderts.

Formalismus und Strukturalismus

Formalismus, Strukturalismus

Unter den Begriffen Formalismus (engl. *formalism*) und Strukturalismus (engl. *structuralism*) werden im 20. Jahrhundert eine Reihe von Strömungen verstanden, deren Hauptanliegen auf das Studium des formalen und strukturellen Aufbaus literarischer Texte gerichtet sind. Diese intensive Beschäftigung mit den intrinsisch-strukturellen Aspekten eines Textes in der ersten Hälfte des vorigen Jahrhunderts ist als bewusste Abkehr von älteren Traditionen (besonders der biographischen Literaturwissenschaft des 19. Jahrhunderts) zu verstehen, die sich vor allem auf extrinsische (außertextliche) Faktoren konzentrierten. Die historisch aufeinanderfolgenden Schulen des Russischen Formalismus, Prager Strukturalismus, New Criticism und Poststrukturalismus zeichnen sich trotz unterschiedlicher Erscheinungsformen durch die weitgehende Ausklammerung inhaltlicher Fragen und einer Betonung der formal-strukturellen Dimension eines Textes aus.

Form-Inhalt Dichotomie

Im allgemeinen philosophisch-ästhetischen Kontext bezeichnet „Form" meist die Beziehung zwischen verschiedenen Elementen innerhalb eines Systems. Die Frage nach „Form" und „Inhalt", die bereits in der antiken Philosophie problematisiert wurde, liegt diesem Ansatz zugrunde. Danach können Dinge in der Welt nur dadurch existieren, dass ungeordnete Materie durch Form eine Struktur erhält. Die Form fungiert sozusagen als Behälter, in dem Inhalt dargeboten wird. Dieses grundlegende Prinzip aus der Philosophie, wonach eine strukturelle Ebene von einer inhaltlichen getrennt wird, fand bereits in der Antike Eingang in die Literaturwissenschaft. So lässt sich z.B. Aristoteles' (384–322 v. Chr.) Auffassung von der determinierenden Funktion von Form über Materie mit literarischen Phänomenen in Deckung bringen, wenn er in seiner *Poetik* (4. Jh. v. Chr.) formale Schemata anwendet, um gattungsspezifische Merkmale des Dramas zu erklären. Mit dieser strukturellen Herangehensweise legte Aristoteles den Grundstein für formale Ansätze in der Literatur- und Sprachwissenschaft des 20. Jahrhunderts. Beziehen sich viele Richtungen der Literaturwissenschaft auf die inhaltliche Ebene eines Textes (das „Was?" eines Textes), konzentrieren sich Formalisten und Strukturalisten bewusst auf die Form (das „Wie?" eines Textes).

Russischer Formalismus

Literaturhaftigkeit

Mit dem Bemühen um eine Objektivierung des literaturwissenschaftlichen Diskurses versucht der Russische Formalismus (engl. *Russian Formalism*) während und nach dem Ersten Weltkrieg, „Literaturhaftigkeit" in den Vordergrund formalistischer Analysen zu stellen, oder wie Roman Jakobson (1896–1982) es ausdrückt: „Der Gegenstand der Literaturwissenschaft ist nicht die Literatur in ihrer Ganzheit, sondern die ‚Literaturhaftigkeit', nämlich das, was ein gegebenes Werk zu einem literarischen Werk macht" (Erlich, 190). Im Zusammenhang mit der Suche nach typischen Merkmalen und Kennzeichen der Literaturhaftigkeit weist der Russische Formalismus Erklärungen zurück, die diese Merkmale im Geist des Dichters suchen oder sich auf Intuition, Einbildungskraft und Genius berufen. Der „morphologische Ansatz" der Formalisten vernachlässigt bewusst historische, soziologische, biographische oder psychologische Dimensionen des literarischen Diskurses und propagiert einen werkimmanenten Ansatz, der das Kunstwerk als eigenständige Einheit betrachtet. Anstelle der genannten traditionellen extrinsischen Herangehensweisen an literarische Texte werden im Russischen Formalismus phonetische Strukturen, Rhythmus, Reim, Metrum und Ton als eigenständige bedeutungstragende Elemente des literarischen Diskurses in den Mittelpunkt gestellt.

Verfremdung

Für Victor Shklovski (1893–1984) und eine Reihe von Formalisten bewirken diese genannten strukturellen Elemente in einem literarischen Text eine Verfremdung (engl. *defamiliarization*), indem sie dem Gewöhnungsprozess der alltäglichen Sprache entgegenwirken und damit literarischen von nichtliterarischem Diskurs trennen. Der Roman *Tristram Shandy* (1759–1767) des Engländers Laurence Sterne (1713–1768) ist das klassische Beispiel, anhand dessen der Formalismus dieses Konzept der Verfremdung erklärt. Sternes Roman aus dem 18. Jahrhundert zeichnet sich durch eine Vielzahl von Verfremdungen der Gattung Roman aus. Er beginnt wie eine traditionelle Autobiographie, die das Leben des Protagonisten (Hauptperson) von seiner Geburt bis zu seinem Tod nacherzählt, konzentriert sich dann aber auf einen bestimmten Tag seines Lebens. Der Roman setzt auch nicht bei der tatsächlichen Geburt des Helden, sondern bereits mit dem Zeugungsakt ein. Des Weiteren werden traditionelle Erzähl- und Handlungsstrukturen bewusst hervorgehoben und parodiert, indem das Vorwort und die Widmung des Romans in der Mitte des Textes erscheinen, oder die Kapitel 18 und 19 erst auf das Kapitel 25 folgen; Sterne fügt zudem leere Seiten in den Text ein, die durch die Imagination des Lesers gefüllt werden müssen. Diese Elemente, die die Konventionen des Romans seiner Zeit parodieren, legen gleichzeitig dessen Strukturen offen und erinnern den Leser an die Künstlichkeit des literarischen Textes.

Bertold Brechts Verfremdungseffekt

Mit dem zentralen Begriff der Verfremdung nimmt der Russische Formalismus teilweise das Brechtsche Konzept des Verfremdungseffekts (engl. *alienation effect*) vorweg, das ebenfalls darauf abzielt, die „Künstlichkeit" eines Textes oder eines Kunstwerks durch selbstreflektierende Elemente hervorzuheben. Bei Bertolt Brecht (1898–1956) geht es dabei ähnlich wie im Russischen Formalismus darum, das Artifizielle des literarischen Diskurses bewusst zu machen. Besonders im Drama sollen Schauspieler und vor allem Zuschauer eine kritische Distanz zum Stück beibehalten. So wendet sich z. B. ein Schauspieler während eines Dialoges unvermutet an das Publikum, um so die Illusion der dargestellten Wirklichkeit im Theater bewusst zu durchbrechen.

Metafiktion

In der modernen Literaturwissenschaft wird für diese Betonung des eigenen Mediums der Begriff Metafiktion (Literarische Selbstreflexion in literarischen Texten; engl. *metafiction*) verwendet, wenn ein literarischer Text über die eigenen erzähltechnischen Elemente wie Sprache, Erzählstruktur und Handlungsverlauf reflektiert. Erfolgt diese Selbstreflexion durch den Verweis auf andere literarische Werke, spricht man von Intertextualität (engl. *intertextuality).* Besonders postmoderne Texte des späten 20. Jahrhunderts zeichnen sich durch metafiktionale und intertextuelle Züge aus.

Intertextualität

Ein frühes Beispiel, in dem Metafiktion, Verfremdungseffekt und Intertextualität fließend ineinander übergehen, ist Miguel de Cervantes' (1547–1616) *Don Quixote* (1605–1615). Besonders deutlich wird dies in einer Szene im zweiten Teil des Romans, den Cervantes 1616 als Fortsetzung seines Erfolgsromans publizierte. Don Quixote findet bei einem Buchdrucker eine unautorisierte Fortsetzung des Romans *Don Quijote* aus der Feder eines gewissen Avellandeda. Cervantes lässt hier die Hauptfigur in einem intertextuellen Verweis eine real existierende, nicht genehmigte Konkurrenzpublikation diskutieren. Interessant ist, dass Cervantes Don Quixote – also einer Figur im Roman – über die literarische Produktion jenes Romans reflektieren lässt, in dem sich diese Figur gerade befindet. Dies ist aber nur eine von zahlreichen intertextuellen, metafiktionalen und verfremdenden Passagen, mit denen Cervantes spielt. An anderen Stellen diskutieren Figuren über mögliche Fehler in der Handlung, die Cervantes im ersten Teil des Romans unterlaufen sein könnten, womit die Illusion einer in sich geschlossenen fiktionalen Welt des Textes immer wieder durchbrochen wird.

Vladimir Propps Charaktertypologie

Der Formalismus versucht auch, Elemente, die traditionellerweise der inhaltlichen Ebene zugerechnet werden, wie die Personen oder Charaktere eines Textes, strukturell zu analysieren. Die Charaktertypologie von Vladimir Propp (1895–1970), die eine begrenzte Zahl von Charaktertypen in literarischen Werken zusammenstellt, wird zu einer der einflussreichsten Beiträge des Russischen Formalismus für die allgemeine strukturalistische Theoriebildung des 20. Jahrhunderts. Ziel dieser Art der Analyse ist es, die Vielfalt der Erscheinungsformen literarischer Charaktere (fiktive Personen in literarischen Werken) auf eine begrenzte Zahl von Grundstrukturen (Agenten) zu reduzieren. Die Fülle empirischer Erscheinungsformen wird auf eine kleine Zahl abstrakter Typen zurückgeführt (z. B. Bösewicht, Geber, Helfer, Prinzessin, Held und falscher Held). Betrachtet man z. B. die verschiedenen James Bond Filme unter diesem Aspekt, dann zeigt sich, dass trotz unterschiedlichem Inhalt die Figurenkonstellationen immer identisch sind: James Bond, der uneingeschränkte Held bekämpft einen Bösewicht, der die Welt unter seine Kontrolle bringen will. Beteiligt sind auch die beiden Bondgirls, von denen das „böse" Girl den Helden mit ihren Verführungskünsten zerstören will, und das „gute" Bondgirl den Helden bei der Rettung der Welt unterstützt und am Ende mit ihren körperlichen Reizen belohnt.

myth criticism

Eine analoge Vorgangsweise kommt im sogenannten mythologischen Ansatz (engl. *myth criticism*) zur Anwendung, der ebenfalls inhaltliche Phänomene auf formale Grundstrukturen reduziert. Damit können wie in der Charaktertypologie Grundstrukturen eines Mythos (z. B. die Mutter-Sohn-Beziehung und der Vatermord im Ödipusmythos) als Tiefenstrukturen einer Vielzahl von Texten hervorgehoben werden. Bekanntestes und einflussreichstes Beispiel ist J. G. Frazers (1854–1941) umfangreiches Werk *The Golden Bough* (1890–1915), das versucht, die gemeinsamen Strukturen in den Mythen verschiedener historischer Epochen und geographischer Gebiete herauszuarbeiten. Eine konsequente Weiterführung der Charaktertypologie und der Frazerschen Mythenanalyse unternimmt in den sechziger Jahren die *Strukturale Anthropologie* des Franzosen Claude Lévi-Strauss (1908–2009), die ebenfalls auf mythologische Grundstrukturen zur Beschreibung und Analyse von Kulturen zurückgreift. Einen einflussreichen Beitrag für die Literaturwissenschaft leistete der mythologische Ansatz durch die Arbeiten von Northrop Frye (1912–1991), der mythologische Strukturen als eigentliche Basis der wichtigsten literarischen Genres annahm. Komödie, Romanze, Tragödie und Ironie (Satire) spiegeln nach Frye die ursprünglichen mythischen Strukturen der jahreszeitlichen Zyklen von Frühjahr, Sommer, Herbst und Winter.

Strukturale Anthropologie

Ähnlich arbeitet der archetypische Ansatz (engl. *archetypal criticism)*, der auf der Tiefenpsychologie C. G. Jungs (1875–1961) basiert. Hier werden Texte auf kollektive Grundmotive der menschlichen Psyche reduziert, die allen Epochen oder Sprachen gemeinsam sind. Diese Archetypen stellen Urbilder des menschlichen Unterbewusstseins dar, die sich in ihrer Struktur in unterschiedlichen Kulturen und historischen Epochen nicht verändert haben und in Mythos und Literatur ständig verarbeitet werden. Wieder dient eine begrenzte Zahl von Grundkonstellationen (Archetypen als psychische Bilder) als strukturelles Erklärungsmodell beliebig vieler Texte. Jung unterscheidet zwischen archetypischen Ereignissen wie Geburt, Tod, Trennung von den Eltern oder Initiationen; archetypischen Figuren wie Mutter, Vater, Kind, Gott, Betrüger, Held, weiser alter Mann; und archetypischen Motiven wie Apokalypse, Sintflut oder Schöpfung.

C. G. Jungs Archetypen

Betrachtet man z. B. diese Liste parallel zu populären literarischen Texten oder deren Verfilmungen wie z. B. Joanne K. Rowlings (*1965) Harry Potter Abenteuer (1995–2007), dann lassen sich bereits auf den ersten Blick eine Vielzahl der jungschen Archetypen mit Figuren, Handlungsmustern oder Motiven zur Deckung bringen. Harry Potter ist immer wieder mit dem Tod seiner Eltern konfrontiert, er muss unzählige Initiationsriten absolvieren, hat zwischen weisen alten Männern und Betrügern zu unterschieden und liegt im Kampf mit apokalyptischen Kräften.

Wie dieses Beispiel veranschaulicht, gibt es in unterschiedlichen Kulturkreisen, Religionen, Mythen und Literaturen wiederkehrende Urbilder oder Archetypen, die wie eine gemeinsame, unterbewusste Sprache Grundängste und Hoffnungen des Menschen transportieren. Das Anliegen des archetypischen Ansatzes fügt sich damit nahtlos in die Methodik der formalistischen Schulen ein, die versuchen, die Oberflächen literarischer Texte zu verlassen und wiederkehrende Grund- oder Tiefenstrukturen herauszuarbeiten.

New Criticism

Weitgehend unabhängig vom europäischen Formalismus und Strukturalismus konnte sich im englischsprachigen Raum der 1930er und 1940er Jahre

New Criticism

der sogenannte New Criticism (engl. *New Criticism*) als dominante literaturwissenschaftliche Richtung behaupten, die über viele Jahrzehnte den Status einer orthodoxen Schulmethode innehatte. Literaturwissenschaftler wie William K. Wimsatt (1907–1975), Allen Tate (1899–1979) und J.C. Ransom (1888–1974) haben diese Richtung nach außen repräsentiert. Die wichtigsten Merkmale des New Criticism, dessen Name sich als bewusste Absage an traditionelle Lehrmeinungen versteht, lassen sich besonders gut im Kontrast zu etablierten akademischen Richtungen aufzeigen. Der New Criticism unterscheidet Literaturkritik von Quellenarbeit, sozio-historischen Hintergrundstudien, Motivgeschichte, aber auch von autorzentrierten, biographischen oder psychologischen Ansätzen und Rezeptionsforschung. Sein Anliegen ist, die Literaturwissenschaft von extrinsischen Faktoren zu befreien und das Hauptaugenmerk auf den literarischen Text zu verlagern.

affective fallacy

An traditionellen Textanalysen kritisiert der New Criticism die sogenannte *affective fallacy* und *intentional fallacy.* Die *affective fallacy* (etwa „Irrglaube der Wirkung“) bezeichnet das Miteinbeziehen der emotionalen Reaktion des Lesers auf einen Text in der Interpretation. Dabei stellt sich der New Criticism besonders gegen unbegründetes subjektives Ergriffensein durch einen lyrischen Text. Um Objektivität zu gewährleisten, muss sich der Kritiker auf die Analyse von textlichen Besonderheiten konzentrieren. Die sogenannte *intentional fallacy* (etwa „Irrglaube der Autorintention“) richtet sich gegen Interpretationen, die die ursprüngliche Intention oder Motivation des Autors zu ermitteln suchen. Es geht dem New Criticism also nicht darum, Aspekte eines Werkes mit biographischen Daten oder psychologischen Zuständen des Autors zur Deckung zu bringen, sondern unvoreingenommen einen Text wie eine Flaschenpost ohne Absender, Datierung oder Adressat auf seine intrinsisch-textliche Dimension hin zu untersuchen.

intentional fallacy

Die Analysen des New Criticism richten sich oft auf Erscheinungen wie Mehrdeutigkeit, Paradoxie, Ironie, Wortspiel, Wortwitz oder rhetorische Figuren; also auf jene kleinen isolierbaren Elemente eines Textes, die in Verbindung mit dem gesamten Kontext stehen. Ein zentraler Begriff in diesem Zusammenhang, der oft gleichbedeutend mit dem New Criticism verwendet wird, ist das *close reading.* Darunter versteht man das akribisch genaue Lesen auf elementare Merkmale hin, die größere Strukturen des Textes spiegeln. Der New Criticism wendet sich deshalb gegen die weitverbreitete Praxis der Nacherzählung (Paraphrase) in der Literaturwissenschaft, da sich seiner Meinung nach die zentralen Elemente eines Textes wie Mehrdeutigkeit, Paradoxie und Ironie der Paraphrase entziehen. Ein wiederkehrender Begriff in den Interpretationen des New Criticism ist die Geschlossenheit (engl. *unity*) eines Textes. Alle oben genannten Elemente, auf die sich das *close reading* konzentriert, spiegeln in ihrer elementaren Form die geschlossene Struktur des Werkes wider.

close reading

unity

Lyrik eignet sich für diese Auffassung von Literaturbetrachtung besonders, da hier eine Reihe von gattungsspezifischen Merkmalen wie Reim, Metrum und rhetorische Figuren den geschlossenen Charakter unterstreichen. Aus diesem Grund beschäftigt sich der New Criticism vornehmlich mit Gedichten.

Unter den formalistischen Strömungen zeichnet sich der New Criticism durch besonders rigide Regeln zur Textanalyse aus, deren nachvollziehbare

Methodik ihn schnell zur Schulmethode machte. Nicht zuletzt aus diesem Grund hat der New Criticism bis in die späten sechziger Jahre die Literaturwissenschaft im englischsprachigen Raum dominiert, dann aber besonders heftige Reaktionen in Form neuer Strömungen hervorgerufen.

Semiotik und Dekonstruktion

Jüngere Richtungen der textorientierten Literaturtheorie der 1970er und 1980er Jahre wie die Semiotik (Zeichenlehre, engl. *semiotics*) und die Dekonstruktion (engl. *deconstruction*) fassen einen Text als System von Zeichen (engl. *signs*) auf. Die Grundlage für diese komplexen Theoriebildungen der letzten Jahrzehnte ist das Sprachmodell des Genfer Linguisten Ferdinand de Saussure (1857–1913). Saussure nimmt an, dass Sprache durch Repräsentation funktioniert, wobei eine geistige Vorstellung verbal abgebildet bzw. repräsentiert wird. Bevor ein Mensch das *Wort* „Baum" verwenden kann, muss er ein geistiges Bild von einem Baum vor sich haben. Ausgehend von dieser Annahme teilt Saussure Sprache in zwei grundlegende Bereiche ein, indem er das vorsprachliche oder übersprachliche Konzept (in diesem Fall die Vorstellung von einem Baum) als Signifikat (engl. *signified;* franz. *signifié*) und die sprachliche Manifestation des Konzeptes (die Laut- oder Buchstabenfolge B-A-U-M) als Signifikant (engl. *signifier;* franz. *signifiant*) bezeichnet.

Saussures Sprachmodell

Signifikat

Signifikant

Vorstellung bzw.
Signifikat (engl. *signified*)

sprachliche Umsetzung bzw.
Signifikant (engl. *signifier*)

B-A-U-M

Zeichen

Semiotik und Dekonstruktion setzen beim sprachlichen Zeichen bzw. Signifikanten ein und gehen davon aus, dass nichts außerhalb des Textes existiert oder, anders ausgedrückt, dass unsere Wahrnehmung der Welt textlichen Charakter besitzt.

binäre Opposition

Zeichen ergeben nur dann Sinn, wenn sie sich in einem geschlossenen System befinden wie Schachfiguren in einem Schachspiel. Sprache und Texte werden als solche Systeme betrachtet, deren Elemente Bedeutung erhalten, weil sie in Wechselwirkung zueinander stehen und sich durch bestimmte Merkmale voneinander unterscheiden. Das Grundprinzip, auf dem dieses Erklärungsmodell basiert, ist die sogenannte binäre Opposition (engl. *binary opposition*). Man versteht darunter die elementaren Verschiedenheiten zwischen einzelnen sprachlichen Zeichen, die einen Bedeutungsunterschied bewirken. In den Gegensatzpaaren „*Haus*"–„*Maus*" ist z. B. jeweils ein einziger Buchstabe für unterschiedliche Bedeutungen dieser ähnlichen Zeichenkombinationen verantwortlich.

Semiotik

Neu und ungewöhnlich an Semiotik und Dekonstruktion ist die Tatsache, dass diese Schulen versuchen, den traditionellen Textbegriff auch auf nichtsprachliche Systeme auszudehnen. So kommen semiotische Analysemethoden, die aus der Literaturwissenschaft entlehnt sind, in der Anthropologie, der Analyse der Populären Kultur (z. B. Werbung), Geographie, Architektur, Film- und Kunstgeschichte zur Anwendung. Viele dieser Ansätze betonen die Systembezogenheit des zu untersuchenden Objektes. Gebäude, Mythen oder Bilder werden als System von Elementen betrachtet, die ähnlich wie ein Text aus Buchstaben, Worten und Sätzen aus einer Reihe von Zeichen aufgebaut sind. Deshalb werden diese Ansätze oft unter dem Begriff Semiotik (Zeichenlehre) zusammengefasst.

Roland Barthes

Ein praktisches Beispiel für die Analyse nichtsprachlicher Zeichensysteme ist Roland Barthes' (1915–1980) Semiotik der Kleidung. Der französische Literaturwissenschaftler betrachtet Kleidung bzw. Mode als Zeichensystem, dessen Elemente wie literarische Zeichen „gelesen" werden können. So vermitteln wenige Millimeter in der Breite einer Krawatte sehr viel Information oder Bedeutung, da eine schmale Lederkrawatte einen völlig anderen Eindruck hinterlässt als eine dicke kurze Wollkrawatte oder eine Fliege. Diese textilen Zeichen tragen wie die Worte einer Sprache Bedeutung, müssen aber in ihrem jeweiligen Kontext bzw. Zeichensystem betrachtet werden. Die Zeichen erhalten erst einen Sinn, wenn sie mit anderen Zeichen in Wechselwirkung treten. Mode als Ausdruck von sozialen Beziehungen ist ein gutes Beispiel für diese Mechanismen in einem nichtsprachlichen Zeichensystem. Die Zeichen bleiben dieselben, aber die Bedeutung variiert, wenn sich die Beziehung unter den Zeichen verändert. Plötzlich sagen weite Hosen, kurze Röcke oder breite Krawatten etwas anderes aus als noch wenige Jahre zuvor.

Dekonstruktion

Wie die Semiotik versucht die Dekonstruktion (engl. *deconstruction*), den Bausteincharakter (Zeichen als Elemente) von Texten zu unterstreichen. Diese neueren poststrukturalistischen Analysemethoden gehen davon aus, dass ein Text in Zeichen zerlegt (destruiert) und wieder zusammengestellt (konstruiert) werden kann. Nach Ansicht der Dekonstruktion ist der Text nach der Rekonstruktion nicht mehr derselbe, da durch die Analyse der Zeichen und ihrer Neuordnung in der „Interpretation" der Text als Fortsetzung sozusagen „weitergeschrieben" wird. Die traditionelle Unterteilung in Primär- und Sekundärliteratur wird im Grundgedanken des „Weiterschreibens" des Textes in der Interpretation bewusst verwischt.

Jacques Derrida

Die Dekonstruktion ist mit dem Werk des französischen Philosophen Jacques Derrida (1930–2004) und des Literaturtheoretikers Paul de Man (1919–1983) verbunden. Sie gibt keine klaren Richtlinien zur Analyse der Texte vor und versteht sich nicht als einheitliche Methode oder Schule. Trotz ihrer komplexen Ansätze hat sich die Dekonstruktion als eine der einflussreichsten literaturtheoretischen Richtungen der 1970er und 1980er Jahre herausgestellt, deren Grundgedanken und Terminologie einen integralen Bestandteil neuerer literaturwissenschaftlicher Publikationen darstellen.

différance

Ein Beispiel hierfür ist Derridas Konzept der *différance*. Im Gegensatz zu Saussure, der die Entstehung von Bedeutung vor allem in der Wechselwirkung zwischen Signifikant und Signifikat sah, stellt Derrida die Vorstellung des Signifikats als solches in Frage. Während Saussure noch hinter jedem Signifikanten (Zeichen) ein Signifikat (Vorstellung) annahm, das dem Zeichen Bedeutung verleiht, konzentrieren sich Semiotik und Dekonstruktion bevorzugt auf den Signifikanten. Oft wird zur Erklärung dieses Konzeptes eine Enzyklopädie als Beispiel herangezogen. Jeder Lexikoneintrag bzw. Signifikant ist in ein Netzwerk von Querverweisen eingebettet, wobei jeder Verweis weitere beinhaltet. Die Erklärung eines Begriffes erfolgt durch We -

terverweisen auf andere Begriffe und kommt somit eigentlich nie zu einem Ende. Die Bedeutung eines Signifikanten entsteht damit einerseits durch äußerliche Verschiedenheit gegenüber anderen Signifikanten, andererseits aber auch durch ständiges Weiterverschieben bzw. Weiterverweisen auf andere Signifikanten. In der Neuschöpfung *différance* spielt Derrida mit franz. *différence* (Unterschied) und franz. *différer*, das unter anderem auch „aufschieben" bedeuten kann.

Spielerische literarische Umsetzungen dieser Theorie sind die sogenannten Lexikon-Romane wie *Das chasarische Wörterbuch* (1984) des Serben Milorad Pavić (1929–2009) und *Alphabetical Africa* (1974) des in Österreich geborenen Amerikaners Walter Abish (*1931). Diese Texte übernehmen die äußere Form und Struktur eines Lexikons oder einer Enzyklopädie, um so den postmodernen Textbegriff literarisch zu verdeutlichen. Solche Romane können entweder von Anfang bis Ende linear gelesen werden oder man beginnt irgendwo und bewegt sich im Text von Querverweis zu Querverweis hin und her.

Poststrukturalismus

Diese auch unter dem Begriff Poststrukturalismus (engl. *poststructuralism*) zusammengefassten Theoriebildungen in der zweiten Hälfte des 20. Jahrhunderts sind als direkte Weiterführung und Reaktion auf die besprochenen formalistisch-strukturalistischen Schulen zu verstehen. Man kann die genannten formalistisch-strukturalistischen Schulen als morphologische (gestaltorientierte) Ansätze in der Textwissenschaft umschreiben, die sich alle durch einen werkimmanenten Zugang auszeichnen. Das Hauptaugenmerk liegt auf der Herausarbeitung grundsätzlicher textlicher Strukturen (Erzähltechnik, Handlungsaufbau, Erzählperspektive, Stil, rhetorische Figuren), aber auch auf den Unterschieden zwischen Alltagssprache und literarischer Sprache oder zwischen Prosa und Lyrik. Mit der Ausdehnung des Textbegriffes auf nichtschriftliche Zeichensysteme stellen Semiotik und Dekonstruktion die extremsten Beispiele der textorientierten Literaturwissenschaft dar.

2. Autororientierte Ansätze

Biographische Literaturwissenschaft

Historisch vor den großen formalistisch-strukturalistischen Theoriebildungen des 20. Jahrhunderts erlebte die Biographische Literaturwissenschaft (engl. *biographical criticism*) besonders im 19. Jahrhundert ihren Höhepunkt. Diese Strömung versucht, eine direkte Verbindung zwischen literarischem Text und Biographie des Autors herzustellen. Daten, Fakten und Ereignisse aus dem Leben von Schriftstellern werden mit Erscheinungen des Textes zur Deckung gebracht, um eine Wechselwirkung zwischen Begebenheiten im Leben des Autors und seinem Werk herzustellen. Oft werden Nachforschungen über Umgang, Milieu oder Bildung des Autors betrieben, die auf bestimmte Phänomene des Werkes bezogen werden. Dazu gehören auch Arbeiten, die die Bibliothek des Autors dahingehend untersuchen, mit welchen Werken er vertraut war, welche Schriften auf die Abfassung eines Werkes Einfluss genommen haben und mit welchen Personen der Autor in Kontakt stand (Briefe).

Autobiographien fordern einen solchen Ansatz, der die fiktionale Darstellung mit den Fakten und Daten aus dem Leben eines Autors vergleicht, geradezu heraus. Oft fließt aber autobiographisches Material in verschlüsselter Form in den Text ein, wie z. B. im Roman *Der Spieler* (1867), in dem der russische Schriftsteller Fëdor Dostoevskijs (1821–1881) bewusst autobiographische Elemente verarbeitet. Die verhängnisvolle Spielleidenschaft des Protagonisten beruht auf eigenen Erfahrungen Dostoevskijs, der während eines Deutschlandaufenthaltes das Spielen entdeckte und den gesamten Vorschuss auf seinen neuen Roman verlor.

Autororientierte Analysen interpretieren Texte aber auch auf unbewusst eingestreute biographische Passagen. So kann z. B. die Tatsache, dass Franz Kafka (1883–1924) ein zwiespältiges Verhältnis zu seinem Vater besaß, das im „Brief an den Vater" (1919; publ. 1952) besonders zum Ausdruck kommt, als Schlüssel für eine biographisch motivierte Interpretation der literarischen Werke Kafkas herangezogen werden. Die grundlegende Problematik von Autorität, der die Protagonisten Kafkas immer wieder hilflos ausgeliefert sind, wird in diesem Interpretationsansatz als Ausdruck Kafkas persönlicher Schwierigkeiten gedeutet, mit dem übermächtigen Einfluss des Vaters umzugehen. Kafkas Romane *Das Schloß* (1922; publ. 1926) und *Der Prozeß* (1914/15; publ. 1925) oder die Erzählung „In der Strafkolonie" (1914; publ. 1919) bieten sich für diese biographisch orientierten Analyseansätze geradezu an.

Viele Autoren, die die Fiktionalität ihrer Texte sowie die Unversehrtheit ihrer Privatsphäre gewahrt haben wollen, wehren sich dezidiert gegen diese Herangehensweise. Der amerikanische Schriftsteller J. D. Salinger (1919–2010), der durch seinen Roman *The Catcher in the Rye* (1951) sehr großen Bekanntheitsgrad erreichte, hat sich in den letzten Jahrzehnten seines Lebens strikt geweigert, Informationen über sein Privatleben der Öffentlichkeit preiszugeben. Selbst gegen seine eigene Tochter, die in einem Buch Details des Familienlebens enthüllte, ging er gerichtlich vor. Ähnlich zurückhaltend mit persönlicher Information ist der bekannte postmoderne Autor Thomas Pynchon (*1937), der diese Tatsache aber selbstironisch und parodistisch inszeniert. Seine einzigen Auftritte erfolgten in Episoden der Fernsehserie *The Simpsons*, in denen Thomas Pynchon einer Cartoonfigur mit einer Papiertüte über dem Kopf seine echte Stimme leiht.

Phänomenologische Ansätze

Besonders wenn es sich um kanonische (von der Literaturgeschichte als wichtig erachtete) Autoren wie Dante, Shakespeare, oder Goethe handelt, wird in diesen Richtungen oft die Person des Autors stark mythologisiert. Das führt soweit, dass der Geist des Dichters durch sein Werk rekonstruiert werden soll. Die oft als Phänomenologische Ansätze (engl. *phenomenological approach*) bezeichneten Richtungen versuchen, durch intensive Lektüre des Gesamtwerkes das Bewusstsein des Autors wiedererfahrbar zu machen. Der Urheber des Textes ist sozusagen in verschlüsselter Form in seinem Werk präsent. Ziel dieser Art von Untersuchungen ist, den Autor durch den Text sichtbar zu machen.

Psychoanalytische Literaturwissenschaft

Wie das Beispiel aus dem Leben Franz Kafkas zeigt, neigen viele dieser biographischen Ansätze zu psychologisierenden Urteilen. In der ersten Hälfte des 20. Jahrhunderts etabliert sich unter dem Einfluss Sigmund Freuds (1856–1939) die Psychoanalytische Literaturwissenschaft (engl. *psychoanalytic literary criticism*) als eine eigenständige Schulmethode. Zwar werden hierbei Texte auch als Symptom der psychischen Struktur eines Autors gelesen, jedoch richtet sich das Augenmerk vermehrt auf andere Aspekte. Insbesondere werden literarische Figuren psychologisch analysiert, als ob es sich um tatsächlich existierende Personen mit individuellen Psychen handeln würde. Oft zitiertes Beispiel ist der geistige Zustand Hamlets in Shakespeares (1564–1616) Drama, wobei untersucht wird, ob Hamlet geistig umnachtet ist bzw. unter welcher psychischen Krankheit er leiden könnte. Schon Sigmund Freud hat in seinen Analysen auf literarische Texte wie Shakespeares *Hamlet* (ca. 1601) oder E.T.A. Hoffmanns (1772–1822) Erzählung „Der Sandmann" (1817) zurückgegriffen, um bestimmte psychologische Phänomene zu erklären.

Sigmund Freud

Im Laufe des 20. Jahrhunderts hat sich die Psychoanalytische Literaturwissenschaft unter dem Einfluss des französischen Analytikers Jacques Lacan (1901–1981), der unter anderem durch die Interpretation einer Geschichte E.A. Poes (1809–1848) Aufsehen erregte, weiterentwickelt. In den letzten Jahrzehnten haben Lacans Konzepte vor allem in der Filmwissenschaft Eingang gefunden. Das Interesse an psychologischen Phänomenen trug indirekt auch zur Verbreitung der sogenannten leserorientierten Richtungen bei, die sich im weitesten Sinne mit der Aufnahme eines Textes durch den Leser beschäftigen und sich damit im weitesten Sinn mit psychologischen Phänomenen befassen.

Jacques Lacan

3. Leserorientierte Ansätze

In den sechziger Jahren entwickelte sich als Reaktion auf die dominierende Stellung des werkimmanenten New Criticism eine leserorientierte Strömung, die als Rezeptionsästhetik (engl. *aesthetics of reception),* Rezeptionstheorie (engl. *reception theory*) oder Reader-Response-Theory (engl. *reader-response theory*) bezeichnet wird. Alle drei Begriffe werden meist synonym (in gleicher Bedeutung) verwendet, um jene Ansätze zusammenzufassen, die für die Interpretation primär vom Leser ausgehen. In diesen Schulen existieren nicht *ein* objektiver Text, sondern ebensoviele Texte wie Leser, da angenommen wird, dass durch jeden individuellen Leseprozess ein neuer und einzigartiger Text entsteht. Die Rezeptionsästhetik ist direkt mit den deutschen Literaturwissenschaftlern Hans Robert Jauss (1921–1997) und Wolfgang Iser (1926–2007) verbunden, die diese Richtung maßgeblich bestimmten und großen Einfluss auf andere Philologien ausübten, die erst mit Verspätung rezeptionsorientierte Ansätze übernahmen.

Rezeptionsästhetik

Mit der Betonung des Effekts eines Werkes auf den Rezipienten bzw. Leser wendet sich die Rezeptionstheorie offensichtlich gegen das Dogma der *affective fallacy* des New Criticism, wonach in die Interpretation kein subjektiver Beitrag des Lesers einfließen dürfe. Die Rezeptionstheorie beschäftigt sich nicht nur mit subjektiven, im Sinne von nicht vorherbestimmbaren Leserreaktionen, sondern analysiert erstmals systematisch verschiedene Gruppen von Lesern. Sie untersucht, welche Texte von welcher Leserschaft wann, zu welchem Zweck und wie gelesen werden. Es werden Lesegewohnheiten, aber auch Lesepraktiken von verschiedenen Altersgruppen, sozialen Schichten oder nationalen Gruppen bestimmt. Viele dieser Untersuchungen gehen auch auf die physiologischen Aspekte des Lesens an sich

Effekt auf den Leser

ein und versuchen, den Leseprozess zu erklären. Dabei sollen Mechanismen aufgedeckt werden, wie der Mensch aus den optischen Zeichen auf dem Papier Informationen bezieht und daraus ein sinnhafter Text entsteht.

Wolfgang Iser
implizter Leser

Leerstelle

Als Begründer der Rezeptionsästhetik gilt der deutsche Literaturwissenschaftler Wolfgang Iser (1926–2007). Er argumentiert, dass jeder Text einen impliziten Leser (engl. *implicit reader*) besitzt, der vom Autor als Rezipient in den Text mit eingeschrieben wird. Für Iser besteht ein Text aus Leerstellen (engl. *blanks*), die vom Leser selbst ausgefüllt bzw. ergänzt werden müssen. Ein Text lässt damit in jeder Lesephase bestimmte Erwartungen im Leser entstehen, die in der Folge entweder erfüllt oder enttäuscht werden.

Beispielsweise spielt M. Night Shyamalan (*1970) in seinem Film *The Sixth Sense* (1999) mit Leerstellen, die der Zuseher kontinuierlich zu füllen versucht, jedoch erst am Ende des Films richtig interpretieren kann. So deuten wir das Schweigen der Ehefrau beim Essen mit ihrem Mann (Bruce Willis) am Hochzeitstag zuerst als Beziehungsproblem des Paares. Erst am Ende des Films, wenn sich herausstellt, dass der Ehemann bereits verstorben ist und in allen Szenen des Films als unsichtbarer Geist auftritt, wird der wahre Grund des Schweigens der Frau klar, nämlich dass sie ihn weder sehen noch hören kann. Mit dieser Einsicht am Ende des Films lassen wir als Zuseher den Film noch einmal vor unserem inneren Auge ablaufen und deuten nun eine große Zahl von Szenen völlig anders als beim ersten Sehen.

Das Spiel mit der Lesererwartung steht z. B. im Kriminalroman besonders im Vordergrund, tritt aber in allen Genres in unterschiedlicher Intensität oder Deutlichkeit auf. Erwartungen bilden auf jeder Ebene des Leseprozesses – angefangen beim einfachen Entschlüsseln eines Wortes oder Satzes bis hin zu größeren inhaltlichen Strukturen eines Werkes – die Grundlage in der Auseinandersetzung mit Texten überhaupt.

Bereits beim Lesen der ersten Worte eines Satzes komplettiert der Leser im Geist ständig das noch nicht Gelesene. Er will in jeder Phase das noch Fehlende durch die eigene Vorstellungs- und Kombinationsgabe einfügen. Ebenso kontinuierlich werden offene Fragen zum Text in jedem Abschnitt des Leseprozesses aufgegriffen und mit verschiedenen Erklärungsmöglichkeiten verbunden. Die Ersetzung dieser Leerstellen hängt einerseits von subjektiv-individuellen Zügen, andererseits aber auch von allgemeinen Faktoren wie Alter, Geschlecht, Nationalität und auch der historischen Epoche des Lesers ab.

Rezeptionsgeschichte

Ein weiterer wichtiger Aspekt, der in engem Zusammenhang mit diesen Richtungen steht, ist die Erforschung der Aufnahme eines Textes durch die Leserschaft. In der sogenannten Rezeptionsgeschichte (engl. *history of reception*) werden Verkaufszahlen von Werken, aber auch Besprechungen oder Rezensionen in Zeitschriften und Zeitungen herangezogen. Nicht nur synchrone (innerhalb einer Epoche) Aspekte der Leserreaktion werden betrachtet, sondern es werden auch Veränderungen und Entwicklungen in der Rezeption von Texten in Form einer diachronen (historisch vergleichender) Analyse berücksichtigt.

Die leserzentrierten Schulen der Rezeptionstheorie und der Rezeptionsgeschichte, die vor allem in den 1970er Jahren durch die bewusste Abkehr von den Dogmen des New Criticism sehr großen Einfluss ausgeübt haben, wurden später von Semiotik, Dekonstruktion und kontextorientierten Ansätzen weitgehend zurückgedrängt.

4. Kontextorientierte Ansätze

Unter kontextorientierten Ansätzen (engl. *contextual approach*) werden hier eine Reihe unterschiedlicher Strömungen und Schulen zusammengefasst, die sich dadurch auszeichnen, dass sie ein literarisches Werk nicht als immanentes, für sich allein stehendes Kunstwerk betrachten, sondern es in einen größeren Zusammenhang stellen. Je nach Richtung kann dieser Kontext historisch, sozio-politisch, generisch (gattungsspezifisch), national oder geschlechtsspezifisch sein. Die in der Praxis immer noch führende Schule ist die sogenannte Literaturgeschichte (engl. *literary history*), die hauptsächlich literarische Phänomene in Perioden gliedert und den einzelnen Text vor diesem Hintergrund beschreibt. Es geht um die Datierung und Zuordnung eines Textes, aber auch um den Nachweis gegenseitiger Einflüsse bestimmter literarischer Werke auf andere. Diese Richtung ist der Geschichtswissenschaft verpflichtet und orientiert sich an deren Methodik.

kontextorientierte Ansätze

Literaturgeschichte

Unter den sozio-politischen Strömungen gilt die Marxistische Literaturwissenschaft (engl. *Marxist literary theory*) als einflussreichste Lehrmeinung. Auf der Grundlage der Schriften von Karl Marx (1818–1883) und anderen marxistischen Theoretikern werden Texte als Ausdruck ökonomischer, soziologischer und politischer Mechanismen analysiert. Dabei werden Produktionsbedingungen in bestimmten literarischen Epochen und deren Einfluss auf die literarischen Arbeiten dieser Zeit untersucht. So kann die Etablierung des Romans im 18. Jahrhundert im marxistischen Erklärungsmodell auf die neuen ökonomischen Bedingungen für Autoren und Leser in dieser Epoche zurückgeführt werden.

Marxistische Literaturwissenschaft

Besonders die Frankfurter Schule mit Theoretikern wie Theodor Adorno (1900–1969) und Jürgen Habermas (*1929) haben nachhaltig auf die Literaturtheorie eingewirkt. Unabhängig vom Niedergang des Kommunismus im ehemaligen Ostblock hat die Marxistische Literaturtheorie in den letzten Jahrzehnten stark an Bedeutung verloren. Dies darf aber nicht darüber hinwegtäuschen, dass dieser Ansatz wichtige Aspekte der Wechselwirkung zwischen Literatur und Gesellschaft aufgezeigt hat und immer noch großen Einfluss auf jüngere Theoriebildungen wie Gender Theory, New Historicism und Kulturwissenschaft ausübt.

New Historicism und Kulturwissenschaft

Eine der neueren Entwicklungen in den 1980er und 1990er Jahren auf dem Gebiet der kontextorientierten Ansätze ist der in den USA entstandene New Historicism (engl. *new historicism*). Obwohl diese Strömung auf Poststrukturalismus bzw. Dekonstruktion aufbaut, die eher text- oder diskursorientiert sind, versucht sie, historische Dimensionen in die Besprechung literarischer Texte miteinzubeziehen. So werden z. B. bestimmte Werke Shakespeares mit historischen Dokumenten der Entdeckung Amerikas in Verbindung gebracht, aber auch die Entdeckungen selbst als textlich-literarisches Phänomen behandelt. Wichtig dabei ist, dass Geschichte nicht als vom literarischen Text isolierter „historischer Hintergrund", sondern ebenfalls als ein textliches Gebilde betrachtet wird. Stephen Greenblatt (*1943), einer der führenden Vertreter des New Historicism, vergleicht z. B. in der Analyse eines kolonialen Textes der frühen amerikanischen Literatur von

New Historicism

Stephen Greenblatt

Thomas Harriot (ca. 1560–1621) das Verhältnis der Europäer zu den Indianern mit den Abhängigkeitsstrukturen in Shakespeares (1564–1616) Drama *The Tempest* (ca. 1611). Es zeigt sich, dass diese Machtmechanismen eine tief verwurzelte kulturelle Struktur darstellen, die sowohl Geschichte als auch Literatur dieser Epoche bestimmen. Ähnlich dem Poststrukturalismus, der den Textbegriff auf nichtliterarische Bereiche ausdehnt, bedient sich der *New Historicism* dieses Ansatzes, um historischen Phänomenen literaturwissenschaftlich zu begegnen.

Kulturwissenschaft

Als eine dem New Historicism verwandte, aber eigenständige Richtung gilt die sogenannte Kulturwissenschaft (engl. *Cultural Studies*). Dieser textwissenschaftliche Ansatz dehnt seine Analysen bewusst auf verschiedene Bereiche des menschlichen Ausdrucks aus. So werden unter anderem Werbung, bildende Kunst, Film, Fernsehen, Mode, Architektur, Trivialliteratur, Musik, subkulturelle Erscheinungen, etc. als Manifestationen eines kulturellen Ganzen gelesen. Im Gegensatz zur Semiotik, die sich ebenfalls nichtliterarischer Phänomene aus textorientierter, strukturalistischer Perspektive annimmt, bemühen sich die *Cultural Studies* um eine synoptische, d.h. zusammenschauende Betrachtungsweise, die darauf abzielt, eine Kultur in ihrer Vielschichtigkeit zu erfassen.

Jacob Burckhardt

Die Tatsache, dass die Richtung seit einigen Jahren besonders im Mittelpunkt des literaturwissenschaftlichen Interesses steht, darf nicht darüber hinweg täuschen, dass die Kulturwissenschaft als methodologischer Ansatz in der Geisteswissenschaft eine lange Tradition besitzt. So nimmt z.B. der Schweizer Kunsthistoriker Jacob Burckhardt (1818–1897) bereits im 19. Jahrhundert mit seiner Studie *Die Kultur der Renaissance in Italien* (1860) die ganzheitliche Sichtweise der neueren Kulturwissenschaften vorweg, indem er unterschiedliche Bereiche kultureller Produktion als Gesamtheit in seine Analyse miteinbezieht.

Raymond Williams

Theoretisch fundiert wird dieser Ansatz im 20. Jahrhundert durch den englischen Theoretiker Raymond Williams (1921–1988), der in seinem Buch *Culture and Society* (1958) argumentiert, dass für kulturelles Verständnis nicht nur Teile einer Kultur, sondern die Ganzheit kultureller Produktion berücksichtigt werden sollte.

Postkoloniale Theorie

Edward Said

Der auffälligste Unterschied der neueren Strömungen innerhalb der Kulturwissenschaft gegenüber den oben genannten älteren Vertretern ist die Betonung der Peripherie oder des „Anderen." So analysiert der aus dem Nahen Osten stammende Literaturwissenschaftler Edward Said (1935–2003) in *Orientalism* (1978) die Art und Weise, wie das Abendland den Orient als ein stereotypes Anderes stilisiert. Die kulturwissenschaftlichen Forschungsinteressen der letzten Jahrzehnte richten sich gezielt auf nationale, regionale, oder ethnische „Minderheiten", wobei der Begriff Minderheit im Sinne einer von der dominanten Gesellschaft marginalisierten Gruppe aufzufassen ist.

Homi Bhabha

Da gerade unter früherer Kolonialherrschaft stehende Gruppen im Mittelpunkt des literatur- und kulturwissenschaftlichen Interesses stehen, wird dieser Ansatz auch als Postkoloniale Theorie (engl. *postcolonial theory*) bezeichnet. Ein wichtiger Vertreter dieser Richtung ist der aus Indien stammende Literaturwissenschafter Homi Bhabha (*1949), der in seiner Theorie von Kultur bzw. kultureller Identität auf Ideen der Psychoanalyse und Dekonstruktion zurückgreift. Diese auf diskursiver Konstruktion basierende

Auffassung von Kultur spiegelt damit neuere Trends in der Gender Theory wider.

Gender Theory

Gender Theory

Zu den produktivsten Richtungen der Literaturwissenschaft im Allgemeinen und der kontextorientierten Ansätze im speziellen zählt die Gender Theory. Sie ist Teil einer umfassenden Bewegung, die sich im ausgehenden 20. Jahrhundert in fast allen wissenschaftlichen Disziplinen etabliert hat. Ausgehend von der Annahme, dass „Geschlechterdifferenz" in der Literaturwissenschaft einen traditionellerweise vernachlässigten Aspekt darstellt, werden unterschiedliche Dimensionen von Texten aus einer geschlechtsorientierten Perspektive neu betrachtet.

Feministische Literaturtheorie
Frauenbild

Am Anfang dieser Strömung in den späten 1960er Jahren standen inhaltliche Anliegen wie die Darstellung von Frauen in literarischen Werken männlicher Autoren im Vordergrund. Diese frühen Versuche einer Feministischen Literaturtheorie (engl. *feminist literary theory*) konzentrierten sich vor allem auf stereotype, verzerrte Darstellungen von Frauen in einer von Männern dominierten Literatur. Ein Hauptanliegen der leserorientierten Kritik richtet sich auf Identifikationsmöglichkeiten für Leserinnen mit fiktiven Frauengestalten in literarischen Texten.

Kanonrevision

Die nächste Phase der Feministischen Literaturtheorie, die sich historischer und autororientierter Ansätze bedient, kann als Frauenliteraturgeschichte bzw. Kanonrevision (engl. *canon revision*) zusammengefasst werden, da ein neuer Kanon von Texten unter Berücksichtigung weiblicher Autoren erstellt wird. Mitte der siebziger Jahre wird nicht nur die Vernachlässigung von Autorinnen in der Literaturgeschichte kritisiert, sondern eine neue Literaturgeschichte mit Augenmerk auf eine weibliche Tradition verfasst. Diese Art der Feministischen Literaturwissenschaft mit dem Schwerpunkt auf Kanonrevision ist bis in die späten siebziger Jahre die dominante Richtung geblieben, die erst unter dem Einfluss der französischen Feministinnen abgeschwächt und in andere Bahnen gelenkt wird.

Französischer Feminismus

Durch die einsetzende Rezeption der französischen Feministinnen aus Psychoanalyse und Philosophie wie Hélène Cixous (*1937) und Julia Kristeva (*1941) verschob sich Anfang der achtziger Jahre die Auseinandersetzung in der Feministischen Literaturtheorie auf textlich-stilistische Reflexionen. Unter der Annahme, dass sich Geschlechterdifferenz im Akt des Schreibens, also in Stil, Erzählstruktur, Inhalt und Handlungsverlauf eines Textes zeigt, begibt sich die Feministische Literaturwissenschaft in Gebiete, die traditionellerweise von formalistisch-strukturalistischen Schulen behandelt werden. Dabei wird argumentiert, dass sich geschlechtsspezifische Gegensätze im Schreibstil niederschlagen. Die andersgeartete weibliche Anatomie bewirkt nach Meinung der Theoretikerinnen eine geschlechtsspezifische Art des Schreibens, Handlungsverlaufs, Inhalts, der Erzählstruktur und Logik eines Textes. Diese Manifestation des Weiblichen in einem Text wird als *écriture féminine* (weibliches Schreiben) bezeichnet.

écriture féminine

Gender Theory

Seit den 1990er Jahren verschiebt sich das Interesse von einer Feministischen Theorie in Richtung Gender Theory, indem bewusst die Stellung von Männern bzw. Männlichkeit berücksichtigt wird. Es steht nicht mehr ausschließlich das Weibliche im Zentrum der Analyse, sondern die Wechselwirkung zwischen beiden Geschlechtern, wobei nun auch die Rolle der männlichen und weiblichen Homosexualität in Literatur und Literaturwissenschaft behandelt wird. Damit wird die Frage nach der Geschlechtsidentität in den Vordergrund gerückt.

Die Gender Theorie seit den 1990er Jahren nimmt Elemente der Dekonstruktion auf, indem sie das Konzept einer stabilen Geschlechterdifferenz in Frage stellt. Die Diskussion wurde vor allem durch die amerikanische Theoretikerin Judith Butler (*1956) initiiert, die bei der Erklärung von Geschlechterdifferenz ähnlich vorgeht wie die Dekonstruktion in bezug auf die Entstehung von sprachlicher Bedeutung. „Geschlecht" wird damit zu einer „Konstruktion", an der verschiedene Elemente innerhalb eines sozialen Systems beteiligt sind. Der Kernbegriff ist „Geschlechterkonstruktion", gemäß dem „Mann" und „Frau" die Rolle von Signifikanten einnehmen, deren Bedeutung durch das Wechselspiel mit anderen sich gegenseitig bedingenden Signifikanten erzeugt wird.

Zusammenfassend kann man einige Tendenzen hervorheben, die sich seit Ende der sechziger Jahre in der Feministischen Literaturtheorie abzeichnen: Waren es vorerst Arbeiten über das spezifisch Weibliche (Protagonistin, Autorin, Kanon), kam später eine poetisch-ästhetische Theoriebildung *(écriture féminine)* hinzu. In der nächsten Phase – der eigentlichen Gender Theory – wird die Bedeutung beider Geschlechter für literarische Produktion und Rezeption analysiert.

Wie das Beispiel der Feministischen Literaturtheorie bzw. Gender Theory zeigt, lässt sich eine strikte Einteilung in text-, autor-, leser- oder kontextorientierte Ansätze nicht immer aufrechterhalten. In der literaturwissenschaftlichen Praxis kommt es häufig zu Überlagerungen und Kombinationen unterschiedlicher Richtungen, wie der folgende Abschnitt zur vergleichenden Literaturwissenschaft verdeutlichen wird.

Vergleichende Literaturwissenschaft

Vergleichende Literaturwissenschaft Weltliteratur

Obwohl bereits Johann Wolfgang Goethe (1749–1832) mit dem Begriff Weltliteratur (engl. *world literature*) für einen überregionalen Umgang mit literarischen Texten plädierte, wird den etablierten Nationalphilologien erst am Beginn des 20. Jahrhunderts die Vergleichende Literaturwissenschaft oder Komparatistik (engl. *Comparative Literature*) entgegengesetzt.

Reaktion auf Nationalismus

René Wellek

Die Komparatistik versteht sich als eine grenzüberschreitende Literaturwissenschaft, die sich als Reaktion auf nationalistische Betrachtungsweisen von Literatur im 19. Jahrhundert etabliert und sich im 20. Jahrhundert als Gegengewicht zu nationalsozialistischen Tendenzen weiterentwickelt hat. Während führende Literaturwissenschaftler wie der Prager René Wellek (1903–1995) vor Hitlerdeutschland ins Ausland flohen und dort maßgeblich zur Etablierung der Komparatistik als Disziplin beitrugen, hat auch innerhalb Deutschlands die Vergleichende Literaturwissenschaft in der Konfrontation mit dem Nationalsozialismus eine neue Dynamik entfaltet. Es ist daher nicht verwunderlich, dass einer der ersten wichtigen Texte dieser Richtung während des Dritten Reichs als stille Reaktion auf die chauvinistische Betrachtung der eigenen deutschsprachigen Literatur entstand. Der Elsässer Ernst Robert Curtius (1886–1956) bemühte sich z. B. in *Europäische Literatur und Lateinisches Mittelalter* (1948) um eine globale Sichtweise mittelal-

Ernst Robert Curtius

terlicher Literatur, die nationale Grenzen überschreitet. Natürlich hatte die Komparatistik nicht immer nur völkerverbindende Anliegen vertreten, sondern der Vergleich von verschiedenen Nationalliteraturen wurde oft auch als Möglichkeit dafür verwendet, die kulturellen Leistungen der eigenen Nation gegenüber anderen hervorzuheben.

Trotz ideologischer Unterschiede innerhalb der Disziplin sind Aufgabengebiete und Methoden des Faches rund um das Grundkonzept des Vergleiches angelegt, wie der Name Vergleichende Literaturwissenschaft bereits andeutet. Prinzipiell wird zwischen interliterarischen und transliterarischen Vergleichen unterschieden, deren Erforschung zwei der wichtigsten Kerngebiete der Komparatistik umfassen. Unter interliterarischen Zusammenhängen werden Wechselwirkungen zwischen den Literaturen verschiedener Sprach- oder Kulturräume verstanden. Hierzu gehören die eher traditionellen Bereiche Thematologie und Motivgeschichte, die versuchen, Einflüsse inhaltlicher Natur innerhalb verschiedener Literaturen nachzuzeichnen.

interliterarische Zusammenhänge

Als transliterarische Zusammenhänge werden jene Phänomene bezeichnet, die Literatur mit anderen Medien oder Formen künstlerischen Ausdrucks in Verbindung bringen. Wichtige Gebiete sind die Wechselwirkung zwischen Literatur und den anderen Künsten wie Malerei, Musik, Tanz oder Film, aber auch Disziplinen außerhalb der Geisteswissenschaft wie Recht oder Naturwissenschaften.

transliterarische Zusammenhänge

Neuerdings sieht sich die Komparatistik mit der Betonung multikultureller Ansätze innerhalb der etablierten Philologien konfrontiert, wodurch traditionell komparatistische Aufgabenbereiche in das spezifische Fachverständnis von Nationalliteraturen integriert werden. Trotz der vergleichsweise geringen Zahl von Komparatistikinstituten setzt diese Richtung immer wieder wichtige Impulse, die gerade in Bezug auf neue Schwerpunke und Methodik die gesamte Literaturwissenschaft durchdringen.

Ein weiterer Schwerpunkt innerhalb der Komparatistik ist die Literaturtheorie, die in diesem Zusammenhang auch oft als Allgemeine Literaturwissenschaft bezeichnet wird. Da die theoretische Auseinandersetzung mit Methoden und Ansätzen in der Literaturwissenschaft ohnehin ein übernationales Phänomen darstellt, hat sich besonders die Komparatistik als Forum für die Diskussion und Vermittlung literaturtheoretischer Problemstellungen erwiesen.

Allgemeine Literaturwissenschaft

Die bisherige Besprechung unterschiedlicher literaturtheoretischer Schulen war darauf bedacht, die verschiedenen Ansätze nach methodischen Gemeinsamkeiten zu gruppieren. Der folgende Überblick ordnet nun die wichtigsten Richtungen in ein grobes zeitliches Raster:

zeitliche Abfolge theoretischer Ansätze

Antike & Mittelalter	Rhetorik
Neuzeit	Philologie
19. Jh.	Stilistik & Biographische Literaturwissenschaft
spätes 19. Jh.–	Vergleichende Literaturwissenschaft
1. Hälfte 20. Jh.	Psychoanalytische Literaturwissenschaft
	Mythologische Literaturwissenschaft
ca. 1920–1930	Russischer Formalismus
ca. 1940–1960	New Criticism

ca. 1970–1980	Rezeptionstheorie
	Semiotik
ca. 1970–1990	Dekonstruktion
	Feministische Literaturwissenschaft
ca. 1990 –	Gender Theory
	New Historicism und Kulturwissenschaft

In der Beschäftigung mit literarischen Texten ist wichtig zu entscheiden, welche Zugänge der Text zulässt und welche zu neuen Ergebnissen führen. Auch wenn ein Text durch bestimmte inhaltliche, historische oder strukturelle Merkmale einen Ansatz impliziert, können andere Herangehensweisen oder eine Kombination von methodischen Ansätzen originelle und lohnende Analysen liefern.

Die Literaturtheorie hat schon immer auf die Methodenreflexion textnaher Phänomene wie Malerei oder Musik Einfluss genommen. Besonders auffällig wird diese Wechselwirkung aber mit der Etablierung des Films als einem neuen Medium.

5. Filmtheorie

Filmtheorie

Die Filmtheorie entwickelt sich im 20. Jahrhundert als eigenständige Disziplin, wobei es zu einem ständigen Austausch mit der Textwissenschaft kommt. Aus diesem Grund wird im folgenden Überblick die Entwicklung der Filmtheorie bewusst in Anlehnung an die besprochenen literaturtheoretischen Ansätze behandelt.

Hugo Münsterberg

So steht bereits das erste wichtige filmtheoretische Werk, Hugo Münsterbergs (1863–1916) *Das Lichtspiel* (1916), in enger Wechselwirkung mit Psychologie und Psychoanalyse, indem es mentale Reaktionen und psychische Abläufe beim Betrachten eines Films analysiert. Münsterberg und die frühen Filmtheoretiker sahen vor allem in der räumlichen und zeitlichen Ungebundenheit des Dargestellten im Medium Film Analogien zur menschlichen Vorstellungskraft. Wichtig für die weitere Filmtheorie ist diese Betonung der inneren Wirklichkeit des Menschen, die das Medium Film darzustellen im Stande zu sein scheint.

formalistische Montagetheorie

Indirekt mit der rezeptionstheoretisch-psychologisierenden Filmtheorie Münsterbergs verknüpft – wenn auch stark formalistisch-strukturalistisch in seiner Ausrichtung – ist die Montagekonzeption des russischen Regisseurs Sergej Eisenstein (1898–1948). Auch Eisenstein geht es in seiner Filmtheorie nicht primär um die Möglichkeit, im Film äußere Wirklichkeit so realistisch wie möglich abzubilden, sondern durch kontrapunktischen Schnitt gezielte Szenen vor dem inneren Auge des Betrachters entstehen zu lassen.

Filmton

Vor dem Hintergrund dieser Montagekonzeption, die keinen nahtlosen Übergang zwischen Schnitten anstrebt, sondern auf Kontrast und Konfrontation basiert, ist auch die Abneigung der russisch-formalistischen Filmtheorie gegenüber dem aufkommenden Tonfilm zu verstehen. Realistisch unterstützender Ton in Form von Dialog, Geräusch und Musik passt nicht in die auf dialektischer Antithese basierende Montage. Die Auffassung, dass mit der

Erfindung des Tonfilms die künstlerische Qualität des Mediums Film verloren ging, zieht sich auch durch die Arbeiten des deutschen Gestaltpsychologen Rudolf Arnheim (1904–2007) in den 1930er Jahren. Zusammenfassend kann man diese Phase als formalistische Herangehensweise an den Film bezeichnen, da sie nicht die Fähigkeit realistische Abbildungen zu generieren in den Vordergrund stellte, sondern vielmehr die abstrakten und illusionserzeugenden Qualitäten des Mediums betonte.

Realistische Schule

Im Gegensatz dazu erachtet die Realistische Schule mit Siegfried Krakauer (1889–1966) und André Bazin (1918–1958) nach dem 2. Weltkrieg vor allem die *mise-en-scène* bzw. den Bildaufbau als Basis der illusorischen Filmrealität. Diese Illusion beruht nicht auf der photographischen Abbildbarkeit von Realität, sondern auf der bewussten Komposition einer Einstellung, die besonders den Stummfilm aber auch die Filmtechnik großer Regisseure wie Orson Welles (1915–1985) auszeichnete.

Auteur-Theorie

Dieser spezifischen Eigenheiten großer Filmemacher nimmt sich die Auteur-Theorie von François Truffaut (1932–1984) und Andrew Sarris (*1928) an, die – ähnlich wie die autororientierte Literaturwissenschaft – das Œuvre vor dem Hintergrund des Autors bzw. Regisseurs betrachtet. Autororientierte Ansätze sind in Bezug auf das Medium Film nicht unproblematisch. Während in der Literatur der Autor großteils alleine für sein Werk verantwortlich zeichnet, ist der Filmregisseur nur eine unter vielen Personen (Verfasser des Skripts, Schauspieler, Maske, Produzent etc.), die zur Entstehung eines Films beitragen.

Filmsemiotik

Um einiges einflussreicher sind daher medienspezifische Ansätze in der Filmtheorie, die ähnlich wie die textorientierten Herangehensweisen in der Literatur auch im Film zu den produktivsten Richtungen in der 2. Hälfte des 20. Jahrhunderts zählen. Christian Metz' (1931–1993) *Film Language* (1963) versucht, Film als sprachähnliches semiotisches System mit einer begrenzten Zahl von medienspezifischen Codes zu erklären, die für die Erzeugung filmischen Erzählens verantwortlich sind. Seit den 1980er Jahren herrscht ein reger Austausch zwischen der literaturwissenschaftlichen Erzähltheorie und der Filmnarratologie wie z.B. in David Bordwells (*1947) *Narration in Film* (1985) oder in den Arbeiten Seymour Chatmans (*1928), wobei unter anderem literarische Konzepte wie Erzählperspektive (engl. *point of view*) oder die Funktion des Erzählers für die Filmanalyse adaptiert werden.

Filmnarratologie

Semiotik, Dekonstruktion und marxistische Theorie zusammen mit den psychoanalytischen Schriften Jacques Lacans (1901–1981) haben ab den 1970er Jahren sowohl die Literatur- als auch die Filmtheorie poststrukturalistisch durchdrungen. Besondere Bedeutung kommt hier der feministischen Filmtheorie zu, die mit Laura Mulveys (*1941) Aufsatz „Visual Pleasure and Narrative Cinema" (1975) eine weitreichende Diskussion über den männlichen Blick (engl. *male gaze*) in Gang setzte. Demnach funktionieren traditionelle Hollywoodfilme nach der psychoanalytischen Logik eines männlichen Betrachters, dem weibliche Figuren untergeordnet werden. Dieser Ansatz wurde in den letzten Jahren vor allem durch Aspekte der Geschlechterkonstruktion im theoretischen Umfeld von Judith Butlers (*1956) Gender Theory für filmwissenschaftliche Analysen weiterentwickelt.

feministische Filmtheorie

Wie dieser kurze Abriss zeigt, bewegt sich die Filmtheorie wie auch die Literaturtheorie zwischen den vier großen Spannungsfeldern von text-, autor-, leser- und kontextorientierten Ansätzen, wobei jedoch filmspezifisch von medien-, auteur- und zuseherorientierten Herangehensweisen gesprochen werden muss. Da Literatur und Film nicht nur in ihrer künstlerischen Praxis, sondern auch in ihren theoretischen Ansätzen immer wieder in einen Dialog treten, können sie eigentlich nur als sich gegenseitig bedingende Kräfte betrachtet werden.

6. Literaturkritik

Literaturkritik

Ein bisher nicht erwähnter Bereich in der Auseinandersetzung mit Literatur ist die Literaturkritik (engl. meist *literary criticism*). Lange Zeit wurde dieser Begriff synonym mit Literaturwissenschaft als Praxis der Interpretation von Texten verwendet. Im englischen Sprachraum bezeichnet *literary criticism* auch heute noch weitgehend die literaturwissenschaftliche Werkinterpretation. Neuerdings wird der Begriff Literaturkritik jedoch auch zur Unterscheidung von Interpretation eines Textes und wertender Kritik herangezogen. Normalerweise spricht man von Literaturkritik bei der Vergabe von Literaturpreisen und im Zusammenhang mit Buchbesprechungen oder Rezensionen (engl. *book review*). In allen Philologien gibt es Publikationen (oft im Rahmen einer Wochenendausgabe einer großen Tageszeitung), die neu erschienene Primärliteratur in Form von kritischen Besprechungen vorstellen.

Buchbesprechung, Rezension

Forschungsbericht

Facheinschlägige *Sekundär*literatur wird in speziellen literaturwissenschaftlichen Zeitschriften rezensiert. Darunter versteht man die kritische Besprechung neuer Buchpublikationen durch Literaturwissenschaftler des jeweiligen Fachgebietes. Wird nicht ein Einzelwerk, sondern ein größerer Themenbereich (wie „Neuere deutschsprachige Publikationen zur Kulturtheorie" oder „Das Phänomen New Historicism") anhand mehrerer Sekundärwerke behandelt, spricht man von einem sogenannten Forschungsbericht (engl. *review article*). Diese Art der überblicksmäßigen Darstellung vermittelt einen Gesamteindruck neuer Trends oder Publikationen in einem bestimmten Themenbereich.

Antike Dramenwettkämpfe

Die Bewertung von Texten ist so alt wie die Literatur selbst. Bereits in der Antike wurden zu bestimmten Anlässen Dramenwettstreite ausgetragen, in denen ein Werk als Sieger hervorging. In einer klassischen Parodie dieser „objektiven" Bewertungsversuche von literarischen Texten lässt Aristophanes (ca. 448–380 v. Chr.) in der Komödie *Die Frösche* (405 v. Chr.) die beiden Hauptvertreter des griechischen Dramas, Aischylos and Euripides, in einen Wettstreit treten. Nach einer Reihe von erfolglosen Versuchen, den besseren Autor zu ermitteln, greift Gott Dionysos, der den Wettkampf leitet, schließlich zu einer „objektiven" Urteilsmethode: er benützt eine Waage, um das „Gewicht" der Verse zu bestimmen und so einen Sieger zu finden. Aischylos gewinnt den Wettkampf, weil er von einem Fluss spricht, während Euripides nur ein Boot in seinem Vers erwähnt.

Wie diese Parodie von Literaturkritik zeigt, ist die wertende Analyse von Texten in der Literaturwissenschaft umstritten, da Bewertung von Literatur von vielen subjektiven Faktoren abhängt. So haben sich experimentelle

Texte, die zur Zeit ihres Erscheinens sehr schlechte Kritiken erhielten, im Laufe der Zeit als einflussreich herausgestellt. Buchbesprechungen und Bestsellerlisten haben eher kurzlebigen Charakter, da ihre Bedeutung vor allem in der Auskunft über die Rezeption von Werken in einer bestimmten historischen Epoche liegt.

III. Gattungen in der Neueren Textwissenschaft

Gattungen:
Epik
Dramatik
Lyrik
Film

Bereits in der Antike war die Einteilung literarischer Werke in Gattungen ein Anliegen der Textwissenschaft (vgl. Aristoteles' *Poetik*, 4. Jh. v. Chr.), die seither eine Reihe unterschiedlicher bis widersprüchlicher Klassifikationen hervorgebracht hat. Unter den verschiedenen Versuchen, Literatur in Genres zu gliedern, hat sich die Triade Epik, Dramatik und Lyrik in der neuzeitlichen Literaturwissenschaft als gebräuchlichste Konvention herausgestellt. Wie bereits eingangs erwähnt, wurde in der Neuzeit das Epos durch die Prosaform Roman weitgehend abgelöst, so dass heute meist von Prosa, Drama und Lyrik (engl. *fiction, drama* und *poetry*) gesprochen wird. Die Grundcharakteristika dieser drei Genres sowie der Gattung Film als textnahes Phänomen werden im Folgenden erarbeitet. Anhand konkreter Beispiele werden textwissenschaftliche Grundbegriffe und Analysemethoden für die jeweiligen Gattungen vorgestellt.

1. Prosa

Epos

Obwohl der Roman (engl. *novel*) als *die* bedeutendste Form der *Prosa* (engl. *prose* bzw. *fiction*) erst in der Neuzeit entstanden ist, gehen seine direkten Vorläufer auf die ältesten Texte unserer Literaturgeschichte zurück. Die homerischen Epen (engl. *epic*), *Ilias* und *Odyssee* (ca. 7. Jh. v. Chr.), aber vor allem Vergils (70–19 v. Chr.) *Aeneis* (ca. 31–19 v. Chr.) haben auf die großen Epen des Mittelalters wie Dante Alighieris (1265–1321) italienische *Divina Commedia (Göttliche Komödie;* ca. 1307–1321) und die neuzeitlichen Epen wie Lodovico Ariostos (1474–1535) *Orlando Furioso* (1532), Torquato Tassos (1544–1595) *Gerusalemme Liberata* (1581) oder John Miltons (1608–1674) *Paradise Lost* (1667) eingewirkt.

Der Großteil der traditionellen Epen kreist um einen Helden, der in einer Vielzahl von Episoden bestimmte Aufgaben von großer nationaler oder kosmischer Bedeutung zu erfüllen hat. Gerade die klassischen Epen reflektieren durch ihre tiefe Verwurzelung in Mythos, Geschichte und Religion ein in sich geschlossenes Weltbild der jeweiligen Epoche bzw. Nation. Hand in Hand mit dem Verschwinden eines einheitlichen Weltbildes in der Neuzeit geht die Stellung des Epos zurück und wird schließlich vom Roman abgelöst, der damit dem sich entwickelnden neuzeitlichen Relativismus Ausdruck verleiht. Alle traditionellen Epen sind in Versen verfasst, unterscheiden sich aber aufgrund ihres Umfangs, der Erzählstruktur, Charakterschilderung und des Handlungsverlaufs von der Lyrik und gelten als Vorläufer des modernen Romans.

antike Protoromane

höfische Epik

Bereits in der Antike, verstärkt aber im Spätmittelalter, haben sich Vorformen des Romans etabliert. In der Antike waren diese Protoromane (wie Apuleius' *Goldener Esel,* 2. Jh. n. Chr.) in Prosa verfasst, im Mittelalter hingegen meist in Versform. Diese relativ kurzen epischen Formen, die sich besonders im Mittelalter großer Beliebtheit erfreuten, werden in der Germanistik auch als höfische Epik (engl. *courtly romance),* im englischen Sprachraum als Romanze (engl. *romance*) bezeichnet. Bekannte Beispiele sind die französischen Artusepen (ca. 1170) von Chrétien de Troyes (ca. 1140–ca. 1190) sowie deren Adaptionen in anderen Sprachen wie Hartmann von Aues (ca. 1165–1215) *Erec* (spätes 12. Jh.) und *Iwein* (ca. 1205) oder das anonyme englische *Sir Gawain and the Green Knight* (ca. 1375). Aufgrund zielgerichteter Handlung, innovativer Erzählperspektive und differenzierter Figurendarstellung gilt das höfische Epos trotz seiner Versform als direkter Wegbereiter des Romans.

Individualisierung des Protagonisten

Das traditionelle Epos war in der Regel weit ausholend (epische Breite), während das höfische Epos neue Wege geht, indem die Handlung gestrafft und auf ein Ziel hin gerichtet ist. Auch wird die Hauptperson, der Protagonist (engl. *main character* oder *protagonist),* genauer und differenzierter gezeichnet. Die Helden des klassischen Epos wie Äneas in Vergils *Aeneis* (ca. 31–19 v. Chr.) waren großteils flache Charaktere, die zur Verkörperung heroischer Ideale dienten. Im höfischen Epos treten individuelle Züge wie Unsicherheit, Schwächen und andere Charaktereigenschaften verstärkt in den Vordergrund und nehmen damit ein Merkmal des Romans vorweg. Die Individualisierung des Protagonisten, die oft bewusst perspektivische Erzählweise und vor allem der lineare, auf einen Höhepunkt hin orientierte Handlungsverlauf, der nicht mehr um nationale oder kosmische Probleme, sondern um realistische Themen kreist, unterscheiden die jüngere höfische Epik vom älteren Epos.

Anfänge des Romans

Ausgeprägter und konzentrierter kommen diese Elemente schließlich im Roman (engl. *novel*) zur Anwendung, der sich in Spanien und Deutschland im 17. und in England im 18. Jahrhundert zu etablieren beginnt. Der frühe Roman war noch sehr dem Epos verpflichtet. So bereitet Miguel de Cervantes' (1547–1616) *Don Quixote* (1605–1615) dem Epos und der ritterlichen Romanze durch die Profanisierung und Parodisierung ihrer traditionellen Elemente (angebetete Dame, edler Ritter, heroische Abenteuer) ein Ende und setzt zugleich die epische Tradition in modifizierter Weise fort. Auch im Handlungsverlauf des frühen Romans, der oft ins Episodische abschweift, scheinen noch Elemente des Epos durch. Im deutschsprachigen Raum ist Hans Jacob Christoph von Grimmelshausens (ca. 1621–1676) *Simplicissimus* (1669) das bekannteste frühe Beispiel dieses Genres. In England leitet Daniel Defoes (1660–1731) *Robinson Crusoe* (1719) eine Trendwende in der Erzählprosa ein, die der Gattung Roman im 18. Jahrhundert zu einer ersten Blüte verhilft. In Struktur und Inhalt übernimmt der Roman damit die Stellung des Epos und wird zu einer der produktivsten Gattungen der modernen Literatur.

Realismus und Individualismus im Roman

Allegorie und Symbolismus als epischer Ausdruck des kollektiven Geistes des Mittelalters werden im neuzeitlichen Genre des Romans durch die Begriffe Realismus und Individualismus ersetzt. Haftet dem traditionellen Epos eine kosmisch-allegorische Dimension an, zeichnet sich der moderne Roman durch eine Fixierung der Handlung in einer historischen und geografischen Wirklichkeit aus. Waren die Personen des Epos allegorische Typen, wird der Protagonist im Roman zu einem individuellen Charakter.

sozio-politische Voraussetzungen

Diese Merkmale des Romans, die die Hinwendung zu Individualismus und Realismus als geistesgeschichtliche Grundtendenzen des 17. und 18.

Jahrhunderts widerspiegeln, verhalfen ihm schnell zu einer Blüte. Der Aufstieg einer gebildeten Mittelschicht, die Verbreitung der Druckerpresse und eine veränderte wirtschaftliche Grundlage, die es Autoren erlaubte, dem Schreiben als Lebensunterhalt nachzugehen, bewirkten diese Umbrüche in der Literatur des 17. und 18. Jahrhunderts. Der Roman hat bis heute nichts von seiner dominanten Stellung als *der* Vertreter der Gattung Prosa eingebüßt und wird als jenes Genre betrachtet, von dem wichtige literarische Innovationen während der letzten drei Jahrhunderte ausgingen.

Untergattungen: Picaro- bzw. Schelmenroman

Zu den Subgenres oder Untergattungen des Romans zählen Picaro- bzw. Schelmenroman (engl. *picaresque novel*), der von den Erfahrungen eines umherziehenden Schelms (spanisch *pícaro*) erzählt. Dieser gerät meist mit den sozialen Normen seiner Gesellschaft in Konflikt. In einer episodischen Erzählstruktur versucht der Schelmenroman, gesellschaftliche Ungerechtigkeiten auf satirische Weise bloßzustellen. Eines der frühesten Beispiele ist der anonyme spanische Text *Lazarillo de Tormes* (1554), mit dem die Gattung gleichsam begründet wird. Auch Henry Fieldings (1707–1754) episodenreicher englischer Roman *Tom Jones* (1749) oder Heinrich Bölls (1917–1985) *Ansichten eines Clowns* (1963) weisen Züge dieser Gattung auf.

Bildungs- oder Entwicklungsroman

Eine weitere Untergattung ist der Bildungsroman (engl. *novel of education*), der meist die Entwicklung des Protagonisten von seiner Kindheit bis ins Alter zeigt, weshalb auch oft von *Entwicklungsroman* gesprochen wird. Grimmelshausens (ca. 1621–1676) *Simplicissimus* (1669) oder Johann Wolfgang Goethes (1749–1832) *Wilhelm Meisters Lehrjahre* (1795–1796) gelten als wichtige deutschsprachige Vertreter; Jean-Jacques Rousseaus (1762–1778) *Emile oder über die Erziehung* (1762) als eines der bekanntesten französischen Beispiele dieses Genres. Auch Italo Calvinos (1923–1985) italienischer Roman *Der Baron auf den Bäumen* (1957) entspricht in seinem Handlungsverlauf dem Schema des Bildungs- oder Entwicklungsromans, da hier die Lebensgeschichte eines Barons von seinem Entschluss als Kind auf Bäumen zu leben bis zu seinem Greisentod in den Baumwipfeln erzählt wird.

Briefroman

Eine weitere Form des frühen Romans ist der Briefroman (engl. *epistolary novel),* in dem der Brief als Ausdrucksmedium einer Ich-Erzählung verwendet wird. Samuel Richardsons (1689–1761) *Pamela* (1740–1741) gilt als Begründer dieser Richtung, die im deutschsprachigen Raum mit Johann Wolfgang Goethes (1749–1832) *Die Leiden des jungen Werthers* (1774) und in Frankreich mit Pierre Choderlos de Laclos (1741–1803) *Gefährliche Liebschaften* (1782) einen ersten Höhepunkt erlangte. Interessantes Detail am Rande ist, dass diese Untergattung parallel zur Entwicklung der Post im 18. Jahrhundert als einem effizient funktionierenden Kommunikationsmedium entstand.

Historischer Roman

Eine bis heute produktive Untergattung ist der Historische Roman (engl. *historical novel*), der entweder auf wahren Begebenheiten beruht, von realen historischen Personen handelt oder ein historisch getreu gezeichnetes Setting benutzt. Sir Walter Scotts (1771–1832) *Waverly* (1814) hat von England aus großen Einfluss auf andere Literaturen ausgeübt, wie z. B. auf Alexander Dumas (1802–1870) historischen Abenteuerroman *Der Graf von Monte Christo* (1845–1846). Eine Neubelebung erfuhr der historische Roman im ausgehenden 20. Jahrhundert durch den Erfolgsroman *Der Name* *der Rose* (1980) des italienischen Literaturtheoretikers Umberto Eco (*1932). Die Verwicklungen rund um mysteriöse Todesfälle in einer italienischen Abtei des 14. Jahrhunderts verdeutlichen, auf welch unterschiedlichen Ebenen diese Gattung arbeiten kann. Der Roman des Semiotikers Eco spiegelt auf vielfältige Weise literaturtheoretische Anliegen des Autors wider, die aber in eine spannende Kriminalgeschichte und Zeitgeiststudie verpackt sind.

Utopischer Roman
Science Fiction

Während Satiren gesellschaftliche Missstände durch humorvolle Überzeichnungen bloßstellen, versucht der Utopische Roman bzw. die Science Fiction (engl. *utopian novel* bzw. *science-fiction*) durch den Entwurf alternativer Welten reale sozio-politische Zustände zu kritisieren. Begründet wird diese Gattung im frühneuzeitichen England durch Thomas Mores (1477–1535) *Utopia* (1516), das in anderen Literaturen ähnliche literarische Gesellschaftsentwürfe hervorbrachte. Zu bekannten Beispielen zählen Tommaso Campanellas (1568–1639) *Der Sonnenstaat* (1602) in Italien, *Christianopolis* (1619) des deutschen Theologen Johann Vallentin Andreae (1586–1654) oder *Wir* des Russen Evgenij Zamjatins (1881–1937), das 1924 in mehreren Sprachen erschien. In den letzten Jahrzehnten hat die literarische Utopie vor allem durch die Beiträge von Frauen eine neue Dynamik entfaltet, wie das Beispiel *The Handmaid's Tale* (1985) der kanadischen Autorin Margaret Atwood (*1939) verdeutlicht, das ein düsteres Gesellschaftsbild aus weiblicher Perspektive zeichnet.

Schauerroman

Populäre Formen des Romans sind außerdem der Schauerroman (engl. *gothic novel*), der im englischen Sprachraum im 18. Jahrhundert mit Werken wie Horace Walpoles (1717–1797) *The Castle of Otranto* (1764) eine neue Tradition begründete, die unter anderem auch in der deutschsprachigen Literatur von E. T. A. Hoffman (1772–1822) im *Elixier des Teufels* (1816) aufgegriffen wurde. Der Schauerroman als ernstzunehmende literarische Gattung erlebt im ausgehenden 19. Jahrhundert mit Bram Stokers (1847–1912) *Dracula* (1897) einen letzten Höhepunkt und lebt dann vornehmlich in der Trivialliteratur und in Filmadaptionen weiter.

Kriminalroman

Eine relativ junge Gattung des Romans ist auch der Kriminalroman (engl. *detective novel*), der im 19. Jahrhundert entsteht, dessen Vorläufer aber bereits auf Werke des 18. Jahrhunderts wie Friedrich Schillers (1759–1805) *Der Verbrecher aus verlorener Ehre* (1792) zurückgehen. Im englischen Sprachraum erreicht der Kriminalroman mit Texten wie Agatha Christies *Murder on the Orient Express* (1934) einen ersten Höhepunkt im 20. Jahrhundert. In den vergangenen Jahrzehnten haben weibliche Ermittler wie die forensische Pathologin in den Romanen Patricia Cornwells (*1956) oder Detektive mit Migrationshintergrund wie in Jakob Arjounis (*1964) Kayankaya-Kriminalromanen dem Genre neue Impulse verliehen. Welch große Verkaufszahlen mit dieser Gattung zu erzielen sind, zeigt Dan Browns (*1964) Erfolgsthriller *The Da Vinci Code* (2003) mit seiner Mischung aus Religion, Okkultismus und Detektivgeschichte. Aufgrund seiner Breitenwirkung hat der Kriminalroman bereits im frühen 20. Jahrhundert eine besondere Affinität zu Film und Fernsehen entwickelt.

Wie gerade das letzte Beispiel des Kriminalromans zeigt, sind die Grenzen der hier erwähnten Untergattungen des Romans keineswegs starr, so dass z. B. Umberto Ecos *Der Name der Rose* (1980) die Kriterien des Historischen- und des Kriminalromans erfüllt. Auch Bildungs- und Schelmenroman können oft schwer voneinander unterschieden werden. Wie bei Gattungsunterscheidungen generell wird auch bei den epischen Langformen von idealtypischen Voraussetzungen ausgegangen, die kaum ein Werk ohne Ausnahmen erfüllen kann. Selbst die Abgrenzung des Romans von kürzeren Prosagenres ist nicht immer einfach.

Kurzgeschichte Begriff und Vorläufer

Die epischen Kurzformen, die unter den Begriffen Erzählung (engl. *tale*) und Kurzgeschichte (engl. *short story*) zusammengefasst werden, stehen weitgehend im Schatten des Romans. Ähnlich dem Roman reichen die Wurzeln der Kurzgeschichte in die Antike und das Mittelalter zurück. Erzählung, Sage und Märchen gehören zu den ältesten Textsorten und gehen bis in vorschriftliche Zeiten zurück, als „Texte" großteils mündlich überliefert und weitergegeben wurden. Auch die deutschen Begriffe Sage und Erzählung oder das englische *tale* (von „to tell") verweisen auf diese orale Komponente. Bereits in der Bibel finden sich viele Erzählungen wie „Hiob" oder die „Josephsgeschichte", die in Struktur und Aufbau der modernen Kurzgeschichte nahestehen. Auch die antike Satire (engl. *satire*) eines Juvenal (ca. 60–127 n. Chr.) und die bereits erwähnte mittelalterliche Romanze gelten als Vorformen dieses Genres.

Sammlungen von Erzählungen

Indirekte Vorläufer der Kurzgeschichte sind die großen mittelalterlichen und frühneuzeitlichen Sammlungen von Erzählungen. Der bekannte arabische Zyklus *Geschichten aus tausend und einer Nacht*, der im 13. Jahrhundert zusammengestellt wurde, hat ähnlich wie Giovanni Boccaccios (1313–1375) *Decamerone* (1349–1351) in Italien, Geoffrey Chaucers (ca. 1343–400) *Canterbury Tales* (ca.1387) in England und Marguerite de Navarres (1492–1549) *Heptameron* (publ. 1558) in Frankreich die Grundmerkmale dieser epischen Kurzform vorweggenommen. Die genannten Geschichtenzyklen zeichnen sich durch eine Rahmenerzählung aus, die eine Reihe von unabhängigen Geschichten zusammenhält. Giovanni Boccaccio benützt als Rahmen für die Erzählungen des *Decamerone* eine Gruppe von Florentinern, die vor der wütenden Pest aufs Land fliehen und sich dort zehn Tage lang (daher *Decamerone* von griech. *deka* – „zehn" + *hemerai* – „Tage") Geschichten zum Zeitvertreib erzählen. Das bedeutendste mittelenglische Werk, Geoffrey Chaucers *Canterbury Tales*, bedient sich des Motivs der Pilgerfahrt zum Grab des Heiligen Thomas Becket in Canterbury als Rahmenhandlung. Auf der Fahrt werden von den Pilgern unterschiedliche Geschichten erzählt. Durch die Technik der Rahmenerzählung versuchen die Autoren, dem Werk Geschlossenheit zu verleihen, obwohl die einzelnen Elemente inhaltlich kaum Berührungspunkte aufweisen.

Zeitschriften als Medium für Kurzgeschichten

Als mehr oder weniger eigenständige Textsorte taucht die Kurzgeschichte erst Ende des 18. Jahrhunderts, also deutlich später als der Roman auf. Das Genre der Kurzgeschichte ist wie der Roman ein internationales Phänomen, das sich in den unterschiedlichen Nationalliteraturen mehr oder weniger parallel zu regelmäßig erscheinenden Zeitungen oder Zeitschriften entwickelte. Mit den Journalen wurde der Erzählung als einer Gattung von geringem Umfang ein ideales Publikationsmedium zur Verfügung gestellt. Eine große Zahl der frühen amerikanischen *short stories* von E.A. Poe (1809–1849) oder Nathaniel Hawthorne (1804–1864) wurden als Zeitschriftengeschichten konzipiert. Auch heute noch ist das Magazin (z.B. *The*

New Yorker) im anglo-amerikanischen Raum der bevorzugte Rahmen für die Erstveröffentlichung von Kurzgeschichten. Viele der frühen Romane sind als Seriengeschichten in Magazinen erschienen, bevor sie als eigenständige Romane publiziert wurden (z. B. Charles Dickens' *The Pickwick Papers,* 1836–1837).

Neben den amerikanischen Kurzgeschichten haben auch die Erzählungen des Russen Anton P. Tschechow (1860–1904) wie *Die Dame mit dem Hündchen* (1899) großen internationalen Einfluss ausgeübt. Im deutschsprachigen Raum zählen die Texte E. T. A. Hoffmanns (1772–1822) zu den frühen Vertretern des Genres, das auch im 20. Jahrhundert mit Autoren wie Heinrich Böll (1917–1985) wichtige Beiträge leistete.

Unterschiede zwischen Roman und Kurzgeschichte

Während der Roman das Interesse von Literaturtheoretikern auf sich zog, wurde der Kurzgeschichte, die immer im Schatten des „großen Bruders" stand, weniger Beachtung geschenkt. Die Kurzgeschichte findet meist in vergleichenden Definitionen zu anderen Prosagattungen wie Roman und Novelle Erwähnung. Ein Hauptmerkmal der Kurzgeschichte ist der Eindruck von Geschlossenheit, da sie im Gegensatz zum Roman in einem Zug gelesen werden kann. Aufgrund des begrenzten Umfangs der Erzählung ist auch die Handlung (engl. *plot*) sehr selektiv sowie die Zeit auf einen zentralen Moment des Geschehens komprimiert. Der langsame, schrittweise Aufbau der Spannung im Roman muss in der Erzählung durch spezielle Techniken beschleunigt werden. Die Handlung der Kurzgeschichte setzt oft am Höhepunkt *(in medias res)* ein, wobei vor allem Rückblenden (engl. *flashback*) die vorausgegangenen Ereignisse bzw. den Kontext erläutern. Auch der Ort (engl. *setting*) und die Figuren der Handlung (engl. *characters*) sind in der Regel weniger detailliert gezeichnet als im Roman und konzentrieren sich meist auf eine Person bzw. einen Ort. Der Stil der Kurzgeschichte wird daher oft als suggestiv (andeutend), der des Romans als deskriptiv (beschreibend) bezeichnet. Wird im Roman mit unterschiedlichen Erzählperspektiven (engl. *point of view* oder *narrative perspective*) experimentiert, behält die Erzählung meist eine Perspektive bei, indem die Handlung aus der Sicht *einer* Person oder *eines* Erzählers wiedergegeben wird.

Novelle

Eine Zwischenstellung zwischen Roman und Kurzgeschichte nimmt die Novelle (engl. *novella* oder *novelette*) ein, die aufgrund ihres Umfangs und erzähltechnischer Elemente keiner der beiden Prosaformen eindeutig zuordenbar ist. Zu klassischen Beispielen dieser Gattung zählen in Frankreich Stendhals (1783–1842) *Die Äbtissin von Castro* (1832) oder Guy de Maupassants (1850–1893) *Le Horla* (1887), in Deutschland Theodor Storms (1817–1888) *Aquis Submersus* (1876) und in England Joseph Conrads (1857–1924) *Heart of Darkness* (1902).

Dimensionen narrativer Texte

Wie die Gegenüberstellung der wichtigsten Merkmale des Romans und der Kurzgeschichte zeigt, umfassen die Erklärungen unterschiedliche Ansätze: rezeptionsästhetische Gesichtspunkte, wenn es um das Lesen ohne Unterbrechung geht; formale Aspekte in der Gestaltung des Plots und kontextuelle Herangehensweisen in der Abgrenzung gegenüber anderen vergleichbaren Genres. Begriffe wie Plot, Zeit, Charakter, Setting, Erzählperspektive und Stil tauchen nicht nur in den Definitions- und Erklärungsversuchen des Genres Roman auf. Sie stellen auch die wichtigsten Bereiche in der Textanalyse der Kurzgeschichte dar und werden in der Auseinandersetzung mit anderen Genres wie Film und Drama angewendet. Da sie in der Prosa am offensichtlichsten und leichtesten nachzuweisen sind, werden diese Aspekte anhand von Beispielen aus Kurzgeschichte und Roman näher erläutert. Zu den wichtigsten Elementen zählen:

Handlung	(Was geschieht?)
Figur	(Wer handelt?)
Erzählperspektive	(Wer sieht was?)
Setting	(Wo und Wann geschieht etwas?)

Handlung

traditioneller Plot

Unter Handlung (engl. *plot*) versteht man das logische Ineinanderwirken von unterschiedlichen inhaltlichen Elementen eines Textes, die eine Veränderung der Ausgangssituation bewirken. Im Idealfall läßt sich der Handlungsverlauf in vier aufeinanderfolgende Bereiche einteilen:

Exposition → Komplikation → Höhe- oder Wendepunkt → Auflösung

linearer Handlungsverlauf: Ausgangssituation Komplikation Höhepunkt Auflösung

Entspricht die Handlung diesem Schema, nennt man dies einen linearen Handlungsverlauf (engl. *linear plot*), da die verschiedenen Elemente des Plots chronologisch aufeinanderfolgen. Die Exposition oder Erläuterung der Ausgangssituation (engl. *exposition*) wird durch eine Komplikation (engl. *complication* oder *conflict*) gestört, wodurch Spannung (engl. *suspense*) erzeugt wird, die zu einem Höhe- oder Wendepunkt (engl. *climax, crisis* oder *turning point*) führt. Mit dem Höhepunkt erfolgt die Auflösung der Komplikation (engl. *resolution;* franz. *denouement*) und meist auch das Ende des Textes. Die traditionelle Prosa sowie das Drama als auch der Film bedienen sich grundsätzlich dieser Plot-Struktur.

alinearer Plot

Experimenteller Roman, absurdes Drama oder neuerer Film brechen bewusst mit der linearen Erzählstruktur, wobei die Grundelemente des traditionellen Plots nicht fehlen müssen, sondern in verschlüsselter Form vorliegen können. In sehr vielen Fällen – zum Teil auch in linearen Plots – wird durch Rückblenden (engl. *flashback*) und Vorwegnahmen (engl. *foreshadowing*) Information aus der Vergangenheit bzw. Zukunft eingebracht.

Rückblenden Vorwegnahme

Rückblenden werden bereits in Homers *Odyssee* (ca. 7. Jh. v. Chr.) als Stilmittel eingesetzt. Obwohl das Epos die zehnjährigen Irrfahrten des Odysseus beinhaltet, setzt die Handlung erst kurz vor der Heimkehr des Helden ein. In mehreren großen Ich-Erzählungen werden die wichtigsten Abenteuer des Odysseus in Form von Rückblenden wiedergegeben.

Die Eingangsszene in Billy Wilders (1906–2002) Film *Sunset Boulevard* (1950) ist ein Beispiel des *foreshadowing*-Effekts im Film. Der Ich-Erzähler, ein Drehbuchautor, treibt tot in einem Schwimmbecken und erzählt posthum in chronologischer Abfolge die Ereignisse, die zu seinem Tod geführt haben. Der einzige Bruch mit einem linearen Plot ist die Vorwegnahme des Filmendes (Tod des Hauptdarstellers), wodurch wichtige Elemente der Handlung wie die Spannung eliminiert werden. Die Aufmerksamkeit des Publikums kann nun verstärkt auf andere Aspekte des Films gelenkt werden.

experimentelle Plotstruktur

Viele zeitgenössische Romane versuchen, die lineare Struktur zu verändern und Elemente des Plots in gemischter Reihenfolge im Text zu präsentieren. *Das chasarische Wörterbuch* (1984) des Serben Milorad Pavić

(1929–2009) durchbricht einen linearen Handlungsverlauf, indem es die einzelnen Teile des Romans als Einträge eines Lexikons präsentiert, die in beliebiger Reihenfolge von Querverweis zu Querverweis gelesen werden können. Auf ähnliche Weise arbeitet auch der Roman *Rayuela* (1963), des argentinischen Autors Julio Cortazar (1914–1984), der in einem vorausgestellten „Wegweiser" verschiedene Kombinationsmöglichkeiten einzelner Romankapitel vorschlägt und so die Präsentation der Handlung alinear und variabel gestaltet.

Ein anderes Beispiel für eine experimentelle Plot-Struktur ist Kurt Vonneguts (1922–2007) postmoderner Roman *Slaughterhouse-Five* (1969), in dem der amerikanische Autor mehrere Handlungs- und Zeitebenen vermischt: die Erlebnisse eines jungen Soldaten im Zweiten Weltkrieg, sein Leben in Amerika nach dem Krieg sowie eine Science-Fiction-artige Traumebene, in der der Protagonist auf einen Planeten entführt wird. Alle drei Ebenen sind im Roman bruchstückhaft vermischt, wobei sowohl die Handlungsebenen versetzt erscheinen als auch die zeitliche Abfolge innerhalb dieser Ebenen nicht chronologisch geordnet ist. Durch diese Technik des durchbrochenen Handlungsverlaufs, die traditionelle Plot-Elemente auf unkonventionelle Art einbaut, vermittelt der Autor das gespaltene Bewusstsein des Protagonisten durch gleichzeitiges Aufzeigen seiner verschiedenen Erlebniswelten.

Literatur als Zeitkunst

Malerei als Raumkunst

Diese Erzählweise macht Anleihen bei der Malerei, die eine von der traditionellen Literatur verschiedene Struktur besitzt. Literatur wird oft als Zeitkunst (engl. *temporal art*) bezeichnet, da sich Handlung in zeitlicher Aufeinanderfolge von Ereignissen entwickelt. Im Gegensatz dazu gilt die bildende Kunst als Raumkunst (engl. *spatial art*), da ein Gemälde meist einen Augenblick eines Geschehens darstellt und in *einem* Augenblick wahrgenommen werden kann. Vonnegut und mit ihm viele experimentelle Autoren versuchen, diese Struktur der Malerei auf literarische Texte zu übertragen. Die vielperspektivische Erzählweise, die einem linearen Plot entgehen will, lässt sich in verschiedenen Genres wie Film und Drama, aber auch anhand anderer Elemente wie Erzählperspektive oder Charakterisierung der Personen in modernen Texten nachzeichnen.

Figuren

Charakterpräsentation

Die formalistisch-strukturalistischen Ansätze der Literaturwissenschaft orientieren sich vor allem an Handlungsverlauf (Plot) und Fragen der erzählerischen Vermittlung, während in den von der Psychoanalyse beeinflussten Richtungen die handelnden Personen im Zentrum des Interesses stehen. Es lassen sich allerdings nicht nur psychologisierend inhaltliche Aussagen über Figuren oder Charaktere (engl. *character*) eines Textes machen, sondern es können auch erzähltechnische Aspekte anhand der Charakterpräsentation (engl. *character presentation*) analysiert werden. Die Charakterpräsentation in verschiedenen Genres bewegt sich zwischen den Extremen von Typisierung und Individualisierung. Der typenhaft skizzierte Charakter, der durch *eine* dominante Eigenschaft bestimmt ist, wird als *flat character* bezeichnet. Werden komplexe Eigenschaften oder differenzierte Wesenszüge dargestellt, spricht man von einem *round character*. Diese Unterscheidung geht auf die literaturtheoretischen Überlegungen des englischen Schriftstellers E. M. Forster (1879–1970) zurück.

Typisierung

Die Typisierung arbeitet allgemeine Charakterzüge heraus, die stellvertretend für eine Gruppe von Personen stehen können. In der mittelalterlichen Literatur wurde diese Art der allegorischen Personencharakterisierung gern verwendet, wobei Laster, Tugenden oder philosophisch-religiöse Positionen personifiziert wurden. Ein geläufiges Beispiel unter einer Vielzahl analoger Erscheinungen ist die Jedermann-Figur als Symbol für den sündigen Christen. Bereits in der antiken Komödie gab es wiederkehrende Figuren (engl. *stock character*) wie z.B. den *miles gloriosus*, den prahlerischen Soldaten. In der Gegenwart wird eine typisierende Charakterisierung vor allem in der Werbung angewendet. Sowohl in Zeitschriftenanzeigen oder Plakaten als auch in filmischen Medien wie TV-Werbespots erlangt der Typ eine Wiederbelebung. Die zeitliche und räumliche Begrenzung von Werbeträgern führt zu dieser im Mittelalter so geläufigen allegorischen und symbolträchtigen Charakterisierungsart zurück.

Individualisierung

Der Gegenpol zu dieser Praxis ist die Individualisierung der Figur, die sich als Grundzug des Romans erweist. Moderne Texte zeichnen sich durch eine Spannung zwischen diesen beiden Personendarstellungen aus, indem sie beide Elemente gleichzeitig einsetzen, um der Handlung eine über das Individuum hinausreichende Dimension zu verleihen.

Präsentationsmethoden

Erklären

Sowohl typifizierte als auch individualisierte Figuren müssen in einem Text durch Erklären oder Zeigen als Präsentationsmethoden vermittelt werden. In der erklärenden Methode (engl. *telling*) wird eine Person oder das setting durch einen Erzähler beschrieben wie z.B. ein Landhaus in E.T.A. Hoffmanns (1772–1822) Geschichte „Das steinerne Herz“ (1817):

> Jedem Reisenden, der bei guter Tageszeit sich dem Städtchen G. von der südlichen Seite bis auf eine halbe Stunde Weges genähert, fällt der Landstraße rechts ein stattliches Landhaus in die Augen, welches mit seinen wunderlichen bunten Zinnen aus finsterm Gebüsch blickend, emporsteigt. Dieses Gebüsch umkränzte den weitläufigen Garten, der sich in weiter Strecke talabwärts hinzieht. Kommst du einmal, vielgeliebter Leser! des Weges, so scheue weder den kleinen Aufenthalt deiner Reise, noch das kleine Trinkgeld, das du etwa dem Gärtner geben dürstest, sondern steige fein aus dem Wagen, und laß dir Haus und Garten aufschließen [...]. (Hoffmann, 271)

Das Geschehen wird durch den Filter eines auswählenden und interpretierenden Erzählers geschildert, wie dieses Beispiel aus der deutschen Romantik verdeutlicht. Durch diese Technik tritt der Erzähler augenscheinlich in den Vordergrund und stellt sich als wertende Instanz zwischen Handlung und Leser, wobei zwischen mehreren Erzählperspektiven gewählt werden kann.

Zeigen

Soll diese Beeinflussung durch den Erzähler vermieden werden oder weniger deutlich in den Vordergrund treten, verwenden Autoren eine dramatische oder zeigende Charakterisierung (engl. *showing*). Diese szenische Präsentationsmethode erzeugt den Eindruck, als ob der Leser ähnlich wie im Drama die agierenden Personen direkt beobachten könnte. Das Bild der Figuren wird durch ihre Handlungen und Aussagen im Text ohne zwischengeschalteten Kommentator präsentiert, wie im folgenden Beispiel aus dem Roman *Der*

Kuß der Spinnenfrau (1976) des argentinischen Autors Manuel Puig (1932–1990):

– Aber zum Abschied möchte ich dich um etwas bitten …
– Was denn?
– Etwas, was du nie getan hast, obwohl wir viel Schlimmeres getan haben.
– Was?
– Einen Kuß.
– Stimmt.
– Aber morgen, eh ich gehe. Erschrick nicht, ich bitte dich nicht, daß du es jetzt gleich tust. (Puig, 276)

Puigs gesamter Roman ist in direkter Rede verfasst und erinnert an ein Filmdrehbuch. Da auch der Inhalt des Romans eng mit Hollywoodfilmen verwoben ist, Puig selbst an einer Filmhochschule studierte und der Roman erfolgreich verfilmt wurde, ist diese Ähnlichkeit sicher beabsichtigt. Die „dramenartige" Präsentation der Dialoge der Figuren erzeugt einen „objektiven" Effekt, der nur die Fassade der Charaktere mit ihren äußerlichen Aspekten (Handlung und Dialog) wiedergibt. Damit wird eine scheinbare Objektivität erzeugt, die Interpretation und Beurteilung der Figur dem Leser überlässt. Die dramatische Charakterisierung kann natürlich nur den Eindruck einer objektiveren Schilderung vermitteln und muss notgedrungen perspektivisch bleiben.

Wie die Ausführungen gezeigt haben, kann zwischen zwei grundlegenden Arten von Figuren (rund – flach) und zwischen zwei generellen Präsentationsformen (zeigend – erklärend) unterschieden werden:

Arten von Figuren

typifizierter Charakter	**individualisierter Charakter**
flach	rund

Präsentationsformen

erklärende Methode	**zeigende Methode**
Erzählung	Dialog – Monolog

Ähnlich wie die Typifizierung meist in Verbindung mit Individualisierung auftritt, kommt es in der Praxis fast immer zu Überlagerungen zwischen erklärender und zeigender Präsentationsform. Da der Erzähler oft selbst eine handelnde Person im Text darstellt, ist das Problem der Charakterpräsentation indirekt mit der Frage nach der Erzählperspektive verbunden. Aus diesem Grund kommt es in der folgenden Besprechung der Erzählperspektive zu Überschneidungen mit bereits erwähnten Aspekten.

Erzählperspektive

Erzählperspektive

Unter Erzählperspektive (engl. *point of view* oder *narrative perspective*) versteht man die Art und Weise, wie Personen, Ereignisse oder Schauplätze – also die zentralen Elemente der Handlung – in einem Text präsentiert werden. Die vielfältigen Erzählhaltungen, die sich mit dem Aufkommen des Romans entwickelten, können vereinfacht auf drei grundlegende Positionen reduziert werden: je nachdem, ob die Handlung dem Leser durch eine außenstehende, nicht spezifizierte Erzählinstanz (auktorial), durch eine beteiligte Person (Ich-Erzählung) oder völlig kommentarlos (personal) vermittelt wird. Diese Dreiteilung kann nur wichtige extreme Ausformungen andeuten, die im Regelfall kaum in den hier vorgestellten Reinformen, sondern meist in Überlagerungen verschiedener Erzählsituationen auftreten. Auch darf diese Übersicht nicht darüber hinwegtäuschen, dass eine umfassende Systematik eine Reihe von Faktoren berücksichtigen müsste, die hier aus Platzgründen ungenannt bleiben. Die wichtigsten Erzählsituationen in der Prosa können folgendermaßen schematisch geordnet werden:

drei wichtige Erzählsituationen

Auktoriale Erzählsituation
durch außenstehenden Erzähler,
der auf Protagonisten in der
dritten Person verweist

Ich-Erzählsituation
durch Protagonisten oder
durch Nebenfigur

Personale Erzählsituation
durch handelnde Person

auktoriale Erzählsituation

Die auktoriale Erzählsituation (engl. *omniscient point of view*) kennzeichnet Texte, in denen auf die handelnden Personen ausschließlich in der dritten Person verwiesen wird und deren Handlung aus einer allwissenden Perspektive wiedergegeben ist. Vielfach findet sich auch der ungenaue Terminus Erzählung in der dritten Person (engl. *third person narration).* In der auktorialen Erzählsituation können Ort, Zeit und Geschehen beliebig gewechselt bzw. unterschiedliche Informationen, die außerhalb des Wissens der handelnden Personen liegen, dem Leser durch die vermittelnde Instanz des Erzählers mitgeteilt werden. So verwendet Thomas Mann (1875–1955) einen solchen allwissenden Erzähler im Roman *Der Zauberberg* (1924):

> Die Geschichte Hans Castorps, die wir erzählen wollen, – nicht um seinetwillen (denn der Leser wird einen einfachen, wenn auch ansprechenden jungen Menschen in ihm kennenlernen), sondern um der Geschichte willen, die uns in hohem Grade erzählenswert scheint (wobei zu Hans Castorps Gunsten denn doch erinnert werden sollte, dass es seine Geschichte ist, und daß nicht jedem jede Geschichte passiert): diese Geschichte ist sehr lange her, sie ist sozusagen schon ganz mit historischem Edelrost überzogen und unbedingt in der Zeitform der tiefsten Vergangenheit vorzutragen. (Mann, 9)

Wie dieses Beispiel zeigt, kann der auktoriale Erzähler in der Zeit zurückgehen („diese Geschichte ist sehr lange her") oder vorausblicken („der Leser wird einen einfachen […] Menschen in ihm kennenlernen") und besitzt genaue Informationen über den Protagonisten des Romans („einen einfachen, wenn auch ansprechenden jungen Menschen"). Diese auktoriale Erzählhaltung fand vor allem im traditionellen Epos Anwendung, wurde aber auch im frühen Roman häufig eingesetzt.

Ich-Erzählsituation

Von einer Ich-Erzählsituation (engl. *first person narration*) oder Erzählung in der ersten Person spricht man, wenn das Geschehen von einer handelnden Figur erzählt wird, die auf sich selbst in der ersten Person verweist, wobei die Handlung dieser Ich-Erzählung entweder aus der Sicht des Protagonisten oder einer Nebenfigur vermittelt werden kann.

Protagonisten

Der Großteil der Romane in Ich-Erzählung setzt den Protagonisten (engl. *protagonist* oder *main character*) als Erzähler ein, wie z. B. Gottfried Kellers (1819–1890) *Der Grüne Heinrich* (1854–1855) oder Charles Dickens' (1812–1870) *David Copperfield* (1849–1850). Das Ziel der meisten Ich-Erzählungen durch den Protagonisten ist eine möglichst getreue Wiedergabe der Erlebnisse und Gefühle des Erzählers aus einer subjektiven Perspektive wie z. B. im ersten Teil des Romanzyklus *Auf der Suche nach der verlorenen Zeit* (1913–1927) des Franzosen Marcel Proust (1871–1922):

> Lange Zeit bin ich früh schlafen gegangen. Manchmal fielen mir die Augen, wenn kaum die Kerze ausgelöscht war, so schnell zu, daß ich keine Zeit mehr hatte zu denken: „Jetzt schlafe ich ein." Und eine halbe Stunde später wachte ich über dem Gedanken auf, daß es nun Zeit sei, den Schlaf zu suchen. (Proust, 9)

Nebenfigur

Diese unmittelbare Nähe zum Protagonisten kann durch Einsatz einer Nebenfigur (engl. *minor character*) als Ich-Erzähler bewusst vermieden werden. Viele Romane, die um eine zentrale Figur angelegt sind wie Herman Melvilles (1819–1891) *Moby Dick* (1851) oder F. Scott Fitzgeralds (1896–1940) *The Great Gatsby* (1925), erreichen mit Hilfe dieser Technik eine Mystifizierung des Protagonisten. Die Eingangsworte von *Moby Dick* „Nenne mich Ishmael" [„Call me Ishmael"] kommen von der Nebenfigur Ishmael, der in der Folge Ahab, den Kapitän und mysteriösen Protagonisten des Romans, beschreibt. In *The Great Gatsby* erzählt Nick, der nur an der Peripherie des Geschehens steht, die Ereignisse um den großen Unbekannten Gatsby. Der Autor nimmt also durch den gezielten strukturellen Einsatz der Erzählperspektive inhaltliche Aspekte vorweg.

personale Erzählsituation

Tritt der Erzähler (engl. *narrator*) gänzlich in den Hintergrund, so dass die Handlung scheinbar durch die agierenden Personen des Textes wiedergegeben wird, spricht man von einer personalen Erzählsituation (engl. *figural narrative situation*). Diese Technik, die sich erst relativ spät im modernen Roman entwickelt hat, wird von Autoren häufig eingesetzt, wenn der Leser dazu angehalten werden soll, sich selbst ein Urteil zu bilden. Das folgende Beispiel aus Franz Kafkas (1883–1924) *Der Prozeß* (1914/15; publ. 1925) gibt das Geschehen aus der personalen Perspektive des Protagonisten wieder.

> Jemand musste Josef K. verleumdet haben, denn ohne daß er etwas Böses getan hätte, wurde er eines Morgens verhaftet. Die Köchin der Frau Grubach, seiner Zimmervermieterin, die ihm jeden Tag gegen acht Uhr früh das Frühstück brachte, kam diesmal nicht. Das war noch niemals geschehen. K. wartete noch ein Weilchen, sah von seinem Kopfkissen aus die alte Frau, die ihm gegenüber wohnte und die ihn mit einer an ihr ganz ungewöhnlichen Neugierde beobachtete, dann aber, gleichzeitig befremdet und hungrig, läutete er. Sofort klopfte es und ein Mann, den er in dieser Wohnung noch niemals gesehen hatte, trat ein [...] „Wer sind Sie?" fragte K. und saß gleich halb aufrecht im Bett. Der Mann aber ging über die Frage hinweg, als müsse man seine Erscheinung hinnehmen, und sagte bloß seinerseits: „Sie haben geläutet?" (Kafka, 7)

Wie dieses Zitat zeigt, kann auch die personale Erzählsituation durch verschiedene Präsentationsformen vermittelt werden. Hier werden z. B. direkte Rede und gedankliche Reflexion dazu eingesetzt, die Handlung aus dem persönlichen Blickwinkel des Protagonisten darzustellen. Im Vergleich zur auktorialen Erzählsituation ist diese Form der Erzählung in der dritten Person perspektivisch an eine Figur der Handlung gebunden.

stream of consciousness technique

Werden nicht die äußerlichen Aspekte der Handlung, sondern fast ausschließlich die Gedanken einer Figur wiedergegeben, spricht man von *stream of consciousness technique,* zu der auch der innere Monolog (engl. *interior monologue*) und die erlebte Rede (engl. *free indirect discourse*) gezählt werden. Auch hier tritt der Erzähler in den Hintergrund, läßt scheinbar die Gedanken einer Figur sprechen und vermittelt das Geschehen durch die psychischen Reaktionen einer handelnden Person. Diese Präsentationsform, die Assoziationsketten im Unterbewussten einer fiktiven Person wiedergibt, steht für eine tiefgreifende geistesgeschichtliche Veränderung in den ersten Jahrzehnten des 20. Jahrhunderts. Unter dem Einfluss der Psychoanalyse Sigmund Freuds (1856–1939) verlagerte sich die Aufmerksamkeit in der Literatur von soziologisch beschreibenden Anliegen des 19. Jahrhunderts auf die psychischen Phänomene einer Figur.

Ansätze dieser Technik finden sich bereits in Alfred Döblins (1878–1957) *Berlin Alexanderplatz* (1918). James Joyce (1882–1941) gilt jedoch als einer der Erfinder der *stream of consciousness technique,* die am Ende seines Romans *Ulysses* (1922) in einer viele Seiten umfassenden assoziativen Aneinanderreihung von Gedanken der Figur Molly Bloom ihren Höhepunkt erreicht. In der amerikanischen Literatur ist William Faulkners (1897–1962) Roman *The Sound and the Fury* (1929) ein bekanntes Beispiel für den Einsatz der *stream of consciousness technique.* Dort werden unter anderem Eindrücke und Ereignisse aus der inneren Perspektive einer geistig behinderten Figur wiedergegeben. Am Beginn des 20. Jahrhunderts wurde in der literarischen Strömung des Modernismus mit diesen Erzähl- und Charakterisierungstechniken experimentiert, so dass sie als wichtigste Strukturmerkmale der Texte dieser Epoche gelten.

vielperspektivische Erzählsituation

Ein gutes Beispiel für die Privilegierung der Innenperspektive ist Virginia Woolfs (1882–1941) Roman *Mrs. Dalloway* (1925), der das Geschehen nicht nur durch die Gedanken *einer* Person wiedergibt, sondern mehrere Charaktere dazu heranzieht. Wie der Titel andeutet, steht zwar Clarissa Dalloway im Mittelpunkt, jedoch beschreibt Virginia Woolf das Romangeschehen auch durch die Perspektiven verschiedener anderer Personen. Die meisten Figuren treffen irgendwann mit Clarissa Dalloway zusammen, reagieren auf sie und geben dadurch über einen neuen Charakterzug der Protagonistin Aufschluss. Im Ineinanderwirken der verschiedenen Gedanken und einer Reihe anderer struktureller Elemente erhält der Roman eine in sich geschlossene Form. Damit ist der Text ein Beispiel für einen sich gegenseitig bedingenden Einsatz von Erzählperspektive, Charakterpräsentation, Setting und Handlungsgestaltung.

Wechsel der Erzählsituation

Im modernen oder postmodernen Roman werden diese Techniken vordergründig eingesetzt, so dass es innerhalb *eines* Textes zu einem Wechsel der Erzählsituation kommt, um inhaltliche Veränderungen unterschiedlicher Art hervorzuheben. So beginnt die kanadische Schriftstellerin Margaret Atwood

(*1939) den ersten Teil ihres Romans *The Edible Woman* (1969) als Ich-Erzählung der Protagonistin. Der zweite Abschnitt des Romans wird dann in personaler Erzählsituation wiedergegeben, um so die Entfremdung der Protagonistin von sich selbst zu unterstreichen. „Marian saß lustlos an ihrem Schreibtisch. Sie kritzelte auf ihrem Block für Telefonnotizen herum. Sie zeichnete einen Pfeil mit vielen komplizierten Federn, dann ein Gitternetz von sich kreuzenden Linien. Sie sollte eigentlich an einem Fragebogen arbeiten […]" (Atwood, 139). Als Marian am Ende des Romans ihre Identität wiederentdeckt, wechselt Atwood zur ursprünglichen Ich-Erzählweise zurück. „Ich machte die Wohnung sauber. Es hatte zwei Tage gedauert, bis ich die Kraft dazu aufbrachte, aber jetzt hatte ich endlich angefangen. Ich musste das Schicht für Schicht angehen" (361). Etwas später lässt Atwood die Protagonistin über diesen Wechsel der Erzählhaltung reflektieren, wenn Marian meint: „Jetzt, wo ich von mir wieder in der ersten Person Singular dachte, fand ich meine eigene Situation wesentlich interessanter als seine" (362). Atwoods Roman ist ein gutes Beispiel dafür, wie inhaltliche Aspekte eines Textes (Identitätsverlust der Ich-Erzählerin) durch erzähltechnische Mittel verstärkt und auf einer strukturellen Ebene eingebracht werden können.

Setting

Der Schauplatz (engl. *setting*) ist ein weiterer Aspekt, der traditionellerweise in der Besprechung von Prosa behandelt wird, jedoch in unterschiedlicher Intensität auch für andere Genres Bedeutung hat. Der Begriff Setting bezeichnet Örtlichkeit, historische Zeit und soziale Umstände, in denen die Handlung eines Textes spielt. In James Joyces *Ulysses* (1922) ist das Setting genau definiert (Dublin, am 16. Juni 1904), in anderen Fällen wie in Shakespeares (1564–1616) *Hamlet* (ca. 1601) weiß man nur, dass sich das Geschehen im mittelalterlichen Dänemark ereignet. Das Setting wird normalerweise vom Autor bewusst gewählt, um Handlung, Charakter und Erzählperspektive zu unterstützen. In den seltensten Fällen wird das Setting um seiner selbst willen eingesetzt.

Setting

Italo Calvinos (1923–1985) italienischer Roman *Der Baron auf den Bäumen* (1957) spielt auf den Ästen und Wipfeln von Bäumen, da der Protagonist als Kind beschließt, sein Leben lang keinen Fuß mehr auf die Erde zu setzen. Calvino schafft damit eine Art „Luftschloss" als Herrschaftsgebiet des Barons, das sich von traditionellen Romansettings grundlegend unterscheidet.

Dante Alighieri (1265–1321) verwendet für die verschiedenen Höllenqualen im ersten Teil der *Göttlichen Komödie* (*Divina Commedia*) ca. 1307–1321) das Setting eines Labyrinths. Das Inferno ist in Dantes Epos ein sich nach unten verjüngender Trichter, der aus konzentrischen Terrassen aufgebaut ist. Der Erzähler wandert auf diesen Ringen spiralförmig von oben nach unten in den Schlund der Hölle. Je tiefer er kommt, desto schlimmer werden die Sünden und desto härter die Strafen für die Sünder. Mit diesem labyrinthischen Schauplatz, der einen verschlungenen aber zielgerichteten Weg vorgibt, knüpft Dante an sein großes Vorbild Vergil an, der ebenfalls in seinem römischen Nationalepos *Aeneis* (ca. 31–19 v. Chr.) eine labyrinthische Struktur für die Fahrten des Aeneas verwendet hat.

experimenteller Einsatz des Settings

Auch der modernistische Roman *Mrs. Dalloway* (1925) von Virginia Woolf benützt das Setting, um die fragmentierte Erzählperspektive durch einen Rahmen zu einigen. Wie bereits erwähnt, verwendet Woolf die gedanklichen Reflexionen mehrerer Figuren des Romans, um die Protagonistin Clarissa Dalloway zu charakterisieren. Bemerkenswert ist hierbei, dass Woolf in der Präsentation der verschiedenen Perspektiven den Eindruck von Gleichzeitigkeit vermitteln will. Durch eine Reihe von Indikatoren im Text wird der Leser über Ort und Zeit jedes bestimmten Ereignisses genau informiert. Die Handlung spielt in der Stadt London, wo die verschiedenen inneren Monologe der Personen örtlich durch Straßennamen und Sehenswürdigkeiten gebunden sind. Zeitliche Verweise sind z. B. das Schlagen des Big Ben und ein Flugzeug, das Kunststücke am Himmel ausführt.

Virginia Woolf macht hier Anleihen bei der bildenden Kunst, indem sie versucht, formale Elemente des Kubismus in die literarische Praxis umzusetzen. Der gleichzeitige Einsatz verschiedener Perspektiven zur Charakterisierung ist ein zentrales Anliegen der kubistischen Kunsttheorie, die ebenfalls ein Objekt aus verschiedenen simultanen Blickwinkeln darstellen will. Dieses Beispiel zeigt noch einmal, dass sich die einzelnen Ebenen eines Prosatextes wie Plot, Setting, Erzählperspektive und Charaktere meist gegenseitig bedingen und nur in Relation zueinander ihre eigentliche Aussagekraft erhalten.

2. Lyrik

Lyrikbegriff

Lyrik (engl. *poetry*) gehört zu den ältesten Genres der Literaturgeschichte und hat bereits in der Antike einen Großteil ihrer heutigen Formen hervorgebracht. Trotz der langen Tradition entzieht sich Lyrik wie keine andere Gattung Definitions- und Eingrenzungsversuchen. Etymologisch geht der Begriff Lyrik auf das griechische Musikinstrument „Lyra" zurück und verweist damit auf einen Ursprung im Umfeld der Musik. In der Antike und teilweise auch im Mittelalter trug ein Sänger begleitet von der Lyra oder einem anderen Musikinstrument Gedichte vor.

Poesiebegriff

Der Begriff Poesie geht hingegen auf das griechische Wort „poieo" – „machen" zurück. Der Poet ist derjenige, der Verse „macht". Die Etymologien geben zwar über einige Aspekte des Lyrischen bzw. Poetischen Aufschluss, können aber keine umfassende Erklärung des Phänomens bieten.

poetische Sprache

Fast alle wichtigen Dichter der Neuzeit haben Lyrik oder „poetische Sprache" der Prosa gegenübergestellt oder sich an Definitionen von Lyrik versucht. Der Großteil dieser Eingrenzungsvorschläge geht davon aus, dass Lyrik traditionellerweise Charakteristika wie Vers, Reim und Metrum aufweist und sich dadurch von der Prosa unterscheidet. Diese Kriterien treffen weitgehend auf klassische Formen zu, können aber nur begrenzt auf moderne Prosagedichte oder experimentelle Lyrik angewendet werden. Sinnvoller erscheinen jene Ansätze, die poetische Sprache mit linguistischen Merkmalen in Verbindung zu bringen, die außerhalb von Reim und Metrum liegen. Dabei werden die Wortwahl sowie der bewusste Einsatz von syntaktischen Strukturen und rhetorischen Figuren als lyrische Phänomene untersucht. Die Tatsache, dass diese Elemente in bestimmten Arten von Lyrik dominieren, darf nicht darüber hinwegtäuschen, dass sich dieselben stilistischen Eigenschaften zum Teil auch im Drama oder in der Prosa finden. Lässt sich auch keine allgemein gültige Definition von Lyrik erarbeiten, vermitteln die oben genannten Kriterien doch ein ungefähres Bild jener Eigenheiten, die Lyrik zugeschrieben werden.

erzählende Lyrik

Generell wird zwischen erzählender Lyrik und Erlebnislyrik unterschieden. Als erzählende Lyrik (engl. *narrative poetry*) werden Gattungen wie Epos, Romanze und Ballade bezeichnet, die eine Geschichte mit klar ersichtlicher *Handlung* erzählen. In diesen langen Gedichten steht vor allem der Plot im Mittelpunkt des Textes. In der kürzeren Erlebnislyrik (engl. *lyric poetry*), auf die sich die folgenden Ausführungen konzentrieren, liegt das Hauptaugenmerk meist auf *einem* Erlebnis, *einem* Eindruck oder *einer* Idee.

Erlebnislyrik

Zaubersprüche

Lyrische Formen finden sich bereits in der althochdeutschen und altenglischen Literatur in Form von Zaubersprüchen (engl. *charms*). Zaubersprüche, wie ein Reim für die Heilung von Verrenkungen aus den althochdeutschen *Merseburger Zaubersprüchen* (aufgez. 10. Jh. n. Chr.) erscheinen aus heutiger Perspektive fremdartig:

> Phol und Wodan ritten in den Wald. Da verrenkte sich Balders Fohlen einen Fuß. Da besprach ihn Sindgund (und) Sunna, ihre Schwester, da besprach ihn Frija (und) Volla, ihre Schwester, da besprach ihn Wodan, so gut wie (nur) er es konnte: wie die Verrenkung des Knochens, so die des Blutes, so die des ganzen Gliedes! Knochen an Knochen, Blut zu Blut, Glied an Glied, als ob sie zusammengeleimt wären! (*Deutsche Dichtung*, 21)

Nach einer kurzen narrativen Passage, in der wir von der Verletzung eines Pferdes erfahren, versuchen sich einige Beteiligte an der Beschwörung, die jedoch erst mit der vom Gott Wodan selbst gesprochenen Formel („Knochen an Knochen […] als ob sie zusammengeleimt wären!") erfolgreich verläuft. Religiös magische Zaubersprüche stehen in vielen Ländern am Beginn der nationalsprachlichen Literaturen. Historisch gesehen hat besonders der magisch-kultische Bereich in hohem Maß zur Fixierung, Verschriftung und Interpretation von Texten beigetragen.

Minnesang

Im Mittelalter finden sich aber auch kurze lyrische Formen, die von einem Instrument begleitet als Liedtexte gesungen werden konnten. Diese Gattung ist eng mit der provenzalischen Troubadourlyrik (11.–14. Jh.) verknüpft, die einen großen Einfluss auf die Lyrik des übrigen Europa ausübte, wie z. B. den Minnesang im deutschsprachigen Raum. Walther von der Vogelweides (ca. 1170–ca. 1230) mittelhochdeutsches Gedicht „Unter der Linde" ist ein Beispiel für Minnelyrik in ihrer Wechselwirkung zur Musik. Man spricht im Zusammenhang mit diesem Gedicht von niederer Minne, da eine vordergründig sexuelle Handlung nicht mit der idealisierten hohen Minne vereinbar ist.

Under der linden	Unter der Linde
an der heide,	auf der Heide,
dâ unser zweier bette was,	wo unser beider Lager war,
dâ mugt ihr vinden schône beide	da könnt ihr finden beides:
gebrochen bluomen unde gras.	geknickte Blumen und Gräser.
vor dem walde in einem tal,	Vor dem Wald im Tal,
tandaradei,	tandaradei,
schône sanc diu nahtegal.	sang schön die Nachtigall.

Ich kam gegangen	Ich kam
zuo der ouwe:	zu der Aue.
dô was mîn friedel komen ê.	Dorthin war mein Liebster schon vorher gekommen.
dâ wart ich enpfangen,	Da wurde ich empfangen
hêre frouwe,	wie eine vornehme Dame,
daz ich bin saelic iemer mê.	daß ich davon immer glücklich sein werde.
kuster mich? wol tûsentstunt:	Ob er mich küsste? Wohl tausendmal,
tandaradei,	tandaradei,
seht wie rôt mir ist der munt. […]	seht wie rot mein Mund ist […]
	(Deutsche Dichtung, 612–613)

Wir hören hier aus dem Mund einer Frau, wie sie sich mit ihrem Liebsten unter der Linde zu einem Stelldichein getroffen hat. Interessanterweise erfahren wir als Zuhörer nur indirekt vom körperlichen Kontakt zwischen den beiden Liebenden; nämlich über die Spuren, die dieser Kontakt hinterlassen hat. Das niedergedrückte Gras, die abgebrochenen Blumen und der von Küssen rot gefärbte Mund lassen Rückschlüsse auf das Geschehene zu.

Lautmalerei

Im Refrain „tandaradei" versucht Walther von der Vogelweide, mit Lautmalerei (engl. *onomatopoeia*) den Ruf der Nachtigall nachzuahmen. Die lautliche Komponente ist wie der Einsatz von Bildern (engl. *imagery*) ein typisch lyrisches Element. In modernen Liedtexten lebt diese lyrische Einheit des Musikalischen und Sprachlichen weiter. Sänger wie Bob Dylan zählt man oft zu den Lyrikern der späten fünfziger und sechziger Jahre, da sich ihre Liedtexte mit Gedichten vergleichen lassen.

Elegie

Bereits im Mittelalter wurden antike lyrische Formen wie die Elegie (engl. *elegy),* die oft eine Klage um einen Verstorbenen oder Verlust im Allgemeinen thematisiert, wieder aufgegriffen und neu adaptiert. Bekannte Beispiele sind Pierre de Ronsards (1524–1585) *Élégies* (1556), der die antike Gattung für die französische Renaissance adaptierte, oder Johann Wolfgang von Goethes *Römische Elegien* (1795), die erotische Verlustphantasien lateinischer Dichter für die deutsche Romantik salonfähig machten. In England gilt Thomas Grays (1716–1771) „Elegy Written in a Country Churchyard" (1753) als wichtigstes Beispiel des Genres. Im Modernismus entfernt sich mit Rainer Maria Rilkes (1875–1926) *Duineser Elegien* (1923) die Gattung der Elegie zunehmend von ihrer ursprünglichen Form.

Ode

Neben der Elegie wurde auch die in der Antike geläufige Ode (engl. *ode*) seit der Renaissance neu belebt. Diese mehrstrophige Gedichtgattung stellt meist ein Objekt der Bewunderung in den Mittelpunkt. Im deutschen Sprachraum ist das Genre direkt mit Friedrich Gottlieb Klopstocks (1724–1803) *Oden-Buch* (1771) verknüpft, das maßgeblich für die Popularität dieser Gattung verantwortlich zeichnet. Im Englischen zählt John Keats' (1795–1821) „Ode on a Grecian Urn" (1820) zu den wichtigsten Beispielen.

Sonett

Als neue Gedichtform taucht in der italienischen Renaissance das Sonett (engl. *sonnet*) auf, das bevorzugt zur Behandlung des Themas „weltliche Liebe" verwendet wird. Das Sonett ist ursächlich mit dem Namen Franceso Petrarca (1304–1374) verbunden, dessen Gedichtsammlung *Canzoniere* (1370) eine Flut von Adaptionen in anderen Sprachen hervorrief und als wirkungsgeschichtlich wichtigstes Werk der italienischen Renaissance gilt. Besonders beliebt waren in der Renaissance Sonettzyklen, die aus einer Reihe von inhaltlich zusammenhängenden Gedichten bestanden und dem Dichter die Möglichkeit gaben, ein bestimmtes Thema ausführlicher zu behandeln. Zu den wichtigsten Vertretern der Sonettdichtung außerhalb Italiens zählen William Shakespeare (1564–1616) in England und der Barocklyriker Luis de Góngora (1561–1627) in Spanien.

Ballade

Die Ballade (engl. *ballad*) nimmt eine Art Zwitterstellung zwischen epischen Langformen und lyrischen Kurzformen ein, da sie trotz gut entwickelten Plots und differenzierter Erzählperspektive an Umfang und Komplexität nicht an Epos oder Romanze heranreicht. Es wird generell zwischen Volksballaden und Kunstballaden unterschieden. Volksballaden wurden meist von anonymen Spielleuten des Spätmittelalters verfasst, während die stilisierten Kunstballaden namhafter Autoren im 18. Jahrhundert einsetzten. Die Trennung der beiden Gattungen ist jedoch nur schwer aufrecht zu erhalten, da Kunstballaden auch von Autoren absichtlich als Volksballaden getarnt wurden. Bekanntestes Beispiel für diese Irreführung des Lesers sind die von James Macpherson (1736–1796) herausgegebenen *Lieder Ossians* (1776). Laut Macpherson handelte es sich hierbei um die Balladen eines schottischen Barden, wobei sich aber etwa hundert Jahre nach Erscheinen der Texte herausstellte, dass Macpherson selbst der Autor der meisten Gedichte war. Trotzdem haben diese von geisterhaften Zügen gekennzeichneten englischsprachigen Balladen insbesondere auf die Dichtung des deutschen Strum und Drang (ca. 1767–1785) großen Einfluss ausgeübt.

Volksballade

Dimensionen der Lyrik

Ähnlich wie in der Prosa lassen sich in der Besprechung von Lyrik einige Elemente oder Aspekte isolieren, die bei der Analyse immer wieder nützlich sind. Die folgenden Bereiche sind nicht auf Lyrik beschränkt, sie stehen jedoch hier im Zentrum der Aufmerksamkeit.

sprachlich-inhaltliche Ebene
Diktion
Rhetorische Figuren
Ton

visuell-optische Ebene
Konkrete Poesie

rhythmisch-akustische Ebene
Reim und Metrum
Lautmalerei

sprachlich-inhaltliche Ebene

sprachlich-inhaltliche Ebene

Sprecher

lyrisches Ich

Die Frage nach der Erzählinstanz, die in der Besprechung von Prosa unter Erzählperspektive behandelt wurde, wird in der Lyrik meist unter dem Begriff Sprecher (engl. *voice* oder *speaker*) erfasst. Da Lyrik als Ausdrucksmedium subjektiver Erlebnisse betrachtet wird – eine Annahme, die nicht immer den Tatsachen entspricht –, stellt sich in der Analyse von Gedichten die Frage nach dem lyrischen Ich (engl. *lyrical I*). Hier wird untersucht, ob der Sprecher im Gedicht mit dem Autor gleichgesetzt werden kann. Auch in der Behandlung von Prosa findet diese Frage Beachtung, jedoch wird in Roman und Kurzgeschichte durch einen differenzierten und bewussten Einsatz der Erzählperspektiven eine Distanz zwischen Erzähler und Autor geschaffen.

In lyrischen Langformen kann die Erzählsituation ebenso komplex sein wie in einem Roman oder einer Kurzgeschichte. Man denke nur an Johann Wolfgang Goethes (1749–1832) Ballade der „Erlkönig" (1782), die mit einer auktorialen Strophe beginnt und die von direkter Rede gefolgt wird.

Wer reitet so spät durch Nacht und Wind?
Es ist der Vater mit seinem Kind;
Er hat den Knaben wohl in dem Arm.
Er faßt ihn sicher, er hält ihn warm.

Mein Sohn, was birgst du so bang dein Gesicht? –
Siehst, Vater, du den Erlkönig nicht?
Den Erlenkönig mit Kron' und Schweif? –
Mein Sohn es ist ein Nebelstreif. – [...] (Goethe, 74–75)

Ein bekanntes englisches Beispiel ist S.T. Coleridges (1772–1834) Ballade „The Rime of the Ancient Mariner" (1798). Hier wird in einer Rahmenhandlung (engl. *frame narrative*), die das Geschehen in personaler Erzählsituation vermittelt, davon berichtet, wie ein Hochzeitsgast von einem unheimlichen Seemann angesprochen wird. Der Seemann gibt daraufhin seine Erlebnisse auf See in einer ausführlicheren Ich-Erzählung wieder. Durch Einbettung der Geschichte des „Mariners" in eine Rahmenerzählung wird die Handlung der Ballade auf zwei Ebenen (Rahmenhandlung und eigentliche Handlung) sowie in zwei unterschiedlichen Erzählperspektiven (personale und Ich-Erzählsituation) vermittelt.

„dinghafte" Sprache

Noch deutlicher als der Einsatz einer differenzierten Erzählinstanz vermittelt die Verwendung poetischer Sprache einen eigenständigen Charakter der Lyrik. Eine verbreitete Praxis ist hier der Einsatz konkreter Substantiva und Szenen, um einen „dinghaften" Charakter des Textes zu erreichen. So benützt Friedrich Hebbel (1813–1868) in „Herbstbild" sehr konkrete Bilder wie „Früchte", „Bäumen", „Zweige" oder „Lese", um das abstrakte und emotional beladene Thema der Vergänglichkeit des Menschen symbolisch durch Herbstbilder umzusetzen.

Dies ist ein Herbsttag, wie ich keinen sah!
Die Luft ist still, als athmete man kaum,
Und dennoch fallen raschelnd, fern und nah,
Die schönsten Früchte ab von jedem Baum.

O stört sie nicht, die Feier der Natur!
Dies ist die Lese, die sie selber hält,
Denn heute lös't sich von den Zweigen nur,
Was vorn dem milden Strahl der Sonne fällt. (Hebbel, 232)

Auf ähnliche Weise benützt auch Thomas Gray in seiner „Elegy Written in a Country Churchyard" (1751) konkrete Bilder wie einen Friedhof, das Läuten einer Glocke, einen vom Pflügen heimkehrenden Bauern, Dunkelheit und Grabsteine, um das Thema Vergänglichkeit umzusetzen. Ausdrucksstarke Objekte oder Szenen werden beschrieben, um dem Gedicht Konkretheit zu verleihen, obwohl das eigentliche Thema abstrakt ist. Der Zuhörer wird dadurch auf einer ihm vertrauten und daher emotional behafteten Ebene angesprochen. Während philosophische Texte auch in ihrem Ausdruck abstrakt bleiben, will die Lyrik ihre Themen durch eine „dinghafte" Sprache vermitteln, so dass Objekte und Szenen des Gedichtes im Geist des Lesers konkrete Formen annehmen. Im Idealfall stellt das Gedicht selbst ein solches kompaktes Bild dar.

Symbol

Bildhafte Sprache oder konkrete Objekte haben oft noch die zusätzliche Funktion eines Symbols (engl. *symbol*), wenn sie auf eine Bedeutung verweisen, die über das Materielle hinausgeht. Ein Kreuz bedeutet in der christlichen Vorstellungswelt weit mehr als zwei gekreuzte Holzbalken. Der Dichter kann entweder auf ein konventionelles, allgemein anerkanntes Symbol (engl. *conventional symbol*) wie das Kreuz zurückgreifen oder ein eigenes (engl. *private symbol*) erzeugen, das innerhalb des Textes eine symbolische Funktion erhält. Ein Beispiel für ein persönliches Symbol ist der Albatros in S.T. Coleridges „The Rime of the Ancient Mariner" (1798). Im Laufe des Gedichts wird dieser getötete Vogel immer deutlicher zu einem Symbol der natürlichen Ordnung, die durch den Menschen verletzt wurde. Der Albatros erhält erst durch den Kontext in Coleridges Ballade den Status eines weiterreichenden Symbols.

rhetorische Figuren

Ein weiteres stilistisches Merkmal ist der Einsatz von rhetorischen Figuren (engl. *rhetorical figures* bzw. *figures of speech*). Es handelt sich dabei um eine Vielzahl von klassifizierten stilistischen Formen, die sich dadurch auszeichnen, dass Sprache in ihrer „nicht-wörtlichen" Bedeutung verwendet wird. Die Rhetorik unterscheidet zwischen mehr als 200 Stilfiguren. Die zwei in der Lyrik gebräuchlichsten sind davon das Simile und die Metapher.

Simile

Das Simile (engl. *simile*) ist ein Vergleich zwischen zwei verschiedenen Dingen, die meist durch „wie" oder „als ob" verbunden sind wie in der Aussage „er kämpft wie ein Löwe". Auch in dem ältesten erhaltenen Epos, dem mesopotamischen *Gilgamesch Epos* aus dem 2. Jahrtausend vor Christus, verwendet der anonyme Autor ein Simile, um die Willkür des Todes zu illustrieren:

> Der Mensch wird wie ein Schilfrohr im Ried abgeschnitten,
> egal wer er ist!
> Ob ein hübscher junger Mann oder ein hübsches Mädchen –
> nur allzu bald trägt sie der Tod in der Blüte der Jahre davon!
> (*Gilgamesch*, 255)

Besonders in den homerischen Epen wie der *Ilias* (ca. 7. Jh. v. Chr.) werden lange Gleichnisketten zu einem Stilmerkmal des Dichters.

Metapher

Wird jedoch ein Ding mit einem anderen gleichgesetzt und nicht verglichen, so spricht man von einer Metapher (engl. *metaphor*). Wenn man statt „er kämpft wie ein Löwe" sagte: „er ist ein Löwe", dann würde sich das Simile in eine Metapher verwandeln. Der Schweizer Dichter Gottfried Keller (1819–1890) verwendet am Beginn seines Gedichts „Abendlied" eine Metapher, indem er Augen mit Fenstern gleichsetzt:

> Augen, meine lieben Fensterlein.
> Gebt mir schon so lange holden Schein.
> Lasset freundlich Bild um Bild herein
> Einmal werdet ihr verdunkelt sein! (Keller, 40)

In der Metapher und auch im Simile stehen sich immer zwei Elemente gegenüber: der sogenannte Tenor (die Person, das Objekt oder die Idee), mit dem das Vehikel (oder Bild) gleichgesetzt bzw. verglichen wird. In „er kämpft wie ein Löwe" fungiert „er" als Tenor und „Löwe" als Vehikel. Rhetorische Figuren werden in der Lyrik verstärkt eingesetzt, weil sie eine nichtwörtliche Bedeutung erzeugen bzw. einen abstrakten und komplexen Tenor auf ein konkretes, dinghaftes Vehikel reduzieren können. Damit unterstützen rhetorische Figuren den konkreten Charakter der Lyrik in Sinne eines „sprachlichen Bildes".

Imagismus

In den ersten zwei Jahrzehnten des 20. Jahrhunderts hat sich die Strömung des Imagismus (engl. *imagism*) jenes bildhaften Ausdrucks in der Lyrik verstärkt angenommen. Das literaturtheoretische Programm dieser „Schule", deren schillerndste Figur der Amerikaner Ezra Pound (1885–1975) ist, bestand darin, Lyrik auf wesentliche Bilder zu reduzieren. Das deutsche Wort „dichten" wurde als „verdichten" (lat. *condensare*) aufgefasst, um Lyrik auf essentielle „Bilder" bzw. *imagines* – daher auch der Name Imagismus – zurückzuführen. Lyrik hat nach Pound ohne ornamentales Beiwerk größtmögliche Aussagekraft zu erzielen. Am besten bringt Pound dieses Anliegen in einem seiner Manifeste (1913) zum Ausdruck, wo er die *imago* folgendermaßen definiert: „Eine Imago ist das was einen intellektuellen und emotionalen Komplex in einem Augenblick darstellt [...] Es ist besser eine Imago im Leben zu produzieren als vielbändige Werke" (Pound, 4; meine Übers.). Eine praktische Umsetzung des Imagismus ist das folgende Gedicht Pounds aus dem Jahr 1916:

IN A STATION OF THE METRO
The apparition of these faces in the crowd;
Petals on a wet, black bough.

[IN EINER STATION DER METRO
Die Erscheinung dieser Gesichter in der Menge;
Blüten auf einem nassen, schwarzen Ast]

Diesem Gedicht gingen mehrere längere Versionen voraus, bis Pound den Text schließlich auf drei Verse reduzierte, indem er ein expressionistisches Bild zur Darstellung einer Menschenmenge in einer U-Bahnstation verwendet. Er erwähnt zuerst die Menschen im Dunkel der Metro-Station, um sie dann mit den Blüten auf einem dunklen, nassen Ast zu vergleichen. Pound greift auf ein bildhaftes Element zurück, das gleichzeitig ein verbreitetes Thema der chinesischen Naturmalerei darstellt, wodurch die bildhafte Qualität des Ausdrucks noch einmal unterstrichen wird.

japanisches Haiku

Direkte Vorbilder dieser „kondensierten" Art der Dichtung waren für Pound die japanischen Haikus, die aus siebzehn Silben bestehen und einen kurzen Moment einer Naturbetrachtung einfangen. Hier das bekannteste Haiku des japanischen Dichters Matsuo Bashos (1644–1694):

Der alte Weiher	古池や
Ein Frosch springt hinein;	蛙飛び込む
der Klang des Wassers.	水の音

Diese japanischen Kurzgedichte, die meist in chinesischer Bilderschrift dargestellt sind, können die bildlich-konkrete Dimension, die die Imagisten so faszinierte, um einiges besser vermitteln als unsere alphabetische Schrift. Die Bilderschrift des Chinesischen, die Schrift und Bild gleichzeitig ist, übte den größten Einfluss auf die Imagisten aus, die mit ihren Worten den Lesern reine Bilder vor Augen führen wollten. Das weitgehende Fehlen der bildlichen Dimension der alphabetischen Schrift sollte durch die gezielte Verdichtung der Sprache zu neuen *imagines* in europäischen Sprachen wettgemacht werden.

visuell-optische Ebene

visuell-optische Ebene

Konkrete Poesie

Eine andere Strömung, die sich wie der Imagismus mit der bildlichen Dimension auseinandersetzt, jedoch nicht auf der rein sprachlichen Ebene stehen bleibt, ist die Konkrete Poesie (engl. *concrete poetry*). Wird in der traditionellen Lyrik Bildlichkeit als rein sprachliche Umsetzung von Objekten verstanden, geht die Konkrete Poesie durch die Betonung der optischen Gestalt einen Schritt weiter in Richtung visuelle Kunst. Diese Strömung, die im 20. Jahrhundert einen Aufschwung erlebte, hat eine lange Tradition von der Antike über das lateinische Mittelalter bis ins Barock. Bildgedichte haben sich besonders im England des 17. Jahrhunderts großer Beliebtheit erfreut, zu deren wichtigsten Beispielen George Herberts (1593–1633) „Easter Wings" (1633) und „The Altar" (1633) zählen. Aber auch im deutschsprachigen Raum gehören Bildgedichte seit dem Mittelalter zu einer beliebten Form, wie z. B. Gottfried Kleiners (1691–1767) Figurengedicht aus dem Jahr 1732 in Form eines Baumes.

Figurengedicht

Besonders bekannt sind die lateinischen Figurengedichte (lat. *carmina figurata*) des karolingischen Abtes Hrabanus Maurus (780–856). Jede Seite seines *De laudibus sanctae crucis* besteht aus Hexameterversen, die traditionell von rechts nach links zu lesen sind. In diese Textoberfläche sind Figuren – meist Kreuze – eingezeichnet, die wiederum Teile des Textes hervorheben, welche nun auch von oben nach unten oder von rechts nach links gelesen werden können. Das ganze Unterfangen, das den modernen Leser ein wenig an ein Kreuzworträtsel erinnert, war als Lobgesang auf das Kreuz gedacht. Die Bausteine dieser Bilder sind Worte, wobei Hrabanus Maurus an die christliche Tradition anknüpft, in der das *Wort* am Beginn alles Seins steht („Im Anfang war das Wort, und das Wort war bei Gott und Gott war das Wort", *Joh.* 1,1).

Figurengedicht, *De laudibus sanctae crucis* (frühes 9. Jh. n. Chr.) *Codex Vaticanus Reginensis latinus 124*, fol. 4v

Einen Aufschwung erlebt die visuell-optische Ebene von Gedichten im 20. Jahrhundert. Bereits um die Jahrhundertwende haben avantgardistische Dichter wie Guillaume

Apollinaire (1880–1918) in Frankreich mit Konkreter Poesie experimentiert.

e. e. cummings

Ein eindringliches Beispiel für die Komplexität dieses Genres ist folgende visuell-sprachliche Anordnung aus dem Jahr 1958 des amerikanischen Lyrikers e. e. cummings (1894–1962), der als einer der bedeutendsten Vertreter dieser Richtung zählt:

l(a

le
af
fa

ll

s)
one
l

iness

Der Text dieses Gedichtes kann folgendermaßen rekonstruiert werden: „a leaf falls loneliness" bzw. „l(a leaf falls)oneliness" [ein(Blatt fällt)samkeit]. e. e. cummings verwendet ein einzelnes vom Baum fallendes Blatt als konventionelles Motiv für Einsamkeit, ordnet den Vers jedoch nicht horizontal, sondern vertikal an, um das Fallen des Blattes von oben nach unten optisch umzusetzen. Im Akt des Lesens kann das Auge den Weg des Blattes von oben nach unten, aber auch seine Hin-und-Her-Bewegung von links nach rechts verfolgen. Innerhalb gewisser „Verse" ist diese Bewegung noch durch Kreuzstellungen hervorgehoben. Unter Kreuzstellung oder Chiasmus (engl. *chiasmus;* vom griechischen Buchstaben „X") versteht man eine kreuzartige Anordnung von Worten in einem Gedicht. Hier wird ein Chiasmus durch die Buchstabenfolge

Kreuzstellung, Chiasmus

af
fa

und durch zwei Klammern erreicht, von denen eine nach rechts und eine nach links offen ist. Dieses Gedicht besitzt noch weitere optische Elemente, die die inhaltliche Ebene ergänzen. So stehen in der Mitte des Gedichtes die zwei „ll" des Wortes „falls". Diese beiden Buchstaben können leicht als zwei „I" für die erste Person Singular gelesen werden und damit den Fall aus der Zweisamkeit in die Einsamkeit verdeutlichen. In der Ein-samkeit oder I-one-liness steht dann nur mehr ein „I" oder:

one
l

Wie dieses Gedicht von cummings zeigt, wird gerade in der experimentellen Lyrik mit der bildlichen Komponente von Sprache und Schrift experimentiert und eine Wechselwirkung beider Dimensionen angestrebt. Durch möglichst „konkrete" Gestaltung poetischer Sprache wird das Gedicht selbst in ein „Objekt" verwandelt.

rhythmisch-akustische Ebene

Zur Erlangung jener Konkretheit oder Dinghaftigkeit der Sprache wird in der Lyrik auch Klang und Ton als bedeutungstragendes Element eingesetzt. Durch Wortwahl wird ein Klang oder Ton erzeugt, der in direkter Wechselwirkung zur Bedeutung der Aussage steht. Ähnlich wie das visuelle Erscheinungsbild in der Konkreten Poesie, die inhaltliche Dimension des Gedichts widerspiegelt, kann in Gedichten das klangliche Element die inhaltliche Aussage unterstreichen, wie die folgenden Verse aus Anette von Droste-Hülshoffs (1797–1848) Gedicht „Die Jagd" verdeutlichen:

rhythmisch-akustische Ebene

Lautmalerei

Der schwankende Wacholder flüstert,
Die Binse rauscht, die Heide knistert […]
Sie jappen, klaffen nach der Beute […]
Die Meute, mit geschwollnen Kehlen
Ihm nach, wie rasselnd Winterlaub.
Man höret ihre Kiefern knacken,
Wenn fletschend in die Luft sie hacken. (Droste-Hülshoff p. 37, 30–46)

Mit Verben wie „flüstern", „rauschen", „knistern", „jappen", „klaffen", „rasseln", „knacken", „fletschen" und „hacken" versucht die Autorin, den Inhalt des jeweiligen Verses auch auf einer lautmalerischen Ebene zu unterstreichen, d.h. die Laute der im Text verwendeten Wörter ahmen die Laute, die im Inhalt des Gedichts beschrieben werden, akustisch nach. Diese hier spielerisch angewandte Technik ist nur eine von vielen Möglichkeiten des Dichters die akustische Ebene eines Gedichtes zu beeinflussen.

Zur akustischen Dimension von Lyrik zählen neben Lautmalerei auch Metrum (engl. *meter*) und Reim (engl. *rhyme* oder *rime*), die in der Literaturwissenschaft als relativ leicht objektivierbare, messbare Größen einen sehr hohen Stellenwert besitzen. Die kleinsten Elemente des Metrums sind Silben (engl. *syllable*), die entweder betont oder unbetont sein können. Je nach Abfolge von betonten und unbetonten Silben spricht man von verschiedenen Versfüßen (engl. *foot* bzw. *feet*), deren Anzahl Aufschluss über das Versmaß oder Metrum gibt. Zur Analyse des Metrums werden Verszeilen eines Gedichtes zuerst in Silben eingeteilt. Als Beispiel dient hier der Vers „Es steht ein Baum im Odenwald":

Metrum

Silbe

Es – steht – ein – Baum – im – O – den – wald

Nach der Einteilung in Silben wird bestimmt, welche betonte Silben ′ (engl. *stressed syllable*) und welche unbetonte Silben ˘ (engl. *unstressed syllable*) sind.

betonte und unbetonte Silben

Ĕs – stéht – eĭn – Baúm – ĭm – Ó – dĕn – wáld

Je nach Abfolge von betonten und unbetonten Silben kann zwischen mehreren Versfüßen unterschieden werden:

Versfuß

Ĕs stéht | eĭn Baúm | ĭm Ó | dĕnwáld

Die vier wichtigsten Versfüße sind:

Jambus

1. Jambus (engl. *iambus* oder *iambic foot):* auf eine unbetonte Silbe folgt eine betonte Silbe (˘ ′)

Ĕs stéht | eĭn Baúm | ĭm Ó | dĕnwáld

Anapäst

2. Anapäst *(anapest* oder *anapestic foot):* auf zwei unbetonte Silben folgt eine betonte Silbe (˘˘ ′)

Wĕnn dĭe Grás | blŭtĕ stäúbt | vŏn dĕr wín | zĭgĕn Spín | dĕl

Trochäus

3. Trochäus *(trochee* oder *trochaic foot):* auf eine betonte Silbe folgt eine unbetonte Silbe (′ ˘)

Sáh eĭn | Knáb' eĭn | Rős leĭn | stéhn …

Daktylus

4. Daktylus *(dactyl* oder *dactylic foot):* auf eine betonte Silbe folgen zwei unbetonte Silben (′ ˘˘)

Reích mĭr dĭe | vóllĕ, dĭe | fúnkĕlndĕ | Schálĕ …

Metrum

In der traditionellen Metrik wird je nach Anzahl der Versfüße zwischen Monometer (1), Dimeter (2), Trimeter (3), Tetrameter (4), Pentameter (5), Hexameter (6) etc. unterschieden. Will man das Metrum eines Verses beschreiben, wird der Name des Versfußes und die Anzahl der Versfüße angegeben. So bezeichnet man den Anfangsvers in Gotthold Ephraim Lessings *Nathan der Weise* („Ĕr íst ĕs ! Náthăn – Gótt seĭ éwĭg Dánk"), der aus fünf

Blankvers

Jamben aufgebaut ist, als jambischen Pentameter oder fünfhebigen Jambus. Dieses Versmaß, das auch als Blankvers (engl. *blank verse*) bezeichnet wird, ist dem Rhythmus der natürlichen Sprache ähnlich und daher in Lyrik

Alexandriner

und Drama sehr beliebt. Ebenfalls weit verbreitet ist der sechshebige Jambus, der auch Alexandriner (engl. *Alexandrine*) nach den in diesem Versmaß verfassten altfranzösischen Alexanderepen genannt wird (z. B. „Dŭ

Zäsur

síehst, wŏhín dŭ síehst // nŭr Eítĕlkeít ăuf Érdĕn"). Dieser Eingangsvers von „Es ist alles eitel" des deutschen Barockdichters Andreas Gryphius (1616–1664) besitzt eine sogenannte Zäsur (lat. *caesura*) nach der sechsten Silbe, wodurch der Vers durch einen Sinneinschnitt in der Mitte in zwei Teile getrennt wird. In der Antike kommt dem Hexameter besondere Bedeutung zu, weil die großen griechischen und lateinischen Nationalepen wie die *Ilias* (ca. 7. Jh. v. Chr.) oder *Aeneis* (ca. 31–19 v. Chr.) in diesem Versmaß verfasst sind.

Reim

Neben dem Metrum trägt vor allem der Reim (engl. *rime* oder *rhyme*) zur klanglich-rhythmischen Dimension eines Gedichtes bei. Man unterscheidet

Alliteration

generell zwischen Alliteration und Endreim. Unter Stabreim bzw. Alliteration (engl. *alliteration*) versteht man das Wiederholen eines anlautenden

Assonanz

Konsonanten *(Kind* und *Kegel*). Wird statt des Konsonanten ein Vokal (entweder als Anlaut oder innerhalb von Worten) wiederholt, spricht man von Assonanz (engl. *assonance*).

Alliteration oder Stabreim war das gebräuchlichste Reimschema in der altgermanischen und auch altenglischen Dichtung, wie das Beispiel von Vers 49 des Hildebrandslied verdeutlicht „*w*elaga nu, *w*altant got, quad Hiltibrant, *w*ewurt skihit" („O waltender Gott, fuhr Hildebrant fort, das Schicksal will seinen Lauf").

Endreim

Das häufigere Reimschema in den romanischen Sprachen und in modernen Gedichten ist der Endreim (engl. *end rhyme*), der sich dadurch auszeichnet, dass die Silben am Ende bestimmter Verszeilen identisch sind. Für die Beschreibung und Darstellung dieses Reimschemas werden gleiche Endsilben mit gleichen Buchstaben des Alphabets gekennzeichnet, wie in diesem Teil eines Reichsspruchs Walther von der Vogelweides (ca. 1170–ca. 1230), der auch gut den Bruch mit der altgermanischen Stabreimdichtung im Mittelhochdeutschen zeigt:

Ich horte ein wazzer diezen	a
sach die vische fliezen,	a
ich sach swaz in der welte was,	b
velt walt loup ror unde gras.	b

(Deutsche Dichtung, 16)

Diese Kennzeichnung ermöglicht es, bei komplex aufgebauten Gedichten die Struktur in einem formelhaften Überblick darzustellen.

Strophe

Die Vielzahl von Strophen (engl. *stanzas*) in der Lyrik lässt sich auf einige Grundformen reduzieren. Durch die Kombination von 2 Versen (engl. *couplet*), Terzett (engl. *tercet*) mit 3 Versen und Quartett (engl. *quatrain*) mit 4 Versen werden die meisten Gedichtformen gebildet. Ein Beispiel für den bausteinartigen Aufbau ist das Sonett (engl. *sonnet)*. Je nach Reimschema und Stanzenart wird zwischen Shakespeare-Sonett (engl. *English bzw. Shakespearean Sonnet*) oder dem italienischen Sonett (engl. *Italian* bzw. *Petrarchan Sonnet*) unterschieden. Das italienisches Sonett, wie wir es z. B. in Franceso Petrarcas (1304–1374) *Canzoniere* (ersch. 1470) finden, besteht traditionellerweise aus 14 Versen, die in Form von zwei Quartetten (mit Reimschema abba abba) und zwei Terzetten (mit variablem Reimschema) angeordnet sind.

Sonett

italienisches Sonett

Shakespeare-Sonett

Im Gegensatz dazu besteht das Shakespeare-Sonett (engl. *English* oder *Shakespearean Sonnet*) aus drei Quartetten und einem Reimpaar (engl. *couplet*). Als Metrum der 14 Verszeilen dienen jambische Pentameter, die dem Reimschema *abab cdcd efef gg* folgen. Shakespeares (1564–1616) Sonett 73 „That time of year thou may'st in me behold" (1609) erfüllt diese Kriterien:

That time of year thou may'st in me behold	a
When yellow leaves, or none, or few, do hang	b
Upon those boughs which shake against the cold,	a
Bared ruined choirs, where late the sweet birds sang.	b
In me thou see'st the twilight of such day	c
As after sunset fadeth in the west;	d
Which by-and-by black night doth take away,	c
Death's second self that seals up all in rest.	d

In me thou see'st the glowing of such fire e
That on the ashes of his youth doth lie, f
As the deathbed whereon it must expire, e
Consumed with that which it was norished by. f
This thou perceiv'st, which makes thy love more strong, g
To love that well which thou must leave ere long. g

[In mir magst du die Zeit des Jahres sehn, / Da wenig Blätter oder keine hangen / An Bäumen, die vor Frost erschauernd stehn, / Zerfallne Münster, drin einst Stimmen sangen. / In mir siehst Dämmrung du von bleichen Tagen, / Da trüb im West verschimmert letztes Rot, / Von schwarzer Nacht allmählich weggetragen, / Die alles fest umschließt, ein andrer Tod. / In mir siehst du des Feuers letztes Sprühen, / Das, wie auf einer kalten Totenbahr, / Auf seiner Jugend Asche muss verglühen, / Verzehrt durch das, was seine Nahrung war. / Siehst du mich so, dann wächst in deiner Brust / Die Lieb zu mir, den bald du lassen mußt.] (Shakespeare, 81)

Jedes einzelne Segment (die drei Quartette und das Reimpaar) dieses Sonetts besteht aus je einem zusammenhängenden Satz. Die vier Sätze werden durch Wortwiederholungen inhaltlich verbunden: So heißt es im ersten Vers „in me behold" („In mir […] sehn"), im fünften und neunten „In me thou see'st" („In mir siehst") und im dreizehnten „This thou perceiv'st" („Siehst du"). In jedem Quartett wird ein *Bild* vorgestellt, das sich in das Thema des gesamten Gedichtes einfügt und auf das abschließende Reimpaar hinarbeitet. So wird in der ersten Stanze von blattlosen Ästen gesprochen, in der zweiten von der untergehenden Sonne bzw. Dunkelheit und in der dritten vom ausgehenden Feuer. Damit verwendet Shakespeare Bilder aus unterschiedlichen Erfahrungsbereichen, die die Zeichen der Sterblichkeit des Menschen begreifbar machen. Im Reimpaar werden diese Zeichen, die im Gesicht des Sprechers sichtbar sind, mit Liebe in Verbindung gebracht. Shakespeare sieht also in der Todgeweihtheit des Menschen indirekt den Grund für die Liebe zwischen den Menschen. Dieses Sonett demonstriert deutlich die enge Beziehung zwischen formalen und inhaltlichen Elementen. Eine so direkte Verbindung der verschiedenen Ebenen wie beim Sonett liegt nicht in allen Arten von Gedichten vor. Gerade in der experimentellen Lyrik werden diese starr anmutenden Strukturen meist verlassen und zugunsten neuer, „offener Formen" wie z. B. Prosagedichte aufgegeben.

Dennoch setzt der Großteil von traditionellen Gedichten die sprachlich-inhaltlichen, visuell-optischen und rhythmisch-akustischen Bereiche, die hier zur Beschreibung des Phänomens Lyrik behandelt wurden, als sich gegenseitig bedingende Ebenen ein. Die Idee eines Gedichtes wird so auf mehreren Ebenen verstärkt, wodurch wie in kaum einem anderen Genre eine Geschlossenheit (engl. *unity*) des Textes erzeugt werden kann.

3. Drama

Dramabegriff

Im Gegensatz zum Epos, das im Griechischen das „Gesprochene" bzw. „Erzählte" bedeutet oder zur Lyrik, die in ihrem Namen das musikalische Element hervorhebt, steht im Drama (engl. *drama*) die „Handlung" als „Aufführung" auf der Bühne im Mittelpunkt. Das Wort Drama geht auf das griechische Verb „drao" (tun, handeln) zurück und verweist auf die Aufführung oder Repräsentation durch handelnde Personen. Während die beiden anderen Genres das geschriebene oder gesprochene Wort als primäres Ausdrucksmedium einsetzen, bedienen sich die Darstellenden Künste (engl. *performing arts*) neben Sprache auch einer Reihe nonverbaler, vorwiegend optisch-visueller Mittel wie Bühne, Bühnenbild, Szenenfolge, Mimik, Gestik, Schminke, Requisiten und Beleuchtung.

Ursprünge im Dionysoskult

Die Ursprünge des Dramas liegen im rituell-kultischen Bereich, der noch im klassisch-griechischen Drama (5. Jh. v. Chr.) in stilisierter Form präsent war. Tragödien und Komödien wurden im Rahmen von Festspielen zu Ehren des Weingottes Dionysos aufgeführt. Während in der Antike das Drama zu den wichtigsten literarischen Gattungen zählte, trat es im Mittelalter weitgehend in den Hintergrund. Im Spätmittelalter wurden einfache Formen wie die Mysterienspiele (engl. *mystery* und *miracle play*) entwickelt, die religiös-allegorische oder biblische Themen aus dem Umfeld der christlichen Liturgie in Form von Theaterspielen im Freien adaptierten.

Mysterienspiele

Fastnachtspiel

Im deutschsprachigen Raum gibt es im Spätmittelalter und der frühen Neuzeit eine ähnliche Entwicklung in Form des Fastnachtspiels (engl. *carnival play*). Im Gegensatz zu den religiös motivierten Mysterienspielen sind die Fastnachtsspiele säkularer Natur, da sie sich nicht aus der Liturgie, sondern aus den Karnevalsumzügen entwickelten. Als wichtigster Verfasser von deutschen Fastnachtsspielen gilt Hans Sachs (1494–1576) mit über achtzig überlieferten Stücken. Zu seinen bekanntesten Spielen zählt *Der Farendt Schueler im Paradeiss* (1550), in dem ein umherziehender Schüler einer einfältigen Bäuerin einredet, im Paradies gewesen zu sein und dort ihren verstorbenen, ersten Mann völlig mittellos getroffen zu haben. Daraufhin gibt ihm die Frau Geld und Kleider, die der Schüler bei seinem nächsten Besuch im Paradies dem Verstorbenen Ehemann übergeben soll. Als der jetzige Ehemann der Bäuerin davon erfährt, will er dem Burschen die Dinge wieder abnehmen, wird aber ebenfalls vom Schüler übertölpelt, als dieser ihm mit einer List sein Pferd abnimmt. Trotz der Derbheit der Stücke transportiert ihre Handlung oft auch moralische Anliegen, ohne diese jedoch in den Vordergrund zu stellen.

Jesuitendrama

Offensichtlicher stehen moralisch-religiöse Gesichtspunkte im Jesuitendrama des Barocks im Vordergrund, das von katholischen Ordensschulen ausging. Ähnlich den Mysterienspielen bediente sich auch das Jesuitendrama religiöser Stoffe aus dem Alten Testament oder aus Heiligen- und Märtyrerlegenden. Trotz seiner stereotypen Formen hatte das Jesuitendrama aufgrund der effektvollen Aufführungstechniken mit eindrucksvollem Bühnenbild und ausgefeilter Bühnenmaschinerie einen nicht zu unterschätzenden Einfluss auf die spätere Theaterentwicklung ausgeübt.

Diese mittelalterlichen und frühneuzeitlichen Schauspiele wirkten zusammen mit den römischen Dramen der Antike von Plautus (ca. 254–184 v. Chr.) und Seneca (ca. 4 v. Chr.–65 n. Chr.) auf das spätere Drama ein, das in England mit Shakespeare seinen ersten Höhepunkt in der Neuzeit erreichte. Die Dramen der griechischen Klassik wurden erst später rezipiert, haben dann aber maßgeblich z.B. auf die deutsche Klassik des späten 18. Jahrhunderts Einfluss genommen.

Tragödie

Während über die Komödie in der antiken Literaturtheorie nichts überliefert ist, thematisiert Aristoteles (384–322 v. Chr.) in seiner *Poetik* Wesen und Elemente der Tragödie (engl. *tragedy*). Im sechsten Buch der *Poetik* bezeichnet er die Tragödie als „Nachahmung einer edlen und abgeschlossenen Handlung", die „mit Hilfe von Furcht und Mitleid eine Reinigung" (Aristoteles, 398) bewirkt. Diese Vorfälle erzeugen seiner Meinung nach das Phänomen der Katharsis oder Reinigung (engl. *catharsis*), die das Publikum durch die Betrachtung der tragischen Vorgänge auf der Bühne „seelisch" läutert.

Katharsis

In der frühen Neuzeit steht ebenfalls die Tragödie im Mittelpunkt literaturtheoretischer Überlegungen. Neben den drei Einheiten auf die noch gesondert eingegangen wird, nimmt in der Dramentheorie die sogenannte Ständeklausel einen zentralen Stellenwert ein. Gemäß dieser Regel aus den theoretischen Traktaten der Renaissance und des Barock sollen in der Tragödie nur Personen gehobenen Standes wie Fürsten oder Könige auftreten. Dieses besonders von Martin Opitz (1597–1639) propagierte Konzept behielt im Großen und Ganzen im deutschen Sprachraum bis ins späte 18. Jahrhundert seine Gültigkeit.

Ständeklausel

Bürgerliches Trauerspiel

Zu einer tiefgreifenden Umwandlung des Dramas kommt es im 18. Jahrhundert, als das Bürgertum in ganz Europa unter dem Einfluss der Aufklärung an Selbstbewusstsein gewinnt. In dieser Zeit entsteht das Bürgerliche Trauerspiel (engl. *domestic tragedy*), das sich nicht mehr an die rigiden Ständeklauseln hält und den Bürger ins Zentrum einer tragischen Handlung rückt. Zu den wichtigsten Vertretern in Deutschland zählt Gotthold Ephraim Lessings (1729–1781) *Emilia Galotti* (1772) und Friedrich Schillers (1759–1805) *Kabale und Liebe* (1784).

Historisches Drama

Eine weitere wichtige Gattung, das Historische Drama (engl. *history play*), wird erst in der Renaissance mit Shakespeares Aufarbeitung der antiken und englischen Geschichte in Form von Schauspielen – z.B. *Richard II* (ca. 1595), *Henry IV* (ca. 1597) – entwickelt. Diese Dramenform bearbeitet eine historische Begebenheit oder Persönlichkeit, geht aber durch Gegenwartsbezüge über das eigentlich Geschichtliche hinaus, um den historischen Stoff zur Darstellung allgemein menschlicher Schwächen und Tugenden zu benützen. Oft wird ein vordergründig historischer Kontext gewählt, um unter dem Deckmantel der Geschichte sozio-politische Missstände ohne Gefahr der Zensur thematisieren zu können.

Im spanischen goldenen Zeitalter (span. *siglo de oro*) benützt z.B. Pedro Calderón (1600–1681) in *Der Richter von Zalamea* (1640) eine historisch belegte Vergewaltigung durch einen Hauptmann während eines Portugalfeldzuges im 16. Jahrhundert als Handlung seines Dramas. Jean Racines (1639–1699) *Britannicus* (1669), das auf den in der römischen Geschichtsschreibung überlieferten Machtstreit um Kaiser Nero basiert, ist ein Beispiel für die Adaptierung historischer Themen in der sogennanten *klassischen Tragödie* in Frankreich. Im deutschen Sprachraum gewinnt das Geschichtsdrama besonders im Sturm und Drang mit Johann Wolfgang Goethes *Götz von Berlichingen* (1773) wichtige Bedeutung, die es bis in die Gegenwart behalten hat, wie die dramatische Adaption des historischen Frankfurter Auschwitz-Prozesses durch Peter Weiss (1916–1982) in *Die Ermittlung* (1965) verdeutlicht.

Komödie

Während die Tragödie und das Geschichtsdrama mit ernsten Themen und Personen gehobenen Standes eine Läuterung des Publikums bewirken will, zielen die heiteren Inhalte und die Figuren niederen Standes in der Komödie (engl. *comedy*) vornehmlich auf Unterhaltung. Aus diesem Grund ist in der frühen Neuzeit Komödie nie im Zentrum theoretischer Überlegungen, sondern meist nur im Kontext der Tragödie erwähnt. Neuere Ansätze sehen die Komödie oft als stilisierte Weiterführung primitiver Regenerationskulte wie die symbolische Ablösung des Winters durch den Frühling, da die Komödie normalerweise in „fruchtbarer" Symbolik mit einer Hochzeit endet. Gerade Shakespeares Komödien wie *Much Ado About Nothing* (ca. 1598) stehen ganz unter diesen Vorzeichen. Im Zeitalter der Restauration Ende des 17. Jahrhunderts bringt England mit der Sittenkomödie (engl. *comedy of manners*) wie William Congreves (1670–1729) *The Way of the World* (1700), die hauptsächlich Bürger der gehobenen Schicht in witzigen Dialogen darstellt, eine Form des Lustspiels mit großer internationaler Wirkung hervor.

In Frankreich gehören die Lustspiele Molières (1622–1673) wie *Der Menschenfeind* (1666) zu den herausragendsten frühen Beispielen, die sich durch ausgefeilte Charakterzeichnungen von den stereotypen Figuren possenhafter Komödien abheben. In Deutschland hat Gotthold Ephraim Lessing (1729–1781) mit *Minna von Barnhelm* (1767) einen neuen Typus des Lustspiels eingeführt, das beim Zuschauer einen emotionalen und kognitiven Erkenntnisgewinn über die eigene Person bewirken soll. Die Komödie erlebt im 19. Jahrhundert mit den musikalisch durchsetzten Zeitgeistsatiren des Österreichers Johann Nestroy (1801–1862) einen neuerlichen Aufschwung, während im 20. Jahrhundert das Genre primär vom Film aufgenommen wird.

Neben Tragödie, Komödie und Historischem Drama als den drei Grundformen des klassischen Dramas entstehen nach dem 18. Jahrhundert neue Formen, die sich nicht mehr leicht den genannten Grundtypen zuordnen lassen. In der Romantik bzw. im frühen 19. Jahrhundert findet sich in England die Sonderform des Lesedramas (engl. *closet drama*), das nicht zur Aufführung, sondern zur individuellen Lektüre bestimmt war. Bekanntes Beispiel dieser ungewöhnlichen Dramenform ist Percy Bysshe Shelleys (1792–1822) *Prometheus Unbound* (1820). Ebenfalls im 19. Jahrhundert erfreute sich das Melodrama (engl. *melodrama*) besonderer Beliebtheit, das in vieler Hinsicht als ein Vorläufer der TV-Seifenopern mit ihren stereotypen schwarz-weiß gezeichneten Figuren und linearen Handlungssträngen gilt. Für die allgemeine Entwicklung des Theaters ist das Melodrama aber besonders wegen der wirksamen Bühneneffekte ein nicht zu unterschätzender Faktor.

Lesedrama

Melodrama

Bedingt durch die Aufführung geht das Drama generell über den textlichen Charakter der Gattungen Prosa und Lyrik hinaus. Das geschriebene Wort als textliche Grundlage des Dramas steht zwar ebenfalls im Mittelpunkt dieses Genres, ist jedoch dazu bestimmt, in eine Aufführung vor Publikum umgewandelt zu werden. Um diesem genrespezifischen Medienwechsel gerecht zu werden, müssen in der Analyse des Dramas Text, Transformation und Aufführung als drei ineinanderwirkende Ebenen berücksichtigt werden.

Dimensionen des Dramas

Text
Dialog
Monolog
Handlung
Setting
Regieanweisungen

Transformation
Regie
Bühne
Requisiten
Beleuchtung

Aufführung
Interne Methode
Externe Methode
Gestik
Mimik
Sprache

Text

Text

Dialog

Monolog

Beiseitesprechen

Viele textliche Bereiche des Dramas überschneiden sich mit bereits besprochenen Aspekten der Prosa wie Figuren, Plot und Setting, weshalb hier nur jene Elemente behandelt werden, die gattungsspezifische Relevanz für das Drama haben. Von zentraler Bedeutung im Rahmen der textlichen Dimension des Dramas ist das gesprochene Wort in Form von Dialogen (engl. *dialogue*) zwischen Figuren, aber auch Monologen (engl. *monologue* oder *soliloquy*). Eine Sonderform der Kommunikation ist das Beiseitesprechen (engl. *aside*), in dem ein Schauspieler Informationen an das Publikum weitergibt, die den anderen Figuren des Stückes vorenthalten bleiben.

drei Einheiten: Ort, Zeit, Handlung

Die grundlegenden Elemente des Plots (Ausgangssituation, Komplikation, Höhepunkt, Auflösung), die bereits in der Besprechung der Prosa behandelt wurden, gehen ursprünglich auf antike Beschreibungen des idealen Handlungsverlaufs im Drama zurück und wurden erst später auf andere Gattungen übertragen. Im Zusammenhang mit der Handlungsstruktur des Dramas werden immer wieder die drei Einheiten (engl. *three unities*) von Zeit, Ort und Handlung (engl. *time, place and action*) erwähnt. Gemeint ist damit, dass die Zeit der Handlung eines Stücks etwa der Dauer des Theaterstücks oder zumindest eines Tages zu entsprechen hat und der Ort der Handlung immer derselbe sein muss. Die Handlung soll in sich geschlossen sein und einen linearen Plot verfolgen.

Die als *aristotelische Einheiten* bezeichneten Regeln über den Aufbau eines „guten" Dramas stammen jedoch nicht von Aristoteles (384–322 v. Chr.) selbst, sondern gehen großteils auf französische und italienische Adaptionen seiner *Poetik* im 16. und 17. Jahrhundert zurück. Diese starren Regeln wollen den dargestellten Raum und die Zeit der Dramenhandlung möglichst realistisch erscheinen lassen. Shakespeares Dramen, die immer einen hohen Stellenwert in der englischen Literatur innehatten, entsprachen nur selten diesen Regeln. Aus diesem Grund wurden die drei Einheiten im englischen Sprachraum nie so strikt respektiert wie in anderen Ländern. Eine filmische Parodie der drei Einheiten ist der Film *Groundhog Day* (*Und täglich grüßt das Murmeltier*, Harold Ramis, 1993), in dem der Protagonist auf wundersame Weise den selben Tag von Sonnenaufgang bis Sonnenuntergang immer wieder aufs Neue durchlebt, wobei aber Ort, Zeit und Handlung unverändert bleiben.

In direkter Wechselwirkung zur Handlung steht die Einteilung in Akte (engl. *act*) und Szenen (engl. *scene*). Das neuzeitliche Drama übernahm im Allgemeinen die in der Antike übliche Gliederung der Handlung des Dramas in fünf Akte. Im Idealfall konnte so der klassische Handlungsverlauf von Exposition, Komplikation, Höhepunkt, Umschwung und Auflösung mit jeweils einem Akt zur Deckung gebracht werden. Im 19. Jahrhundert wurde die Zahl der Akte eines Stückes generell auf vier, im 20. Jahrhundert auf meist drei Akte reduziert. Durch Akt- und Szenenwechsel können im Drama Setting, Zeit und Handlung verändert werden. Die traditionelle Einheit von Ort, Zeit und Handlung kann so innerhalb einer Szene oder eines Aktes weitgehend gewahrt bleiben.

Akt
Szene

Das absurde Theater (engl. *theater of the absurd*) bricht wie sein Gegenstück in der Prosa bewusst mit traditionellen Plot-Strukturen und führt den Zuschauer in oft absurd oder unlogisch anmutende Komplikationen. Diese zielen nicht wie erwartet auf einen Höhepunkt oder logischen Schluss hin, sondern enden in einer unaufgelösten Situation. Damit versucht das absurde Theater ebenso wie viele postmoderne Romane oder Filme, die allgemeine kulturelle Unsicherheit der Nachkriegsära künstlerisch umzusetzen. Der bekannteste Vertreter dieser Richtung ist der Ire Samuel Beckett (1906–1989), dessen in französischer Sprache erschienenes Stück *Warten auf Godot* (1953) viel zur Bekanntheit des absurden Theaters beigetragen hat. Wie bereits der Dramentitel Becketts andeutet, warten seine Hauptfiguren Vladimir und Estragon auf einen nicht weiter spezifizierten Godot. Das Auftreten anderer Personen schafft nur kurze Abwechslung und bringt keine Veränderung der Ausgangssituation, so dass sich die Figuren am Ende in unveränderter Position befinden, ohne die Elemente des klassischen Plots durchlaufen zu haben. Becketts Drama bricht mit den Erwartungen des Publikums an ein Theaterstück, in welchem sich Handlung oder Dialog auf einen konventionellen Höhepunkt hin entwickeln oder vordergründig logische Inhalte vermitteln. Neben Beckett zählt der aus Rumänien stammende französisch schreibende Eugène Ionesco (1909–94) mit Stücken wie *Die Nashörner* (*Rhinocéros,* 1959) zu den wichtigsten Vertretern des absurden Theaters.

absurdes Theater

Im 20. Jahrhundert treten mit den Innovationen des experimentellen und absurden Theaters auch nicht-textliche Aspekte des Theaters in den Vordergrund. Nonverbale und räumliche Dimensionen der eigentlichen Produktion, die ein Bindeglied zwischen Text und Aufführung herstellen und traditionellerweise marginalen Charakter besaßen, erhalten einen dem Text ähnlich hohen künstlerischen Stellenwert.

Transformation

Eine stärker betonte Ebene des Dramas im 20. Jahrhundert ist die verbindende Phase zwischen Text und Aufführung, die hier als Transformation (engl. *transformation*) bezeichnet wird. Gemeint sind damit alle logistischen und konzeptuellen Schritte, die als Regie (engl. *directing*) zusammengefasst werden und der eigentlichen Aufführung vorausgehen. Diese Transformation ist dem Publikum nicht direkt zugänglich, durchdringt aber indirekt fast alle Elemente der Aufführung. Die Arbeit des zeitgenössischen Regisseurs (engl. *director*) reicht von der Auswahl des Skripts oder Textes

Transformation
Regie

über ein interpretatives Gesamtkonzept, Besetzung, Bühnenwahl und -gestaltung, Requisiten, Kostüme und Schminke bis hin zur Führung der Schauspieler. Damit liegt die gesamte künstlerische Koordination der Umformung des Textes in Richtung Aufführung in den Händen des Regisseurs.

Geschichte der Regie

Historisch gesehen existiert das Berufsbild des Regisseurs erst seit Ende des 19. Jahrhunderts und stellt ein junges Phänomen im Umfeld des Dramas dar. Regie als koordinatives Instrument ist zwar so alt wie das Drama selbst, jedoch waren bis ins 19. Jahrhundert die Grenzen zwischen Schauspieler, Dramenautor und Koordinator der Aufführung sehr durchlässig. So kam es oft vor, dass der Autor selbst die Produktion eines Stückes leitete oder ein erfahrener Schauspieler mit dieser Funktion betraut wurde. Erst in der zweiten Hälfte des 19. Jahrhunderts, als unter dem Einfluss des Realismus die Anforderungen an die Inszenierung immer größer wurden, entwickelte sich die Regie als eigenständige Ebene, die vermittelnd zwischen Autoren und Schauspielern agiert. Zu den bekanntesten frühen Regisseuren zählt der Russe Konstantin Stanislawski (1863–1938), dessen Ideen und Methoden über die bekannte Lee Strasberg-Schule in New York großen Einfluss auf die Theatertradition ausübten. Auch der österreichische Regisseur Max Reinhardt (1873–1943) erregte kurz vor dem Ersten Weltkrieg mit einigen spektakulären Dramenaufführungen auch in Amerika große Aufmerksamkeit.

Konstantin Stanislawski

Regietheater

Seit der Entstehung der Regie im heutigen Sinn steht dieses Phänomen in unmittelbarer Wechselwirkung zur herrschenden Form des Theaters in den jeweiligen Strömungen. Hand in Hand mit innovativen Formen des expressionistischen, absurden und experimentellen Theaters und der Betonung individueller Produktionen werden die Anforderungen an die Regie größer und zugleich künstlerisch höher bewertet. Diese Hervorhebung der Produktion im modernen Drama wird auch als Regietheater bezeichnet, da die Regie nicht mehr wie im 19. Jahrhundert eine marginale Rolle spielt, sondern nun in den Vordergrund tritt und bewusst in die eigentliche Aufführung einfließt. Ein anschauliches Beispiel dafür ist Samuel Becketts (1906–1989) Kurzdrama *Catastrophe* (1982), das einerseits zu großen Teilen aus Regieanweisungen besteht, andererseits sich in seiner Handlung ebenfalls um die Einstudierung eines Theaterstückes dreht. Wie für postmoderne Kunstwerke typisch, werden Ebenen des Stückes wie hier die Transformation bewusst in den Vordergrund gestellt, um Wesenszüge des Dramatischen freizulegen.

Regie als Interpretation

Alle Stufen der Transformation eines Textes – angefangen von der Auswahl des Skripts, der Akzentuierung des Stückes, der Besetzung, des Requisiten- bzw. Bühnendesigns und der Einübung der Rollen – müssen auf das Publikum abgestimmt sein. Besonders wichtig ist hier die konzeptionelle Idee des Regisseurs. Sie kommt der Interpretation einer Partitur durch den Dirigenten gleich, der bestimmte Aspekte des „Textes" hervorhebt, um einen individuellen Gesamteindruck des Werkes zu vermitteln. Gerade diese interpretatorische Schwerpunktsetzung einer Produktion steht in direkter Auseinandersetzung mit den jeweils herrschenden Zeittrends. Produktionen wie Ellis Rabbs (1930–1998) homoerotische Interpretation (1970) von Shakespeares *The Merchant of Venice* (ca. 1596–1598), oder die verschiedenen feministischen Adaptionen von *The Taming of the Shrew* (*Der Widerspenstigen Zähmung* ca. 1592) setzen ein spezifisches kulturelles Bewusstsein einer Epoche voraus, um die gewünschte Publikumsreaktion zu erreichen. Produktionen erzielen ihre Erfolge nicht nur, indem sie herrschenden Trends entsprechen, sondern auch durch einen offensichtlichen Bruch mit bestehenden Konventionen, wie schon die von Architektur und Malerei beeinflussten Inszenierungen des Amerikaners Robert Wilson (*1941) zeigen. In beiden Fällen muss der Regisseur abwägen, welche Zielgruppe er mit welchen Mitteln ansprechen will. Die weiteren Schritte der Transformation – also alle verbalen und non-verbalen Ausdrucksmittel – unterliegen im Idealfall dieser konzeptuellen Idee, die sich wie ein roter Faden durch die gesamte Produktion ziehen soll.

räumliche Dimension des Dramas

Dazu gehört ganz besonders die räumliche Ebene, die die Prosa durch beschreibende Elemente vermittelt. Sie wird im Drama mittels Dialogen, Monologen und Körpersprache, vor allem aber durch Wahl und Gestaltung von Bühne (engl. *stage*), Bühnenbild (engl. *scenery*), Requisiten (engl. *properties* oder *props*) und Beleuchtung (engl. *lighting*) erzeugt. Viele dieser räumlichen Elemente sind zwar historischen Bedingungen unterworfen, werden aber von Regisseuren in modifizierter Form immer wieder für moderne Produktionen adaptiert. So kommen z. B. ältere Bühnenformen wie die kreisförmige Struktur des antiken Theaters zur Erzeugung einer speziellen Interaktion zwischen Zuschauern und Schauspielern auch in modernen Inszenierungen zur Anwendung.

Griechisches Amphitheater

Der Aufbau des antiken griechischen Theaters, das als Amphitheater (engl. *amphitheater*) unter freiem Himmel lag, umfasste eine Orchestra in der Mitte des Theaters und eine Skene oder ein Bühnenhaus. Die Sitzplätze für das Publikum waren in halbkreisförmigen Sitzreihen um die Orchestra angeordnet. Während die Schauspieler sich zwischen Skene und Orchestra bewegten, nahm der Chor in der Orchestra zwischen Publikum und Schauspielern Aufstellung. Hervorzuheben ist hierbei, dass im klassischen Drama alle auftretenden Personen eine Maske trugen und dass der Begriff Person auf das lateinische Wort „persona" (Maske) zurückgeht.

Elisabethanische Theaterbauten

Das Elisabethanische Theater (engl. *Elizabethan Theater*) unterscheidet sich stark von seinen antiken Vorläufern. Die griechischen Theater konnten bis zu 15.000 Zuschauer aufnehmen, während Elisabethanische Theater wie das *Globe Theater* höchstens 2 000 Personen Platz boten. Das Globe in London war ein achteckiger Bau mit einem ungedeckten Innenhof, in dem sich billige Zuschauerplätze befanden. Die teuren Sitze auf den überdachten Galerien waren rund um den Innenhof in drei Stockwerken angeordnet. Die auf den Innenhof gerichtete Bühne schloss an diese Galerien an und erstreckte sich über mehrere Stockwerke, wodurch Balkonszenen wie in *Romeo and Juliet* (1595) möglich wurden. Durch die räumliche Trennung der Bühnenbereiche konnten inhaltliche Aspekte eines Dramas zusätzlich auf einer räumlichen Ebene verstärkt werden.

Wortkulisse

Das Elisabethanische Theater kam wie das antike ohne aufwendige Bühnenarchitektur aus. Viele Aspekte, die im modernen realistischen Drama durch Bühnenbild und andere Hilfsmittel erzielt werden, blieben oft der Phantasie des Publikums überlassen. Bereiche des Settings, die ab dem Barock durch Bühnenbild und Requisiten auf einer nonverbalen Ebene vermittelt wurden, mussten im Renaissancetheater durch das gesprochene Wort in Form von *Wortkulissen* suggeriert werden.

Parodie von „Wortkulisse"

Ein parodistisches Beispiel für die verbale Darstellung fehlender Requisiten ist die kurze „Theateraufführung" in Shakespeares *A Midsummer Night's Dream* (1595). Eine schlechte Laienschauspielergruppe kreiert eine Bühne auf der Bühne bzw. ein Spiel im Spiel, wobei auch das Setting einer Mauer im Mondschein im wahrsten Sinn des Wortes von zwei Schauspielern „verkörpert" wird. Trotz des parodistischen Elements verdeutlicht Shakespeare die Illusion jener Theaterwelt, die durch das Handeln der Schauspieler auf der Bühne in Wechselwirkung mit der Imagination des Publikums hervorgerufen wird.

Guckkastenbühne

Im Gegensatz dazu zeichnet sich das „moderne" Theater durch ein realistisches Bühnenbild aus. Wichtig war in diesem Zusammenhang eine neue Gestaltung der Bühne, des Bühnenbildes und der Requisiten. Die Bühne erhält die Form einer „Schachtel" mit drei Wänden und einer Decke, die mehr als in den vorhergehenden Theaterformen das Publikum von den Schauspielern trennt und den Eindruck einer eigenen, abgeschlossenen Welt bzw. eines in sich geschlossenen Settings vermittelt. Das Publikum beobachtet das Geschehen auf der Bühne wie durch eine unsichtbare vierte Wand. Man nennt diese Bühnenform, die sich im 18. und 19. Jahrhundert durchsetzte und bis heute in Verwendung ist, Guckkastenbühne (engl. *proscenium stage).* Die neue Form des Theaters ist Teil der Strömung des Realismus und Naturalismus in der Literatur, die versucht, Realität so wirklichkeitsgetreu wie möglich darzustellen. George Bernard Shaw (1856–1950), Gerhart Hauptmann (1862–1946) und der Norweger Henrik Ibsen (1828–1906) zählen zu den wichtigsten Vertretern dieser weltweiten Entwicklung. Die Handlung, die oft in einer wirklichkeitsgetreuen Bühnenrekonstruktion eines Salons aufgeführt wird und sich dabei weitgehend an die drei Einheiten von Ort, Zeit und Handlung hält, verdeutlicht auf anschauliche Weise die Verbindung von Guckkastenbühne und realistischem Drama des späten 19. Jahrhunderts.

expressionistisches Theater

Eine Reaktion auf diese realistischen Strömungen sind eine Reihe moderner Entwicklungen, die ähnlich wie in Lyrik und Prosa versuchen, neue Schwerpunkte zu setzen. Ein Beispiel ist das expressionistische Theater (engl. *expressionist theater*), das sich in Wechselwirkung zu Bildender Kunst und Film in den 1920er und 1930er Jahren etablierte. Der Expressionismus zeichnet sich im Drama durch ausdrucksstarke, oft übersteigerte Schminke, Kostüme oder Bühnenbilder aus. Ein gutes Beispiel für diese Abkehr vom realistisch-naturalistischen Theater des späten 19. Jahrhunderts ist Elmer Rices (1892–1967) amerikanisches Stück *The Adding Machine* (1923), das durch expressionistische Elemente die Entfremdung eines Großstadtbewohners in einer immer stärker mechanisierten Umwelt nachzeichnet. Ein späteres deutschsprachiges Beispiel ist Wolfgang Borcherts (1921–1947) *Draußen vor der Tür* (1947), das durch typisierte Figuren und repetitive Sprache eine expressionistische Wirkung erzeugt.

absurdes Theater

Interessant am expressionistischen und absurden Theater (engl. *theater of the absurd*) ist eine bewusste Rückkehr zu einfachen, abstrakten Bühnenbildern und Requisiten. Expressionistische Schminke, die dem Effekt einer Maske gleichkommt, und die oft leere Bühne des absurden Theaters lenken wie in älteren Dramenformen die Aufmerksamkeit verstärkt auf das gesprochene Wort und den Schauspieler. In Samuel Becketts *Warten auf Godot* (1955) ist das Bühnenbild auf eine Parkbank und einen stilisierten Baum reduziert, um die Leere des Dialogs auf der Ebene der Bühnengestaltung zu unterstreichen. Anders ist der Einsatz des Bühnenbildes und der Requisiten in Tom Stoppards (*1937) *After Magritte* (1971), das auf der nonverbalen Ebene des Theaterstückes surreale, sprachphilosophisch-motivierte Bilder des Malers René Magritte (1898–1967) umsetzt.

Im modernen Drama entsteht daher in vielen Fällen eine vordergründige Wechselwirkung zwischen Bühnengestaltung und Stück bzw. Transformation und Text. Theaterstücke, die für eine unkonventionelle Bühne bestimmt sind, unterscheiden sich von traditionellen meist auch in Form und Inhalt. Dies wirkt sich indirekt auch auf die Aufführung aus und bringt besondere Anforderungen an die Schauspieler mit sich.

Aufführung

In der letzten Phase der Aufführung (engl. *performance*) liegt der Schwerpunkt auf dem Schauspieler (engl. *actor),* der als Medium die kombinierten Anliegen des Autors und Regisseurs vermittelt. Erst in den letzten hundert Jahren hat sich die methodische Schauspielausbildung neben der Regie als weiteres eigenständiges Phänomen im Umfeld des Theaters etabliert. Bis zum Ende des 19. Jahrhunderts lag die Transformation des Textes fast ausschließlich beim Schauspieler selbst. Aufgrund der stark schwankenden Qualität der Leistungen der Schauspieler zwischen einzelnen Aufführungen ein und desselben Stückes wurden Methoden zur Gewährleistung gleichbleibender Ergebnisse entwickelt. Durch gezieltes Training von Atmung, Haltung, Körperbeherrschung und psychologischer Mechanismen wurde versucht, gewünschte Gefühlszustände auf der Bühne reproduzierbar zu machen.

Aufführung

Schauspielausbildung

In der modernen Schauspieltheorie stehen sich zwei grundlegende theoretische Positionen gegenüber: die sogenannte externe oder technische Methode und die interne oder wahrheitsgetreue Auffassung. In der externen Methode wird angenommen, dass der Schauspieler durch verschiedene Techniken in der Lage ist, beliebige Bewusstseinszustände ohne emotionales Hineinversetzen in seine Rolle zu imitieren. Die interne Methode hingegen baut auf eine individuelle Identifikation des Schauspielers mit seiner Rolle. Grundvoraussetzung ist das persönliche Durchleben und die Verinnerlichung von Gefühlen und Situationen, die die Rolle erfordert. Die Verinnerlichung als interne Identifikation mit der zu spielenden Rolle wurde durch den bereits erwähnten Russen Konstantin Stanislawski (1863–1938) und seinen Schüler Lee Strasberg (1901–1982) in den USA zur anerkannten Lehrmethode. Diese als *The Method* bezeichnete Richtung sieht als Ziel einer schauspielerischen Leistung nicht das „Zeigen", sondern das „Sein" auf der Bühne. Berühmte Schüler dieser Schauspielschule sind James Dean (1931–1955), Paul Newman (1925–2008), Marlon Brando (1924–2004) und Julie Harris (*1925). Die in Europa weitverbreitete Auffassung der externen Methode hingegen betont das emotionsfreie, technisch versierte „Zeigen" als Ideal guter Darstellung. Keine Schauspielausbildung kommt heute ohne Anleihen an beide Positionen aus. In der Regel werden Elemente der exter-

externe Methode

interne Methode

Stanislawski und Strasberg

method acting

nen und internen Methode den Anforderungen entsprechend kombiniert und eingesetzt.

handelnde Personen

Viele Aspekte, die in der Besprechung der Figuren in der Prosa bereits behandelt wurden, können auf das Drama übertragen werden. Das Drama stützt sich jedoch mehr als andere Genres auf handelnde Personen (engl. *dramatis personae*), wodurch sich gattungsspezifische Aspekte ergeben. Nicht selbstverständlich ist, dass im Drama mehrere handelnde Personen zusammenwirken. Ursprünglich bildete der Chor (engl. *chorus*) den Kern des antiken Dramas, dem in der klassischen Zeit weitere Figuren hinzugefügt wurden, wodurch ein Dialog zwischen den neuen Figuren und dem Chorus möglich wurde. Aufgabe des Chors war eigentlich, lyrische Gedichte vorzutragen, die zum Teil die Handlung des Dramas kommentierten, aber auch teilweise an die Schauspieler gerichtet waren, um diesen Ratschläge zu erteilen. Der Chor kommt vereinzelt auch im neuzeitlichen Theater zum Einsatz mit der Aufgabe, Zeitsprünge zu überbrücken oder das Publikum über neue Situationen zu informieren, wie in Shakespeares *Henry V* (ca. 1600). Auch Friedrich Schiller (1759–1805) in *Die Braut von Messina* (1803) oder neuerdings Elfriede Jelineks *Ein Sportstück* (1998) verwenden den Chor als selbstreflexives Stilprinzip.

Chor im antiken Drama

Figuren Charaktertypen

Ähnlich wie in der Prosa kann man auch im Drama je nach Zeichnung von flachen bzw. runden Figuren sprechen. Einige Dramengattungen wie die Komödie zeichnen sich durch den Einsatz von wiederkehrenden Charaktertypen (engl. *stock characters*) wie den prahlerischen Soldaten, den jähzornigen alten Mann oder schlauen Diener aus.

cross dressing

Bemerkenswert in bezug auf das Geschlecht der Schauspieler ist, dass sowohl in der Antike als auch im englischen Theater der frühen Neuzeit keine Frauen in den Aufführungen mitwirkten und alle weiblichen Rollen von jungen Männern dargestellt wurden. Deshalb kommt es in Komödien wie in Shakespeares *As You Like It* (ca. 1599) zu sehr komplizierten Situationen, wenn sich die von Männern gespielten Frauenfiguren im Stück als Männer verkleiden. Die weibliche Figur Rosalind, die gemäß den Konventionen der Elisabethanischen Zeit von einem jungen Mann dargestellt wird, verkleidet sich im Laufe der Handlung als Mann. Am Ende des Stückes enthüllt die Figur ihre „wahre" weibliche Identität und heiratet Orlando. Diese Tradition, Frauenrollen von Männern darzustellen, hielt sich bis ins späte 17. Jahrhundert und wurde erst im Restaurationsdrama aufgegeben. Mit Hosenrollen (engl. *breeches role),* in denen Frauen in Männerkleidung auftreten, erlangt dann das umgekehrte Phänomen große Beliebtheit.

Drama und Film

Text, Transformation und Aufführung sind nicht nur zentrale Ebenen der Theaterproduktion, sondern finden sich mit genrespezifischen Schwerpunkten in analoger Weise im Medium Film. Drehbücher unterscheiden sich von Dramentexten, indem sie die jeweiligen optischen, akustischen und räumlichen Möglichkeiten des Mediums berücksichtigen. Die Gesamtheit der Transformation ist im Drama anders als im Film, da im Drama eine durchgehende Aufführung ohne Unterbrechung erarbeitet wird. Im Film hingegen werden immer nur kleine Sequenzen für die Aufnahme vorbereitet. Auch bezüglich der Aufführung stellen beide Medien sehr spezielle Anforderungen an die Schauspieler. Im Theater muss durch ausdrucksstarke, oft übersteigerte Mimik, Gestik, Schminke und Sprache das Publikum bis in die letzten Sitzreihen erreicht werden. Man spricht in diesem Zusammenhang von großer Projektion. Im Film hingegen können solche Effekte großteils durch Kamera- und Tontechnik erzeugt werden, die diesem Medium einen spezifischen Charakter verleihen und es zu einem eigenständigen Genre machen.

4. Film

Aus der Perspektive des frühen 21. Jahrhunderts darf der Film als artverwandte Gattung der Textwissenschaft nicht mehr vernachlässigt werden. Ebenso wie der Roman im 18. Jahrhundert durch den Einsatz innovativer Erzähltechniken das Epos ablöste, konnte sich der Film durch neue und differenzierte Präsentationsformen wie Kamerabewegung, Kamerawinkel sowie Schnitt bzw. Montage als dem Drama zwar verwandtes, aber eigenständiges Genre etablieren. Viele Richtungen des Dramas im 20. Jahrhundert haben sich in Wechselwirkung zum Film entwickelt, der durch die Möglichkeit der wirklichkeitsgetreuen photographischen Abbildung jegliche Formen des realistischen Theaters übertraf. Ähnlich wie die bildende Kunst unter Einfluss der Photographie sich neuen abstrakten Richtungen zuwandte, gewann das Theater durch die Entwicklung des Films neue Wirkungsbereiche.

Wechselwirkung Film- und Textwissenschaft

Trotz spezifischer Charakteristika und einer eigenen Fachterminologie lässt sich Film mit literaturwissenschaftlichen Methoden analysieren, da er in Wechselwirkung zu den klassischen literarischen Genres steht. Die moderne Filmwissenschaft kennt wie die Literaturwissenschaft unterschiedliche Analyseansätze, wobei wichtige literaturtheoretische Strömungen auch von der Filmwissenschaft rezipiert und adaptiert wurden. So finden sich Richtungen, die sich analog zur textorientierten Literaturwissenschaft mit materiellen Aspekten des Films befassen (Filmmaterial, Montage, Schnitt, Ton) oder Strömungen, die Rezeption und Wirkung untersuchen. Andere Ansätze wie psychoanalytische oder feministische Filmtheorie stellen den Film in einen größeren Kontext.

Darstellende Künste

Trotz ihrer unterschiedlichen Erscheinungsformen werden Drama und Film aufgrund ihres Einsatzes von Schauspielern als Ausdrucksmedium gerne unter dem Begriff Darstellende Künste (engl. *performing arts*) zusammengefasst. Das Bild des Geschehens entsteht nicht erst durch den Leseprozess in der Vorstellungswelt des Rezipienten, sondern nimmt in der Aufführung außerhalb des Zuschauers Gestalt an. In beiden Genres steht die *performance* als visuelle Repräsentation durch Personen im Mittelpunkt. Die Behandlung des Films im Umfeld des Dramas als Darstellende Kunst ist irreführend, da man so dieser jüngsten Gattung nicht uneingeschränkt gerecht wird. Längst hat sich Filmwissenschaft zu einer eigenständigen Disziplin entwickelt, die an vielen Universitäten und Hochschulen als Studienrichtung belegt werden kann. Auch hat der Film seit seiner Entstehung vor über einem Jahrhundert eine Vielzahl von Gattungen und Formen hervorgebracht, so dass es unzureichend ist, dieses Phänomen als Nebenerscheinung des Dramas abzutun. Aufgrund der Dominanz des Visuellen, das in

performance

der Prosa eher zweitrangigen Charakter hat, wird der Film vorschnell als dramatisches Genre klassifiziert. Betrachtet man das Medium jedoch aus einer formal-strukturalistischen Perspektive, erscheint der Film in vielen Aspekten dem Roman verwandter als dem Drama. Typische Elemente des Romans wie Einsatz von differenzierten Erzählperspektiven, experimentelle Plotgestaltung, Vor- und Rückblenden sowie Wechsel des Settings und der Zeitstruktur sind im Film gängige Praktiken, die auf einer Bühne nur äußerst begrenzt oder in Ausnahmefällen umsetzbar sind.

narratologische Aspekte

technisch reproduzierbares Kunstwerk

Der größte Unterschied zum Drama liegt sicher in der „Fixiertheit" des Films. Während die Aufführung des Theaterstückes Einmaligkeitscharakter aufweist, gleicht ein Film einem Roman, der theoretisch ständig wiederholt (gelesen oder abgespielt) werden kann. In diesem Sinn ist das Theater ein archaisches Kunstwerk, das das Ideal der Einmaligkeit zelebriert. Jede Theateraufführung unter einem bestimmten Regisseur, mit individuellen Schauspielern, Bühnenbildern und vor einem wechselnden Publikum stellt ein einmaliges Ereignis dar, das sich einer exakten Wiederholung entzieht. Ein Film kann hingegen in verschiedenen Orten gleichzeitig gezeigt werden, wobei keine Vorführung als besser oder schlechter klassifizierbar ist, da es sich um denselben Film bzw. hunderte von identischen Kopien handelt. Obwohl im Drama wie im Film eine *performance* im Mittelpunkt steht, nimmt sie durch die Verschiedenheit der Medien einen völlig anderen Charakter an.

physiologische Grundlagen

Die Geschichte des Films ist direkt mit der Entwicklung der Photographie im 19. Jahrhundert verbunden. Durch schnelle Abfolge von Einzelaufnahmen im Film entsteht in der menschlichen Wahrnehmung der Eindruck von Bewegung. Um diese Illusion zu erzeugen, müssen pro Sekunde 24 Bilder aneinandergereiht werden. In jeder Sekunde eines Films wird der Lauf des Projektionsapparates 24-mal unterbrochen, so dass jedes einzelne Bild für einen Sekundenbruchteil auf der Leinwand erscheint. Die Projektionen der Bilder auf der Leinwand sind zu kurz, als dass sie vom menschlichen Auge als Einzelbilder erfasst werden können und werden daher als kontinuierliche Bewegung empfunden. Bereits im ausgehenden 19. Jahrhundert wurden mit Hilfe dieses physiologischen Prinzips erste erfolgreiche filmische Experimente durchgeführt.

Anfänge des Films

Um die Jahrhundertwende entstanden filmische Umsetzungen von erzählender Literatur. Zu den ersten sogenannten narrativen (erzählenden) Filmen zählen Kindergeschichten wie Georges Méliès' (1861–1938) *Cinderella* (1899) aber auch Romanadaptionen wie Edwin S. Porters (1870–1941) *Uncle Tom's Cabin* (1903) oder J. Stuart Blacktons (1874–1941) *Adventures of Sherlock Holmes* (1905). Während diese frühen Filme die unflexible Perspektive der Guckkastenbühne filmisch umsetzten, löste sich das Genre des Films vor und während des Ersten Weltkrieges durch neue Techniken wie bewegter Kameraführung und Filmschnitt immer deutlicher vom Vorbild des Dramas. Ein frühes amerikanisches Beispiel des episch-narrativen Films, das sich dieser neuen Techniken bedient, ist D.W. Griffiths (1875–1948) Filmepos *The Birth of a Nation* (1915) über den Amerikanischen Bürgerkrieg. Wichtige Genres wie Western, Slapstick-Komödien und Liebesgeschichten bildeten sich bereits im frühen amerikanischen Stummfilm heraus. Während des Ersten Weltkrieges setzte sich Hollywood als Zen-

Kamerabewegung und Filmschnitt

Hollywood

trum der sich etablierenden Filmstudios mit einem weitverbreiteten Netzwerk von Kinos in Amerika durch.

Außerhalb der Vereinigten Staaten erzielten russische Filmemacher wie Sergej Eisenstein (1898–1948) nach der russischen Revolution unter Einfluss Griffiths große Leistungen auf dem Gebiet des Filmschnitts. Im Deutschland der Zwischenkriegsjahre trugen Arbeiten wie Robert Wienes (1881–1938) *Das Cabinett des Dr. Caligari* (1919) und Fritz Langs (1890–1976) *Metropolis* (1925) zur Entwicklung des expressionistischen Films bei. Die stark von der Psychoanalyse beeinflusste Richtung, die sich auch im Drama niederschlägt, brachte durch die visuelle Umsetzung von Traum- und Gefühlsebenen eine neue Dimension in das Genre Film ein.

Tonfilm

Mit dem Aufkommen des Tonfilms Mitte der zwanziger Jahre wurden fortschrittliche visuelle Techniken zugunsten von Ton und Musik für kurze Zeit wieder aufgegeben. Mobile Kameraführung war aufgrund der schwerfälligen Tonausrüstung am Anfang nicht möglich, wodurch der Film bis zur Entwicklung leichterer Ausrüstung wieder einen fast dramenartigen Charakter annahm. Durch die akustische Dimension mit Dialog, Musik und Geräuschen gelang es, wie im Drama die Handlung nicht mehr rein visuell oder durch geschriebene Zwischentitel voranzutreiben. In den dreißiger Jahren finden sich unter den Genres des Hollywood-Films Western, Musicals, Gangster- und Abenteuerfilme, Science Fiction, Horrorfilme und Kostümepen. Während des Zweiten Weltkriegs entstand in Amerika das neue Genre des *film noir* (schwarzer Film), welches die Korruption in der desillusionierten Welt amerikanischer Großstädte thematisiert. Bekannte Beispiele sind Billy Wilders (1906–2002) *Double Indemnity* (1944) oder Howard Hawks' (1896–1977) *The Big Sleep* (1946).

Filmgenres

Internationale Bedeutung im Europa der Nachkriegsjahre erlangte der Italienische Neorealistische Film mit Regisseuren wie Roberto Rossellini (1906–1977), der realistische Themen in authentischer Umgebung filmisch umsetzte. Diese Arbeiten versuchen, das Alltagsleben im Nachkriegsitalien einzufangen und zeichnen sich durch eine eigenwillige Form aus, die nicht mehr das artifizielle Bühnenstück als Vorbild nimmt.

internationaler Film

In den frühen 1960er Jahren erhielten Regisseure wie Jean-Luc Godard (*1930) und François Truffaut (1932–1984) über die Grenzen Frankreichs hinaus durch innovative Werke internationalen Ruf. Auch der *Neue Deutsche Film,* zu dessen wichtigsten Vertretern Rainer Werner Fassbinder (1946–1982), Werner Herzog (*1942) und Wim Wenders (*1945) zählen, verhalf dem international schlecht vertretenen deutschen Film zu neuer Anerkennung. In den USA der 1980er Jahre gelingt es jungen Filmemachern ethnischer Minderheiten, sich neben dem traditionellen Hollywood-Kino zu etablieren. Filme wie Spike Lees (*1957) *Malcolm X* (1992) sind Teil einer Bewegung, die sich in der Literatur in Form unterschiedlicher *„minority" literatures (African-American, Chicano, Postcolonial, Gay* und *Lesbian*) schon früher entwickelt hat.

Dimensionen des Films

Im Film tragen wie in anderen Genres eine Reihe von unterschiedlichen Ebenen zum Gesamteindruck bei. Gerade in diesem Medium, das stark von der Technik abhängt, treten spezifisch filmische Dimensionen mit eigener Fachterminologie in den Vordergrund. Die wichtigsten Elemente des Films lassen sich in räumliche, zeitliche und akustische Dimensionen einteilen.

räumliche Dimension	**zeitliche Dimension**
Filmmaterial	Zeitlupe
Beleuchtung	Zeitraffer
Kamerawinkel	Erzählte Zeit
Kamerabewegung	Filmlänge
point of view	*flashback*
Schnitt	*foreshadowing*
Montage	

akustische Dimension
Dialog
Musik
Geräusche

räumliche Dimension

räumliche Dimension

Filmmaterial

Zur räumlichen Dimension zählt das Filmmaterial (engl. *film stock*). Durch einen gezielten Einsatz von schwarz-weißem, farbigem, kontrastreichem oder kontrastarmen, hoch- oder wenig empfindlichem Filmmaterial werden Effekte erzielt, die auf den Inhalt indirekt Einfluss nehmen. So kann das Einfügen von Schwarz-Weiß-Material in einen zeitgenössischen Farbfilm den Eindruck historischer Rückblenden in Form alter Wochenschauberichte aus einer früheren Filmära erzeugen. Auf ähnliche Weise reduziert Steven Spielberg (*1946) in *Saving Private Ryan* (1998) gezielt die Farbintensität des Films, um so den ästhetischen Endruck früher Filme aus dem Zweiten Weltkrieg zu vermitteln. Auch die Vermittlung von Bewusstseinszuständen bestimmter Figuren oder die Erzeugung spezifischer Settings können durch unterschiedlichen Einsatz des Filmmaterials erreicht werden. 1939 verwendete Victor Fleming (1883–1949) in *The Wizard of Oz* bereits Farbfilm-Passagen als Kontrast zum restlichen Schwarz-Weiß-Material. Spike Lee setzte in seinem Film *She's Gotta Have It* (1986) eine kurze Farbfilmpassage ein, um so die differenzierten Gefühle der Protagonistin in dieser Einstellung von den anderen in schwarz-weiß gehaltenen abzuheben.

Beleuchtung

Indirekt mit der Auswahl des Materials ist auch die Beleuchtung (engl. *lighting*) verbunden, da je nach Filmempfindlichkeit bestimmte Lichtverhältnisse herrschen müssen. Beleuchtung kann aber vor allem zur Erreichung optischer Effekte eingesetzt werden. In *Citizen Kane* (1941) verändert der Regisseur Orson Welles (1915–1985) Beleuchtungseffekte parallel zur persönlichen Entwicklung des Protagonisten Charles F. Kane. Während der junge idealistische Kane ohne Schatten dargestellt ist, werden später Teile seines Gesichts oft von Schatten verdeckt gezeigt, um die Entwicklung dunkler Seiten seines Charakters hervorzuheben. Dieses *low-key lighting* ist auch ein typisches Merkmal des *film noir.*

Einstellung

mise-en-scène

Zur räumlichen Dimension des Films gehört auch die Komposition des Bildes bzw. Einstellung (engl. *frame*), deren Elemente auch unter dem französischen Begriff *mise-en-scène* zusammengefasst werden. *Mise-en-scène* bedeutet ursprünglich „auf der Bühne platzieren" und bezeichnet das Arrangement aller visuellen Elemente in einer Theaterproduktion. Im Film wird dieser Terminus als Oberbegriff für die unterschiedlichen Elemente des Bildaufbaus verwendet, die unter anderem Kameraentfernung und -winkel, Objektivwahl, Beleuchtung, Bildausschnitt und Bildebenen, sowie die Positionierung von Personen und Objekten innerhalb des Bildes umfassen können.

Kameraeinstellung

Begriffe wie Großaufnahme (engl. *close-up*), Medium shot (engl. *medium shot*) und Totale (engl. *long shot*) bezeichnen den auf der Leinwand gezeigten Ausschnitt oder die Entfernung der Kamera vom gefilmten Objekt, wobei durch Einsatz von Weitwinkel- oder Teleobjektiven ähnliche Effekte können erzielt werden. Mit Hilfe eines *long* oder *establishing shots* z. B. in einem Western-Klassiker verschwindet die Person fast völlig in der Landschaft. Die Wahl dieses Blickwinkels suggeriert Weite und Übermacht der Wildnis, in welcher sich die Figuren zu behaupten haben, macht aber gleichzeitig den Zuschauer mit dem Ort der Handlung vertraut.

Kamerawinkel

Ein wichtiger Aspekt ist hier auch die Wahl des Kamerawinkels (engl. *camera angle*), von dem aus eine bestimmte Szene gefilmt wird. Soll eine Figur groß erscheinen, wird die Kamera vom Boden aus nach oben gehalten. Damit können stilisierte Größenverzerrungen erreicht oder Korrekturen vorgenommen werden. In Peter Jacksons (*1961) *Lord of the Rings* (2001–2003) werden z. B. bestimmte Kamerawinkel eingesetzt, um den Größenunterschied zwischen Hobbits und Menschen zu simulieren. Zu diesem Aspekt gehört auch die Kamerabewegung (engl. *camera movement*), mit der die Perspektive beliebig gewechselt werden kann. Am Anfang war die Kamera noch zu schwerfällig, um ihren Standort innerhalb einer Szene zu verändern. Es wurden jedoch bald mobile Ausrüstungen entwickelt, die eine „freie" Kameraführung ermöglichten. Die Eingangssequenz von Robert Zemeckis' (*1952) *Forrest Gump* (1994) zelebriert die freie Kamerabewegung anhand einer scheinbar willkürlich vom Wind durch die Luft gewirbelten, computeranimierten Feder, der die Kamera minutiös folgt.

Kamerabewegung

point of view

Direkt mit der Wahl des Kamerawinkels ist das Problem des *point of view* verbunden, der ähnliche Fragen wie in der Literatur aufwirft. Der Großteil der Filme bedient sich einer auktorialen Perspektive mit eingestreuten subjektiven *points of view* handelnder Personen. In Ausnahmefällen versuchen Filme auch, *eine* subjektive Erzählperspektive oder Sichtweise beizubehalten. In Robert Montgomerys (1904–1981) *Lady in the Lake* (1946) wird bis auf wenige Ausnahmen die gesamte Handlung aus der Sicht des Protagonisten gefilmt. Das führt soweit, dass der Zuschauer die Hauptfigur nur zu Gesicht bekommt, wenn dieser in einen Spiegel blickt. Diese Technik bewirkt im Zuschauer eine Identifikation mit dem Protagonisten, da das Geschehen wie durch seine Augen wahrgenommen wird.

Schnitt

Eine filmische Technik, die zur Flexibilität dieses Mediums beigetragen hat, ist der Schnitt (engl. *editing*). Bereits in den Anfängen des Stummfilms wie in Edwin S. Porters (1870–1941) *The Great Train Robbery* (1903) wurde Filmmaterial nach der Aufnahme geschnitten und neu zusammengestellt. Der frühe russische Film hat diese Technik der Montage (engl. *montage*) ausgiebig verwendet. Durch die Montage können ähnliche Effekte erzielt werden wie in der Literatur durch den Einsatz der rhetorischen Figuren Metapher und Simile. Zwei Bilder oder Objekte, die in keiner direkten Verbindung zueinander stehen, können in übertragener Bedeutung verknüpft werden. Ein Beispiel ist Sergej Eisensteins (1898–1948) Film *Strike* (1924), der ein Massaker von Arbeitern durch einen Schnitt mit Szenen eines Schlachthofs verbindet, um so das Töten der Tiere mit dem Geschehen des Films gleichzusetzen.

Montage

Durch Einsatz von mobiler Kamera, Filmschnitt und Montage löste sich das Medium Film immer deutlicher von seinen Wurzeln im Theater. Wurde in den Anfängen des Films praktisch das Setting der Guckkastenbühne durch einen starren Blickwinkel filmisch umgesetzt, ermöglichten technische Innovationen bald eine vom Theater unabhängige Entwicklung dieses Mediums, die zu eigenen Formen des künstlerischen Ausdrucks führte.

zeitliche Dimension

zeitliche Dimension

Wie die Literatur kann auch der Film mit der Dimension Zeit differenziert umgehen. Die bereits erwähnten Aspekte wie Plotgestaltung mit *foreshadowing* und *flashback* oder verschachtelte Handlungs- und Zeitebenen lassen sich filmisch umsetzen. Durch seine spezifischen Eigenheiten kann das Medium Film das Phänomen Zeit in einer Art und Weise verwenden, die anderen Gattungen in dieser Form nicht zugänglich ist. Einfache Beispiele sind Zeitraffer (engl. *fast motion*) und Zeitlupe (engl. *slow motion*), wodurch Geschehnisse verfremdet werden. Godfrey Reggios (*1940) Film *Koyaanisqatsi* (1982) bedient sich der Technik von Zeitraffer und Zeitlupe, um alltägliche Vorgänge wie Stadtverkehr und jahreszeitliche Veränderungen auf der ökologisch gefährdeten Erde bewusst zu machen.

Filmgeschwindigkeit

Handlungszeit und Filmdauer

Ungewöhnlich sind Filme wie Fred Zinnemanns (1907–1997) Western *High Noon* (1952), dessen Handlungszeit mit der tatsächlichen Filmdauer von ca. 90 Minuten weitgehend übereinstimmt. Auch ohne Einsatz spezieller Filmgeschwindigkeit wird die zeitliche Dimension meist ausgedehnt oder verkürzt, so dass die Filmzeit mit der Zeit im Kino nicht identisch ist. In Filmen wie Stanley Kubricks (1928–1999) *2001: A Space Odyssey* (1968) wird ein Zeitraum von mehreren Millionen Jahren in der menschlichen Evolution in wenigen Sekunden abgedeckt. In Marc Forsters (*1969) *Stay* (2005) hingegen entpuppt sich fast der gesamte Film als ein nur wenige Augenblicke dauernder Traum eines Unfallopfers kurz vor dessen Tod.

Zeitindikatoren im Film

diskontinuierliche Erzählstrukturen

Die Verwendung von diversen Zeitindikatoren ist besonders wichtig bei Filmen, die eine diskontinuierliche Erzählstruktur aufweisen. Dem Film stehen viele Möglichkeiten offen, um trotz fehlender Linearität auf zeitliche sowie kausale Zusammenhänge hinzuweisen. Die häufigste weil auch einfachste Methode sind schriftliche Inserts, die Zeit und (meist auch Ort) angeben. Auch eine Erzählerstimme kann diese Informationen liefern. Andere Filmemacher bemühen sich um künstlerischere Praktiken. Quentin Tarantino (*1963) verwendet in *Pulp Fiction* (1994) zwar auch Inserts, diese funktionieren aber eher als Kapitelüberschriften, die jeweils die Anfänge dreier Episoden kennzeichnen. Die eigentlichen Zusammenhänge und zeitlichen Überlappungen dieser Erzählstränge werden allerdings durch die Wiederholung von Handlungen und Szenen meist aus einer unterschiedlichen Perspektive sichtbar gemacht. In *Traffic* (2000) verwendet Steven Soderbergh (*1963) drei unterschiedliche Farbfilter für drei anfangs unabhängige Episoden, deren Beziehung erst graduell erkennbar wird. Im Film *The Hours* (2002), der einen Tag im Leben dreier Frauen in unterschiedlichen Städten sowie Dekaden beschreibt, illustriert Stephen Daldry (*1961) die Ähnlichkeiten und Parallelismen der Charaktere durch immer wiederkehrende *match cuts* und Montagesequenzen. *Memento* (2000), von Christopher Nolan (*1970), hilft dem Zuseher bei der Rekonstruktion der teilweise rückwärtslaufenden Erzählstruktur, indem die Anknüpfungspunkte der einzelnen Segmente sich jeweils wiederholen, d.h. zweimal gezeigt werden. In *I'm Not There* (2007) lässt Todd Haynes (*1961) unterschiedliche Lebensabschnitte des Sängers Bob Dylan durch verschiedene Schauspieler darstellen, was zusätzlich die zeitliche Orientierung der Zuseher unterstützt.

Besonders seit den 1990er Jahren erfreuen sich solche nichtlineare Erzählstrukturen in Mainstreamfilmen großer Beliebtheit. Damit einhergehend werden neuerdings verstärkt erzähltheoretische Ansätze aus der Romananalyse für die Filmwissenschaft adaptiert.

akustische Dimension

Der akustische Aspekt des Films erfährt in den 1920er Jahren eine ungeheure Entwicklung und bringt eine radikale Veränderung des Mediums mit sich. Information ist nun nicht mehr ausschließlich an optische Effekte wie Mimik, Gestik oder eingeblendete Schrift gebunden, sondern kann mittels Tonspur in Form von Sprache bzw. Dialog, *voice over*, Musik oder Geräuschen vermittelt werden.

akustische Dimension

Ein Film, der den Übergang von Stumm- zu Tonfilm verarbeitet, ist Billy Wilders (1906–2002) *Sunset Boulevard* (1950). Wilder spielt mit verbalem und nonverbalem Ausdruck als den beiden grundlegenden Dimensionen des Films. Die beiden Hauptfiguren, ein Drehbuchautor der neuen Tonfilmindustrie und eine Diva der Stummfilmzeit, verkörpern dieses Spannungsfeld von „Wort und Bild". Während die bildliche Dimension des Mediums Film durch die Stummfilmdiva verkörpert wird, ist die akustische Ebene durch den Skriptschreiber vertreten, der Dialoge zu Tonfilmen verfasst. Wilders *Sunset Boulevard* ist ein Beispiel für einen selbstreflektiven Film, der das eigene Medium und dessen mediale Dimensionen problematisiert.

Dialog

Ein weiterer akustischer Aspekt, der normalerweise in direkter Beziehung zur Handlung steht, ist die Filmmusik. Lautstärke, Klang, Rhythmus und Geschwindigkeit der Musik verändern sich je nach Situation und untermauern so inhaltliche Ebenen durch akustische Stilmittel. Ein Beispiel für den bewusst gewählten Einsatz von diegetischer (d.h. in die Handlung integrierte) Filmmusik ist George Lucas' (*1944) *American Graffiti* (1973). In dieser Darstellung des amerikanischen Kleinstadtlebens aus der Perspektive von Jugendlichen, die am Abend gelangweilt durch die Straßen der Stadt fahren, ertönt ständig Musik aus den Autoradios. Die Songs erzielen mit ihren typischen Themen des amerikanischen Traums von Freiheit, Erfüllung und Liebe einen fast komischen Effekt im Kontrast zu den desillusionierten Jugendlichen. Ihre Realität beschränkt sich auf monotone, täglich wiederkehrende Erlebnisse, die parallel zum kreisförmigen Herumfahren in den Straßen der Stadt stehen.

Filmmusik

diegetische Filmmusik

Der Großteil der Hollywoodfilme setzt jedoch Musik nichtdiegetisch (d.h. nicht als Teil der Handlung) ein. Romantische Szenen werden mit harmonischer Musik aus dem *off* unterstrichen, Gefahr oder Gewalt durch Disharmonie betont. So ertönt z.B. beim Auftauchen des weißen Hais in *Jaws* (1975) die gleiche auf den beiden Noten E und F basierende unheimliche Melodie von John Williams, wodurch rein akustisch herannahende Gefahr und damit Spannung suggeriert wird. Besonders das Horrorgenre bedient sich durch Musik oder Geräusche, wie z.B. einem unerwarteten Pauken-

nichtdiegetische Filmmusik

schlag für Schockmomente, einer Dramatik, die ohne schauspielerische Leistung erzeut werden kann.

Dieser Einsatz von Musik im klassischen Hollywoodfilm ist nicht unumstritten. Bereits von Anbeginn der Tonfilmära wurden Stimmen gegen offensichtlich handlungstragende Filmmusik laut. Ein neuestes Beispiel für den konsequenten Verzicht auf nichtdiegetische Filmmusik ist Michael Hanekes (*1942) *Das Weiße Band* (2009), das damit Bildkomposition und Sprache im Film bewusst in den Vordergrund stellt.

Die akustische Dimension fügt sich als integraler Bestandteil in das Zusammenspiel filmischer Elemente ein. Entweder wird die Handlung durch konventionellen Einsatz von Musik und Geräuschen auf unbemerkte Weise unterstützt, oder das Geschehen wird durch einen Kontrast von akustischer und inhaltlicher Ebene verfremdet.

IV. Epochen der Literatur- und Kulturgeschichte

Literaturgeschichte

Literaturgeschichte (engl. *literary history*) versucht, unterschiedliche Texte aufgrund ähnlicher struktureller, inhaltlicher oder historischer Merkmale zusammenzufassen und einer geschichtlichen Periode zuzuordnen. Im folgenden Überblick können nur jene Epochen herausgegriffen werden, die überregionale Bedeutung besitzen und daher auch die Grundlage der gängigen Periodisierungen in den einzelnen Nationalphilologien bilden.

Epochenübersicht

Antike	3. Jt. v. Chr. – 5. Jh. n. Chr
Mittelalter	5.–15. Jh.
Renaissance und Humanismus	15.–16. Jh.
Barock	17. Jh.
Aufklärung	18. Jh.
Romantik	erste Hälfte des 19. Jh.
Realismus und Naturalismus	zweite Hälfte des 19. Jh.
Modernismus	Erster bis Zweiter Weltkrieg
Postmodernismus	60er und 70er Jahre
„Randgruppen" Literaturen	70er Jahre –
Postkoloniale Literaturen	70er Jahre –

Antike

Im antiken Ägypten und Mesopotamien gehen Schrift und damit die Anfänge literarischer Produktion bis ins 3. Jahrtausend v. Chr. zurück. Zu den ältesten literarischen Denkmälern zählt das mesopotamische *Gilgamesch Epos,* das im Zeitraum von 2100–600 v. Chr. reiche Ausgestaltung erfährt. Es erzählt die Abenteurer des mythologischen Herrschers Gilgamesch und dessen vergebliche Suche nach dem ewigen Leben. Im westlichen Kulturraum setzt Schrift und Literatur erst im 7. Jahrhundert v. Chr. in Griechenland ein. Am Beginn dieser Tradition stehen die Homer zugeschriebenen Epen *Ilias* und *Odyssee* (ca. 7. Jh. v. Chr.), die die Belagerung Trojas durch die griechische Armee, den Fall der Stadt und die Irrfahrten des Odysseus erzählen. Zur frühen griechischen Literatur zählen Liebeslyrik der Dichterin Sappho (ca. 600 v. Chr.) und die Trinklieder des Anakreon (ca. 580–495 v. Chr.). Besonders die Dramen der sogenannten Klassischen Zeit wie Sophokles' (ca. 497–406 v. Chr.) Tragödie *König Ödipus* (ca. 425 v. Chr.) oder Aristophanes' (445–385 v. Chr.) Komödie *Die Frösche* (405 v. Chr.) haben großen Einfluss auf die spätere Literaturgeschichte ausgeübt. Die Zeit nach der griechischen Klassik brachte eine Reihe von Prosatexten wie Achilles Tatius' *Leukippe und Kleitophon* (spätes 2. Jh. n. Chr.) hervor. Als Mischung von Reiseabenteuer und Liebesgeschichte zählen diese Protoromane zur populären Unterhaltungsliteratur der Antike und nehmen in vieler Hinsicht die Gattung des neuzeitlichen Romans vorweg.

Der Großteil der bereits in der griechischen Antike gängigen Genres wurde auch von den Römern in lateinischer Sprache fortgesetzt, wie z. B. die Komödien des Plautus (ca. 250–184 v. Chr.) und Terenz (ca. 185–159

v. Chr.), die Liebeslyrik des Catull (84–54 v. Chr.) sowie die Satiren des Horaz (65–8. v. Chr.), die große Wirkung auf die frühe Neuzeit ausgeübt haben. Während griechische Texte im Mittelalter meist nur über den Umweg lateinischer Paraphrasen bekannt waren, stellen die großen Werke der römischen Antike die Grundlage mittelalterlichen Literaturverständnisses dar. Zu nennen sind hier vor allem Vergils (70–19 v. Chr.) *Aeneis* (ca. 31–19 v. Chr.), die wie kaum ein anderer literarischer Text Vorbildwirkung auf mittelalterliche Autoren ausgeübt hat. Neben Vergils Nationalepos zählen auch Ovids (43 v. Chr.) *Metamorphosen* (ca. 1 v. Chr.–10 n. Chr.) – eine umfangreiche Mythensammlung in Versform – zu den einflussreichsten Texten der Römischen Antike. Eine Brücke zum Mittelalter stellen die *Confessiones* (ca. 400 n. Chr.) des Kirchenvaters Augustinus (354–430 n. Chr.) dar, der damit das Genre der Autobiographie begründet.

Mittelalter

Das Mittelalter (engl. *Middle Ages*) entwickelt sich direkt aus der Kultur und Literatur des späten Weströmischen Reiches. Nach dessen Untergang im 5. Jahrhundert n. Chr. treten eine Reihe von Nationalstaaten das Erbe der Antike an. Trotz der voranschreitenden Entwicklung von Nationalsprachen nimmt das Lateinische für das gesamte Mittelalter bis in die frühe Neuzeit die Stellung einer *lingua franca* (einer überregionalen Sprache) ein, die Literatur, Verwaltung und Wissenschaft dominiert. Man spricht daher auch oft von der „europäischen Literatur des lateinischen Mittelalters" (Curtius). Trotzdem entstehen in allen Regionen neben dem Lateinischen literarische Texte in der jeweiligen Volkssprache (engl. *vernacular*). Zu den ältesten Beispielen dieser ältesten Sprachdenkmäler zählen Rätsel und Zaubersprüche wie die althochdeutschen *Merseburger Zaubersprüche* (aufgez. 10. Jh. n. Chr.). Bis auf das Drama, das sich erst am Übergang zur Neuzeit neu entwickelt, finden sich im Mittelalter bereits im Großen und Ganzen alle wichtigen literarischen Gattungen. In fast allen Nationalliteraturen entstehen epische Formen wie die frühen Heldendichtungen, zu deren wichtigsten Vertretern das althochdeutsche *Hildebrandslied* (ca. 840) oder das altenglische *Beowulf* (8. Jh.; aufgez. 10. Jh.) gehören. Weiters sind im Hochmittelalter die Romanze bzw. das Höfische Epos sehr beliebt, welche trotz Versform als Vorläufer des modernen Romans gelten. Zu den bekannten Beispielen zählen die französischen Artusepen (ca. 1170) von Chrétien de Troyes (ca. 1140–ca. 1190) sowie die vielfältigen Adaptionen in anderen Sprachen wie Hartmann von Aues (ca. 1165–1215) *Erec* (spätes 12. Jh.) und *Iwein* (ca. 1205) oder das anonyme englische *Sir Gawain and the Green Knight* (ca. 1375). Neben kurzen lyrischen Formen wie z.B. den Liedern Oswald von Wolkensteins (ca. 1377–1445) kennt das Mittelalter auch vereinzelt literarische Prosa, die aber angesichts der großen Zahl von Verserzählungen nicht im Mittelpunkt des literaturwissenschaftlichen Interesses steht. Während man im übrigen Europa noch vom Mittelalter spricht, zeichnet sich im 14. Jahrhundert in Italien mit Dante Alighieris (1265–1321) *Göttliche Komödie (Divina Commedia;* ca. 1307–1321) bereits ein neues literatur- und kulturgeschichtliches Zeitalter ab.

Renaissance

Die Renaissance (engl. *Renaissance*), die im 15. Jahrhundert von Italien ausgehend ganz Europa erfasste, war wie das Mittelalter stark der antiken Literatur und Kultur verpflichtet, wobei aber nun erstmals auch die griechische Antike voll rezipiert wird. Bereits der Name „Renaissance" im Sinne von „Wiedergeburt“ der Antike bezeichnet das Grundanliegen dieser Epoche. Mit der Verbreitung des Altgriechischen durch byzantinische Gelehrte wurde ein lange ungenutzter Wissenszweig für die westliche Welt zugänglich gemacht. Man bezeichnet diese erste Phase der Renaissance, die sich vor allem mit den sprachlichen Aspekten des Lateinischen und Griechischen sowie mit der antiken Rhetorik beschäftigte, auch als Humanismus (engl. *Humanism*).

Neben großen Durchbrüchen in der Bildenden Kunst setzte Italien aber auch neue literarische Maßstäbe, die im restlichen Europa auf fruchtbaren Boden fielen. Ähnlich wie Giovanni Boccaccios (1313–1375) *Decamerone* (1349–1351) in Italien und vergleichbaren Werken anderer Nationalliteraturen finden sich auch in England Zyklen von Erzählungen wie Geoffrey Chaucers (ca. 1340–1400) *Canterbury Tales* (ca.1387), die besonders für die Kurzgeschichte des 19. Jahrhunderts ein wichtiges Vorbild darstellen. Auch Francesco Petrarcas (1304–1374) Gedichtsammlung *Canzoniere* (1370) bzw. seine Sonette dominierten über Generationen die europäische Liebeslyrik der frühen Neuzeit. Vor allem aber setzt die Rezeption der antiken Epen Homers und Vergils in Italien mit Lodovico Ariostos (1474–1535) *Orlando Furioso* (1532) und Torquato Tassos (1544–1595) *Gerusalemme Liberata* (1581) ein. Diese beeinflussen wiederum ähnliche Werke in anderen Ländern wie Edmund Spensers (ca. 1552–1599) *Faerie Queene* (1590; 1596) in England oder Luís Vaz de Camões' (1524–1580) portugiesisches Nationalepos *Lusiaden* (1572).

In der Renaissance tritt auch erstmals seit der Antike das Drama wieder in den Mittelpunkt des literarischen Geschehens. Die Ursprünge des Renaissancedramas, das besonders in England mit William Shakespeare (1564–1616) und Christopher Marlowe (1564–1593) einen ersten Höhepunkt erlebt, gehen aber nicht unbedingt nur auf die klassische Antike zurück, sondern auf spätmittelalterliche und frühneuzeitliche Mysterien- bzw. Fastnachtsspiele, die sich relativ eigenständig aus dem Umfeld der Osterliturgie bzw. der Karnevalsumzüge entwickelt haben.

Obwohl bereits Boccaccio im *Decamerone*, François Rabelais (ca. 1494–1553) in seinem grotesken *Gargantua und Pantagruel* (1532–1564) und Philip Sidney (1554–1586) in *Arcadia* (ca. 1580) mit erzählender Prosa arbeiteten und in verschiedenen anderen Nationalliteraturen vereinzelt mit literarischen Prosatexten experimentiert wurde, steht diese Gattung in der Renaissance etwas zu Unrecht im Schatten der anderen Genres. Auch im Umfeld des Humanismus entstehen Prosatexte, die zwischen philosophisch-theoretischer und literarischer Prosa angesiedelt sind und zu deren bedeutendsten Beispielen die Essays des Franzosen Michel de Montaigne (1533–1592) und des Engländers Francis Bacon (1561–1626) gehören. Ebenfalls eine Zwitterstellung nehmen die Reiseberichte der Renaissance ein, die für sich Authentizität beanspruchen, zum Teil aber rein fiktional sind und so in direkter Wechselwirkung zur neuen Gattung der literarischen Utopie wie z.B. Thomas Mores (ca. 1477–1535) *Utopia* (1516) in England oder Tommaso Campanellas (1568–1639) *Sonnenstaat* (1602) in Italien stehen. Trotz dieser vielfältigen Prosaformen der Renaissance kommt es erst nach Ausklang der Epoche zu einer tiefgreifenden Transformation dieses Genres.

Barock

Erst in der Übergangszeit von der Spätrenaissance zum Barock (engl. *Baroque*) wird die epische Prosa bzw. der Roman zu einer neuen treibenden Kraft in der Literatur. Das Phänomen Barock kommt aus Italien, wo der Begriff für eine nicht mehr der eigentlichen Renaissance zugehörigen Richtung angewendet wurde, die sich durch ornamentalen Überschwang und Manierismus in Kunst, Architektur und Literatur auszeichnete. Gerade in Deutschland setzt die Erneuerungsbewegung, wie sie Italien und andere europäische Länder aus der Renaissance kennen, aufgrund der Reformation erst im 17. Jahrhundert ein. Das Barock wird zu einer kulturgeschichtlich bedeutenden Kraft, die unter anderem auch wichtige Beiträge zur Entwicklung des Romans gibt. Besonders wichtig ist hierfür das spanische *siglo de oro*, das goldenen Zeitalter (1550–1680), mit Miguel de Cervantes' (1547–1616) *Don Quixote* (1605–1615), der oft als erster moderner Roman bezeichnet wird. Im deutschsprachigen Raum ist Hans Jacob Christoph von Grimmelshausens (ca. 1621–1676) *Simplicissimus* (1669) das bekannteste frühe Beispiel dieses Genres. Auch das Drama erlebt im Barock einen europaweiten Höhepunkt mit Lope de Vega (1562–1635) und Pedro Calderón (1600–1681) in Spanien, Jean Racine (1639–1699) und Molière (1622–1673) in Frankreich oder durch die neulateinischen Trauerspiele des Jost van den Vondel (1587–1679) in den Niederlanden. Das Drama entwickelt sich im deutschsprachigen Raum um einiges langsamer als im restlichen Europa und wird trotz aufkommenden Berufsschauspielertums im Barock noch stark vom Jesuitendrama an den Schulen geprägt.

In der Lyrik leben alte Formen weiter, jedoch werden europaweit Emblem und Figurengedicht zu besonders populären Gattungen. Während das Figurengedicht wie z.B. George Herberts (1593–1633) „Easter Wings" mit der visuellen Gestalt und Anordnung der Buchstaben bzw. des Textes auf der Seite spielt, stellt die Gattung des Emblems bewusst Bild und Text als zwei getrennte aber sich gegenseitig bedingende Elemente nebeneinander. Ausgehend von Italien mit Andreas Alciatus' (1492–1550) *Emblembuch* (1531) hat sich diese religiös-moralisierende Gattung in ganz Europa bis ins 18. Jahrhundert großer Beliebtheit erfreut.

Aufklärung

Als Reaktion auf das stark religiös-dogmatisch durchdrungene Barock ist das Zeitalter der Aufklärung (engl. *enlightenment*) zu verstehen. Unter diesem Begriff werden eine Reihe von unterschiedlichen Strömungen innerhalb der verschiedenen Nationalliteraturen während des 18. Jahrhunderts verstanden, die sich durch eine kritische Haltung gegenüber traditionellen Normen und Konzepten auszeichnen. Zentraler Begriff ist die Vernunft, womit dem Menschen als denkendem Individuum eine große Eigenverantwortlichkeit zugesprochen wird. Die Strömung ist ursächlich mit den Arbeiten des französischen Philosophen René Descartes (1596–1650) verbunden. Theoretiker wie John Locke (1632–1704) in England sowie Gottfried Wilhelm Leibniz (1646–1716) und Immanuel Kant (1724–1804) in Deutschland, aber auch Voltaire (1694–1778) und Denis Diderot (1713–1784) in Frankreich haben die Aufklärung zu einem Phänomen gemacht, das auch über Europa hinaus bis nach Nordamerika Verbreitung fand. In England steht diese Entwicklung auch in Wechselwirkung zur Entstehung von regelmäßig erscheinenden Zeitschriften als einem neuen Medium im 18. Jahrhundert. Der wichtigste literarische Beitrag Englands in dieser Zeit geht aber vom Roman aus, der hier erst im 18. Jahrhundert populär wird. Daniel Defoes (1660–1731) *Robinson Crusoe* (1719), aber vor allem Henry Fieldings (177–1754) *Tom Jones* (1749) und Samuel Richardsons (1689–1761) (1740–1741) *Pamela* (1740–1741) haben den europäischen Roman nachhaltig geprägt. Man denke nur an Johann Wolfgang Goethes (1749–1832) Briefroman *Die Leiden des jungen Werthers* (1774) oder den Bildungsroman *Wilhelm Meisters Lehrjahre* (1795–1796). In der deutschsprachigen Literatur findet sich der Geist der Vernunft und Toleranz besonders in den dramatischen Werken Gotthold Ephraim Lessings (1729–1781), der sich nicht nur in seinen theoretischen Schriften gegen die starren klassizistischen Regeln des Dramas wehrt, sondern auch in seinen eigenen Dramen neue Wege beschreitet. So begründet Lessings *Emilia Galotti* (1772) das bürgerliche Trauerspiel im deutschen Sprachraum, während das Alterswerk *Nathan der Weise* (1779) aufgrund seiner Toleranzidee ein besonders anschauliches Beispiel der Aufklärung darstellt.

In Deutschland wird das späte 18. Jahrhundert auch als *Sturm und Drang* bezeichnet und vor allem mit den Namen Johann Gottfried Herder (1744–1803), Friedrich Schiller (1759–1805) und Johann Wolfgang Goethe (1749–1832) verbunden. Trotz Anleihen an der Aufklärung gehen die Dichter des Sturm und Drang neue Wege, die einerseits durch die Beschäftigung mit der Volksliedдichtung und durch Jean-Jacques Rousseaus (1712–1778) Naturkonzepte beeinflusst sind. Beide Aspekte – die Volkslieder und die Naturbegeisterung – nehmen in vieler Hinsicht Tendenzen der Romantik als einer überregionalen Strömung vorweg.

Romantik

Als Romantik (engl. *Romanticism*) bezeichnet die Literaturgeschichte den Zeitraum Ende des 18. Jahrhunderts bis zur Mitte des 19. Jahrhunderts. Wichtige Impulse sind für die europäische Romantik von England ausgegangen. Das Erscheinen der *Lyrical Ballads* (1798) der Autoren William Wordsworth (1770–1850) und Samuel Taylor Coleridge (1772–1834) gilt als Beginn einer neuen Epoche, in der vor allem Naturlyrik und individuelle, emotionale Erfahrung eine große Rolle spielen. Die Romantik ist als Reaktion zur Aufklärung und zu den politischen Umbrüchen in Europa und Amerika im ausgehenden 18. Jahrhunderts zu verstehen. In Amerika überschneidet sich die Romantik weitgehend mit der Strömung des Transzendentalismus (engl. *Transcendentalism*) in der ersten Hälfte des 19. Jahrhunderts, zu dessen bedeutendsten Vertretern der Philosoph Ralph Waldo Emerson (1803–1882) und der Dichter Walt Whitman (1819–1892) gehören. In Deutschland sind Achim von Arnims (1881–1831) Liedersammlung *Des Knaben Wunderhorn* (1805), aber auch Novalis' (1772–1801) Gedichte und Romanfragmente sowie E.T.A. Hoffmanns (1776–1822) Erzählprosa bedeutende Beiträge dieser Richtung.

Realismus und Naturalismus

Die nächste wichtige überregionale Strömung setzt in der zweiten Hälfte des 19. Jahrhunderts mit Realismus und Naturalismus (engl. *Realism* und *Naturalism*) ein. Beide Richtungen sind um wirklichkeitsnahe Darstellungsformen in der Literatur bemüht sind. Oft wird Realismus als Strömung definiert, die „Wirklichkeit" in Sprache realistisch umsetzen will. Naturalismus hingegen gilt als Versuch, die determinierende Auswirkung sozialer und umweltbedingter Einflüsse auf literarische Figuren möglichst getreu darzustellen. Diese Strömungen ziehen sich durch alle Genres, manifestieren sich aber vor allem in Drama und Roman. Wichtige Beispiele des europäischen Romans dieser Epoche sind Stendhals (1783–1842) *Rot und Schwarz* (1830) sowie Gustave Flauberts (1821–1880) *Madame Bovary* (1857) in Frankreich, Charles Dickens' (1812–1870) *David Copperfield* (1849–1850) in England, Gottfried Kellers (1819–1890) *Grüner Heinrich* (1854/55) im deutschen Sprachraum und Dostoevskij, Fëdor (1821–1881) *Die Brüder Karamasow* (1879/80) in Russland. Im Drama gehen wichtige Impulse von Skandinavien durch Henrik Ibsens (1828–1906) *Nora oder Ein Puppenheim* (1879) aus. Im deutschsprachigen Raum zählt Gerhart Hauptmann (1862–1946) mit Stücken wie *Die Weber* (1893) zu den wichtigsten Vertretern, während in England George Bernard Shaw (1856–1950) mit dieser Strömung in enger Verbindung steht.

Modernismus

Als Reaktion auf die realistischen Strömungen des späten 19. Jahrhunderts ist die Bewegung des Modernismus (engl. *Modernism*) zu verstehen. Waren Realismus und Naturalismus vor allem um eine naturgetreue Abbildung der Wirklichkeit in der Literatur bemüht, wendet sich der Modernismus verstärkt innovativen Erzählstrukturen wie der *stream of consciousness technique* und neuen literarischen Ausdrucksformen wie Kollagen oder dem literarischen Kubismus zu. Der Begriff Modernismus fasst umfangreiche literarische Erneuerungen in den ersten Jahrzehnten des 20. Jahrhunderts zusammen, die sich unter dem Einfluss von Psychoanalyse und anderer kulturhistorischer Phänomene manifestieren. Zu den Hauptwerken des englischsprachigen Modernismus gehören James Joyces (1882–1941) *Ulysses* (1922) und T.S. Eliots (1888–1965) *The Waste Land* (1922). Im deutschen Sprachraum zählen Rainer Maria Rilkes (1875–1926) Gedichte und Prosatexte, Robert Musils (1880–1942) *Der Mann ohne Eigenschaften* (1930–1952) und Herman Brochs (1886–1951) *Die Schlafwandler* (1931–1932) zu den wichtigsten Beispielen. In der spanischen und lateinamerikanischen Literatur wird diese Epoche als *Modernismo* bezeichnet, die mit den Spaniern Miguel de Unamuno (1864–1936) und Federico García Lorca (1898–1936) sowie dem Portugiesen Fernando Pessoa (1885–1935) internationale Bedeutung erlangte. Auch Frankreich wird ein Zentrum des Modernismus, nicht zuletzt da in den ersten Jahrzehnten des 20. Jahrhunderts eine Reihe von englischsprachigen Exilanten in Paris einen einflussreichen Zirkel von Literaten und Künstlern unterhielten, zu denen unter anderem auch Pablo Picasso (1881–1973) zählte. Innerhalb der Epoche des Modernismus finden sich in den einzelnen Ländern unterschiedliche verwandte und eigenständige Strömungen wie der internationale Dadaismus, der italienische Futurismus, aber auch der deutsche Expressionismus.

Postmodernismus

Im Postmodernismus (engl. *Postmodernism*) werden modernistische Anliegen bezüglich innovativer Erzähltechniken wieder aufgenommen und auf akademische, oft formelhafte Art umgesetzt. Dieses literarische Phänomen der zweiten Hälfte des 20. Jahrhunderts, das indirekt nationalsozialistische Verbrechen und nuklearen Holocaust des Zweiten Weltkrieges verarbeitet, führt Ansätze des Modernismus weiter. Vielperspektivische Erzählstrukturen, überlagerte und ineinander verwobene Handlungsstränge, aber auch drucktechnische Spielereien sind Leitmotive dieser Texte. Ausgehend von Amerika haben Werke wie John Barths (*1930) *Lost in the Funhouse* (1968) oder Thomas Pynchons (*1937) *The Crying of Lot 49* (1966) diesem Trend zu einer etablierten Stellung in der Literaturwissenschaft verholfen. Das absurde Drama wie Samuel Becketts (1906–1989) *Warten auf Godot* (1955) oder Tom Stoppards (*1937) Theaterstücke und der postmoderne Film adaptieren viele dieser Elemente für ihr Medium. Im lateinamerikanischen Raum erfährt der Postmodernismus mit den Arbeiten der Argentinier Jorge Luis Borges (1899–1986) und Julio Cortazar (1914–1984), dem Kolumbianer Gabriel García Márques (*1928) oder dem Mexikaner Carlos Fuentes (*1928) eine eigene Ausformung. Im deutschsprachigen Raum zählen die Dramen und Romane Peter Handkes (*1942) oder die Arbeiten Max Frischs (1911–1991) zu dieser internationalen Richtung.

Seit den 1970er Jahren sind in vielen Ländern die avantgardistischen und übertrieben anmutenden Arbeiten der Postmodernisten durch Gender und „Ethnische" Literaturen (engl. *Gender* and *„Ethnic" Literatures*) in den Hintergrund gerückt worden. Romane von Frauen, die aus sozio-politischen Beweggründen konkretere inhaltliche Anliegen vertreten, kehren in vielen Fällen zu eher traditionellen Erzählstrukturen und Gattungen zurück. Werke wie Erica Jongs (*1942) *Fear of Flying* (1973) oder Elfriede Jelineks (*1946) *Die Klavierspielerin* (1983) haben zusammen mit afro-amerikanischen Autorinnen wie Alice Walker (*1944) und Toni Morrison (*1931) Texte von geschlechtlichen und ethnischen Minoritäten zu einer einflussreichen Richtung gemacht.

Postkoloniale Literaturen

Parallel dazu sind am Ende des 20. Jahrhunderts Postkoloniale Literaturen (engl. *Postcolonial Literatures*) ins Zentrum des Interesses gerückt. Werke aus ehemals britisch oder französisch dominierten Gebieten der Karibik, Afrikas, Indiens oder Australiens haben ebenfalls zu dieser Wende in der zeitgenössischen literarischen Landschaft beigetragen, die oft durch Betonung inhaltlicher Dimensionen ein Gegengewicht zu verspielten Innovationen von Modernismus und Postmodernismus darstellen. Salman Rushdies (*1947) *Satanic Verses* (1988), Derek Walcotts (*1930) *Omeros* (1990), Chinua Achebes (*1930) *Things Fall Apart* (1958) und Janet Frames (1924–2004) *An Angel at My Table* (1984) sind englischsprachige Beispiele dieses globalen Phänomens.

Dieser grobe literaturgeschichtliche Überblick versteht sich als eine erste Orientierung zu Strömungen von überregionaler Bedeutung. Ein solches Raster ist jedoch nicht in der Lage, philologiespezifische Literaturgeschichten einzelner Nationen oder Regionen zu ersetzen. Auch werden in dieser Einteilung viele Autoren von Weltrang nicht erwähnt, da sie der hier verwendeten Epocheneinteilung nicht eindeutig zuordenbar sind.

V. Wo und wie finde ich Sekundärliteratur?

Internet als Quelle

Im Zeitalter des Internets ist es unumgänglich, Erklärungen zur Literatursuche einige grundsätzliche Überlegungen voranzustellen. Auch wenn das Internet in vielen alltäglichen Situationen Recherchen unterschiedlicher Art revolutioniert und erleichtert hat, so darf dies nicht darüber hinwegtäuschen, dass dieses neue Werkzeug in der Literaturwissenschaft nur begrenzt nutzbar ist. Bevor man das Internet als Quelle für wissenschaftliche Arbeiten verwendet, muss man sich über einige Fakten im Klaren sein: Nur ein verschwindend kleiner Prozentsatz von wissenschaftlichen Arbeiten wie Texteditionen, Monographien oder Aufsätze ist im Netz zugänglich. Der Großteil wissenschaftlicher Publikationen ist weiterhin nur in gedruckter Form erhältlich. Auch jene Zeitschriften, die neben ihrer gedruckten Ausgabe auch als Online-Publikationen existieren, sind nur dann über das Netz zugänglich, wenn die Universität eine Campuslizenz dafür besitzt. Dasselbe trifft für andere große Literaturdatenbanken mit Primärtexten zu. Dies bedeutet für den Literaturwissenschaftler, dass er weiterhin den Großteil der Quellen außerhalb des Internets, d. h. in Bibliotheken zu suchen hat.

Wenn also Professoren Arbeiten mit Quellenangaben, die überwiegend aus dem Internet stammen, als dilettantisch und unseriös beurteilen, dann liegt dies nicht unbedingt daran, dass sie sich dem Zeitgeist entgegenstellen. Eher wird in diesen Fällen die mangelnde wissenschaftliche Fundierung der Arbeit und unzureichende Sekundärliteraturrecherche für eine negative Beurteilung ausschlaggebend sein.

Forschungsstand und Themenwahl

Die wissenschaftliche Auseinandersetzung mit literarischen Werken sollte im Idealfall einen neuen Blickwinkel oder bestimmten Aspekt eines Textes herausarbeiten und in Verbindung zum jeweiligen Forschungsstand bringen. Um dieser Anforderung gerecht zu werden, ist es notwendig, sich mit der vorhandenen Sekundärliteratur vertraut zu machen. Es muss überprüft werden, welche Ergebnisse zu einem bestimmten Thema, Text oder Autor bereits veröffentlicht sind. Dadurch vermittelt Sekundärliteratur nicht nur Anregungen und Voraussetzungen für die eigene Arbeit, sondern bestimmt zugleich Grenzen der persönlichen Themenstellung, wenn sich ein Bereich als ausreichend erforscht erweist. Wie sehen nun gut recherchierte wissenschaftliche Arbeiten bzw. Seminararbeiten aus?

Wissenschaftliche Arbeiten während des Studiums sind meist thematisch klar umrissen, indem sie auf einen bestimmten Aspekt eines Textes oder Autors ausgerichtet sind. Für die Literatursuche zu Proseminar- und Seminararbeiten genügt in der Regel die im Schlagwortkatalog (engl. *subject index*) der Institutsbibliothek angeführte monographische (d. h. in Buchform erschienene) Sekundärliteratur zu einem bestimmten Thema. Diese Vorgangsweise reicht in den meisten Fällen aus, wenn keine anderen Anforderungen gestellt sind. Umfangreiche Untersuchungen wie Diplomarbeiten, Magisterarbeiten oder Dissertationen, aber auch die Abfassung von Aufsätzen zur Publikation in wissenschaftlichen Zeitschriften machen es nötig, sich intensiver über den Forschungsstand eines Gebietes zu informieren und eine möglichst vollständige Liste der Sekundärliteratur zusammenzustellen. Dies dient einerseits dazu, sich Ergebnisse anderer Wissenschaftler anzueignen, andererseits um zu überprüfen, ob eigene Resultate auch wirklich originell und nicht bereits veröffentlicht sind.

Sekundärliteratur: Aufsatz, Rezension, Miszelle

Zur Sekundärliteratur (engl. *secondary source*) werden Aufsätze (engl. *article* oder *essay*), Rezensionen bzw. Buchbesprechungen (engl. *book review*) und sogenannte Miszellen (sehr kurze Aufsätze zu einem sehr eingegrenzten Thema; engl. *note*) gezählt, die vor allem in wissenschaftlichen Zeitschriften (engl. *journal*) veröffentlicht werden. Wie in allen anderen akademischen Forschungsbereichen erscheinen auch in der Literaturwissenschaft regelmäßig Zeitschriften, in welchen neue Ergebnisse von Wissenschaftlern publiziert werden. Aufsätze erscheinen aber auch in sogenannten Sammelbänden (engl. *collection of essays* oder *anthology)*, die meist von einem oder mehreren Herausgebern (engl. *editor*) zu einem bestimmten Thema zusammengestellt und publiziert werden. Wird ein solcher Sammelband zu Ehren eines bekannten Wissenschaftlers herausgegeben, spricht man von einer Festschrift (engl. meist auch *festschrift*). Wissenschaftliche Arbeiten in Buchform, die *ein* bestimmtes Thema behandeln, werden als Einzeldarstellungen oder Monographien (engl. *monograph*) bezeichnet. Der Großteil der Dissertationen und wissenschaftlichen Buchpublikationen im Umfeld der Universität gehört zu dieser Gruppe.

Sammelband

Festschrift

Monographie

MLA International Bibliography

In den Philologien, d.h. den nach Sprachen eingeteilten Literatur- und Sprachwissenschaften, gibt es bibliographische Nachschlagewerke, die zur Suche von Sekundärliteratur herangezogen werden. Für alle neusprachlichen Philologien wie Germanistik oder Romanistik, besonders aber für die anglistisch-amerikanistische Literaturwissenschaft gilt die von der *Modern Language Association (MLA)* zusammengestellte *MLA International Bibliography* als Standardreferenzwerk. Diese Bibliographie – mit jährlich mehreren tausend neuen Einträgen von Sekundärliteratur – erscheint seit dem Jahr 1921.

Online Suche in der *MLA Bibliography*

Die meisten größeren Universitäts- oder Institutsbibliotheken führen die *MLA Bibliography* in ihrer gedruckten Version und ermöglichen außerdem den Zugriff auf die Online-Version von 1963 bis zur Gegenwart. Will man z.B. herausfinden, was über den Roman *The Handmaid's Tale* (1985) der kanadischen Schriftstellerin Margaret Atwood erschienen ist, gibt man einfach den Namen der Autorin und Titel des Werkes bzw. ein Schlagwort ein, und erhält die gesamte in der *MLA Bibliography* erfasste Sekundärliteratur zu den jeweiligen Suchbegriffen. Hier zur Illustration ein Eintrag aus der genannten Online-Suche. Die Abkürzungen am linken Rand bedeuten: TI = title, AU = author(s), SO = source (Publikationsorgan), IS = International Standard Numbers, LA = language, PT = publication type, PY = publication year, DE = descriptors.

Eintrag in der *MLA Bibliography*

TI: Margaret Atwood's The Handmaid's Tale: A Contextual Dystopia
AU: Ketterer,-David
SO: Science-Fiction-Studies, Greencastle, IN (SFS). 1989 July, 16:2 (48), 209–217
IS: 0091–7729

LA: English
PT: journal-article
PY: 1989
DE: Canadian-literature; 1900–1999; Atwood, -Margaret; The Handmaid's-Tale; novel-; dystopian-novel; treatment of historicity

Die einzelnen Literaturhinweise der *MLA International Bibliography* umfassen die wichtigsten Informationen über Inhalt und Thema des Sekundärwerkes, vor allem aber alle nötigen Daten, um sich die aufgelistete Sekundärliteratur (Zeitschriften- oder Sammelbandaufsatz, Buchpublikation etc.) beschaffen zu können. Im Fall des obigen Beispiels wird zuerst der Titel des Aufsatzes („Margaret Atwood's *The Handmaid's Tale*: A Contextual Dystopia"), dann der Name des Verfassers der Sekundärliteratur genannt (Ketter, David), weiters die Zeitschrift oder der Sammelband, worin der Aufsatz erschienen ist *(Science-Fiction Studies),* sowie Jahres-, Band- und Seitenangabe der Zeitschrift (1989 July; 16(2 [48]): 209–217) angeführt. Bei Buchpublikationen wird außerdem der Erscheinungsort und Verlag angegeben. Zusätzlich bietet die *MLA International Bibliography* unter der Rubrik Descriptors (DE) auch kurze Informationen über Inhalt und Themenstellung des Sekundärwerkes. Dies erfolgt in Stichworten und erlaubt eine erste, schnelle Orientierung über die Relevanz eines Werkes für das eigene Forschungsvorhaben.

Suche in der gedruckten *MLA Bibliography*

Die meisten Bibliotheken besitzen eine Lizenz für die Online-Version der *MLA Bibliography,* die jedoch nur den Zeitraum ab 1963 abdeckt. Für früher erschienene Sekundärliteratur, muss man die gedruckte Bibliographie heranziehen, die bis ins Jahr 1921 zurückgeht.

Obwohl die *MLA International Bibliography* das umfassendste bibliographische Nachschlagewerk für neuere Sprachen und Literaturen darstellt und normalerweise die Ansprüche eines Anfängers erfüllt, kann sie natürlich nie alle zu einem Thema oder Autor publizierte Sekundärliteratur beinhalten. Universitätsbibliotheken bieten daher auch die Möglichkeit auf weitere internationale, computermäßig erfasste Datenbanken bzw. Bibliographien zuzugreifen. Diese aufwendigere Suche ist aber für den Studienanfänger kaum interessant und lohnt sich erst im Rahmen einer Magisterarbeit oder eines Dissertationsprojektes.

vernetzte Online-Bibliothekskataloge

Eine einfache und schnelle Art Monographien, d. h. Buchpublikationen zu einem spezifischen Thema zu finden, die vor 1963 erschienen sind und daher in der Online-Version der *MLA International Bibliography* nicht aufscheinen, bieten die Online-Kataloge großer Forschungsbibliotheken wie der *Library of Congress* oder der *British Library.* Die meisten Universitäten ermöglichen auch den Zugriff auf vernetzte Kataloge wie den *Online Public Access Catalogue (OPAC)* oder das *Online Computer Library Center (OCLC),* kurz *OCLC WorldCat* genannt. Diese Netzwerke erlauben mit einem Suchbefehl gleichzeitigen Zugriff auf die Daten einer großen Zahl internationaler Bibliothekskataloge, wobei das Programm selbständig die vernetzten Datenbanken auf den gewünschten Suchbefehl hin durchsucht.

Spezialbibliographien

Für größere Forschungsprojekte, die eine vollständige – oder annähernd vollständige – Liste der Sekundärliteratur zu einem Thema erfordern, ist es notwendig, Spezialkataloge und themenspezifische Bibliographien zu konsultieren. Die beste Überblicksdarstellung zu diesen Quellen ist James L. Harner, *Literary Research Guide: A Guide to Reference Sources for the Study of Literatures in English and Related Topics*, 5th ed. (New York: MLA, 2008); 826 S.

Literaturbeschaffung und Fernleihe

Hat man Hinweise auf Sekundärliteratur in der *MLA Bibliography* oder einem der Standardreferenzwerke gefunden, beginnt die Suche nach vorhandener Literatur am eigenen Institut und an der Universitätsbibliothek. Benötigt man Bücher bzw. Zeitschriften, die nicht an den Bibliotheken der Universität vorhanden sind, können diese über die Universitätsbibliothek mit Hilfe der sogenannten Fernleihe (engl. *interlibrary loan*) von auswärts bestellt werden. Es kann auch sein, dass bestimmte Aufsätze, die man über diese Recherche gefunden hat, als Online-Publikation erhältlich sind. Dann ist es natürlich sinnvoll, diese Quellen zu nutzen und als Online-Publikation in der Arbeit zu zitieren. Wie man Sekundärliteratur richtig in der Arbeit dokumentiert, darauf wird im nächsten Kapitel näher eingegangen.

VI. Wie verfasse ich eine wissenschaftliche Arbeit?

Grobstruktur der Arbeit

Beim Abfassen einer Seminararbeit gibt es neben der Regeln bezüglich der Erstellung des kritischen Apparates (vgl. unten) einige Konventionen den Aufbau und die innere Struktur der Arbeit betreffend. Wichtig ist hierbei, dass eine wissenschaftliche Arbeit einen nachvollziehbaren Aufbau mit Einleitung, Hauptteil und Schluss besitzt.

Einleitungsparagraph

Der erste Absatz bzw. Einleitungsparagraph (engl. *introductory paragraph*) einer Arbeit erfüllt mehrere Funktionen: in den ersten Sätzen muss der Leser zum Thema geführt werden, indem man z. B. mit relativ allgemein gehaltenen Aussagen zum spezifischen Anliegen der Arbeit hinleitet. Oft wird hierbei von bereits Bekanntem ausgegangen, um dann auf das Neue oder Spezielle der vorliegenden Arbeit hinzuweisen. Dieses „Neue" der Arbeit wird ebenfalls in der Einleitung im sogenannten *thesis statement* vermittelt, das dem Leser als eine Art Plan oder Vorschau im Hinblick auf Inhalt, Methode und Aufbau der Arbeit dient.

thesis statement

Thema

Ein Teil des *thesis statement* in der Einleitung muss kurz den spezifischen Fokus der Arbeit umreißen, wobei auf eine sinnvolle und praktikable Eingrenzung des Themas geachtet werden soll. Gute wissenschaftliche Arbeiten zeichnen sich durch eine genaue und überzeugende Einschränkung des Themas bzw. einen klaren Fokus aus. So hat es z. B. wenig Sinn, für eine Seminar- oder Proseminararbeit ein so undifferenziertes Thema wie „Christine de Pizans *Buch von der Stadt der Frauen*" zu wählen. Angesichts der Tatsache, dass es schon unzählige Publikationen zu diesem Text gibt, sollte man sich auf einen interessanten Teilaspekt konzentrieren, unter dem man das Werk analysiert, wie z. B. „Christine de Pizans *Buch von der Stadt der Frauen* als Vorläufer der modernen Feministischen Literaturtheorie". Der Fokus der Arbeit sollte natürlich nicht willkürlich gewählt werden, sondern im Idealfall einen neuen und zugleich zentralen Aspekt des Textes behandeln.

Methode

Ein weiterer Teil des Einleitungsparagraphen bzw. des *thesis statement* geht darauf ein, wie das Thema angegangen wird; d. h. welche Methodik in der Analyse zur Anwendung kommt. Dieser Teil der Einleitung ermöglicht es dem Leser, die Arbeit wissenschaftstheoretisch einzuordnen bzw. mit einer Schule oder einem der eingangs behandelten methodischen Ansätze in Verbindung zu bringen. Im konkreten Fall des genannten Beispiels wäre dies eine Analyse von Pizans literarischem Text als mittelalterlicher Vorläufer moderner feministischer literaturtheoretischer Anliegen.

„Fahrplan"

Weiters sollte in der Einleitung auch kurz darauf hingewiesen werden, welche Aspekte des Themas in welcher Reihenfolge präsentiert werden. Dieser „Fahrplan" erleichtert dem Leser die Orientierung, indem die Konzeption der Arbeit von vornherein transparent und nachvollziehbar gemacht wird. Im konkreten Fall der oben genannten Arbeit über Pizan könnte man z. B. argumentieren, dass eingangs biographische Daten über Pizan genannt werden, die Pizans Auseinandersetzung mit protofeministischem Gedankengut dokumentieren, und weiters die Hauptthesen moderner Feministischer Theoriebildungen zusammengefasst werden, die dann als Grundlage für eine Analyse des Werkes *Buch von der Stadt der Frauen* dienen.

Kombination der Teilaspekte des Einleitungsparagraphen

Natürlich müssen die Teilaspekte des *thesis statement* nicht immer isoliert angeführt werden bzw. können in den meisten Fällen gar nicht getrennt voneinander behandelt werden. Oft wird im Thema bereits die Methode anklingen, oder Fahrplan und Methode bedingen sich gegenseitig. In vielen Fällen kann es daher sinnvoll sein, Thema und Methode oder auch Methode und „Fahrplan" zu kombinieren. Wie diese drei Aspekte des *thesis statement* in der Einleitung vermittelt werden hängt also stark von der jeweiligen Arbeit ab. Wichtig ist jedoch, dass alle drei Aspekte für den Leser eindeutig nachvollziehbar sind.

Beispiel für einen Einleitungsparagraphen

Beispiel für einen Einleitungsparagraphen

Titel der Arbeit

Christine de Pizans *Buch von der Stadt der Frauen* als Vorläufer der modernen Feministischen Literaturtheorie

Hinführen zum Thema

Eingrenzung des Themas („Was?")

Methode („Wie ?") und „Fahrplan" („Wann?")

Christine de Pizans spätmittelalterliches *Buch von der Stadt der Frauen* ist nach eigenen Aussagen der Autorin als Reaktion auf die frauenfeindliche Literatur ihrer Zeit zu verstehen. Im Folgenden wird daher Pizans Text auf seine feministisch-literaturtheoretischen Grundaussagen hin untersucht. Hierzu werden vorerst zentrale Aspekte der Feminismusdiskussion in der 2. Hälfte des 20. Jahrhunderts diskutiert und in einem zweiten Schritt mit biographischen Daten und ausgewählten Passagen aus Pizans *Buch von der Stadt der Frauen* in Verbindung gebracht. Dadurch soll gezeigt werden, dass Pizans Text starke Parallelen zur Frauenstereotypen-Diskussion der 1960er Jahre aufweist.

Einleitung Checkliste

Im Einleitungsparagraphen werden also Thema und methodische Vorgangsweise, aber auch Aufbau der Arbeit kurz umrissen. Um zu überprüfen, ob man einen informativen Einleitungsparagraphen geschrieben hat, sollte man sich folgende Fragen stellen: „Was" ist das Thema der Arbeit bzw. wovon handelt sie? „Wie", d.h. mit welcher Methode wird die Analyse durchgeführt? „Wann" oder in welcher Reihenfolge werden die Hauptargumente der Arbeit präsentiert? Sind diese drei grundlegenden Fragen nach „was", „wie" und „wann" beantwortet, dann kann man davon ausgehen, dass der Leser durch ein gutes *thesis statement* über Thema, Methodik und Aufbau der Arbeit unterrichtet wird.

Was?
Wie?
Wann?

Absätze des Hauptteils
topic sentence

Jeder nachfolgende Paragraph oder Abschnitt der Arbeit soll eine Sinneinheit bilden, die einen Teilaspekt des gestellten Themas behandelt. Hierzu ist es wichtig, für jeden Absatz einen *topic sentence* einzufügen, der einerseits den Sinnzusammenhang des Absatzes umreißt, andererseits aber auch eine

Verbindung zum Thema (d.h. *thesis statement*) der gesamten Arbeit herstellt. Auch sollte man überlegen, ob der Absatz an der richtigen Stelle innerhalb der Arbeit platziert ist; oder anders ausgedrückt, ob seine Stellung mit der in der Einleitung dargelegten Struktur übereinstimmt.

Überleitungen

Überleitungen (engl. *transitions*) von einem Absatz zum anderen verleihen der Arbeit die notwendige innere Kohärenz. Im Idealfall sollte ein Absatz nahtlos in den nächsten übergehen, was dadurch erreicht wird, dass einerseits Überleitungen am Ende des Absatzes zum nachfolgenden verweisen, andererseits am Beginn des neuen Absatzes auf das Vorhergehende Bezug genommen wird. Am einfachsten lassen sich diese Verbindungen innerhalb des jeweiligen *topic sentence* am Beginn eines neuen Absatzes einflechten. Diese Struktur erleichtert dem Leser die Orientierung und zählt zu den Hauptmerkmalen eines verständlichen Schreibstils.

Beispiel für Absatz im Hauptteil

Beispiel für einen Absatz innerhalb einer Arbeit

topic sentence mit Bezug zum vorhergehenden Absatz

Ausführungen zu einem Teilaspekt des *topic sentence*

> Moderne Feministische Literaturtheorie für die Analyse dieses mittelalterlichen Werkes heranzuziehen, stellt keineswegs eine willkürliche methodische Vorgangsweise dar. Neben einer Vielzahl von literarischen Belegen zeigt auch Pizans Biographie, dass die Autorin Ende des 14. Jahrhunderts in einem regen Gelehrtenstreit über literarische Frauendarstellungen engagiert war. Pizans Kritik am patriarchalen Frauenbild in literarischen Werken männlicher Autoren weist wiederum sehr starke Parallelen zum sogenannten "Images of Women Criticism" der 1960er Jahre auf ...

Absatz Checkliste

Ein untrügliches Zeichen für schlecht strukturierte Arbeiten sind Absätze bestehend aus einzelnen, unzusammenhängenden Sätzen. Bildet man für jeden Satz einen eigenen Absatz, so kann man davon ausgehen, dass Aufbau und logische Struktur des Textes noch zu wünschen übrig lassen. Man muss dann daran gehen, die einzelnen Sätze so zu Absätzen zusammenzufassen, dass sie in sich geschlossene Sinneinheiten ergeben.

Unterkapitel Checkliste

Auch mögliche Unterkapitel sollte man einer kritischen Betrachtung unterziehen. Häufig werden in Aufsätzen so viele Überschriften eingefügt, dass fast jeder Absatz ein eigenes Kapitel darstellt. Bei einer Proseminararbeit von weniger als zehn Seiten mutet das übertrieben an. Ein damit verbundenes Problem ist, dass durch den Einsatz von Unterüberschriften oft logische Überleitungen zwischen den Sinneinheiten der Arbeit vernachlässigt werden. Der Trugschluss dabei ist, dass man meint, durch eine neue Überschrift auf einen neuen Aspekt überleiten zu können, ohne die einzelnen Abschnitte wirklich inhaltlich aufeinander abstimmen zu müssen. Um dem vorzubeugen, sollte man zumindest probeweise alle Kapitelüberschriften aus dem Text entfernen und überprüfen, ob der Text auch so noch kohärent und für den Leser nachvollziehbar strukturiert ist, und ob alle Teilbereiche logisch aufeinander folgen.

Am Ende einer Arbeit werden in einem Schlussparagraphen (engl. *concluding paragraph*) die wichtigsten Punkte der Arbeit kurz zusammengefasst, um so die Ergebnisse dem Leser noch einmal in Erinnerung zu rufen. Man sollte sich dabei nicht scheuen, dem Leser das *thesis statement*, vor allem aber die wichtigsten Punkte der Argumentationskette mit ihren Ergebnissen nochmals kurz und prägnant vor Augen zu führen. Gute Schlusssequenzen beinhalten weiters eine Art Ausblick (engl. *outlook*), der über die eigentlichen Ergebnisse hinausgeht bzw. diese in einen größeren Kontext stellt. Hierbei kann unter Umständen auf den Beispielcharakter der Arbeit hingewiesen und gezeigt werden, dass mit dieser Herangehensweise auch bei anderen Werken gute Ergebnisse möglich sind. Prinzipiell sollte in diesem kurzen Ausblick die Arbeit aus einer größeren Distanz betrachtet werden, um so über die eigentliche Untersuchung hinaus auf mögliche weitreichendere Zusammenhänge zu verweisen.

Schlussparagraph

Wiederholung des *thesis statements*

Resultate

Ausblick

Beispiel für einen Schlussparagraphen

Beispiel für einen Schlussparagraphen

> Natürlich ist es nicht möglich, mit einem modernen feministischen Zugang allen Facetten dieses vielschichtigen Werkes gerecht zu werden. Dennoch scheint sowohl die Biographie Pizans als auch Struktur und Inhalt ihres bekanntesten Werkes einen solchen Ansatz zu fordern. Der Überblick über die wichtigsten Formen des modernen Feminismus sowie die Besprechung exemplarischer Beispiele aus Pizans Text haben eindeutig gezeigt, dass Pizans Anliegen in vieler Hinsicht den sogenannten "Images of Women Criticism" der 1960er Jahre vorwegnehmen. Aufgrund dieser Ergebnisse liegt es nahe, den Schluss zu ziehen, dass am Beginn jeglicher feministischer literaturtheoretischer Überlegungen - im Spätmittelalter ebenso wie in der zweiten Hälfte des 20. Jahrhunderts - eine Kritik an herrschenden patriarchalen Frauenbildern stehen muss.

Wiederholen des *thesis statements*

Zusammenfassung der Ergebnisse

Ausblick

Als einfache Kontrolle, ob Einleitungs- und Schlussparagraph effizient gestaltet sind, kann man probeweise nur diese beiden Absätze lesen. Werden in diesen zwei zentralen Paragraphen alle wichtigen Fragestellungen und methodischen Schritte der Arbeit angeführt und zusammenfassende Antworten auf die Problemstellungen gegeben, so erfüllen Einleitung und Schluss ihre Funktion. Anders ausgedrückt sollten bei Lektüre von Einleitung und Schluss alle wichtigen Informationen über Inhalt, Methodik und Ergebnisse der Arbeit sozusagen auf einen Blick ersichtlich sein.

Checkliste für Qualität von Einleitung und Schluss

Man kann nun zu Recht anmerken, dass nicht alle publizierten wissenschaftlichen Aufsätze diese rigide Struktur beachten. Dennoch ist gerade diese Kompositionstechnik im anglo-amerikanischen Raum sehr verbreitet und wird in den meisten Kursen an Colleges und Universitäten gefordert.

Besonders für Anfänger ist es von Vorteil, sich an solche Regeln zu halten, die eine nachvollziehbare Anleitung für die Abfassung wissenschaftlicher Arbeiten bieten. Diese Kompositionstechnik versucht, die innere Geschlossenheit zu verstärken und die Verständlichkeit von wissenschaftlichen Arbeiten zu fördern. So einfach diese Anleitungen auch erscheinen, sie erfordern sehr viel Praxis und Geduld, weshalb man sich auch nicht entmutigen lassen soll, falls es einem nicht auf Anhieb gelingt, seine Arbeit gemäß dieser Vorgaben zu strukturieren.

MLA Style Sheet

In jeder akademischen Disziplin haben sich weitere Konventionen bezüglich der Gestaltung des kritischen Apparates von wissenschaftlichen Arbeiten eingebürgert. Im Bereich der Literaturwissenschaft gibt es hier besonders strikte Regeln, die von der bereits genannten *Modern Language Association* als weltweit größte Vereinigung von Literaturwissenschaftlern in Form eines Handbuches veröffentlicht sind. An dieses *style sheet* halten sich alle großen englischsprachigen Verlage und Zeitschriften, weshalb es sich auch an fast allen Universitäten durchgesetzt hat, da es Anleitungen zur konsistenten Erstellung des kritischen Apparates (Fußnoten und Literaturverzeichnis) bietet. Die folgenden Richtlinien sind eine einfache Version der wichtigsten Regeln, die im *MLA Handbook for Writers of Research Papers* ausführlich erläutert werden.

Außerhalb des englischen Sprachraums haben sich die strikten *MLA*-Regeln im universitären Umfeld nur bedingt etabliert, so dass es z. B. in der deutschen Germanistik kein allgemein verbindliches Format gibt. Auch wenn man in den eigenen Seminararbeiten nicht alle Details des *MLA style sheets* sklavisch umsetzen will, zeigt es dennoch alle wichtigen Grundprinzipien auf, die in der Dokumentation von Quellen berücksichtigt werden sollten.

Direktzitat
Paraphrase

Verwendete Literatur fließt in eine Arbeit entweder als Zitat (engl. *quotation*) oder Paraphrase (engl. *paraphrase*) ein: kurze Passagen von Primärtexten werden meist als direkte Zitate eingefügt, größere Sinneinheiten in Form von Paraphrasen wiedergegeben. Sekundärliteratur wird in der Regel paraphrasiert, außer es handelt sich um grundlegende Thesen, die wörtlich übernommen werden.

längere Textzitate als eigener Absatz

Ebenfalls zu beachten ist, dass kurze Direktzitate, die weniger als vier getippte Zeilen umfassen, in den Fließtext integriert und am Beginn und Ende durch Anführungszeichen markiert werden. Längere Textzitate erscheinen als eigener, links eingerückter Absatz im Text ohne Anführungszeichen. Wird eine Textpassage nicht zur Gänze zitiert, kennzeichnet man die ausgelassenen Teile durch drei Punkte in eckigen Klammern [...].

parenthetische Dokumentation

Wird in einer schriftlichen Arbeit auf ein bestimmtes Primär- oder Sekundärwerk Bezug genommen, wird es als *parenthetical citation* zitiert. Direkt im Text wird nach dem Zitat der Name des Verfassers (Auerbach 22) oder der Titel des Werks (*Mimesis* 22) sowie die Seitenzahl in Klammern angegeben. Werden von einem Autor mehrere Werke benutzt, wird zusätzlich zum Namen das Erscheinungsjahr des jeweiligen Werks vor der Seitenzahl angeführt; z. B. (Auerbach 1948, 22).

Fußnoten

Quellenverweise oder Quellendokumenationen können nicht nur im Fließtext, sondern auch in Fußnoten stehen. Werden Verweise auf Quellen in Fußnoten gemacht, wird ebenfalls der Name des Autors sowie die Seitenzahl angegeben.

Bibliographische Fußnote (engl. *bibliographic note*)

Bibliographische Fußnote

[1] Für die dominierende Stellung des Lateinischen in der mittelalterlichen Literatur vgl. Curtius 156-168.

Fußnoten erfüllen in einer wissenschaftlichen Arbeit einen doppelten Zweck: einerseits als Möglichkeit, um auf weiterführende Literatur zu verweisen, andererseits kann ein Gedanke weiter ausgeführt werden, der nicht in unmittelbarem Zusammenhang mit der Argumentation im Text steht.

Literaturverzeichnis

Da die parenthetische Kurzzitierweise im Text keine vollständige Dokumentation der jeweiligen Quellen bietet, müssen am Ende der Arbeit in der Bibliographie alle verwendeten Primär- und Sekundärwerke in detaillierter Form alphabetisch aufgelistet werden. Damit der Leser die Quellen der Zitate oder Paraphrasen jederzeit ausfindig machen kann, müssen alle wichtigen Daten eines Textes erfasst werden. Hierzu zählen Name des Verfassers oder des Herausgebers, Titel des Sekundärwerkes, der Zeitschrift oder des Sammelbandes, worin der Aufsatz erschienen ist, sowie die Jahres-, Band- und Seitenangabe der Zeitschrift. Bei Buchpublikationen sind zusätzlich Erscheinungsort und Verlag anzugeben. Diese Information kann den ersten Seiten eines Buches bzw. dem Impressum einer Zeitschrift entnommen werden. Zur Unterscheidung des Formats der Quelle empfiehlt das *MLA Style Sheet* am Ende jedes Eintrags in der Bibliographie das Format anzugeben; z. B. „Print" für gedruckte Werke.

Angabe des Formats

Bei der Angabe der Textquellen im Literaturverzeichnis ist generell darauf zu achten, dass die Reihenfolge „wer, was, wo, wann, wie" (Autor, Titel, Publikationsort mit Verlag, Publikationsjahr, Format) eingehalten wird.

Eintrag aus einem Literaturverzeichnis (engl. *bibliography*)
Nachname, Vorname. *Titel des Werkes.* Erscheinungsort: Verlag, Erscheinungsjahr. Format.

Eintrag aus einem Literaturverzeichnis

Curtius, Ernst Robert. *Europäische Literatur und lateinisches Mittelalter.* Bern: Francke, 1948. Print.

Aufgrund der alphabetischen Ordnung der Einträge im Literaturverzeichnis wird der Nachname des Autors vorangestellt. Um eine Buchpublikation optisch von einem Aufsatz zu unterscheiden, wird der Titel des Buches kursiv geschrieben.

Weitere Beispiele für Einträge in einem Literaturverzeichnis
Buchpublikation zweier Autoren:

Buchpublikation zweier Autoren

Gilbert, Sandra M., and Susan Gubar. *The Madwoman in the Attic:* The Woman Writer and the Nineteenth-Century Imagination. New Haven: Yale University Press, 1979. Print.

Bei mehreren Verfassern wird der erste Verfasser mit Nachname, Vorname zitiert, die folgenden Verfasser mit Vorname Nachname, ohne Beistrich dazwischen, angegeben. Viele Titel von wissenschaftlichen Arbeiten bestehen aus zwei Teilen. Wie das obige Beispiel zeigt, wird der Untertitel vom Titel durch einen Doppelpunkt getrennt.

Sammelband

Sammelband von einem Herausgeber:

Greenblatt, Stephen, ed. *New World Encounters*. Berkeley: University of California Press, 1993. Print.

Sammelband von mehreren Herausgebern:

Jones, LeRoi and Larry Neal, eds. *Black Fire: An Anthology of Afro-American Writing*. New York: Morrow, 1968. Print.

Die Abkürzung „eds." nach den Namen steht für „editors" (Herausgeber), die die Aufsätze oder Texte dieses Sammelbandes (engl. *anthology*) zusammengestellt und herausgegeben haben.

Aufsatz in Zeitschrift

Aufsatz in einer Zeitschrift:

Brackert, Helmut. "Helmbrechts Haube." *Zeitschrift für deutsches Altertum und deutsche Literatur* 103 (1974): 166-184. Print.

Der Titel von Aufsätzen wird unter Anführungszeichen gesetzt, um so hervorzuheben, dass es sich nicht um eine Buchpublikation handelt. „103" ist der Jahrgang, „1974" das Publikationsjahr und „166–184" die Anzahl der Seiten des gesamten Artikels.

Bei Zeitschriftenartikeln ist generell darauf zu achten, dass Verlag und Publikationsort *nicht* angegeben werden, während das bei Buchpublikationen oder Sammelbänden notwendig ist. Wichtig bei Bibliographieeinträgen ist die genaue Seitenangabe (von Beginn und Ende) des zitierten Aufsatzes.

Für das Zitieren neuerer Medien wie DVDs oder CD-ROMs gelten ähnliche Regeln der Dokumentation wie bei gedruckten Quellen, wobei Titel des Werks, Autor bzw. Regisseur, Schauspieler, Herausgeber etc. anzugeben sind. Im speziellen Fall von DVDs oder CD-ROMs wird die Formatangabe „DVD" oder „CD-ROM" nach dem Jahr der Veröffentlichung am Ende der Quellenangabe angeführt.

Film-DVD

Film-DVD im Literaturverzeichnis:

It's a Wonderful Life. Dir. Frank Capra. Perf. James Steward, Donna Reed, Lionel Barrymore, and Thomas Mitchell. 1946. Republic, 2001. DVD.

Online-Aufsätze oder -Bücher werden prinzipiell wie gedruckte Texte zitiert, wobei jedoch wichtig ist, das Datum des Zugriffs auf die Website anzugeben. Da Online-Publikationen leicht verändert werden können, soll das genaue Datum des Zugriffs auf die Website dokumentieren, welche Version des Dokuments benutzt wurde. Vor diesem Datum wird noch „Web" hinzugefügt, um das Format der Quelle anzugeben. Der *Uniform Resource Locator (URL)*, d.h. die Webadresse, sollte nur dann angegeben werden, wenn die Webseite schwierig zu finden ist.

Online-Artikel

Online-Artikel im Literaturverzeichnis:

Tolson, Nancy. "Making Books Available: The Role of Early Libraries, Librarians, and Booksellers in the Promotion of African American Children's Literature." *African American Review* 32 (1998): 9–16. *JSTOR*. Web. 1 Oct. 2002.

Die angeführten Beispiele decken die am häufigsten vorkommenden Literaturverzeichniseinträge ab. Detaillierte Angaben für das Anführen von Buchrezensionen, Übersetzungen oder Neuauflagen gibt das *MLA Handbook*.

Da Seminar- oder Proseminararbeiten zur Korrektur bestimmt sind, wird ein doppelter Zeilenabstand gewählt und durch einen großzügigen Rand auf beiden Seiten des Textes Platz für Notizen und Kommentare bereitgestellt. Wichtig ist daher auch, dass Name des Verfassers, Titel der Arbeit, Name des Lehrveranstaltungsleiters und Bezeichnung der Lehrveranstaltung auf der ersten Seite oder einem eigenen Deckblatt der Arbeit angegeben sind.

Zur Veranschaulichung wird auf den beiden folgenden Seiten je ein Beispiel für die Gestaltung von Titelseite und Literaturverzeichnis einer Seminararbeit gezeigt. Die folgende Musterseite illustriert ausschließlich häufige Formatierungs- und Dokumentationskonventionen. Sie soll keinesfalls als Modell eines Einleitungsparagraphen dienen, da hier aus Platzgründen im Drucklayout auf ein vollständiges *thesis statement* verzichtet wurde.

Beispiel für die Titelseite einer literaturwissenschaftlichen Arbeit

Durchnummerieren der Arbeit

Mair 1

Hans Mair
Professor Mario Klarer
Seminar: Zeitgenössische Utopien
(Sommersemester 2010)
14 Oct. 2010

Buchtitel kursiv

Geschlecht in Ursula Le Guins *The Dispossessed*

erste Absatzzeile einrücken

Anführungszeichen bei Aufsätzen oder Kurzgeschichten

Anführungszeichen bei kurzen Zitaten

Lange Zeit hat sich die Le Guin-Forschung vornehmlich mit der Unzulänglichkeit der geschlechtsspezifischen Charakterpräsentation in ihren Romanen beschäftigt, wobei der Vorwurf der Vermännlichung ihrer androgynen Wesen im Zentrum der Diskussion stand. Le Guin hat diese Anschuldigungen sehr ernst genommen und sich in ihrem Aufsatz "Is Gender Necessary? Redux" dafür entschuldigt, dass sie "androgyny [not] from a woman' s point of view as well as a man' s" [1] beleuchtet hat. Sie verweist dennoch auf die differenzierten Geschlechterkonstruktionen in ihrem Roman, wenn sie argumentiert, dass ihre androgynen Wesen

längere Zitate als eigener Absatz

drei Punkte als Auslassungszeichen

paranthetische Dokumentation

> have no myth of progress at all. Their calendar calls the current year always the Year One, and they count backward and forward from that. In this, it seems that what I was after again was a balance: the [...] linearity of the ‚male' , the pushing forward to the limit, [...] and the circularity of the ‚female' .
> (Le Guin 1989, 12)

bibliographische Fußnote

[1] Die Tatsache, dass LeGuin sich für eine männliche Perspektive rechtfertigen muss, zeigt deutlich, wie gering das Interesse im Feminismus der 1970er und 1980er Jahren an Maskulinitätskonzepten war (vgl. Moi, 177-179).

Beispiel für eine Seite aus dem Literaturverzeichnis

Bibliographie

Aristotle. *The Complete Works of Aristotle: The Revised Oxford Translation*. Ed. Jonathan Barnes. 2 vols. Princeton University Press, 1984. Clayton: IteLex, 1994. CD-ROM.	Buchpublikation CD-ROM
Derrida, Jacques. *Of Grammatology*. Trans. Gayatari Chakaravorty Spivak. Baltimore: Johns Hopkins University Press, 1974. Print.	Buchpublikation Übersetzung
Child, L. Maria, ed. *The Freedmen's Book*. Boston, 1866. *Google Book Search*. Web. 15 May 2008.	Buchpublikation Online-Ausgabe
It's a Wonderful Life. Dir. Frank Capra. Perf. James Steward, Donna Reed, Lionel Barrymore, and Thomas Mitchell. 1946. Republic, 2001. DVD.	Film DVD
Le Guin, Ursula K. *The Dispossessed*. 1974. London: Grafton, 1986. Print.	Buchpublikation Nachdruck
–. *The Left Hand of Darkness*. London: Macdonald, 1969. Print.	
–. "Is Gender Necessary? Redux." *Dancing at the Edge of the World: Thoughts on Words, Women, Places*. New York: Grove, 1989. 7-16. Print.	Aufsatz in Buchpublikation
Moi, Toril. *Sexual/Textual Politics*. 2nd ed. London, New York: Routledge, 2002. Print.	Buchpublikation Neuauflage
Showalter, Elaine. "Feminist Criticism in the Wilderness." *The New Feminist Criticism*. Ed. Elaine Showalter. London: Virago, 1985. 243-270. Print.	Aufsatz in Anthologie
Tolson, Nancy. "Making Books Available: The Role of Early Libraries, Librarians, and Booksellers in the Promotion of African American Children's Literature." *African American Review* 32 (1998): 9-16. *JSTOR*. Web. 1 Oct. 2002.	Aufsatz Online-Version

Verwendete Literatur

Aristoteles. *Vom Himmel – Von der Seele – Von der Dichtkunst.* Trans. Olof Gigon (Zürich: Artemis, 1950). Print.

Atwood, Margaret. *Die eßbare Frau.* Trans. Werner Waldhoff. Frankfurt: S. Fischer Verlag, 1987. Print.

cummings, e.e. *Complete Poems 1904–1962.* Ed. George J. Firmage. New York: Liveright, 1991. Print.

Curtius, Ernst Robert. *Europäische Literatur und lateinisches Mittelalter.* Bern: Francke, 1948. Print.

Deutsche Dichtung des Mittelalters. Vol. 1. Ed. Michael Curschmann und Ingeborg Glier. München: Carl Hanser Verlag, 1980. Print.

Droste-Hülshoff, Anette von. *Historisch-kritische Ausgabe.* Ed. Winfried Woesler. Vol. 1.1. Tübingen: Max Niemeyer Verlag, 1985. Print.

Erlich, Victor. *Russischer Formalismus.* München: Carl Hanser Verlag, 1964. Print.

Gibaldi, Joseph. *MLA Handbook for Writers of Research Papers.* 7th ed. New York: The Modern Language Association, 2009. Print.

Gilgamesch. Trans. Raoul Schrott. Frankfurt: S. Fischer Verlag, 2004. Print.

Goethe, Johann Wolfgang. *Sämtliche Werke.* Ed. Karl Richter, vol. 2.1. München: Carl Hanser Verlag, 1987. Print.

Hebbel, Friedrich. *Sämtliche Werke.* Ed. Richard M. Werner. Vol. 6. Berlin: Behr's Verlag, 1902. Print.

Hoffmann, E.T.A. „Das Steinerne Herz." *Nachtstücke.* München: Deutscher Taschenbuchverlag, 1984. Print.

Kafka, Franz. *Der Prozeß.* Frankfurt: S. Fischer Verlag, 1988. Print.

Keller, Gottfried. *Sämtliche Werke,* Ed. Jonas Fränkel. Vol. 1. Bern: Benteli, 1931. Print.

Mann, Thomas. *Der Zauberberg.* Frankfurt: S. Fischer Verlag, 1960. Print.

Pound, Ezra. „A Few Don'ts." *Poetry,* 1 (1913) 6. Repr. in *Literary Essays of Ezra Pound.* Ed. T.S. Eliot. Norfolk, Conn.: New Directions, n.d. Print.

Proust, Marcel. *Auf der Suche nach der verlorenen Zeit: In Swanns Welt.* Trans. Eva Rechel-Mertens. Frankfurt: Suhrkamp, 1967. Print.

Puig, Manuel. *Der Kuß der Spinnenfrau.* Trans. Anneliese Botond. Frankfurt: Suhrkamp, 1983. Print.

Shakespeare, William. *Sonette/Epen und die kleineren Dichtungen.* Trans. Therese Robinson et al. München: Winkler-Verlag, 1968. Print.

Weiterführende Literatur

Bei den hier angeführten Werken handelt es sich um allgemein einführende sowie das Studium begleitende Fachliteratur zur Literaturwissenschaft bzw. um Standardnachschlagewerke, die zu den Beständen der meisten Universitäts- oder Institutsbibliotheken gehören. Aus der Vielzahl erhältlicher Literatur wurden ausschließlich benutzerfreundliche und anfängergerechte Darstellungen zu den hier behandelten textwissenschaftlichen Themenbereichen ausgewählt, wobei in keiner Weise Anspruch auf Vollständigkeit erhoben wird.

Werke, die mit einem Sternchen gekennzeichnet wurden, sind aufgrund ihres geringen Umfangs und ihrer Verständlichkeit besonders als erster Einstieg in Teilgebiete des Fachs für den Studienanfänger zu empfehlen. Die folgende Aufstellung versucht nach Möglichkeit, innerhalb der jeweiligen Themenbereiche Werke allgemeiner Natur jenen Arbeiten mit fokusierterer Information voranzustellen, um so Überblickswerke zu Teilgebieten auf den ersten Blick kenntlich zu machen.

Bibliographische Referenzwerke

* Carsten Zelle, *Kurze Bücherkunde für Literaturwissenschaftler* (Tübingen, Basel: Francke, 1998); 258 S. – Praxisorientierter und knapper Wegweiser durch das Angebot an allgemeinen und philologiespezifischen literaturwissenschaftlichen Standardwerken, das als erster Einstieg jedem Philologen zu empfehlen ist.

James L. Harner, *Literary Research Guide: An Annotated Listing of Reference Sources in English Literary Studies*, 5th ed. (New York: MLA, 2008); 826 S. – Sehr detaillierte Aufstellung möglicher Quellen für bibliographische Recherchen. Das Buch nennt unter anderem allgemeine bibliographische Nachschlagewerke ähnlich der *MLA International Bibliography*, erwähnt aber auch eine Vielzahl von Standardreferenzwerken aus unterschiedlichen Teildisziplinen innerhalb der Literaturwissenschaften.

Allgemeine literaturwissenschaftliche Terminologie

* M. H. Abrams, *A Glossary of Literary Terms*, 9th ed. (Fort Worth, San Diego: Harcourt Brace Jovanovich, 2008); 393 S. – Sehr verständliches, klassisches, englischsprachiges Nachschlagewerk, das grundlegende literaturwissenschaftliche Terminologie erklärt, die wichtigsten literaturtheoretischen Schulen vorstellt und weiterführende Literatur empfiehlt. In seiner knappen Form eignet es sich auch hervorragend als Lernhilfe und terminologisches Referenzwerk während des gesamten Studiums.

Metzler Literatur Lexikon: Begriffe und Definitionen, 3rd ed., eds. Günther und Irmgard Schweikle (Stuttgart: Metzler, 2007); 845 S. – Eine große Zahl von Stichwörtern mit Definitionen und Erklärungen der wichtigsten Begriffe in der traditionellen Literaturwissenschaft.

Encyclopedia of Literature and Criticism, ed. Martin Coyle et al. (London: Routledge, 1991): 1299 S. – Sammlung von Sachartikeln zu wichtigen Gebieten der Literaturwissenschaft mit Hinweisen auf weiterführende Literatur. Neben traditionellen Bereichen wie Epochen, Gattungen und Theorien sind etwa 100 Seiten englischsprachigen Literaturen außerhalb Englands und Amerikas gewidmet.

Autoren und Werke

* *Harenberg Literaturlexikon: Autoren, Werke und Epochen, Gattungen und Begriffe von A bis Z* (Dortmund: Harenberg 2000); 1152 S. – Reich illustriertes, einbändiges Nachschlagewerk zu Autoren und Werken mit vielen nützlichen Übersichtstabellen.

Metzler Autorenlexikon, 3rd ed., ed. Bernd Lutz (Stuttgart, Weimar: Metzler, 2004) 830 S. – Reich illustriertes Nachschlagewerk zu wichtigen Autoren.

Kindlers Neues Literaturlexikon, ed. Walter Jens 20 vols. (München: Kindler Verlag, 2001); jeder Band ca. 1000 S. – In diesen Lexikonbänden, die auch als Taschenbuchausgabe erhältlich sind, werden die wichtigsten Werke nach Autoren geordnet vorgestellt. Da jede Werkcharakterisierung eine Inhaltsangabe, wichtige Interpretationsansätze und Hinweise auf Sekundärliteratur beinhaltet, eignen sich diese Nachschlagewerke vor allem zur ersten Orientierung in der Auseinandersetzung mit spezifischen literarischen Texten. Hilfreich und erschwinglich sind auch die gesondert erhältlichen Bände zu den Hauptwerken bestimmter Philologien.

The Oxford Companion to English Literature, ed. Margaret Drabble, 6th ed. (Oxford, New York: Oxford University Press, 2007); 1184 S. – Umfangreiches, alphabetisch geordnetes Nachschlagewerk zur Kurzinformation über die wichtigsten Autoren und Werke der englischen Literatur. Neben dem *Companion to English Literature* gibt es auch *Oxford Companions* zu den wichtigsten anderen Nationalliteraturen.

Elisabeth Frenzel, *Motive der Weltliteratur: Ein Lexikon dichtungsgeschichtlicher Längsschnitte,* 6th rev. ed. (Stuttgart: Kröner, 2008); 928 S. und:

Elisabeth Frenzel, *Stoffe der Weltliteratur: Ein Lexikon dichtungsgeschichtlicher Längsschnitte,* 10th rev. ed. (Stuttgart: Kröner, 2005); 1144 S. sowie:

Horst S. und Ingrid Daemmrich, *Themen und Motive in der Literatur: Ein Handbuch,* 2nd rev. ed. (Tübingen: Francke, 1995); 410 S. – Hilfreiche Nachschlagewerke zu Motiv- oder Stofftraditionen in unterschiedlichen Nationalliteraturen; Standardwerke der Vergleichenden Literaturwissenschaft.

Einführungen

Allgemeine und Vergleichende Literaturwissenschaft

Wolfgang Kayser, *Das sprachliche Kunstwerk. Eine Einführung in die Literaturwissenschaft,* 20th ed. (Tübingen, Basel: Francke, 1992), 460 S. – Klassische Einführung in die Literaturwissenschaft aus den 1940er Jahren, die trotz ihres Alters immer noch empfehlenswert ist.

* Susan Bassnett, *Comparative Literature: A Critical Introduction* (Oxford: Blackwell, 1995); 183 S. – Moderne, verständliche Einführung in Geschichte, Methoden und Aufgabengebiete der Komparatistik.

Jost Schneider, *Einführung in die moderne Literaturwissenschaft,* 5th ed. (Bielefeld: Aisthesis-Verlag, 2002); 255 S. – Aktuelle Einführung in die wichtigsten Bereiche der neueren Literaturwissenschaft unter Berücksichtigung moderner Theoriebildungen.

Altphilologie

Gerhard Jäger: *Einführung in die Klassische Philologie,* 3rd (München: Beck, 1990).

Anglistik

Mario Klarer, *Einführung in die anglistisch-amerikanistische Literaturwissenschaft,* 7th rev. ed. (Darmstadt: Wissenschaftliche Buchgesellschaft, 2010); 144 S. – Leichtverständliche Einführung in Arbeitstechniken, Methoden, Gattungen und Geschichte der englischsprachigen Literatur. Der Band folgt der Grundkonzeption der vorliegenden Einführung.

Ein anglistischer Grundkurs: Einführung in die Literaturwissenschaft, ed. Bernhard Fabian, 9th rev. ed. (Berlin: Schmidt, 2004); 294 S. – Traditionelle Einführung in das Fach mit Beiträgen verschiedener Anglisten.

Germanistik

* Stefan Neuhaus, *Grundriss der Literaturwissenschaft,* 3rd ed. (Tübingen und Basel: A. Francke UTB, 2009); 305 S. – Zeitgemäße und gutverständliche Einführung in die Bereiche und Aufgabengebiete der Germanistik.

Dieter Gutzen et al., *Einführung in die neuere deutsche Literaturwissenschaft: Ein Arbeitsbuch,* 7th rev. ed. (Berlin: Schmidt. 2006); 291 S. – Traditionelle Einführung in die Germanistik, mit vielen konkreten Analyse- und Interpretationsbeispielen.

Romanistik

Rupprecht Rohr, *Einführung in das Studium der Romanistik,* 3rd rev. ed. (Berlin: Schmidt, 1980); 221 S.

Jürgen Grimm et al., *Einführung in die französische Literaturwissenschaft,* 4th rev. ed. (Stuttgart: Metzler, 1997); 193 S.

Heinz W. Wittschier, *Die italienische Literatur: Einführung und Studienführer – Von den Anfängen bis zur Gegenwart,* 3rd rev. ed. (Tübingen: Niemeyer, 1985); 350 S.

Christoph Strosetzki, *Einführung in die spanische und lateinamerikanische Literaturwissenschaft.* 2nd ed. (Berlin: Schmidt, 2010); 238 S.

Literaturtheorie

Primärtexte:

Critical Theory Since Plato, ed. Hazard Adams, 3rd rev. ed. (Boston: Thomson, Wadsworth, 2005); 1545 S. – Englischsprachige Sammlung repräsentativer literaturtheoretischer Primärtexte von der Antike bis zur Gegenwart.

Texte zur Literaturtheorie der Gegenwart, eds. Dorothee Kimmich et al. (Stuttgart: Reclam, 2008); 575 S. – Deutschsprachige Sammlung wichtiger moderner literaturtheoretischer Primärtexte.

Nachschlagewerke:

* *Metzler Lexikon Literatur- und Kulturtheorie,* 4th ed., ed. Ansgar Nünning (Stuttgart, Weimar: Metz-

ler, 2008); 742 S. – Bestes alphabetisch geordnetes Nachschlagewerk in deutscher Sprache mit Sachartikeln zu den wichtigsten literaturtheoretischen Positionen, Begriffen und Theoretikern.

Jeremy Hawthorn, *Grundbegriffe moderner Literaturtheorie* (Tübingen, Basel: Francke, 1994) 384 S. [*A Glossary of Contemporary Literary Theory*, 4th ed. (London, New York: Edward Arnold, 2000); 274 S.] – Kurzer, alphabetischer Überblick über die wichtigsten Begriffe der postmodernen Theoriediskussion.

* *Lexikon literaturtheoretischer Werke*, ed. Rolf Günter Renner und Engelbert Habekost (Stuttgart: Alfred Kröner, 1995); 520 S. – Hilfreiche, alphabetisch geordnete Kurzzusammenfassungen wichtiger kultur- und literaturtheoretischer Werke verschiedener Epochen.

The Johns Hopkins Guide to Literary Theory & Criticism, eds. Michael Groden, Martin Kreiswirth and Imre Szeman, 2nd ed. (Baltimore, London: The Johns Hopkins University Press, 2005); 985 S. – Umfangreiches, alphabetisch geordnetes Nachschlagewerk mit Sachartikeln zu den wichtigsten literaturtheoretischen Strömungen, Vertretern und Begriffen sowie detaillierten Literaturhinweisen.

* Raman Selden, Peter Widdowson and Peter Brooker, *A Readers Guide to Contemporary Literary Theory*, 5th ed. (Harlow, New York: Pearson Longman, 2005); 302 S. – Eine der verständlichsten Einführungen in die neuere Literaturtheorie. Sie ist vor allem sehr gut kombinierbar mit:

Raman Selden, *Practicing Theory and Reading Literature: An Introduction* (Lexington: University Press of Kentucky, 1989); 206 S. – Hier wird anhand von je einem englischsprachigen literarischen Text eine literaturtheoretische Analysemethode exemplarisch vorgeführt.

Terry Eagleton, *Einführung in die Literaturtheorie*, 4th ed., trans. Elfie Bettinger, Elke Hentschel (Stuttgart, Weimar: Metzler, 1997); 270 S. [*Literary Theory: An Introduction*, 3rd ed. (Minneapolis: University of Minnesota Press, 2008); 240 S.] – Klassische, auch auf Deutsch erhältliche Einführung in die Literaturtheorie, die einen guten Überblick über die wichtigsten Bereiche des Fachs bietet.

Einzeldarstellungen literaturtheoretischer Strömungen:

Die folgenden Werke sind Einführungstexte in spezifische Bereiche der Literaturtheorie, die etwas höhere Anforderungen stellen als die oben genannten, allgemeinen Überblicksdarstellungen:

Strukturalistische Theoriebildungen:

Victor Erlich, *Russischer Formalismus*, trans. Marlene Lohner (Frankfurt a.M.: Fischer, 1987); 407 S. [*Russian Formalism. History – Doctrine* (The Hague: Mouton, 1955); 311 S.].

Lothar Fietz: *Strukturalismus. Eine Einführung*, 3rd rev. ed. (Tübingen: Gunter Narr, 1998); 227 S.

Terence Hawkes, *Structuralism and Semiotics*, 2nd ed. (London, New York: Routledge, 2003); 176 S.

Psychoanalytische Literaturtheorie:

Walter Schönau, *Einführung in die psychoanalytische Literaturwissenschaft*, 2nd ed. (Stuttgart: Metzler, 2003); 224 S.

Elisabeth Wright, *Psychoanalytic Criticism: Theory in Practice* (London, New York: Routledge, 2002); 224 S.

Marxistische Literaturtheorie:

Terry Eagleton, *Marxism and Literary Criticism* (London, New York: Routledge, 2002); 34 S.

Dekonstruktion:

Christopher Norris, *Deconstruction: Theory and Practice*, 3rd ed. (London, New York: Routledge, 2002); 234 S.

Jonathan Culler, *Dekonstruktion. Derrida und die poststrukturalistische Literaturtheorie*, trans. Manfred Momberger (Reinbek: rororo 1999); 352 S. [*On Deconstruction. Theory and Criticism after Structuralism* (Ithaca, Cornell University Press, 2007); 317 S.].

Feministische Literaturtheorie:

Toril Moi, Sexus – Text – Herrschaft: Feministische Literaturtheorie, trans. Elfi Hartenstein et al. (Bremen: Zeichen und Spuren, 1997); 218 S. [*Sexual/Textual Politics*, 2nd ed. (London, New York: Routledge, 2002); 221 S.].

Jutta Osinski, *Einführung in die „feministische" Literaturwissenschaft* (Berlin: Schmidt 1998); 216 S.

Rezeptionstheorie:

Robert C. Holub, *Reception Theory: A Critical Introduction* (London, New York: Routledge, 2003); 189 S.

Wolfgang Iser, *Der Akt des Lesens. Theorie ästhetischer Wirkung*, 4th ed. (München: Fink, 1994); 358 S.

New Historicism:

Brook Thomas, *The New Historicism and Other Old-Fashioned Topics* (Princeton: Princeton University Press, 1993); 278 S.

Catherine Gallagher and Stephen Greenblatt, *Practicing New Historicism* (Chicago: University of Chicago Press, 2001); 249 S. – Die „Introduction" (1–19) bietet einen ausgezeichneten Überblick über Methoden und Tätigkeitsbereiche des New Historicism.

Kulturwissenschaft:

Markus Fauser, *Einführung in die Kulturwissenschaft*, 2nd ed. (Darmstadt: Wissenschaftliche Buchgesellschaft, 2004); 172 S. – Gute Überblicksdarstellung der zentralen Bereiche der Kulturtheorie.

Fred Inglis, *Cultural Studies* (Oxford: Blackwell, 1994); 280 S.

Postkolonial Theorie:

Peter Childs and Patrick Williams, *An Introduction to Post-Colonial Theory* (London, New York: Prentice Hall, 1997); 240 S.

The Key Concepts, ed. Bill Ashcroft, Gareth Griffiths, and Helen Tiffin, 2nd ed. (London, New York: Routledge, 2001); 288 S.

Gattungen

Prosa:

* Jeremy Hawthorn, *Studying the Novel: An Introduction*, 5th ed. (London: Hodder, 2005); 224 S. – Einführung in die Geschichte und Elemente der Gattung Prosa mit weiterführender Literatur.

Hans-Werner Ludwig, ed. *Arbeitsbuch Romananalyse*, 6th ed. (Tübingen: Gunter Narr, 1998); 260 S. – Traditionelle, nicht mehr ganz neue Einführung in die Romananalyse anhand konkreter Textbeispiele.

* Manfred Jahn and Ansgar Nünning, „A Survey of Narratological Models," *Literatur in Wissenschaft und Unterricht* 27.4 (1994) 283–303 – einfache und hilfreiche Zusammenstellung theoretischer Positionen und Terminologien der Narratologie, die als erster Einstieg zu empfehlen ist.

* Monika Fludernik, *Einführung in die Erzähltheorie*, 3rd ed. (Darmstadt: Wissenschaftliche Buchgesellschaft, 2009); 191 S – Gut verständliche, anfängergerechte Einführung in die Grundlagen der Erzähltheorie.

Franz K. Stanzel, *Theorie des Erzählens*, 7th ed. (Göttingen: Vandenhoeck & Ruprecht, 2008); 339 S. – Auch in englischer Übersetzung erhältlicher Klassiker der Erzähltheorie, der den Anspruch vertritt, eine Systematik für die im Roman möglichen Erzählsituationen zu bieten und damit für den Anfänger oft hohe Anforderungen stellt.

Ian Watt, *The Rise of the Novel: Studies in Defoe, Richardson and Fielding* (Kessinger 2009); 322 S. – Klassische, gut lesbare Studie zu den Anfängen und soziokulturellen Hintergründen des englischen Romans im 18. Jahrhundert.

Lyrik:

The New Princeton Encyclopedia of Poetry and Poetics, ed. Alex Preminger et al., rev. ed. (Princeton: Princeton University Press, 1993); 1382 S. – Standardnachschlagewerk zu den Hauptgebieten der Lyrik sowie den traditionellen Gebieten der Literaturtheorie.

* Laurence Perrine and Thomas R. Arp, *Sound and Sense: An Introduction to Poetry*, 13th ed. (Fort Worth, Philadelphia: Wadsworth, 2010); 480 S., sowie

Cleanth Brooks and Robert Penn Warren, *Understanding Poetry*, 4th ed. (New York: Holt, Rinehart and Winston, 1976); 602 S. – Klassiker der werkimmanenten Lyrikanalyse, der trotz seines rigiden Ansatzes die terminologischen und formalen Aspekte der Lyrik anhand von konkreten Textinterpretationen in verständlicher Weise erläutert.

Hans-Werner Ludwig, *Arbeitsbuch Lyrikanalyse*, 5th ed. (Tübingen: A. Francke UTB, 2005); 305 S. – Detaillierte Einführung in die Lyrikanalyse, deren Systematik für den Anfänger höhere Anforderungen stellt als die genannten englischsprachigen Publikationen.

Dieter Burdorf, *Einführung in die Gedichtanalyse*, 2nd rev. ed. (Stuttgart, Weimar: Metzler, 1997); 276 S. – Kurze und verständliche Einführung in die wichtigsten Bereiche der Lyrikanalyse.

Drama:

The Cambridge Guide to Theatre, ed. Martin Banham, 2nd ed. (Cambridge: Cambridge University Press, 1995); 1247 S. – Illustriertes, alphabetisch geordnetes Nachschlagewerk zur allgemeinen Kurzinformation über die wichtigsten Dramatiker, Werke und dramatischen Termini.

Elke Platz-Waury, *Drama und Theater: Eine Einführung*, 5th rev. ed. (Tübingen: Gunter Narr 1999); 230 S. – Traditionell gehaltene, aber leicht verständliche Einführung in die wichtigsten Bereiche des Dramas.

Phyllis Hartnoll, *The Theatre: A Concise History*, 3rd ed. (London: Thames and Hudson, 1998); 304 S. – Reich illustrierter, allgemeiner Überblick über die historische Entwicklung des Theaters in seiner Gesamtheit von Text, Regie und Aufführung.

Bernhard Asmuth, *Einführung in die Dramenanalyse*, 7th ed. (Stuttgart, Weimar: Metzler, 2009); 235 S. – Kurze und verständliche Einführung in die wichtigsten Bereiche der Dramenanalyse.

Manfred Pfister, *Das Drama: Theorie und Analyse*, 11th ed. (München: Wilhelm Fink Verlag, 2001); 454 S. – Auch ins Englische übersetztes Standardwerk zum Drama, das wie Stanzel für den Roman eine umfassende Systematik der Dramenanalyse versucht, die jedoch für den Anfänger nicht immer leicht verständlich ist.

Film:

Nachschlagewerke

International Dictionary of Films and Filmmakers, eds. Tom and Sara Pendergast, 4th ed., 4 vols. (Detroit, New York: St. James Press, 2000); jeder Band ca. 1500 S. – Eines der umfangreichsten englischsprachigen Nachschlagewerke zu den verschiedenen Aspekten des internationalen Films, mit je einem eigenen Band über Filme, Regisseure, Schauspieler und Scriptwriter bzw. Produzenten.

IMDb – Internet Movie Database (www.imdb.com) – weltweit umfangreichste Filmdatenbank mit grundlegenden Fakten zu nahezu jedem je öffentlich gezeigten Film (Darsteller, Regie, Besprechungen, Inhaltsangaben, Links etc.).

Ephraim Katz, *The Film Encyclopedia: The Complete Guide to Film and the Film Industry*, 6th rev. ed. (New York: Collins, 2008); 1584 S. – Preisgünstiges, alphabetisch geordnetes Nachschlagewerk zu den wichtigsten Begriffen, Personen und Werken im Umfeld des Films.

Leonard Maltin, *Movie and Video Guide* (New York: Signet, 2010); 1664 S. – Sehr preiswertes Nachschlagewerk zur Kurzinformation zu den wichtigsten Kino- und Videofilmen, das jährlich neu aufgelegt wird und damit auch neueste Filme berücksichtigt.

Filmgeschichte

* David Parkinson, *History of Film* (New York: Thames and Hudson, 1995); 264 S. – prägnante und reichbebilderte Überblicksdarstellung über die Geschichte des internationalen Films.

Kristin Thompson and David Bordwell, *Film History: An Introduction*, 3rd ed. (Columbus, Ohio, McGraw-Hill Higher Education 2010); 780 S. – Äußerst umfassender und reich bebilderter Überblick über ästhetische, technische und industrielle Aspekte der weltweiten Geschichte des Films.

Wheeler Winston Dixon and Gwendolyn Audrey Foster, *A Short History of Film*. (New Brunswick, New Jersey: Rutgers Univ. Press 2008); 441 S. – Übersichtliches und gut lesbares Werk zu den wichtigsten Filmemachern, Filmen und Strömungen in der Geschichte des internationalen Kinos, unter Miteinbeziehung einiger – bisher wenig beachteter – Frauen und deren Werken.

Filmeinführungen

* James Monaco, *Film verstehen. Kunst, Technik, Sprache, Geschichte und Theorie des Films und der Neuen Medien*, trans. Hans-Michael Bock und Brigitte Westermeier. rev. ed. (Reinbek: rororo, 2009); 816 S. [*How to Read a Film: Movies, Media and Beyond*, 4th ed. (New York, Oxford: Oxford University Press, 2009); 736 S.]. – Klassisches Einführungswerk, das auch in deutscher Übersetzung erhältlich ist und sich daher gut als Einstieg in die deutschsprachige Filmterminologie eignet.

* Warren Buckland, *Film Studies*, 3rd rev. ed. (London: Hodder & Stoughton, 2008); 240 S. – Kurzer, informativer Einstieg in die Filmwissenschaft mit Abschnitten über die wichtigsten Bereiche der Disziplin.

Introduction to Film Studies, ed. Jill Nelmes, 4th ed. (London, New York: Routledge, 2007); 512 S. – Übersichtliche und umfassende Einführung mit den wichtigsten Theorien und Zugängen zum internationalen Film.

Film und Literatur

Thomas Leitch, *Film Adaptations and its Discontents. From* Gone With the Wind *to* The Passion of the Christ. (Baltimore, The John Hopkins University Press 2009); 354 S.

Robert Stam, *Literature and Film: A Guide to the Theory and Practice of Film Adaptation* (Malden, Mass.: Blackwell, 2005); 359 S.

Seymour Chatman, *Coming to Terms. The Rhetoric of Narrative in Fiction and Film* (Ithaca: Cornell University Press, 1990); 240 S. – Überblick über die Wechselwirkung von Film und Literatur aus erzähltheoretischer Sicht.

Adaptations: From Text to Screen, Screen to Text, ed. Deborah Cartmell and Imelda Whelehan (London:

Routledge, 1999); 247 S. – Exemplarische Analysen von Literaturverfilmungen.

The Encyclopedia of Novels into Film, ed. John C. Tibbetts and James M. Welsh, 2nd ed. (New York: Facts on File, 2005); 586 S. – Hilfreiches, alphabetisch geordnetes Nachschlagewerk zu den wichtigsten Romanen und ihren Verfilmungen.

Filmtheorie

Robert Stam, Film Theory: An Introduction (Oxford: Blackwell, 1999); 381 S. – Überblick über die wichtigsten Strömungen in der Filmtheorie des 20. Jahrhunderts. Gut kombinierbar mit:

Film and Theory: An Anthology, ed. Robert Stam and Toby Miller (Oxford: Blackwell, 2000); 862 S. – Thematisch geordnete Auswahl von filmtheoretischen Primärtexten aus den letzten vier Jahrzehnten.

Critical Dictionary of Film and Television Theory, ed. Roberta E. Pearson and Philip Simpson (London: Routledge, 2001); 498 S. – Alphabetisch geordnetes Nachschlagewerk über die wichtigsten filmtheoretischen Begriffe, Namen und Konzepte.

Film Theory and Criticism: Introductory Readings, eds. Leo Braudy et al., 7th ed. (New York, Oxford: Oxford University Press, 2009); 912 S. – Zusammenstellung repräsentativer (Primär)Texte der Filmtheorie und Filmkritik von ihren Anfängen bis in die Gegenwart.

* *Texte zur Theorie des Films*, 5th ed., ed. Franz-Josef Albersmeier (Stuttgart: Reclam, 1999); 408 S. – Deutschsprachige Sammlung wichtiger Filmtheoretischer Texte aus verschiedenen filmgeschichtlichen Epochen.

Arbeitstechniken

Form der wissenschaftlichen Arbeit und Arbeitstechniken

* Joseph Gibaldi, *MLA Handbook for Writers of Research Papers*, 7th ed. (New York: The Modern Language Association, 2009); 292 S. – Detailliertes Standardnachschlagewerk zur formalen Erstellung des kritischen Apparats nach *MLA* Standard mit neuesten Informationen zur computerunterstützten Literatursuche. Da dieses Handbuch in regelmäßigen Abständen mit leichten Überarbeitungen neu aufgelegt wird, ist darauf zu achten, dass man die jeweils letzte Ausgabe verwendet.

* Umberto Eco, *Wie man eine wissenschaftliche Abschlussarbeit schreibt: Doktor-, Diplom- und Magisterarbeit in den Geistes- und Sozialwissenschaften*, trans. Walter Schick, 13th ed. (Stuttgart: Facultas wuv UTB, 2010); 288 S. – Äußerst empfehlenswerte und leicht verständliche, allgemeine Einführung in das wissenschaftliche Schreiben.

Matthias Karmasin und Rainer Ribing, *Die Gestaltung wissenschaftlicher Arbeiten: Ein Leitfaden für Seminararbeiten, Bachelor-, Master- und Magisterarbeiten, Diplomarbeiten und Dissertationen*, 4th ed. (Stuttgart: Facultas wuv UTB, 2009); 141 S. – Wegweiser für die Abfassung von Arbeiten, falls man sich nicht an das *MLA* Format halten will oder muss.

Jeannette A. Woodward, *Writing Research Papers: Investigating Resources in Cyberspace*, 2nd ed. (Lincolnwood, Ill.: NTC/Contemporary, 1999); 317 S. – Hilfreiches Handbuch zum Verfassen von Seminararbeiten unter Zuhilfenahme von Ressourcen im Internet. Neben Adressen wichtiger Websites bietet dieses Buch auch Kriterien an, die gute und zitierbare Websites auszeichnen.

Mario Klarer, *Präsentieren auf Englisch*, 4th ed. (Heidelberg: Redline Wirtschaft, 2008); 134 S. – Einführung in englischsprachige Präsentationen für Studium, Wissenschaft und Beruf mit Sprachmodulen und Übungen.

Alice Oshima and Ann Hogue, *Writing Academic English*, 4th ed. (White Plains: Pearson Longman, 2006); 337 S. – Sehr benutzerfreundliches Einführungswerk zum Verfassen akademischer Arbeiten mit vielen Übungsbeispielen. Der Schwerpunkt des Buches liegt auf Kompositionstechnik, d.h. es behandelt Aufbau und Gliederung eines Textes, wobei ausgehend von der Satzebene, über Absatzgestaltung bis hin zur inhaltlichen Grobkonzeption alle wichtigen Strukturaspekte erläutert werden.

Glossar textwissenschaftlicher Grundbegriffe

Dieser Überblick über die wichtigsten Begriffe im Umfeld der Literatur- und Filmwissenschaft dient zur Kurzinformation oder als persönliche Überprüfungshilfe. Die angegebenen Ziffern beziehen sich auf jene Passagen im Buch, die den jeweiligen Begriff ausführlich behandeln.

absurdes Theater (engl. theater of the absurd), 71: Strömung im → *Drama* der Mitte des 20. Jahrhunderts, die sich von einem traditionellen, auf einen Höhepunkt gerichteten Handlungsverlauf und konventioneller → *Charakterpräsentation* abwendet, um eine entsprechende Ausdrucksform zur Darstellung des modernen Menschen der Nachkriegsära zu finden.

affective fallacy, 24: (etwa „Irrglaube der Wirkung"); wichtiger Begriff des → *New Criticism*, der das Miteinbeziehen der emotionalen Reaktion des Lesers auf einen Text in der → *Interpretation* kritisiert; damit stellt sich der New Criticism besonders gegen unbegründetes, subjektives Ergriffensein durch Texte; vgl. auch → *intentional fallacy*.

Akt (engl. act), 71: grobe Unterteilung eines → *Dramas*, die wiederum aus mehreren Szenen bestehen kann. Das neuzeitliche Theater übernahm die in der Antike übliche Gliederung der Handlung in fünf Akte; im 19. Jahrhundert wurde die Zahl auf vier, im 20. Jahrhundert auf meist drei Akte reduziert oder die Akteinteilung zugunsten einer losen Szenenfolge aufgegeben.

akustische Dimension des Films, 83–84: jüngster Aspekt des → *Films*, der erst in den 1920er Jahren entwickelt wurde und eine radikale Veränderung des Mediums mit sich brachte. Information war nun nicht mehr ausschließlich an optische Effekte wie Mimik, Gestik oder eingeblendete Schrift gebunden, sondern konnte mittels Sprache bzw. Dialog, Musik oder Geräuschen vermittelt werden.

Alliteration bzw. **Stabreim** (engl. alliteration), 64–65: → *Reim*, der den anlautenden Konsonanten innerhalb eines Verses wiederholt; vgl. → *Assonanz*.

Amphitheater (engl. amphitheater), 73: → *griechisches Theater* unter freiem Himmel bestehend aus *Orchestra* und *Skene* bzw. Bühnenhaus. Die Sitzplätze für das Publikum waren in konzentrischen Sitzreihen um die Orchestra angeordnet.

Anapäst (engl. anapest), 64: → *Versfuß*, bei dem auf zwei unbetonte Silben eine betonte Silbe (˘˘ ´) folgt; z. B.: „Wĕnn dĭe Grás | blŭtĕ stäúbt | vŏn dĕr wín | zĭgĕn Spín | dĕl."

Antike (engl. Classical Antiquity), 85–86: früheste literaturgeschichtliche Epoche, die neben den Literaturen der alten Hochkulturen, griechische und römische Literatur umfasst.

archetypischer Ansatz (engl. archetypal criticism), 23: basierend auf der Tiefenpsychologie C. G. Jungs (1875–1961) werden in dieser → *strukturalistischen*, der Psychoanalyse verwandten Richtung Texte auf kollektive Archetypen (Grundmotive oder Urbilder) des menschlichen Unterbewusstseins hin untersucht, die unterschiedlichen Epochen oder Sprachen gemeinsam sind und in Mythos und Literatur verarbeitet werden (wie Mutterfigur, Schatten, etc.); vgl. → *mythologischer Ansatz*.

Assonanz (engl. assonance), 64: → *Reim*, der den anlautenden Vokal innerhalb eines Verses wiederholt; vgl. → *Alliteration*.

Aufführung (engl. performance), 75–77: letzte Phase in der Umsetzung eines dramatischen → *Textes* auf der Bühne; vgl. → *Drama* und → *Schauspieler*.

Aufklärung (engl. enlightenment), 88–89: überregionale, kulturgeschichtliche Strömung im 18. Jahrhundert, die sich durch eine kritische Haltung gegenüber traditionellen Normen und Konzepten auszeichnet. Zentraler Begriff ist die Vernunft, womit dem Menschen große Eigenverantwortlichkeit zugesprochen wird.

Auflösung (franz. und engl. denouement), 46: Phase des → *Plots* nach dem → Höhepunkt meist am Ende des Textes, in der die Auflösung der → *Komplikation* erfolgt.

Aufsatz (engl. essay oder article), 12–13: → *Sekundärliteratur* zu einem spezifischen Thema, → *Text* oder Autor in Zeitschriften oder → *Sammelbänden*.

auktoriale Erzählsituation (engl. omniscient point of view), 50: → *Erzählperspektive*, die auf die handelnden Personen im Text ausschließlich in der dritten Person verweist und die Handlung aus einer allwissenden, gottähnlichen oder entpersonifizierten Perspektive wiedergibt.

Ausgangssituation (engl. exposition), 46: erster Teil eines → linearen Plots; wird auch als Exposition bezeichnet.

autororientierte Ansätze (engl. author-centered approach), 27–29: literaturwissenschaftliche Richtungen, die eine direkte Verbindung zwischen literarischem Text und Biographie des Autors herzustellen versuchen; vgl. → *Biographische Literaturwissenschaft.*

Ballade (engl. ballad), 57: Untergattung der erzählenden → *Lyrik,* die eine Art Zwitterstellung zwischen epischen Lang- und lyrischen Kurzformen einnimmt, da sie trotz gut entwickelten → *Plots* und differenzierter → *Erzählperspektive* an Umfang und Komplexität nicht an → *Epos* oder → *Romanze* heranreicht. Formal zeichnet sich die Ballade durch vierzeilige → *Strophen* aus.

Barock (engl. Baroque), 88: Kultur- und literaturgeschichtliche Strömung des 17. Jahrhunderts, die in Italien ihren Ausgang nimmt. Der Begriff wird für eine nicht mehr der eigentlichen → *Renaissance* zugehörigen Richtung angewendet, die sich durch ornamentalen Überschwang und Manierismus in Kunst, Architektur und Literatur auszeichnet.

Beiseitesprechen (engl. aside), 70: Sonderform des → *Monologs,* in dem eine Figur auf der Bühne Information an das Publikum weitergibt, die nicht für die anderen Bühnenfiguren zugänglich ist.

Beleuchtung (engl. lighting), 80: visuelles Mittel, das in → *Film* und → *Drama* als bedeutungstragendes Element eingesetzt wird, um die Handlung durch optische Effekte zu unterstützen.

Bibliographie oder **Literaturverzeichnis** (engl. bibliography oder list of works cited), 12, 101–103: alphabetisch geordnete Liste der verwendeten → *Primär-* und → Sekundärliteratur in einer wissenschaftlichen Arbeit.

Bild (engl. frame), 80–81: Begriffe wie *close-up, medium* und *long shot* bezeichnen den auf der Leinwand gezeigten Ausschnitt oder die Entfernung der Kamera vom gefilmten Objekt. Durch Einsatz von Weitwinkel- oder Teleobjektiven können ähnliche Effekte erzielt werden; vgl. auch → *mise-en-scène.*

Bildlichkeit (engl. imagery), 56: Begriff, der auf das lateinische Wort „imago"- „Bild" zurückgeht und vorwiegend auf den Einsatz konkreter Sprache verweist, die abstrakte Themen eines Gedichtes bildhaft erscheinen lässt.

Bildungsroman (engl. bildungsroman), 42: Untergattung des → *Romans,* die generell die Entwicklung eines → *Protagonisten* von seiner Kindheit bis ins Alter zeigt.

Biographische Literaturwissenschaft (engl. biographical criticism), 27–28: → *autororientierter Ansatz* in der → *Literaturwissenschaft,* der eine Wechselwirkung zwischen Biographie des Autors und seinem Werk herzustellen versucht.

Briefroman (engl. epistolary novel), 42: Untergattung des → *Romans,* die Briefe als Ausdrucksmedium einer → *Ich-Erzählsituation* verwendet.

Buchbesprechung oder **Rezension** (engl. book review), 38–39: kritisch bewertende Besprechung eines → *Primär-* oder → *Sekundärwerkes* in einer Zeitschrift oder Zeitung.

Charakter bzw. **Figur** (engl. character oder figure), 47–49: handelnde Person in einem literarischen Text. Man spricht von Hauptperson bzw. → *Protagonist* (engl. main character oder protagonist) und *Nebenfigur* (engl. minor character). Wiederkehrende Charaktertypen im → *Drama* werden als *stock characters* bezeichnet.

Charakterpräsentation (engl. character presentation), 47–49: man unterscheidet generell zwischen → *Typisierung* und → *Individualisierung;* der typenhaft skizzierte Charakter, der durch *eine* dominante Eigenschaft bestimmt ist, wird auch als → *flacher Charakter* bezeichnet. Werden komplexe Eigenschaften oder differenzierte Wesenszüge dargestellt, spricht man von einem → *runden Charakter.* Sowohl typifizierte als auch individualisierte Charaktere müssen in einem Text durch bestimmte „Präsentationsmethoden" vermittelt werden. Man kann zwischen dem → *Zeigen* (engl. showing) und dem → *Erklären* (engl. telling) als zwei grundlegenden Arten der Charakterisierung in Texten unterscheiden.

Chiasmus oder **Kreuzstellung** (engl. chiasmus), 62: kreuzartige Anordnung von Buchstaben, Worten oder Phrasen in einem Gedicht (vom griech. Buchstaben „X"= Chi).

Chor (engl. chorus), 76: Ursprünglicher Kern des antiken → *Dramas,* dem in der klassischen Zeit weitere Figuren hinzugefügt wurden. Aufgabe des Chors war eigentlich, lyrische Gedichte vorzutragen, die zum Teil die Handlung des Dramas kommentierten, aber auch teilweise an die Schauspieler gerichtet waren, um diesen Ratschläge zu erteilen; vgl. → *griechisches Theater.*

close reading, 24: zentraler Begriff des → *New Criticism,* der oft gleichbedeutend mit → *werkimmanenter* Textinterpretation verwendet wird; vgl. auch → *affective* und → *intentional fallacy.*

Daktylus (engl. dactyl), 64: → *Versfuß,* bei dem auf eine betonte Silbe zwei unbetonte Silben (´ ˘˘) folgen; z. B.: „Reích mĭr dĭe | vóllĕ, dĭe | fúnkĕlndĕ | Schálĕ ..."

Darstellende Künste (engl. performing arts), 77: trotz ihrer unterschiedlichen Erscheinungsformen werden → *Drama* und → *Film* aufgrund ihres Einsatzes von → *Schauspielern* als Ausdrucksmedium gerne unter dem Begriff *Darstellende Künste* zusammengefasst.

Dekonstruktion (engl. deconstruction), 25–27: eine

der jüngsten und komplexesten Richtungen der → *textorientierten Ansätze* in der Literaturtheorie, die auf den Arbeiten des französischen Philosophen Jacques Derrida (1930–2004) basiert und auch als → *Poststrukturalismus* bezeichnet wird; betont wie die → *Semiotik* den Zeichencharakter von → *Texten*, richtet aber das Hauptaugenmerk auf das Zusammenspiel der → *Signifikanten* und unterscheidet sich so von älteren Schulen des → *Strukturalismus*.

Dialog (engl. dialogue), 70, 83: Rede auf der Bühne, die im Gegensatz zum → *Monolog* an einen direkten Partner gerichtet ist.

Diskurs (engl. discourse), 11: Bezeichnung für inhaltlich oder thematisch klassifizierbare (mündliche und schriftliche) Sprachpraxis; z. B. historischer, ökonomischer, politischer, weiblicher Diskurs; vgl. auch → *Gattung* und → *Textsorte*.

Drama (engl. drama), 66–77: eine der drei klassischen literarischen → *Gattungen*, zu dessen Ebenen → *Text*, → *Transformation* und → *Aufführung* zählen; d. h. neben geschriebenem oder gesprochenem Wort bedienen sich die Darstellenden Künste einer Reihe nonverbaler, vorwiegend optisch-visueller Kommunikationsebenen wie Bühnenbild, Szenenfolge, Mimik, Gestik, Schminke, Requisiten und → *Beleuchtung*.

dramatische Charakterisierung oder **zeigende Charakterisierung** (engl. showing), 48–49: diese Präsentationsmethode suggeriert dem Leser, dass die agierenden Personen durch ihre Handlungen und Aussagen im Text ohne zwischengeschalteten Kommentator ähnlich wie im Drama wahrnehmbar sind; vgl. → *Charakterpräsentation*.

drei Einheiten (engl. three unities), 70: Regeln bezüglich der Einheit von Ort, Zeit und Handlung im → *Drama*, die auf die Aristoteles-Interpretation der → *Renaissance* zurückgehen; demnach soll sich im „guten" Drama der Ort der Handlung während eines Stückes nicht verändern, die Zeit im Stück mit der realen Aufführungsdauer übereinstimmen sowie die Handlung in sich geschlossen einem linearen → *Plot* folgen.

Einleitungsparagraph (engl. introductory paragraph), 96–97: der erste Absatz in einer wissenschaftlichen Arbeit dient dem Leser als eine Art Plan oder Vorschau über Inhalt, Methode und Aufbau der Arbeit.

Elegie (engl. elegy), 56: klassische Gedichtform, die meist die Klage um einen Verstorbenen thematisiert.

Endreim (engl. end rhyme), 65: häufiges Reimschema in modernen → Gedichten, das sich durch identische Silben am Ende bestimmter Verszeilen auszeichnet; vgl. → *Reim*.

Englisches oder **Shakespeare-Sonett** (engl. English or Shakespearean sonnet), 65–66: Sonettform bestehend aus drei Quartetten und einem Reimpaar. Das → *Metrum* (jambische Pentameter) der insgesamt 14 Verszeilen folgt dem Reimschema *abab cdcd efef gg*; vgl. → *Sonett*.

Epos (engl. epic), 40–41: umfangreiches, erzählendes „Gedicht", das sich trotz Abfassung in Versen aufgrund seines Umfangs, der Erzählstruktur, Charakterschilderung und des Handlungsverlaufs von der Gattung → *Lyrik* abhebt. Seine komplexe Handlung kreist meist um einen nationalen Helden, der Abenteuer oder Prüfungen von kosmischen Dimensionen zu vollbringen hat. In der Neuzeit wird das Epos weitgehend vom → *Roman* abgelöst; vgl. auch → *Lyrik* und → *Romanze*.

Erklären (engl. telling); 48–49: Präsentationsmethode, in der eine Figur im Gegensatz zum → *Zeigen* durch einen Erzähler beschrieben wird; vgl. → *Charakterpräsentation*.

Erlebnislyrik (engl. lyric poetry), 55: im Gegensatz zur → *erzählenden Lyrik* zeichnen sich diese relativ kurzen Gedichte dadurch aus, dass das Hauptaugenmerk auf *einem* Erlebnis, Eindruck oder einer Idee liegt (z.B → *Sonett* und → *Ode*).

erzählende Lyrik (engl. narrative poetry), 55: hierzu rechnet man Gattungen wie → *Epos*, → Romanze und → *Ballade*, die eine Geschichte mit klar ersichtlicher Handlung erzählen.

Erzählperspektive oder **-situation** (engl. point of view oder narrative perspective), 49–53: Art und Weise, wie Personen, Ereignisse oder Schauplätze in einem Text präsentiert werden, wobei zwischen drei grundlegenden Positionen unterschieden werden kann: die Handlung wird dem Leser durch eine außenstehende Erzählinstanz → *auktorial*, durch eine beteiligte Person → *Ich-Erzählsituation* oder völlig kommentarlos → *personal* vermittelt; vgl. auch → *stream of consciousness technique*.

Essay (engl. essay), 13: literarisches → *Genre*, das einen spezifischen Aspekt einer bestimmten Fragestellung auf wenigen Seiten behandelt und aus heutiger Perspektive sowohl der → *Primär-* als auch der → *Sekundärliteratur* zuzurechnen ist; in England hat das Essay vor allem im Umfeld der Zeitschriften des Achtzehnten Jahrhunderts eine Blüte erfahren.

Expressionismus (engl. expressionism), 74–75: kunst- und literaturgeschichtliche Strömung des frühen 20. Jahrhunderts, die sich durch bewusste Überbetonung bestimmter Aspekte eines dargestellten „Objektes" (z. B. kräftige Linien in der Malerei; typifizierte → *Charakterpräsentation* in der Literatur) vom älteren → *Realismus* abhebt.

externe Methode (engl. external method), 75: Ansatz

in der Schauspielausbildung, der davon ausgeht, dass der → *Schauspieler* durch verschiedene Techniken in der Lage ist, beliebige Bewusstseinszustände ohne emotionales Hineinversetzen in seine Rolle zu imitieren; vgl. → *interne Methode.*

Feministische Filmtheorie (engl. feminist film theory), 37: Richtung in der → *Filmtheorie,* die geschlechtsspezifische Aspekte wie den „male gaze" ins Zentrum der Analyse stellt.

Feministische Literaturwissenschaft (engl. feminist literary theory), 33–34: → *kontextorientierter Ansatz,* der das Phänomen „Geschlechterdifferenz" (deshalb oft auch → *gender theory*) als methodischen Ansatzpunkt zur Analyse literarischer Texte wählt.

Figur bzw. **Charakter** (engl. character oder figure), 47–49: handelnde Person in einem literarischen Text. Man spricht von Hauptperson bzw. → *Protagonist* (engl. main character oder protagonist) und → *Nebenfigur* (engl. minor character). Wiederkehrende Charaktertypen im → *Drama* werden als *stock characters* bezeichnet.

Film (engl. film), 77–84: trotz ihrer unterschiedlichen Erscheinungsformen werden → *Drama* und Film aufgrund ihres Einsatzes von → *Schauspielern* als Ausdrucksmedium gerne unter dem Begriff → *Darstellende Künste* (engl. *performing arts*) zusammengefasst. Betrachtet man das Medium jedoch aus einer formal-strukturalistischen Perspektive, erscheint der Film in vielen Aspekten dem → *Roman* verwandter als dem Drama. Der größte Unterschied zum Drama liegt sicher in der „Fixiertheit" des Films, während die Aufführung des Theaterstücks Einmaligkeitscharakter aufweist; vgl. → *räumliche,* → *zeitliche* und → *akustische Dimension* des Films.

Filmmaterial (engl. film stock), 80: durch gezielten Einsatz von schwarz-weißem, farbigem, kontrastreichem oder kontrastarmem, hoch- oder wenigempfindlichem Filmmaterial werden Effekte erzielt, die auf inhaltliche Aspekte indirekt Einfluss nehmen können; vgl. → *räumliche Dimension des Films.*

Filmpsychologie (engl. film psychology), 36: frühe Richtung in der → *Filmtheorie,* die Film in Analogie zur menschlichen Vorstellungskraft sieht und den Bildaufbau als Basis der illusorischen Filmrealität erachtet.

Filmsemiotik (engl. film semiotics), 37: Richtung in der → *Filmtheorie,* die Film als semiotisches System von medienspezifischen „codes" betrachtet.

Filmtheorie (engl. film theory), 36–38: wissenschaftstheoretische Grundlage der Filmwissenschaft; vgl. → *Literaturtheorie.*

flacher Charakter (engl. flat character), 47: typenhaft skizzierte Figur, die durch *eine* dominante Eigenschaft bestimmt ist; diese → *Charakterpräsentation* wird auch als → *Typisierung* bezeichnet; vgl. → *runder Charakter.*

Formalismus (engl. formalism), 20–23: → *textorientierter Ansatz,* der oft mit → *Strukturalismus* gleichgesetzt wird, da beide in der → *Interpretation* formal-strukturelle Aspekte (werkimmanente Methode) eines Textes hervorheben und bewusst historische, soziologische, biographische oder psychologische Dimensionen des literarischen → *Diskurses* vernachlässigen. Es werden z. B. phonetische Strukturen, Rhythmus, → *Reim,* → *Metrum* und Ton als eigenständige bedeutungstragende Elemente analysiert. Wichtige Schulen sind der → *Russische Formalismus* und → *Prager Strukturalismus* in der ersten Hälfte des 20. Jahrhunderts. Im anglo-amerikanischen Raum hat sich der → *New Criticism* als verwandte Richtung entwickelt; vgl. auch → *Semiotik* und → *Dekonstruktion.*

Forschungsbericht (engl. review article), 38: aufsatzähnliche Zusammenstellung, Sichtung und Besprechung von → *Sekundärliteratur* zu einem spezifischen Thema, Autor oder Werk in einer wissenschaftlichen Zeitschrift.

Frauenliteratur (engl. women's literature), 91: Oberbegriff für literarische Primärtexte von weiblichen Autoren, die sich als anerkannte Strömung erst in der zweiten Hälfte des 20. Jahrhunderts etabliert hat; vgl. auch → *„Randgruppen"-Literaturen.*

Fußnote (engl. note bzw. foot note), 12, 100–101: zusätzliche, inhaltliche Anmerkungen zu einem Text bzw. Hinweise auf → *Primär-* oder → Sekundärliteratur.

Gattung oder **Genre** (engl. genre), 11: Oberbegriff für literarische Formen, die traditionellerweise in → *Epos,* → *Drama* und → *Lyrik* unterteilt werden. Diese Gattungs- oder Genreunterscheidung wird heute zwar noch häufig verwendet, jedoch haben besonders die Prosaformen → *Roman* (engl. novel) und → *Kurzgeschichte* (engl. short story) das traditionelle → *Epos* (engl. epic) weitgehend abgelöst. Es wird daher besonders im englischen Sprachraum vermehrt von *prose* (bzw. *fiction*), *drama* und *poetry* gesprochen; vgl. auch → *Diskurs* und → *Textsorte.*

Gedicht oder *Lyrik* (engl. poetry), 54–66: literarische → *Gattung,* die sich formal von der → *Prosa* durch Vers, → *Reim* und → *Metrum* unterscheidet; in modernen Prosagedichten oder experimenteller Lyrik fehlen diese klassischen Merkmale oft; sie zeichnen sich aber durch bestimmte Wortwahl sowie bewussten Einsatz von syntaktischen Strukturen und → *rhetorischen Figuren* als lyrisches Phänomen aus; vgl. auch → *erzählende Lyrik* und → *Erlebnislyrik.*

gender theory, 33–34: → *kontextorientierter Ansatz,* der das Phänomen „Geschlechterdifferenz" als methodischen Ansatzpunkt zur Analyse literarischer Texte wählt. Im Gegensatz zur → *Feministischen Literaturwissenschaft* bemüht sich dieser Analyseansatz um die Miteinbeziehung beider Geschlechter.

Genre siehe → *Gattung.*

griechisches Theater (engl. Greek theater), 73: Amphitheater unter freiem Himmel bestehend aus *Orchestra* und *Skene* bzw. Bühnenhaus. Die Sitzplätze für das Publikum waren in konzentrischen Sitzreihen um die Orchestra angeordnet. Während die → *Schauspieler* sich zwischen Skene und Orchestra bewegten, nahm der → *Chor* in der Orchestra zwischen Publikum und Schauspielern Aufstellung. In den → *Komödien* und → *Tragödien* des klassischen griechischen Dramas trugen alle auftretenden Personen eine Maske.

Guckkastenbühnen (engl. proscenium stage), 74: diese seit dem → *Barock* allgemein gebräuchliche Bühnenart eignet sich durch ihre schachtelartige Form gut zur Erzeugung eines realistisch anmutenden → *Settings.*

Handlung (engl. plot), 46–47: logisches Ineinanderwirken von unterschiedlichen inhaltlichen Elementen eines Textes, die eine Veränderung der Ausgangssituation bewirken. Im allgemeinen wird die *Exposition* oder Erläuterung der → *Ausgangssituation* (engl. exposition) durch eine → *Komplikation* (engl. complication oder conflict) gestört, wodurch *Spannung* (engl. suspense) erzeugt wird, die zu einem → *Höhe-* oder *Wendepunkt* (engl. climax, crisis oder turning point) führt. Mit dem Höhepunkt erfolgt die → *Auflösung* der Komplikation (franz. denouement) und meist das Ende des Textes. Werden diese Elemente des Plots in chronologischer Reihenfolge im Text präsentiert, spricht man von einem → *linearen Handlungsverlauf* bzw. *linear plot.*

Hermeneutik (engl. hermeneutics), 16: traditionelle Bezeichnung für wissenschaftliche Textauslegung oder → *Interpretation.*

Historischer Roman (engl. historical novel), 42: Untergattung des → *Romans,* die Personen und Handlungen in einen realistisch-historischen Kontext stellt.

Historisches Drama (engl. history play), 68: in der → *Renaissance* entstandene Untergattung des → *Dramas,* die historische Begebenheiten oder Persönlichkeiten dramatisch bearbeitet.

Höfisches Epos (engl. courtly romance) bzw. **Romanze** (engl. romance), 40–41: Vorform des modernen → *Romans,* die in der Antike meist in → *Prosa,* im Mittelalter hingegen in Versform abgefasst war. Durch den gezielten Einsatz von → *Erzählperspektive* und Gestaltung des → *Plots* gilt die Romanze trotz Versform als direkter Vorläufer des Romans. War das traditionelle → *Epos* in der Regel weitausholend (epische Breite), ging die Romanze neue Wege, indem die Handlung gestrafft und auf ein Ziel hin gerichtet wurde.

Höhe- oder **Wendepunkt** (engl. climax, crisis oder turning point), 46, 70–71: vorletzte Phase eines → linearen Plots, in der die → *Komplikation* in die → *Auflösung* übergeht.

Humanismus (engl. Humanism), 86–87; Phase der → *Renaissance,* die sich vor allem mit den sprachlichen Aspekten des Lateinischen und Griechischen sowie mit der Rezeption der antiken → *Rhetorik* beschäftigt.

Ich-Erzählsituation (engl. first person narration), 50–51: → *Erzählperspektive,* die das Geschehen aus der Sicht einer handelnden Figur schildert, die auf sich selbst in der ersten Person verweist. Der Erzähler kann entweder der → *Protagonist* oder eine Nebenfigur sein.

Imagismus (engl. imagism), 60–61: literarische Strömung im frühen 20. Jahrhundert, die → *Lyrik* auf essentielle „Bilder" bzw. *images* zurückführen will, wobei durch eine konkrete Sprache ohne schmückendes Beiwerk größtmögliche Aussagekraft erzielt werden soll.

Individualisierung, 48: Art der → *Charakterpräsentation,* die komplexe Eigenschaften oder differenzierte Wesenszüge einer Figur darstellt, wobei oft auch von einem → *round character* gesprochen wird; vgl. → *flat character.*

intentional fallacy (etwa „Irrglaube der Autorintention"), 24: wichtiger Begriff des → *New Criticism,* der sich gegen → *Interpretationen* richtet, die versuchen, die ursprüngliche Intention oder Motivation des Autors zu ermitteln und dabei → *werkimmanente* Bereiche eines Textes vernachlässigen; vgl. auch → *affective fallacy.*

interne Methode (engl. internal method), 75: Ansatz in der Schauspielausbildung, der von der individuellen Identifikation des → *Schauspielers* mit seiner Rolle ausgeht. Im Gegensatz zur → *externen Methode* ist die Grundvoraussetzung das persönliche Durchleben und die Verinnerlichung von Gefühlen und Situationen, die die Rolle erfordert.

Interpretation (engl. interpretation), 15–16: Auslegung (→ *Hermeneutik*) von literarischen Texten; oft im Gegensatz zur → *Literaturkritik* gesehen.

Jambus (engl. iambus oder iambic foot), 64: → *Versfuß,* bei dem auf eine unbetonte Silbe eine betonte Silbe (˘ ´) folgt; z. B.: „Ĕs stéht | eĭn Baúm | ĭm Ó | dĕnwáld."

Kamerabewegung (engl. camera movement), 81:

Veränderung der Position der Kamera während einer Einstellung im → *Film;* vgl. auch → *mise-en-scène.*

Kamerawinkel (engl. camera angle), 81: Neigungswinkel der Kamera bei der Aufnahme einer bestimmten Filmeinstellung; vgl. → *mise-en-scène.*

Kanon (engl. canon), 33: Gesamtheit der als Standardwerke gehandelten Texte in der → *Literaturgeschichte.*

Katharsis (engl. catharsis), 68: griech. „Reinigung"; Begriff aus der aristotelischen Dramentheorie, der der → *Tragödie* einen reinigenden bzw. läuternden Effekt auf das Publikum zuschreibt.

Komödie (engl. comedy), 69: Untergattung des → *Dramas* mit heiterem, unterhaltsamem Inhalt, die bereits in der Antike reiche Ausformung erfuhr.

Komplikation (engl. complication oder conflict), 46: Phase des → *Plots,* in der die → *Ausgangssituation* gestört wird.

Konkrete Poesie (engl. concrete poetry), 61–63: Strömung in der → *Lyrik,* die besonders die optische Gestalt eines Gedichtes betont.

kontextorientierte Ansätze (engl. contextual approaches), 31–36: unterschiedliche Strömungen und Schulen, die sich dadurch auszeichnen, dass sie einen literarischen → *Text* nicht als → *werkimmanentes,* für sich alleinstehendes Kunstwerk betrachten, sondern es in einen größeren Zusammenhang stellen. Je nach Richtung kann dieser Kontext historisch (z. B. → *New Historicism*), national (z. B. → *Literaturgeschichte*), sozio-politisch (z. B. → *Marxistische Literaturwissenschaft*), generisch (z. B. *Gattungstheorie*) oder geschlechtsspezifisch (z. B. → *feministische Literaturwissenschaft*) sein.

Kreuzstellung oder **Chiasmus** (engl. chiasmus), 62: kreuzartige Anordnung von Buchstaben, Worten oder Phrasen in einem Gedicht (vom griech. Buchstaben „X").

Kriminalroman (engl. detective novel), 44: Untergattung des → *Romans,* die rund um die Aufklärung eines Verbrechens angelegt ist und wie die Detektivgeschichte im 19. Jahrhundert eine erste Blüte erfuhr.

kritischer Apparat, 12, 100–105: formales Element der → *Sekundärliteratur,* das → *Fußnoten* (engl. notes bzw. footnotes), → *Literaturverzeichnis* (engl. bibliography oder list of works cited) und eventuell einen *Schlagwort-* oder *Personenindex* (engl. index) umfassen kann.

Kulturwissenschaft (engl. Cultural Studies), 32: → *kontextorientierte Richtung,* die ihre kulturwissenschaftlichen Analysen bewusst auf unterschiedliche Bereiche menschlichen Ausdrucks ausdehnt. So werden unter anderem Werbung, bildende Kunst, Film, Fernsehen, Mode, Architektur, Trivialliteratur, Musik aber auch subkulturelle Erscheinungen zusammen mit „traditionellen" literarischen Texten als Manifestationen eines kulturellen Ganzen gelesen.

Kurzgeschichte (engl. short story), 44–46: Untergattung der → *Prosa,* deren historische Wurzeln auf Geschichten, Sagen und Märchen zurückgehen. Indirekte Vorbilder sind die großen mittelalterlichen und frühneuzeitlichen Sammlungen von Erzählungen. Formal unterscheidet sich die Kurzgeschichte vom → *Roman* durch knappen Umfang, selektive Gestaltung des → *Plots* und → *Settings,* weniger differenzierte → *Charakterpräsentation* und einfache → *Erzählperspektive.*

Lautmalerei (engl. onomatopoeia), 56, 64: Versuch in der → *Lyrik,* die Bedeutung eines Wortes auch mit Hilfe seiner akustisch-klanglichen Dimension zu unterstützen.

Lesedrama (engl. closet drama), 69: stilisierte, nicht zur → *Aufführung* bestimmte Art des → *Dramas.*

leserorientierte Ansätze (engl. reader-centered approaches), 29–30: literaturwissenschaftliche Richtung in der zweiten Hälfte des 20. Jahrhunderts, deren Hauptaugenmerk auf der Wechselwirkung zwischen → *Text* und Leserschaft liegt. Zu den wichtigsten Gruppen und Schulbildungen des auch als → *Rezeptionstheorie* (engl. reception theory) bezeichneten Ansatzes gehören *Reader-Response-Theorie* (engl. reader-response theory), *Rezeptionsästhetik* (engl. reception-aesthetic) und → *Rezeptionsgeschichte* (engl. reception history).

linearer Handlungsverlauf (engl. linear plot), 46–47, 82–83: → *Handlung,* in der die klassischen Phasen des → *Plots* (→ *Ausgangssituation,* → *Komplikation,* → *Höhepunkt,* → *Auflösung*) chronologisch aufeinanderfolgen.

Literatur (engl. literature), 9–14: Oberbegriff für die Gesamtheit schriftlichen Ausdrucks; vgl. → *Primär-* und → *Sekundärliteratur.*

Literaturgeschichte (engl. literary history), 31, 85–91: → *kontextorientierte Richtung,* die sich hauptsächlich mit der chronologischen und periodischen Einteilung literarischer Werke befasst. Es geht um die Datierung und Zuordnung von Texten, aber auch um den Nachweis gegenseitiger Einflüsse bestimmter literarischer Werke auf andere. Diese Richtung ist der Geschichtswissenschaft verpflichtet und orientiert sich an deren Methodik.

Literaturkritik (engl. literary criticism), 38–39: in älterer englischsprachiger Literatur wird der Begriff meist gleichbedeutend mit → *Literaturwissenschaft* als Praxis der → *Interpretation* von Texten verwendet; neuerdings wird unter Literaturkritik eigentlich die wertende Auseinandersetzung mit

Texten in Form von Buchbesprechungen oder → *Rezensionen* verstanden.

Literaturtheorie (engl. literary theory oder critical theory), 16–17: wissenschaftstheoretische und methodologische Grundlagen der → *Literaturwissenschaft*, die je nach Ansatz oder Schule oft sehr unterschiedliche Herangehensweisen an Texte besitzen; vgl. → *text-*, → autor-, → leser- und → kontextorientierte Ansätze.

Literaturverzeichnis (engl. bibliography oder list of works cited), 12, 101–103: alphabetisch geordnete Auflistung der verwendeten → *Primär-* und → Sekundärliteratur in einer wissenschaftlichen Arbeit.

Literaturwissenschaft (engl. literary criticism) 15: systematische, wissenschaftliche Auseinandersetzung mit literarischen Texten; vgl. auch → *Literaturtheorie* und → *Literaturkritik*.

Lyrik (engl. poetry), 54–66: literarische → *Gattung*, die sich formal von der → *Prosa* durch Vers, → *Reim* und → *Metrum* unterscheidet; in modernen Prosagedichten oder experimenteller Lyrik fehlen diese klassischen Merkmale oft; sie zeichnen sich aber durch bestimmte Wortwahl sowie bewussten Einsatz von syntaktischen Strukturen und → *rhetorischen Figuren* als lyrisches Phänomen aus; vgl. auch → *erzählende Lyrik* und *Erlebnislyrik*.

Marxistische Literaturwissenschaft (engl. Marxist literary theory), 31: → *kontextorientierte Richtung*, die auf der Grundlage der Schriften von Karl Marx (1818–1883) und anderer marxistischer Theoretiker basiert. Literarische Texte werden als Ausdruck ökonomischer, soziologischer und politischer Hintergründe analysiert, wobei Produktionsbedingungen in bestimmten Epochen auf ihren Einfluss auf die literarischen Arbeiten dieser Zeit hin untersucht werden.

Metafiktion (engl. metafiction), 22: „Schreiben über das Schreiben"; Betonung des eigenen Mediums in einem literarischen Text, um über erzähltechnische Elemente wie Sprache, Erzählstruktur und Handlungsverlauf zu reflektieren; Hauptmerkmal des → *Postmodernismus*.

Metapher (engl. metaphor), 59–60: → *rhetorische Figur*, die ein Ding mit einem anderen gleichsetzt und *nicht* vergleicht (z. B. „My love *is* a red, red rose"); vgl. → *Simile*.

Metrum oder **Versmaß** (engl. meter), 63–64: akustisch-rhythmische Dimension von → *Lyrik*, die auf Silben (engl. syllables) als kleinste Elemente zurückgeführt werden kann. Je nach Abfolge von betonten und unbetonten Silben spricht man von verschiedenen → *Versfüßen* (engl. foot bzw. feet), deren Anzahl Aufschluss über das Versmaß oder Metrum gibt. Will man das Metrum eines Verses beschreiben, wird der Name des → *Versfußes* und die Anzahl der Versfüße angegeben (z. B. jambischer Pentameter oder fünfhebiger Jambus).

mise-en-scène, 80: filmtechnischer Oberbegriff für die unterschiedlichen Elemente des Bildaufbaus, die unter anderem Kameraentfernung, -winkel und -objektive, Beleuchtung, Bildausschnitt und Bildebenen, sowie die Positionierung von Personen und Objekten innerhalb des Bildes umfassen können. Im Gegensatz dazu basiert die → *Montage* auf der Beziehung zwischen verschiedenen → *Bildern*.

Miszelle (engl. note), 93: aufsatzähnliche Notiz in einer wissenschaftlichen Zeitschrift, die eine sehr eingegrenzte Fragestellung in wenigen Absätzen behandelt; vgl. → *Sekundärliteratur*.

Mittelalter (engl. Middle Ages), 86: Epoche, die sich direkt aus der Kultur und Literatur des späten Weströmischen Reiches entwickelt. Neben den einzelnen Nationalsprachen bleibt das Lateinische für das gesamte Mittelalter ein überregionales Ausdruckmedium für Literatur, Verwaltung und Wissenschaft.

Modernismus (engl. modernism), 90–91: literatur- und kulturgeschichtliche Epoche in den ersten Jahrzehnten des 20. Jahrhunderts, die als Reaktion auf die realistischen Strömungen des späten 19. Jahrhunderts zu verstehen ist. Waren → *Realismus* und → *Naturalismus* vor allem um eine naturgetreue Abbildung der Wirklichkeit in der Literatur bemüht, wendet sich der Modernismus verstärkt innovativen Erzählstrukturen und → *Erzählperspektiven* (z. B. *stream of consciousness*) sowie neuen literarischen Ausdrucksformen zu.

Monographie (engl. monograph oder book-length study), 12: wissenschaftliche Buchpublikation (→ *Sekundärliteratur*) zu einem spezifischen Thema, Werk oder Autor.

Monolog (engl. monologue oder soliloquy), 70: meist längere Rede auf der Bühne, die nicht wie der → *Dialog* (engl. *dialogue*) an einen direkten Partner gerichtet ist; eine Sonderform ist das *aside*, wodurch eine Figur auf der Bühne Information an das Publikum weitergibt, die nicht für die anderen Bühnenfiguren zugänglich ist.

Montage (engl. montage), 81: Schnitttechnik, wodurch im → *Film* ähnliche Effekte (z. B. übertragene Bedeutungen) erzielt werden können wie in der Literatur durch den Einsatz der → *rhetorischen Figuren* → Metapher und → Simile; vgl. auch → *mise-en-scène*.

Mysterienspiel (engl. mystery und miracle play), 67: mittelalterliche dramatische Form, die religiös-allegorische oder biblische Themen in Form von Theaterspielen zur Aufführung am Kirchplatz adaptierte; neben den römischen → *Dramen* der Antike übte diese Gattung Einfluss auf die Wiederbelebung des Dramas in der → *Renaissance* aus.

mythologischer Ansatz (engl. myth criticism), 22–23: literaturtheoretischer Ansatz, der mythologischen Tiefenstrukturen literarischer Texte nachgeht und diese als Grundlage der → *Interpretation* heranzieht; vgl. auch → *archetypischer Ansatz.*

Naturalismus (engl. Naturalism), 89–90: literarische Strömung des ausgehenden 19. Jahrhunderts, die die determinierende Auswirkung sozialer und umweltbedingter Einflüsse auf Figuren eines Textes möglichst getreu darzustellen versuchte; vgl. → *Realismus.*

Nebenfigur (engl. minor character), 51: Figur in einem literarischen Text, die im Gegensatz zum → *Protagonisten* nicht im Mittelpunkt der → *Handlung* steht; vgl.→ *Charakter.*

New Criticism (engl. New Criticism), 23–24: einer der bedeutendsten anglo-amerikanischen → *textorientierten Ansätze* in der Mitte des 20. Jahrhunderts; unterscheidet → *Interpretation* von Quellenarbeit, sozio-historischen Hintergrundstudien, Motivgeschichte, aber auch von → *autorzentrierten* biographischen oder psychologischen Ansätzen und → *Rezeptionsforschung,* um so die → *Literaturwissenschaft* von extrinsischen (außertextlichen) Faktoren zu befreien und das Hauptaugenmerk auf den literarischen Text zu verlagern; vgl. auch → *Strukturalismus;* → *affective fallacy,* → *intentional fallacy* und → *close reading.*

New Historicism (engl. New Historicism), 31–32: neuer → *kontextorientierter Ansatz,* der auf → *Poststrukturalismus* bzw. → *Dekonstruktion* aufbaut, jedoch versucht, historische Dimensionen in die Besprechung literarischer Werke miteinfließen zu lassen oder eine strukturelle Ähnlichkeit von literarischen und historischen → *Diskursen* voraussetzt.

Novelle (engl. novella oder novelette), 45: mittellange Prosagattung, die aufgrund ihres Umfangs und erzähltechnischer Elemente weder → *Roman* noch → *Kurzgeschichte* eindeutig zuordenbar ist.

Ode (engl. ode), 56: ein aus mehreren Strophen bestehendes Gedicht, das ein ernstes, meist klassisches Thema zum Inhalt hat; vgl. auch → *Lyrik.*

personale Erzählsituation (engl. figural narrative situation), 51–52: Erzählung in der dritten Person, in welcher der Erzähler gänzlich zurücktritt, so dass der Leser sich ohne wertende oder beeinflussende Kommentare aus dem Blickwinkel einer beteiligten Figur mit der Handlung konfrontiert glaubt; vgl. auch → *Erzählperspektive.*

Philologie (engl. philology), 18–19: unter diesem Begriff wird hier ein Phänomen in der traditionellen → *Literaturwissenschaft* zusammengefasst, das sich besonders mit „materiellen" Aspekten von Texten wie Problemen der Manuskriptedition, Textbewahrung und Textrekonstruktion beschäftigt.

Picaroroman bzw. Schelmenroman (engl. picaresque novel), 42: Untergattung des → *Romans,* die von den Erfahrungen eines umherziehenden Schelms (spanisch „pícaro") erzählt, der meist mit den sozialen Normen der Gesellschaft in Konflikt gerät. In einer episodischen Erzählstruktur versucht der Schelmenroman, soziale und gesellschaftliche Ungerechtigkeiten auf satirische Weise bloßzustellen.

Plot siehe → *Handlung.*

point of view siehe → *Erzählperspektive* oder *-situation.*

Postkoloniale Literaturen (engl. Postcolonial Literatures), 91: Texte aus ehemaligen Kolonialländern in Karibik, Afrika oder Asien.

Postmodernismus (engl. postmodernism), 90–91: literatur- und kulturgeschichtliche Strömung in der zweiten Hälfte des 20. Jahrhunderts, in der Anliegen des → *Modernismus* bezüglich innovativer Erzähltechniken und Gestaltung des → *Plots* wieder aufgenommen und auf akademische, oft formelhafte Art umgesetzt werden; vgl. auch → *Metafiktion.*

Poststrukturalismus (engl. poststructuralism), 27: neueste Richtungen der → *textorientierten Ansätze,* die auf den älteren Schulen des → Strukturalismus und → *Formalismus* aufbauen, deren Ansätze aber neu adaptieren; vgl. → *Semiotik* und → *Dekonstruktion.*

Prager Strukturalismus (engl. Prague School of Structuralism), 20: Schule des → *Strukturalismus* in der ersten Hälfte des 20. Jahrhunderts, die sich wie → *Russischer Formalismus,* → *New Criticism* und → *Poststrukturalismus* durch die weitgehende Ausklammerung inhaltlicher Fragen und einer Betonung der formal-strukturellen Dimension eines Textes auszeichnet.

Präsentationsmethoden siehe → *Charakterpräsentation.*

Primärliteratur (engl. primary source), 12–13: Oberbegriff für literarische Werke unterschiedlicher → *Gattungen* in Abgrenzung zu literaturwissenschaftlichen Auseinandersetzungen (→ *Sekundärliteratur).*

Prosa (engl. fiction oder prose), 40–54: genauer eigentlich *erzählende Prosa.* In der älteren Literatur wird dafür auch der Begriff Epik zur Abgrenzung der literarischen Formen → *Kurzgeschichte,* → *Roman* und → *Essay* gegenüber → *Drama* und vor allem → *Lyrik* verwendet.

Protagonist (engl. protagonist oder main charakter),

51: zentrale handlungstragende Figur eines literarischen Textes; vgl. → *Figur* und → *Nebenfigur.*

Psychoanalytische Literaturwissenschaft (engl. psychoanalytic literary criticism), 28: literaturwissenschaftliche Richtung, die Methoden aus der Psychoanalyse Sigmund Freuds (1856–1939) auf literarische Werke anwendet, wobei sowohl Texte auf die psychologischen Spuren des Autors hin untersucht als auch literarische → *Figuren* ähnlich wie reale Personen in der Psychoanalyse analysiert werden; vgl. → *archetypischer Ansatz.*

„Randgruppen"-Literaturen (engl. „minority" literatures) 85: literatur- und kulturgeschichtliche Strömung des ausgehenden 20. Jahrhunderts, die von geschlechtlichen (Frauen, Homosexuellen und Lesben) und ethnischen „Minderheiten" (d. h. marginalisierten Gruppen) getragen wird.

räumliche Dimension des Films, 80–82: darunter wird eine Vielzahl von Aspekten wie → *Filmmaterial,* → *Beleuchtung,* → *Kamerawinkel,* → *Kamerabewegung,* → *point of view,* → *Schnitt* und → *Montage* zusammengefasst; vgl. auch → *mise-en-scène.*

Realismus (engl. realism), 89–90: einerseits literaturhistorische Epochenbezeichnung für Werke des ausgehenden 19. Jahrhunderts, die „Realität" in Sprache so „wirklichkeitsgetreu" wie möglich umsetzen wollen; andererseits genereller Begriff für wirklichkeitsnahe Repräsentation in der Literatur. Der verwandte Begriff → *Naturalismus* bezeichnet Werke des ausgehenden 19. Jahrhunderts, die die determinierende Auswirkung sozialer und umweltbedingter Einflüsse auf Charaktere möglichst getreu darzustellen versuchen.

Realistische Schule (engl. realist school), 37: Richtung in der → *Filmtheorie,* die vor allem → *mise-en-scène* bzw. Bildaufbau als Basis der illusorischen Filmrealität ins Zentrum der Analyse stellt.

Regie (engl. directing), 70–72: vermittelnde Ebene des → *Dramas* (und → *Films*) zwischen → *Text* und → *Aufführung,* die jene konzeptionellen Schritte umfasst, die dem Publikum nicht direkt zugänglich sind, aber alle Elemente der Aufführung durchdringen. Neben vielen anderen Aspekten konzentriert sich die Regie auf Auswahl des Skripts, Besetzung, Akzentuierung des Stücks, Requisiten (engl. properties oder props), → *Beleuchtung* (engl. lighting) und Bühnendesign (engl. scenery) sowie Einübung der Rollen.

Reim (engl. rime oder rhyme), 64–65: klanglich-rhythmische Dimension eines Gedichtes, die generell → *Alliteration* und → *Endreim* umfasst.

Renaissance (engl. Renaissance), 86–87: Der Begriff bedeutet „Wiedergeburt" der Antike und bezeichnet eine literatur- und kulturgeschichtliche Periode vom 15. bis ins 16. Jahrhundert, die sich von Italien ausgehend über ganz Europa ausbreitete; vgl. → *Humanismus.*

Rezension (engl. book review), 38: kritische Besprechung eines → *Primär-* oder → *Sekundärwerkes* in einer Zeitschrift oder Zeitung.

Rezeptionsgeschichte (engl. reception history), 30: → *leserorientierter Ansatz,* der sich mit der Rezeption bzw. Aufnahme eines Werkes durch die Leserschaft auseinandersetzt. Verkaufszahlen von Werken, Rezensionen oder Besprechungen in Zeitschriften und wissenschaftlichen Journalen werden herangezogen, um sowohl *synchrone* (innerhalb einer Epoche) Aspekte der Leserreaktion zu betrachten als auch Veränderungen und Entwicklungen in der Rezeption von Texten in Form einer *diachronen* (historisch vergleichenden) Analyse zu berücksichtigen.

Rezeptionstheorie (engl. reception theory), 29–30: oft auch als *Rezeptionsästhetik* (engl. reception aesthetic) oder *Reader-Response-Theorie* (engl. reader-response theory) bezeichnete Ansätze, die in der Textinterpretation primär vom Leser ausgehen. Mit der Betonung des Effekts eines Werkes auf den Rezipienten (Leser) wendet sich diese Richtung gegen → *werkimmanente* oder → *strukturalistische* Richtungen; vgl. → *leserorientierter Ansatz.*

Rhetorik (engl. rhetoric), 19–20: auf die Antike zurückgehender, praxisorientierter Vorläufer der modernen → *textorientierten Ansätze.* Als Vermittler von Leitsätzen des guten Sprechens bot die Rhetorik für jede Phase der Texterstellung fixe Regeln an: die *inventio* (Finden von Themen), die *dispositio* (Ordnung des Materials), die *elocutio* (Ausformulierung unter Zuhilfenahme von rhetorischen Figuren), die *memoria* (Technik der Erinnerung des Vortrags) und die *actio* (Vortrag).

rhetorische Figuren (engl. rhetorical figures bzw. figures of speech), 59–60: Vielzahl von klassifizierten, stilistischen Formen, die Sprache in „nichtwörtlicher" Bedeutung verwenden; vgl. → *Metapher,* → *Simile,* → *Symbol.*

Roman (engl. novel), 40–43: Untergattung der → *Prosa,* die (nach traditioneller Ansicht) in England im 18. Jahrhundert entstanden ist und deren Vorläufer auf antik-mittelalterliche Formen des → *Epos* und der → *Romanze* zurückgehen. Strukturell unterscheidet sich der Roman von den genannten epischen Formen durch eine differenziertere → *Charakterpräsentation,* komplexere → *Erzählperspektiven,* Betonung von → *Realismus* und durch eine ausgefeiltere Gestaltung des → *Plots.*

Romanze (engl. romance) bzw. **Höfisches Epos** (engl. courtly romance), 40–41: Vorform des modernen → *Romans,* die in der Antike meist in →

Prosa, im Mittelalter hingegen in Versform abgefasst war. Durch den gezielten Einsatz von → *Erzählperspektive* und Gestaltung des → *Plots* gilt die Romanze trotz Versform als direkter Vorläufer des Romans. War das traditionelle → *Epos* in der Regel weitausholend (epische Breite), ging die Romanze neue Wege, indem die Handlung gestrafft und auf ein Ziel hin gerichtet wurde.

Romantik (engl. Romanticism), 89: literaturgeschichtliche Strömung der ersten Hälfte des 19. Jahrhunderts, in der vor allem Naturlyrik und individuelle, emotionale Erfahrung eine große Rolle spielen. Die Romantik ist als Reaktion zur → *Aufklärung* und zu den politischen Umbrüchen im Europa und Amerika des ausgehenden 18. Jahrhunderts zu verstehen.

runder Character (engl. round character), 47: Figur mit komplexen Eigenschaften oder differenzierten Wesenszügen; diese → *Charakterpräsentation* wird oft auch als → *Individualisierung* bezeichnet; vgl. → flacher Charakter.

Rückblende (engl. flashback), 46: Mittel zur Gestaltung des → *Plots,* um Information aus der Vergangenheit in die laufende Handlung einzubringen; vgl. → *Vorwegnahme.*

Russischer Formalismus, 21: Schule des → *Formalismus* bzw. → *Strukturalismus* in der ersten Hälfte des 20. Jahrhunderts, die sich wie → *Prager Strukturalismus,* → *New Criticism* und → *Poststrukturalismus* durch die weitgehende Ausklammerung inhaltlicher Fragen und einer Betonung der formal-strukturellen Dimension eines Textes auszeichnet.

Sammelband (engl. collection of essays oder anthology), 12: meist von einem oder mehreren Herausgebern (engl. editors) zu einem bestimmten Thema zusammengestellte und publizierte Aufsätze. Wird ein solcher Sammelband zu Ehren eines bekannten Wissenschaftlers herausgegeben, spricht man von einer sogenannten Festschrift (engl. meist auch *festschrift).*

Skandierung (engl. scansion), 63: Fachterminus für die Unterteilung eines Verses in betonte und unbetonte Silben bzw. Einteilung in → *Versfüße.*

Schauerroman (engl. gothic novel), 43: Untergattung des → *Romans* mit unheimlich-übernatürlichem → *Setting,* die sich besonders im 18. und 19. Jahrhundert großer Beliebtheit erfreute.

Schauspieler (engl. actor), 75–76: in der → *Aufführung* als letzter Phase des → *Dramas* liegt der Schwerpunkt vorwiegend auf dem Schauspieler, der als Medium die kombinierten Anliegen des Autors und des Regisseurs vermittelt. In der Schauspielausbildung unterscheidet man zwischen der *internen,* d.h. auf den individuellen Eigenschaften des Schauspielers aufbauenden und der *externen,* technikbetonten Methode.

Schelmenroman (engl. picaresque novel), 42: oft auch *Picaroroman*; Untergattung des → *Romans,* die von den Erfahrungen eines umherziehenden Schelms (spanisch „pícaro") erzählt, der meist mit den sozialen Normen der Gesellschaft in Konflikt gerät. In einer episodischen Erzählstruktur versucht der Schelmenroman, soziale und gesellschaftliche Ungerechtigkeiten auf satirische Weise bloßzustellen.

Schlussparagraph (engl. concluding paragraph), 99: letzter Absatz einer wissenschaftlichen Arbeit, der die wichtigsten Punkte der Arbeit kurz zusammenfasst, um so die Ergebnisse dem Leser noch einmal in Erinnerung zu rufen.

Schnitt (engl. editing), 81: nachträgliches Zusammenfügen gefilmten Materials; vgl. auch → *Montage.*

Sekundärliteratur (engl. secondary source), 12–14: wissenschaftliche Auseinandersetzung (z.B. → *Aufsätze,* → *Rezensionen,* → *Monographien*) mit literarischen Texten bzw. → *Primärliteratur.*

Semiotik (engl. semiotics), 25–27: „Zeichenlehre"; eine der jüngsten Richtungen der → *textorientierten Ansätze,* die → *Text* als Gewebe von sich gegenseitig bedingenden → *Zeichen* auffasst und den Textbegriff auch auf nichtsprachliche Zeichensysteme (Film, Malerei, Mode, Geographie etc.) ausdehnt. Die Grundlage für diese komplexe Theoriebildung ist das Sprachmodell des Genfer Linguisten Ferdinand de Saussure (1857–1913), das zwischen → *Signifikant* und → *Signifikat* unterscheidet; vgl. auch → *Dekonstruktion.*

Setting (engl. setting), 53–54: umfasst Schauplatz, d.h. Örtlichkeit, historische Zeit und soziale Umstände, in denen die Handlung eines Textes spielt. Das Setting wird normalerweise vom Autor bewusst gewählt, um Handlung bzw. → *Plot,* → *Figuren* und → *Erzählperspektive* indirekt zu unterstützen.

Signifikant (engl. signifier) siehe → *Signifikat.*

Signifikat (engl. signified), 25–27: der Linguist Ferdinand de Saussure (1857–1913) teilt Sprache in zwei grundlegende Bereiche ein, indem er das vorsprachliche oder übersprachliche Konzept (z.B. die Vorstellung von einem Baum) als *Signifikat* (engl. signified; franz. *signifié*)) und die sprachliche Manifestation dieses Konzeptes (Laut- oder Buchstabenfolge „B-A-U-M") als *Signifikant* (engl. signifier; franz. *signifiant*) bezeichnet; vgl. → *Semiotik* und → *Dekonstruktion.*

Simile (engl. simile), 59: → *rhetorische Figur,* die zwei verschiedene Dinge vergleicht, die durch „wie" verbunden sind (z.B. „Oh, my love is *like* a red, red rose"); vgl. auch → *Metapher.*

Sonett (engl. sonnet), 56–57, 65–66: Gedichtform mit vorgegebenem → *Reimschema*, die bevorzugt zur Behandlung des Themas „weltliche Liebe" verwendet wird; je nach Reimschema und Art der → *Strophe* wird zwischen *Englischem Sonett* und *italienischem Sonett* unterschieden. Das → *Englische* oder *Shakespeare-Sonett* besteht aus drei Quartetten und einem Reimpaar. Das → *Metrum* (jambische Pentameter) der insgesamt 14 Verszeilen folgt dem Reimschema *abab cdcd efef gg*.

Stilistik (engl. stylistics), 18–20: → *textorientierter Ansatz* zur Beschreibung stilistischer Eigenheiten von Autoren, Werken, Epochen oder Nationalliteraturen unter Berücksichtigung grammatikalischer Strukturen (Wortschatz, Satzbau), klanglicher Elemente (Sprachmelodie) und übergreifender Formen (→ *rhetorische Figuren*) von Texten.

stream of consciousness technique, 52: englischsprachiger Fachterminus für innenperspektivische Darstellung, in der eine Person einzig durch ihre Gedanken ohne Kommentare eines Erzählers charakterisiert wird. Diese Form der Präsentation, in der unterbewusste Gedankengänge einer Person dargestellt werden, hat sich vor allem zu Beginn des 20. Jahrhunderts unter dem Einfluss der Psychoanalyse entwickelt; verwandte Formen sind der *innere Monolog* (engl. interior monologue) und die *erlebte Rede* (engl. free indirect discourse).

Strophe (engl. stanza), 65: Teil eines Gedichtes, der sich aufgrund der Anzahl der Verse bzw. deren → *Metrum* und → *Reim* klassifizieren und auf einige Grundformen reduzieren lässt. Durch die Kombination von Reimpaar (2 Verse), Terzett (3 Verse) und Quartett (4 Verse) werden die meisten Gedichtformen gebildet. Das beste Beispiel für den bausteinartigen Aufbau ist das → *Sonett* (engl. sonnet).

Strukturalismus (engl. structuralism), 20: → *textorientierter Ansatz,* der sich ähnlich wie der *Formalismus* in der → *Interpretation* formal-struktureller Aspekte (→ *werkimmanente* Methode) eines Textes bedient und bewusst historische, soziologische, biographische oder psychologische Dimensionen des literarischen → *Diskurses* vernachlässigt. Es werden z.B. phonetische Strukturen, Rhythmus, → *Reim,* → *Metrum* und Ton als eigenständige bedeutungstragende Elemente analysiert. Wichtige Schulen sind der → *Russische Formalismus* und der → *Prager Strukturalismus* in der ersten Hälfte des 20. Jahrhunderts. Im anglo-amerikanischen Raum hat sich der → *New Criticism* als verwandte Richtung entwickelt; vgl. auch → *Semiotik* und → *Dekonstruktion.*

Symbol (engl. symbol), 59: Verweise auf „Objekte" in einem literarischen Werk, deren Bedeutung über das Materielle hinausgeht. Man unterscheidet zwischen einem allgemein anerkannten Symbol (engl. conventional symbol) oder einem vom Dichter selbst kreierten Symbol (engl. private symbol).

Szene (engl. scene), 71: Unterteilung eines → *Aktes* im → *Drama.*

Text (engl. text), 9–11: meist mit → *Literatur* gleichbedeutend verwendeter Begriff, der jedoch in der neueren Forschung oft auch auf nichtsprachliche → *Zeichensysteme* (Mode, Film, Geographie etc.) angewendet wird.

textorientierte Ansätze (engl. textual approaches), 17–27: → *literaturtheoretische* Positionen oder Schulen, die sich durch Betonung der „textlichen Ebenen" von Literatur auszeichnen (→ *werkimmanente Ansätze*). Außertextliche (extrinsische) Faktoren bezüglich Autor (Biographie, Gesamtwerk), Publikum (Klasse, Geschlecht, Alter, ethnische Zugehörigkeit, Bildung) oder Kontext (historische, soziale oder politische Umstände) werden bewusst ausgeklammert. → *Philologie,* → *Rhetorik* und → *Stilistik* sowie die formalistisch-strukturalistischen Schulen des → *Russischen Formalismus,* → *Prager Strukturalismus,* → *New Criticism,* der → *Semiotik* und → *Dekonstruktion* können zu den textorientierten Ansätzen gezählt werden.

Textsorte (engl. text type), 10–11: aus der Sprachwissenschaft kommender Begriff zur Klassifizierung spezifischer Formen von (meist schriftlicher) Sprachpraxis, die nicht unbedingt literarischer Natur im engen Wortsinn sein müssen; z.B. → *Primär-,* → *Sekundärliteratur,* Gebrauchs-, Werbetexte, Bedienungsanleitungen; vgl. auch → *Gattung* und → Diskurs.

thesis statement, 96–99: jener Teil des → *Einleitungsparagraphen* einer wissenschaftlichen Arbeit, der kurz das spezifische Thema der Arbeit umreißt und darüber informiert, wie das Thema angegangen wird, d.h. welche Methodik in der Analyse zur Anwendung kommt und welche Aspekte des Themas in welcher Reihenfolge präsentiert werden.

topic sentence, 97–98: jener Teil eines Absatzes innerhalb einer wissenschaftlichen Arbeit, der die Sinneinheit des jeweiligen Paragraphen kurz umreißt; vgl. → *thesis statement.*

Tragödie (engl. tragedy), 68: Untergattung des → *Dramas,* die ernste, tragische Themen behandelt und bereits in der Antike ihre erste Blüte erfuhr.

Transformation bzw. Regie (engl. transformation oder directing), 70–73: vermittelnde Ebene des → *Dramas* (und → *Films*) zwischen → *Text* und → *Aufführung,* die jene konzeptionellen Schritte umfasst, die dem Publikum nicht direkt zugänglich sind, aber alle Elemente der Aufführung durchdringen. Neben vielen anderen Aspekten konzentriert sich die Regie auf Auswahl des Skripts, Besetzung, Akzentuierung des Stücks, Requisiten (engl. properties oder props), → *Beleuchtung* (engl. lighting) und Bühnendesign (engl. scenery) sowie Einübung der Rollen.

Transzendentalismus (engl. Transcendentalism), 89: kultur- und literaturgeschichtliche Strömung der ersten Hälfte des 19. Jahrhunderts; etablierte sich in den USA unter dem Einfluss von → *romantischer* Naturbegeisterung und deutschem Idealismus.

Trochäus (engl. trochee oder trochaic foot:), 64: → *Versfuß,* bei dem auf eine betonte Silbe eine unbetonte Silbe (′ ˘) folgt; z. B.: „Sáh eĭn | Knáb′ eĭn | Rṓs leĭn | stéhn …"

Typisierung, 48: → *Charakterpräsentation* einer Figur durch *eine* dominante Eigenschaft; eine solche Figur wird auch als → *flat character* bezeichnet; vgl. → *round character.*

Utopischer Roman (engl. utopian novel bzw. science-fiction), 43: Untergattung des → *Romans,* die alternative Welten entwirft, um dadurch reale sozio-politische Zustände bewusst zu machen und zu kritisieren.

Verfremdung (engl. defamiliarization), 21: erzähltechnisches Stilmittel zur Bewusstmachung literarischer Konventionen; vgl. → *Metafiktion.*

Versfuß (engl. foot), 63–64: Je nach Abfolge von betonten und unbetonten Silben kann im Englischen zwischen vier wichtigen Versfüßen unterschieden werden: 1. *Jambus* (engl. iambus): auf eine unbetonte folgt eine betonte Silbe (˘ ′); 2. *Anapest* (engl. anapest): auf zwei unbetonte folgt eine betonte Silbe (˘˘ ′); 3. *Trochäus* (engl. trochee): auf eine betonte folgt eine unbetonte Silbe (′ ˘); 4. *Daktylus* (engl. *dactyl*): auf eine betonte folgen zwei unbetonte Silben (′ ˘˘).

Versmaß bzw. **Metrum** (engl. meter), 63–64: akustisch-rhythmische Dimension von → *Lyrik,* die auf Silben (engl. syllables) als kleinste Elemente zurückgeführt werden kann. Je nach Abfolge von betonten und unbetonten Silben spricht man von verschiedenen → *Versfüßen* (engl. foot bzw. feet), deren Anzahl Aufschluss über das Versmaß oder Metrum gibt. Will man das Metrum eines Verses beschreiben, wird der Name des Versfußes und die Anzahl der Versfüße angegeben (z. B. jambischer Pentameter oder fünfhebiger Jambus).

Vorwegnahme (engl. foreshadowing), 46: Mittel zur Gestaltung des → *Plots,* um Information aus der Zukunft in die laufende Handlung einzubringen; vgl. → *Rückblende.*

Wechsel der Erzählsituation, 52: Erzähltechnisches Mittel, um inhaltliche Aspekte der Handlung auf formaler Ebene zu betonen; vgl. auch → *Erzählperspektive.*

werkimmanente Ansätze (engl. intrinsic approach), 18: Interpretationsansätze, die bewusst außertextliche Faktoren wie biographische Information zum Autor oder historischen Hintergrund aus der Analyse ausklammern und sich ausschließlich auf Elemente des Textes konzentrieren; vgl. auch → *textorientierte Ansätze.*

Zeichen (engl. sign), 25–27: bedeutungstragendes Element eines Zeichensystems bzw. → *Textes;* vgl. → *Semiotik.*

Zeigen (engl. showing), 48–49: diese → *Präsentationsmethode* suggeriert dem Leser, dass die agierenden Personen durch ihre Handlungen und Aussagen im Text ohne zwischengeschalteten Kommentator ähnlich wie im → *Drama* wahrnehmbar sind; vgl. → *Charakterpräsentation.*

zeitliche Dimension des Films, 82–83: umfasst Aspekte wie Zeitlupe, Zeitraffer, erzählte Zeit, Filmlänge, → *Rückblende* und → *Vorwegnahme.*

Zitat (engl. quotation), 13, 100: direkt übernommene Textpassage aus einem anderen → *Primär-* oder → *Sekundärwerk.*

Personen- und Werkregister

Schlagwortregister